FILŌMARGENS

autêntica

Gilson Iannini
Estilo e verdade em Jacques Lacan

2ª Edição

Copyright © 2012 Gilson Iannini
Copyright © 2012 Autêntica Editora

COORDENADOR DA COLEÇÃO FILÔ
Gilson Iannini

COORDENADOR DA SÉRIE FILÔ/MARGENS
Gilson Iannini

CONSELHO EDITORIAL
Gilson Iannini (UFOP); *Barbara Cassin* (Paris); *Cláudio Oliveira* (UFF); *Danilo Marcondes* (PUC-Rio); *Ernani Chaves* (UFPA); *Guilherme Castelo Branco* (UFRJ); *João Carlos Salles* (UFBA); *Monique David-Ménard* (Paris); *Olímpio Pimenta* (UFOP); *Pedro Süssekind* (UFF); *Rogério Lopes* (UFMG); *Rodrigo Duarte* (UFMG); *Romero Alves Freitas* (UFOP); *Slavoj Žižek* (Liubliana); *Vladimir Safatle* (USP)

PROJETO GRÁFICO DE CAPA E MIOLO
Diogo Droschi

EDITORAÇÃO ELETRÔNICA
Conrado Esteves

REVISÃO
Maria do Rosário Alves Pereira

EDITORA RESPONSÁVEL
Rejane Dias

Revisado conforme o Acordo Ortográfico da Língua Portuguesa de 1990, em vigor no Brasil desde janeiro de 2009.

Todos os direitos reservados pela Autêntica Editora. Nenhuma parte desta publicação poderá ser reproduzida, seja por meios mecânicos, eletrônicos, seja via cópia xerográfica, sem a autorização prévia da Editora.

AUTÊNTICA EDITORA LTDA.
Belo Horizonte
Rua Aimorés, 981, 8º andar . Funcionários
30140-071 . Belo Horizonte . MG
Tel.: (55 31) 3214 5700

Televendas: 0800 283 13 22
www.autenticaeditora.com.br

São Paulo
Av. Paulista, 2.073, Conjunto Nacional, Horsa I
11º andar, Conj. 1101 . Cerqueira César
01311-940 . São Paulo . SP
Tel.: (55 11) 3034 4468

Dados Internacionais de Catalogação na Publicação (CIP)
(Câmara Brasileira do Livro, SP, Brasil)

Iannini, Gilson
  Estilo e verdade em Jacques Lacan / Gilson Iannini. -- 2. ed. -- Belo Horizonte : Autêntica Editora, 2013. -- (FILÔ/Margens, 1)

  Bibliografia.
  ISBN 978-85-7526-576-5

  1. Lacan, Jacques, 1901-1981 2. Psicanálise 3. Filosofia 4. Verdade 5. Estilo 6. Metalinguagem I. Título. II. Série.

11-12481   CDD-150.195

Índices para catálogo sistemático:
1. Lacan, Jacques : Teoria psicanalítica 150.195

Agradecimentos

A Vladimir Safatle, que, desde Águas de Lindoia, 1996, tornou-se amigo e interlocutor, agradeço pelo apoio e pela orientação junto à Universidade de São Paulo. A François Regnault, cujo afetuoso e continuado acolhimento em Paris foi decisivo: a primeira página deste trabalho, hoje diluída ao longo do livro, foi redigida como uma carta endereçada a ele e cuja resposta motivou a aposta na hipótese aqui examinada. A Serge Cottet, pela cuidadosa orientação de meu DEA, defendido junto ao Département de Psychanalyse da Université Paris 8. Agradeço ainda aos professores Christian Dunker, Franklin Leopoldo, Oswaldo Giacoia e Richard Simanke, pela leitura cuidadosa. Agradeço ainda a Rejane Dias, editora que domina a arte de dizer não e a arte, ainda mais rara, de dizer sim.

Aos amigos e primeiros interlocutores: Guilherme Massara, sempre; Jeferson Pinto, por quase tudo; Antônio Teixeira, por tanto e mais; Olímpio Pimenta (que me instilou algumas perguntas fundamentais); Bruno Guimarães; Frederico Feu; Cláudio Oliveira. Aos meus colegas da Universidade Federal de Ouro Preto, em especial aos amigos: Romero Freitas (que me auxiliou em algumas passagens do original alemão de Freud), Sérgio Neves, Leca Kangussu, Douglas Garcia e José Luiz Furtado, pelo apoio. A Rogério Lopes e Andréa Sirihal, que estiveram perto, mesmo quando estavam longe. A Ana Paula Ávila e Mateus Araújo, cantinhos do Brasil em Paris; a Paulo Nunes. A Yolanda Vilela, Patricia Cagnet e Lucas Ribeiro, que também me ajudaram com os idiomas. A Cristina Drummond, que me sinalizou com um final; a Leila Mariné, que permitiu outro começo.

A Vicente e Maria José, pai e mãe, meu Ouro de Minas; a Luis Augusto, Clarissa e Cecília, love, love, love.

A Claudinha, meu fôlego.

Agradeço ainda o apoio financeiro e institucional da Coordenação de Aperfeiçoamento de Pessoal de Nível Superior CAPES/MEC e da Universidade Federal de Ouro Preto/UFOP.

Agradecimentos (2ª edição)

A surpreendente acolhida da primeira edição deste livro, que se esgotou em menos de um ano, encheu seu autor de incontida alegria. Mas tal acolhida não teria sido possível se não fosse a ajuda de tantas pessoas, a quem seria impossível expressar em poucas palavras meu reconhecimento. A primeira resenha foi publicada por Lucas Ribeiro na *Revista Filosofia: ciência & vida*, com o título "Lacan, de verdade"; em seguida, Robson Batista publicou, na *Revista Princípios*, da UFRN, outra resenha, também muito favorável; Carla Rodrigues publicou no Caderno Verso&Prosa do Jornal *O Globo*, um artigo com o sugestivo título de "Os múltiplos usos de Lacan". Christian Dunker, vencedor do prêmio Jabuti de Psicologia e psicanálise de 2012, resenhou o livro para a *Revista Ágora*, da UFRJ (no prelo).

Além das resenhas, o livro foi discutido em três ocasiões distintas. Primeiramente, foi realizada na EBP-MG, uma Noite da Biblioteca dedicada ao livro. Frederico Feu presidiu a mesa-redonda que teve ainda as generosas participações de Ana Lúcia Lutterbach Holck (EBP-RJ) e Jeferson Machado Pinto (UFMG). Depois, no Encontro da *Sociedade Internacional de Filosofia e Psicanálise*, foi realizada uma mesa com a participação de Christian Dunker (USP), Vladimir Safatle (USP) e Antônio Teixeira (EBP-MG/UFMG). Finalmente, na atmosfera ímpar do tradicional Seminário de Célio Garcia pude debater o livro, mais uma vez, com meu amigo Antônio Teixeira. Generosamente, todos estes autores aceitaram que seus comentários fossem publicados.

Mas a maior alegria ocorrida após a publicação da primeira edição deste livro foi um presente que ganhei de Claudinha, o nascimento de minha filha, Gabriela, fruto do nosso amor infinito.

Para Rafael e Gabriela,
minha fortuna, dobro do infinito.

*Emprestar minha voz ao sustento dessas palavras intoleráveis,
"Eu, a verdade, falo...", ultrapassa a alegoria.*
JACQUES LACAN

*Nenhuma linguagem pode dizer
o verdadeiro sobre o verdadeiro.*
JACQUES LACAN

Abreviaturas

Obras constantemente utilizadas neste trabalho serão referidas segundo as seguintes siglas:

Obras de Jacques Lacan

E *Escritos*

OE *Outros escritos*

S *O Seminário* [para indicar o livro correspondente, emprego numeração romana após a sigla. Exemplo: **S. XVII** indica *O Seminário*, Livro XVII]

Obras de Ludwig Wittgenstein

LC *Lectures & conversations on Aesthetics, Psychology and Religious Belief*

TLP *Tractatus logico-philosophicus*

PI *Investigações filosóficas*

Demais obras, inclusive algumas de Lacan e de Wittgenstein não elencadas acima, são referidas segundo normas vigentes. Para todas as referências, ver Bibliografia, ao final do volume.

Sumário

15. **Prefácio – Retornar a velhas palavras**
Vladimir Safatle

19. **Prólogo**

21. **Introdução**
§1 Freud e a cena da verdade p. 25; §2 Algumas precisões metodológicas: filosofia, psicanálise, clínica p. 32; §3 Da prosopopeia ao não-todo da verdade p. 36; §4 A psicanálise habita a linguagem, mas ainda não se deu conta disso p. 38; §5 Onde as luzes fazem furo p. 48; §6 Nota sobre a recepção do pensamento de Lacan: nem Sokal, nem Derrida p. 53

57. **Plano do livro**

63. **Capítulo 1 – Verdade e metalinguagem**
§7 Uma parábola p. 65

Seção 1 – Eu, a verdade, falo p. 67
§8 *Alétheia* no registro do inconsciente? p. 67; §9 Uma verdade que fala p. 73; §10 O fundamento freudiano da crítica do sentido do sentido p. 76; §11 Uma prosopopeia da verdade: a coisa fala de si mesma p. 81

Seção 2 – Fundamentos da crítica à metalinguagem p. 87
§12 Linguagens puras, linguagens impuras p. 87; §13 Não se esconde a verdade do delírio p. 90; §14 "O importante não é compreender; é atingir o verdadeiro" p. 95; §15 A fonte lacaniana do problema da metalinguagem p. 104; §16 O Outro não é o código, nem um esquema transcendental de significação p. 107

Seção 3 – Não há sentido do sentido p. 114
§17 O equívoco de "O sentido do sentido" p. 114; **§18** A comunicação de boa-fé, o "*honnête homme*" e o sentido do sentido p. 118; **§19** Positivismo, metalinguagem e o sonho de uma língua universal p. 120

Seção 4 – Não há Outro do Outro p. 124
§20 "Se eu ignorasse que há um Deus" p. 124; **§21** O Deus veraz é estruturado como uma metalinguagem p. 127; **§22** Uma linguagem que engana, uma que não engana p. 130; **§23** Hipertrofia do código, apagamento do sujeito p. 133;

Seção 5 – Não há verdade da verdade p. 135
§24 Eu, a verdade, falo, mas não digo a verdade p. 135; **§25** Metalinguagem como alienação: o desejo imunizado e o recalcamento originário p. 139; **§26** Metalinguagem como resposta neurótica à *Versagung* p. 142; **§27** A natureza ética da renúncia à metalinguagem p. 145; **§28** Quando a parábola se fecha p. 149

Excurso I – p. 154; **§29** Quando eu, a verdade, digo: "eu minto" (Tarski e Lacan) p. 154

161. **Capítulo 2 – A ciência e o saber**

Seção 6 – Wittgenstein freudiano... p. 167
§30 Retórica da resistência X sedução da retórica p. 167; **§31** Criticar em nome próprio p. 172; **§32** *Slightly funny*: Wittgenstein lê Freud p. 175; **§33** Causas, razões e o objeto da psicanálise p. 178

Seção 7 – Limites da crítica wittgensteiniana da psicanálise p. 182
§34 "O inconsciente nunca despista tanto quanto ao ser apanhado em flagrante" p. 182; **§35** *Cleverness, not wisdom, please!* p. 186; **§36** Limites da leitura wittgensteiniana de Freud: sentido x causa p. 191; **§37** Limites da leitura wittgensteiniana de Freud: não há gramática possível das pulsões p. 195

Seção 8 – Verdade e sua refração p. 199
§38 A verdade insensata do sexo e os impasses do saber analítico p. 200; **§39** Recalcada, ela ali retorna (lendo Freud com Hegel e com Koyré) p. 206; **§40** O modelo elíptico das relações entre verdade e saber p. 209

Seção 9 – Psicanálise, ciência êxtima p. 215
§41 Sujeito da ciência, ciência do sujeito p. 215; **§42** De uma ciência sem metalinguagem p. 219; **§43** Para introduzir na ciência o conceito de sujeito p. 223

Seção 10 – Verdade como causa p. 228

§44 Modos de refração da verdade p. 228; §45 As palavras e a coisa p. 235; §46 Da verdade como causa à questão do estilo p. 239

Excurso II – p. 241; §47 Não há formalização sem restos: Frege com Lacan p. 241

253. Capítulo 3 – Estilo e verdade

Seção 11 – Ciência e estilo:
nenhuma linguagem é inocente p. 258

§48 Uso científico e uso poético da linguagem p. 258; §49 A historicidade do material discursivo: psicanálise entre ciência e arte p. 263; §50 Do litoral entre escrita conceitual e poema: a forma-ensaio e o caráter linguageiro do conceito p. 266; §51 Nenhuma metalinguagem abolirá a metáfora p. 272; §52 A estrutura ficcional da verdade (Bentham e Lacan) p. 280

Seção 12 – Estilo e objeto:
rumo a uma estilística do objeto p. 285

§53 O barroco como combinação de objetos p. 285; §54 Economia de gestos, contorções do objeto: impostura e jogo com o equívoco p. 290; §55 Estilo e transmissão: a escrita e a verdade p. 295; §56 Mas o estilo não é o homem? p. 299; §57 Estilo, dessubjetivação e o final de análise p. 303

Seção 13 – Dos impasses da formalização
à formalização de impasses p. 308

§58 Transpor os impasses da formalização, um caso p. 309; §59 As proposições de saber e a opacidade do objeto p. 312; §60 Do matema ao poema: um segundo regime de literalização do real p. 319

Seção 14 – A química silábica do *Witz* p. 322

§61 *Witz*, lógica, poesia p. 322; §62 A constituição do objeto pela via da mostração p. 325; §63 *Pas-de-sens* p. 328

Seção 15 – Retórica do inefável X prática do semi-dizer p. 332

§64 A retórica wittgensteiniana do inefável p. 334; §65 Através delas, por elas, para além delas: o estilo tractatiano e a crítica à metalinguagem p. 335; §66 O silêncio wittgensteiniano e a "*Unglauben*" p. 340; §67 O semi-dizer da verdade p. 343; §68 *In fine*: o aforismo lacaniano e o bem-dizer p. 348

355. Conclusão
361. Referências

Prefácio

Retornar a velhas palavras
Vladimir Safatle

Aqueles que se dedicam à reflexão sobre a psicanálise conhecem bem os fundamentos da natureza desmedicalizada de sua prática. A ideia de que o sofrimento psíquico pode ser curado sem auxílio à medicalização não é apenas uma querela terapêutica. Ela diz respeito à compreensão do caráter produtivo da relação entre a linguagem e os sujeitos. Longe de ser um simples instrumento de comunicação, a linguagem é vista como um sistema de regras, normas e leis que organiza as condições de possibilidade para a experiência de si e do mundo. Neste sentido, ela produz os objetos com os quais lidamos, as dicotomias nas quais nos enredamos, as impossibilidades que sentimos.

Esta consciência da natureza performativa da linguagem recebe, da psicanálise, um acréscimo importante, pois a psicanálise sabe que tal sistema de regras, normas e leis tem inflexões singulares. Singularidade que nasce das vicissitudes da gênese empírica de aquisição da consciência das normas sociais. Uma gênese marcada pela maneira com que constituo fantasias, medos, expectativas a respeito da autoridade daqueles que encarnam para mim tal norma. Daí a compreensão de que a reflexão sobre a linguagem que me constitui é, ao mesmo tempo, reconstrução do universo de fantasias e desejos com o qual me vinculei.

É certo que, dentre todos os psicanalistas, Jacques Lacan foi aquele que mais explorou tal via. Para tanto, ele se viu obrigado a constituir uma verdadeira teoria geral da linguagem capaz de dar conta não apenas da maneira como a fala opera no interior da relação analítica, mas também do modo como ela se desenvolve enquanto fenômeno social. Articulando sua experiência clínica a um referencial teórico heteróclito composto pelo estruturalismo e por considerações sobre a linguagem vindas de Hegel e de Heidegger, Lacan acabou por desenvolver uma reflexão cujo interesse ultrapassa o quadro estrito dos debates psicanalíticos. Isso porque tal reflexão fala sobre a natureza da relação entre linguagem e mundo, sobre o que significa "verdade" no interior do discurso a respeito do mundo e de si, sobre o que significa este peculiar ato de "falar de si mesmo".

Um dos feitos deste livro de Gilson Iannini consiste em explorar os impactos possíveis da teoria lacaniana da linguagem em um campo filosófico mais vasto. Ele não teme convocar autores aparentemente distantes do universo lacaniano, ou a que Lacan se refere com menos frequência, como Wittgenstein, Frege, Tarski e os positivistas lógicos do Círculo de Viena. O resultado é um redimensionamento dos problemas lacanianos, colocados agora à luz de questões tradicionais da filosofia da linguagem. Redimensionamento fundamental se quisermos realmente saber o que, no interior da experiência intelectual lacaniana, tem a força de produzir novas questões.

Durante um certo tempo, a exploração das relações entre psicanálise e filosofia foi vista com suspeição por ambos os lados. No entanto, tal suspeição era, no fundo, o resultado do esquecimento de que certos objetos que interferem na estrutura mesma do nosso padrão de racionalidade só serão corretamente apreendidos no ponto de cruzamento entre a elaboração conceitual filosófica e uma clínica que lhe é independente, autônoma e que, normalmente, produz seus próprios conceitos. Não é mais possível falar sobre sujeito, desejo, fantasia, ação racional sem passar pelo domínio das patologias produzidas por experiências malogradas no intrincado processo de constituição de si e na relação ao universo simbólico da linguagem. Neste sentido, a contribuição da psicanálise, com sua consciência do paralelismo profundo entre mental e social (consciência que se perdeu depois da guinada organicista da psiquiatria e de sua fascinação farmacológica), é decisiva. Por essa razão, um trabalho sistemático e rigoroso de exploração das relações entre filosofia e psicanálise como este apresentado por Gilson Iannini reveste-se de grande importância.

Sobre as discussões que este livro levanta, vale a pena mencionar uma que, rapidamente, se mostra central. O autor demonstra com clareza como este "construtivismo linguístico" aparentemente pressuposto por Lacan não implica economizar discussões sobre conceitos como "verdade", "real" e "necessidade". Por isso, ele não é convite para abraçarmos um culturalismo ingênuo.

Da mesma forma, Iannini demonstra como a afirmação lacaniana da inexistência de uma metalinguagem não implica uma defesa relativista da impossibilidade de assumirmos uma perspectiva que possa responder a aspirações de universalidade. Esta talvez seja uma das grandes peculiaridades de Lacan: sua capacidade de mostrar que "velhas palavras" como "verdade", "real" e "universalidade" desempenham papel importante na expectativa que sujeitos depositam em suas formas de vida. A certeza subjetiva de que tais formas de vida são malogradas não é sem relação com sentimentos de irrealidade e de inverdade, com experiências de impossibilidade de expressar socialmente, de fazer reconhecer a natureza de nossas escolhas. Ou seja, contrariamente àquilo que vários procuraram nos fazer acreditar nas últimas décadas, continuamos sendo seres para os quais tais velhas palavras têm um sentido decisivo.

Foi tendo isso em vista que Iannini procurou explorar a função conceitual da noção de "estilo" em Lacan, pois, em Lacan, o estilo ganha uma função conceitual importante, já que permite a exposição do modo como uma singularidade se produz sem se impor como particularidade irredutível. O estilo é um modo fundamental de formalização da demanda de reconhecimento, de realização de expectativas de autenticidade e de verdade. Neste sentido, ele é aquilo que um sujeito tem de mais real.

São questões desta natureza que o leitor encontrará no livro de Gilson Iannini, o que demonstra a implantação bem-sucedida desse campo de articulação entre filosofia e psicanálise, de constituição de passagens duplas, entre nós.

Prólogo

A verdade raramente é pura, e nunca simples.
OSCAR WILDE

A psicanálise pode dispensar o tema da verdade? Há dois axiomas de Lacan acerca da verdade: (i) há verdade; (ii) não há verdade da verdade. Eles interessam tanto à clínica quanto à teoria. Este livro é uma tentativa de responder à inquietação posta por esta coexistência, aparentemente paradoxal, de uma verdade que fala, que toca o real, mas que não possui em si mesma o índice de sua própria veracidade. O que significa, então, dizer sempre a verdade, mas nunca poder dizê-la toda? Quais as implicações de uma verdade que sempre encontra uma maneira de se manifestar, mas que, ao mesmo tempo, não traz em seu rosto nenhuma marca visível, não traz em si nenhuma garantia de que saibamos reconhecê-la quando nos defrontarmos com ela?

A verdade de que trata a psicanálise, relativa ao sintoma, ao desejo, ao real do sexo, à interpretação, ao final de análise, aos ditos e não ditos do sujeito no processo de cura remete sempre a outra cena, a que Freud chamava o inconsciente, ou, mais precisamente, pensamento inconsciente. Não obstante, o esforço lacaniano de formalizar as condições desta verdade que resiste ao saber acaba por mobilizar instrumentos e dispositivos exteriores ao campo clínico. O resultado desse empreendimento é a constituição de um campo de forças cujos vetores fundamentais atravessam vários campos do saber, interessando não apenas à psicanálise, mas às ciências da linguagem, à literatura e, de forma aguda, à filosofia. Neste sentido preciso, a verdade tal como trabalhada por Lacan interessa o pensamento, dialogando, reta ou obliquamente, com as principais vertentes do pensamento contemporâneo.

Como dizer que "não há verdade da verdade" sem recair numa contradição performativa? Sem que essa própria proposição, que deveria suspender as garantias últimas da verdade, que deveria limitar as pretensões da verdade, se erija em verdade última e se devore, como a serpente de Valéry, que engole a própria cauda? É aqui que se coloca a questão do estilo, ou de como dizer o que se diz. Assim, Lacan não apenas teorizou sobre essa modalidade da verdade e forneceu sua formalização lógica, mas também praticou-a, não apenas no exercício cotidiano da clínica, mas também no exercício de uma escrita obstinada em estabelecer protocolos exigentes de transitar entre estes limites tênues, de uma verdade que não se pode dizer, mas que nem por isso se cala. Por isso ele praticou este estilo em que a lei formal de enunciação da verdade é o semi-dizer.

Introdução

> *La vraie philosophie se moque de la philosophie.*
> PASCAL

O inconsciente freudiano é um acontecimento para o pensamento, e esse acontecimento concerne não apenas ao estatuto do sujeito e à história do desejo, mas também à natureza e aos contornos da verdade. É neste sentido que o gesto que instala a psicanálise na racionalidade moderna instaura imediatamente a necessidade de delimitação do domínio próprio à prática, à teoria e à discursividade analíticas. Freud se entrega a essa empreitada com especial apreço. Delimita a prática analítica em relação à medicina, afasta a doutrina do inconsciente de seus predecessores filosóficos, demarca a metapsicologia em relação à filosofia, à religião, à arte, etc. Quer mostrar a irredutibilidade do campo que ele descortina, em relação ao saber constituído. Quer fundar um campo onde teoria, técnicas e métodos se distinguem em sua especificidade até mesmo pelo novo vocabulário, que paulatinamente se cristaliza na forma de conceitos. Quer engendrar um programa de pesquisa que não necessita de outra legitimação senão sua clínica e sua tenaz insistência em inscrever a psicanálise no campo das ciências, ainda que fosse como uma "ciência especial" (*Spezialwissenschaft*).

Não obstante toda essa prudência epistemológica, Freud esbarra em temáticas, em problemas, em tradições de pesquisa que ele não inventou. A delimitação do campo da psicanálise não se faz sem uma constante remodelação da disposição dos saberes preexistentes em torno deste novo e inquietante objeto que é o sujeito marcado pelo inconsciente e pela pulsão. Mas foi Jacques Lacan quem dedicou parte importante de sua obra a esta tarefa de determinar o que ele chamou, não sem alguma audácia, de "razão desde Freud". Na consecução dessa tarefa, a problematização do estatuto da verdade – e de suas relações com o saber – ocupa um lugar central. Ao redesenhar a partilha entre saber e verdade, entrelaçando de modo inaudito o sentido e o sem-sentido no interior da trama formal do discurso psicanalítico, são as próprias pretensões científicas da psicanálise que precisam ser interrogadas. O saldo dessa partilha é dividido pela ciência, incapaz de economizar os impasses da formalização, e pelo estilo, como estratégia de formalização de impasses. Todo esse quadro coloca em perspectiva os termos do debate da psicanálise com as filosofias precedentes, e ao mesmo tempo projeta determinadas coordenadas para debates futuros.

Mas em que consiste o acontecimento-Freud e em que sentido podemos falar de uma razão pós-freudiana? A postulação freudiana de que o pensamento é primariamente regido por leis que escapam à vontade consciente do eu – melhor: que *há* pensamento inconsciente – é o ponto nevrálgico daquilo que Lacan chamou de *subversão do sujeito* e que constitui o primeiro elemento em questão. Mas essa subversão do sujeito prolonga-se em uma *dialética do desejo* que lhe corresponde, e que lhe fornece a cartografia que dispõe o sujeito do inconsciente ao lado e em oposição ao objeto e ao Outro. Estes dois elementos – subversão do sujeito e dialética do desejo – remontam às descobertas fundamentais de Freud: "[...] que a vida pulsional da sexualidade em nós não se deixa domar plenamente e que os processos anímicos são em si mesmos inconscientes, não se tornando acessíveis ao eu e não lhe sendo submetidos a não ser através de uma percepção incompleta e não fiável" (FREUD, 1996 [1917a], p. 50).

Dito de outro modo, (1) a autonomia da vontade não é mais que uma quimera, na medida em que a representação do sexual *qua* sexual é da ordem do impossível[1]: há alguma coisa no campo do objeto que resiste à integração, tanto simbólica quanto fantasmática; e (2) o sujeito, desigual à sua *psyché*, não mais se caracteriza pela transparência dos atos de consciência, nem pela interioridade como instância desses atos, tampouco por alguma unidade pretensamente subjacente: o desconhecimento (*méconnaissance*) lhe é constitutivo, a divisão lhe é inerente. Cottet tem razão em afirmar que "o ponto de partida da teoria do sujeito do inconsciente é, evidentemente, [...] freudiano: o que, a partir da experiência psicanalítica, evidencia a divisão, a *partição*, a *Spaltung*" (COTTET, 1999, p. 13). Segundo a escritura formal da álgebra lacaniana, derivada do dispositivo central de literalização do real, a tese (1) se escreve "a", a tese (2), "$".

---

[1] Ao tratar do primado do sexual na psicanálise, Lacan propõe duas fórmulas: "[...] não existe ato sexual – subentenda-se: que tenha peso para afirmar no sujeito a certeza de que ele é de um sexo. Segunda: só há ato sexual, implicando: do qual o pensamento tem razão de se defender, já que nele o sujeito se fende" (OE, p. 326).

Que rosto deve ter uma teoria cuja temática gira em torno destas duas descobertas fundamentais: (i) uma sexualidade ao mesmo tempo insistente e irrepresentável; e (ii) que os processos anímicos são em si mesmos inconscientes? Qual sintaxe o discurso que aí se funda precisa ter para dar conta desse objeto contraditório, opaco, insubmisso? Em outras palavras: se a consciência não é mais a instância que comanda o curso dos pensamentos; se, finalmente, o pensamento é, em si mesmo, inconsciente, se o pensamento é "desarmônico em relação à alma" (OE, p. 511), o que significa pensar? Com efeito, a psicanálise representa um sismo nas pretensões e nos contornos da racionalidade moderna, sem no entanto flertar com nenhuma forma de irracionalismo.

Daí se impõem as questões de fundo que motivaram a pesquisa: quais as repercussões dessas perspectivas para a verdade? Quais os efeitos do acontecimento-psicanálise no que concerne aos limites e pretensões da verdade? Qual o regime, o estatuto, o funcionamento da verdade no campo de discurso inaugurado por Freud? E quais as repercussões disso para os domínios conexos à psicanálise, sobretudo para a filosofia? Como pensar o *estatuto da verdade* em uma disciplina cujo objeto define-se pela sua resistência à apreensão conceitual clássica? Essas perguntas, em sua patente generalidade, não fazem senão delinear os contornos externos da pesquisa aqui empreendida.

O quadro teórico em que tais questões se movem pode ser assim resumido. Lacan oferece uma alternativa profícua para o problema da verdade na contemporaneidade, que ultrapassa seu interesse clínico. Em suma, Lacan aceita o desafio perspectivista, em consonância com Nietzsche: ele recusa soluções metafísicas para o problema da verdade, como a essência platônica ou o Deus veraz cartesiano; ao mesmo tempo, rejeita pensar a verdade sob a rubrica de uma revelação originária do Ser, nos quadros da hermenêutica heideggeriana. Por outro lado, recusa as soluções lógico-positivistas, de cunho correspondencialista ou verificacionista; assim como não endossa as teorias semânticas da verdade advogadas pela tradição anglo-saxã.[2] A concepção lacaniana de linguagem, que concede à tese da impossibilidade da metalinguagem um lugar privilegiado, embarga, ao mesmo tempo, soluções metafísicas, hermenêuticas e lógico-semânticas. Dizer que não existe metalinguagem "ou, mais aforisticamente, que não há Outro do Outro" (E, p. 827) é vetar a possibilidade de um discurso primeiro – seja a metafísica, a poesia, a lógica ou a ciência – que legitime discursos particulares. Nem metadiscursos, nem instâncias extradiscursivas servirão como fiadores da verdade. Afastada a perspectiva da metalinguagem, instância pretensamente capaz de interromper o fluxo incessante do sentido e de purificar a língua de tudo que nela é equivocidade e contingência, a linguagem

---

[2] Susan Haack (2002) faz um inventário das diversas correntes acerca do problema da verdade na tradição anglo-saxã.

perde sua transparência e a estabilidade dos enunciados passa a ser não mais do que provisória, cedendo lugar a uma inquietação que se instala no coração da própria linguagem e que faz vacilar os próprios limites do que entendemos por linguagem.

Entretanto, para Lacan, a aceitação do desafio perspectivista não obriga o pensamento a desembocar no relativismo de cunho pós-moderno, seja em sua vertente pós-estruturalista, seja em sua vertente pragmatista.[3] A perspectiva da singularidade do sujeito, da dignidade ontológica da contingência e da opacidade do objeto, bem como a aceitação de que o problema da verdade nasce coextensivamente ao problema da linguagem, não implicam o abandono do problema da verdade e exigem, ao contrário, a tarefa de construção de uma abordagem extramoral do problema. No pensamento de Lacan, a primazia do significante convive com a tese da incompletude do simbólico. Há real, ainda que dessubstancializado, ainda opaco ao simbólico. Há um real que limita as pretensamente ilimitadas narrativas pós-modernas. Neste sentido, a posição de Lacan no século é *sui generis*. No que respeita às teorias do sujeito e da verdade do século XX, Badiou (1997, p. 27 *et seq.*) chega a falar da solidão de Lacan. O trabalho aqui apresentado pretende investigar os contornos da empreitada lacaniana, tendo como pano de fundo o complexo quadro que os debates contemporâneos acerca da natureza, do estatuto e do regime da verdade desenham.

No contexto da subversão do sujeito e da dialética do desejo, Lacan elabora uma espécie de *estilística do objeto*. Essa teoria postula que não há representação possível, no campo da linguagem, para o objeto de desejo do sujeito, tomado em sua radical *contingência e singularidade*, ao mesmo tempo que afirma que a representação do sexual *qua* sexual é da ordem do impossível, não apenas porque o simbólico não recobriria a totalidade do real, mas também porque a linguagem não é pensada a partir do paradigma da representação. O estilo, nessa vertente, será o modo pelo qual o sujeito pode criar algo em torno do vazio de referência inerente ao desejo, interessando, pois, o objeto. Trata-se de mostrar que a *função do estilo* — ou a preocupação não apenas com o conteúdo, mas também com a forma do discurso e as estratégias de contornar os limites do dizer e da relação entre formalização e escritura conceitual — responde a uma exigência própria

---

[3] Para Slavoj Zizek, as duas rupturas fundamentais da história da filosofia se deram com Platão e com Kant, em resposta às ameaças relativistas que cada um diagnosticou em seu tempo. A ruptura de Lacan no século XX seria análoga àquelas efetuadas por Platão e Kant. "Pois, se Platão aceita dos sofistas sua lógica da argumentação discursiva, ele se serve dela para afirmar seu engajamento pela Verdade; e se Kant aceita a ruptura da metafísica tradicional, ele se serve dela para negociar sua virada transcendental; do mesmo modo, se Lacan admite o tema 'desconstrucionista' da contingência radical, ele o volta contra ele próprio, servindo-se dele para afirmar seu engajamento pela Verdade *enquanto contingente*" (ZIZEK, 1999, p. 16). Badiou (2003, p. 16-17) também interpreta a teoria lacaniana da verdade como fundamentalmente antissofista. Cassin interpreta em sentido oposto, elogiando Lacan por sua sofística. Cf. Cassin (1990, p. 304-305).

não apenas à especificidade do objeto teórico da psicanálise,[4] mas a todo pensamento que queira romper com o paradigma clássico da representação e com a metafísica da subjetividade que corresponde a ele, sem, no entanto, recuar para o solo confortável do cientificismo, nem sucumbir às diversas formas de recusa da verdade que dão a tonalidade relativista de certas vertentes do pensamento contemporâneo, do neopragmatismo ao desconstrutivismo.

A especificidade lacaniana do encaminhamento da questão reside no modo singular com o qual ele trata as relações entre saber e verdade na perspectiva da crítica à metalinguagem, através de um estilo marcado, sobretudo, pela aposta na materialidade da linguagem, pela relativa autonomia do significante em relação ao sentido e pela experiência de sua incompletude. Isso porque não basta afirmar *teórica* ou *retoricamente* a impossibilidade da metalinguagem ou a discordância entre saber e verdade: é preciso que o próprio discurso seja consistente em sua *maneira de dizer* com aquilo que diz. É aqui que entra em cena o problema do estilo, ou da *Dichtung*, tal como estudaremos no terceiro capítulo. É à crítica à metalinguagem que cabe o papel negativo de modalizar as relações entre saber e verdade, entre o querer-dizer e o dizer, mostrando o artifício por trás de toda empreitada que queira estabelecer uma fronteira real entre o sentido e o sem-sentido. O caráter *processual* da verdade só pode ser corretamente avaliado se levarmos em consideração a dignidade ontológica do sem-sentido e se formos capazes de, ao fazê-lo, rastrear os índices de como contornar a dificuldade de incluir tais resultados na estrutura do discurso. Isto é, se tomarmos o estilo, a apresentação do discurso, como o esforço de formalizar o que se precipita como limite da literalização do real pela ciência.

Finalmente, o palco em que todo esse processo da verdade se desenrola não é outro que a singularidade irredutível do sujeito frente não apenas ao universal do conceito, mas também ao Outro.

§1 Freud e a cena da verdade

> *Se Freud trouxe outra coisa ao conhecimento do homem que esta verdade de que existe o verdadeiro, não há descoberta freudiana.*
> JACQUES LACAN

---

[4] Em outra ocasião, sumariei assim essa estranheza do objeto da psicanálise: "[...] o inconsciente, esse estranho objeto teórico que quase só se manifesta por suas falhas; as pulsões, que, localizadas no hiato entre soma e psiquê, anteriores portanto ao registro das representações, implicam uma reviravolta no estatuto do objeto, etc. Enfim, trata-se de escrever acerca de uma memória ausente *qua* presente (*Verdrängung*/recalque); de um objeto de desejo familiar e estrangeiro ao mesmo tempo (*Unheimliche*); de uma lembrança ficcional cuja nitidez é proporcional à lacuna da memória que a condiciona (*Deckerinnerung*/lembrança encobridora); de uma negação que é afirmação (*Verneinung*); em suma, de um sujeito cuja universalidade equivale à sua apresentação como singularidade irredutível" (IANNINI, 2004, p. 77).

Desde bastante cedo, Freud sabe que a ordem da verdade seria tocada por suas descobertas. Em 21 de setembro de 1897, escreve a Fliess: "[...] não existe no inconsciente nenhum 'índice de realidade', de tal modo que não é possível distinguir, uma da outra, a verdade e a ficção investida de afeto" (FREUD, 1956, p. 191). De saída, podemos apontar algumas dificuldades epistemológicas decorrentes dessas observações, presentes desde o *Entwurf* (1895). No texto inaugural de 1895, Freud propõe um aparelho neuronial, separado em sistemas responsáveis pela percepção, memória e consciência. Escolhe as letras gregas φ, ψ, ω para representá-los. Admitida a hipótese de que é apenas a inibição do curso dos processos psíquicos primários que fornece os "índices" ou "signos" (*Zeichen*) de realidade, e que o eu é a instância responsável pela tarefa de inibir aquele curso, a capacidade para distinguir a verdade e a ficção investida de afeto fica na dependência do emprego correto daqueles signos (FREUD, 1995 [1895], p. 36-38). Mas a capacidade inibitória do eu é, por seu turno, condicionada pela notícia de eliminação no sistema ômega, responsável pela consciência. A capacidade de distinguir uma representação interna (memória) e uma percepção atual (verdade material) depende, pois, da colaboração de duas instâncias: o eu (organização em *psi* constantemente ocupada por energia psíquica) e a consciência. O problema é que essas duas instâncias são demasiado precárias em seu modo de funcionar para que possam garantir ao sujeito que a realidade seja tomada como critério de correção. De um lado, o eu, "se existir" (FREUD, 1995 [1895], p. 37), apenas é capaz de inibir processos psíquicos primários que de alguma maneira já não gozam de livre curso: uma certa circularidade no raciocínio de Freud aqui parece inevitável. Em suma, devido à prevalência do fator quantitativo na dinâmica do aparelho psíquico, nenhum signo de realidade (*Realitätzeichen*) fornecerá critérios suficientes de verdade. De outro lado, o caráter lacunar da consciência é reiterado por Freud ao longo de toda sua obra: como afirma em um de seus últimos trabalhos, "a consciência é apenas uma qualidade inconstante" (FREUD, 1985 [1938], p. 20), inessencial para os processos psíquicos. Seu funcionamento pleno, isto é, "sua aptidão para perceber qualidades sensoriais" ocorre apenas numa limitada "zona de indiferença" entre o prazer e o desprazer (FREUD, 1995 [1895], p. 26).[5]

A melhor apresentação desse impasse encontramos em 1920. Freud concebe os órgãos sensoriais como dispositivos responsáveis não apenas por *receber* estímulos mas também, e fundamentalmente, por *proteger* o aparelho psíquico da magnitude das impressões do mundo externo. Os órgãos dos sentidos *fracionam* e *limitam* o caráter excessivo das impressões externas. Por conseguinte, elaboram quantidades mínimas de *stimuli* externos, fornecendo ao aparelho psíquico apenas

---

[5] Tese reafirmada, por exemplo, em 1920, com a ideia fechneriana de "indiferença estética" (FREUD, 1996 [1920a], p. 279).

"amostras do mundo exterior" (FREUD, 1996 [1920a], p. 299). Freud compara os órgãos dos sentidos a tentáculos[6] "que se aproximam do mundo exterior às apalpadelas e, em seguida, retirando-se dele a cada vez" (p. 299). Todo o problema consiste em que a consciência recebe também estímulos provindos do interior e, para tais estímulos, não existem órgãos análogos aos órgãos dos sentidos, isto é, não existe nenhum dispositivo protetor contra-estímulos[7] capaz de fracionar ou de limitar o afluxo de impulsos. Mas os impulsos internos "propagam-se no interior do sistema, diretamente e numa proporção não-diminuída" (p. 300). Tudo que o aparelho dispõe é de um sistema compensatório de investimentos e contra-investimentos.[8] A capacidade de diferenciação entre interno e externo, entre percepção (atual) e alucinação (memória), depende de que o eu seja capaz de "inibir o processo primário e prover as condições indispensáveis para a instauração do processo secundário" (GIACOIA, 2008, p. 59). Não obstante, o "modo primário do funcionamento do aparelho" não se extingue: no que concerne às ficções investidas pulsionalmente, o eu fica em apuros para distingui-las da verdade factual.

Não obstante esse argumento de matiz claramente cético, até aqui, a concepção clássica de verdade como correspondência entre representações mentais e a realidade material parece inexpugnavelmente intocada. Tudo se passa como se a ideia de correção entre realidade e representação, dentro da melhor obediência à teoria correspondencialista da verdade, estivesse o tempo todo pressuposta. Com efeito, Freud teoriza aqui alguns obstáculos que se interpõem ao acesso que o sujeito tem à verdade, mas parece resguardar a gramatura desta. Tanto mais quando estamos advertidos de sua obstinação em querer manter a psicanálise dentro dos limites da ciência e sua recusa a derivações que pudessem fazer dela uma *Weltanschauung*. Mas essa impressão rapidamente se esvanece, se levarmos em conta que podemos ver na utilização da concepção de verdade como adequação por parte de Freud não o signo da permanência insistente de um conceito incorporado a partir de uma apropriação não tematizada de pressupostos do discurso filosófico, mas o de uma *sublime indiferença* em relação ao tratamento filosófico do problema e do significado filosófico do deslocamento do centro de gravidade do conceito de verdade operado pela descoberta psicanalítica.

---

[6] O termo utilizado por Freud é *Fühler* (1920, p. 27). A edição francesa da PUF traduz por "*palpeurs*" (1996, p. 299); a ESB prefere "tentáculos". A palavra *Fühler* em Zoologia designa "antenas" ou "tentáculos" ou ainda "sondas" que funcionam como órgãos sensoriais de muitos artrópodes, com forma de apêndices localizados na cabeça.

[7] Freud emprega *Reizschutz* (1920, p. 28). A edição francesa traduz como "*pare-stimuli*", que poderíamos traduzir como "corta-estímulo", mais ou menos no sentido em que se diz, por exemplo, porta "corta-fogo".

[8] Ver a este respeito a descrição fornecida por Oswaldo Giacoia (2008, p. 54 *et seq.*).

Nesse caso, tudo se passa como se houvesse uma percepção aguda de que seria preciso construir outra racionalidade capaz de abrigar uma concepção de sujeito incapaz de estabelecer a verdade a partir da percepção da realidade, mas que nem por isso abre mão de questionar muito precisamente essa disposição mesma do problema. Porque o sujeito freudiano nada tem de solipsista: o tecido de suas relações com a alteridade não dispõe nem a consciência, nem o eu como instâncias privilegiadas. Entretanto, a estruturação do sujeito, tanto do ponto de vista do desejo quanto da pulsão, é fortemente dependente do seu confronto com a alteridade, sob diferentes aspectos, desde exigências impostas pela cultura até os impasses constitutivos da objetividade.

Freud, que sempre assinalou a vocação científica da psicanálise, não se furtou, contudo, a recorrer à mitologia clássica, nem a criar narrativas às quais ele próprio concedia o curioso epíteto de mitologia-científica, chegando até mesmo a outorgar a um dos pilares de sua doutrina – a teoria das pulsões – o estatuto de mitologia.[9] Embora atento à realidade contraditória de seu objeto teórico, manteve intactas suas pretensões de inscrever a psicanálise no campo das *Naturwissenschaften*, ainda que tenha subvertido alguns de seus cânones metodológicos mais importantes e forjado um léxico próprio que em muito ultrapassava o vocabulário científico disponível à época. Dono de um estilo límpido, merecedor do prêmio Goethe pelas qualidades literárias de sua prosa, recusou veementemente que sua doutrina fosse identificada à literatura, embora nunca tenha deixado de recorrer aos seus poetas e romancistas preferidos. O resultado é uma curiosa combinação de pretensão epistêmica repousada no modelo naturalista da ciência e de confiança inabalável no valor cognitivo da ficção e do mito. Tudo isso porque diante do que não se deixa dizer, Freud nunca recuou. Vale aqui, como uma espécie de divisa epistemológica fundamental, a seguinte frase: "[...] se não pudermos ver com clareza, ao menos vejamos com precisão as obscuridades."[10]

Parece haver, pois, na própria construção da psicanálise freudiana, um componente "estético" importante. Desde o recurso ao pensamento mítico como "fundamento" ou como "ponto de fuga" de sua teoria das pulsões e de sua teoria do pai até a reabilitação do elemento estético em sua prática discursiva: ali onde o conceito não pode mais expressar o objeto, ali onde os procedimentos argumentativos correntes se esgotam, ali onde a vocação científica da psicanálise se defronta

---

[9] Os mitos do assassinato do pai primevo (cf. *Totem e Tabu*) e de um Moisés egípcio (cf. *Moisés e o monoteísmo*) seriam suficientes para provar o ponto. Além disso, a teoria das pulsões como "mitologia da psicanálise" mostra que, na base de sua doutrina, Freud inscreve algo cuja natureza é indemonstrável. Cf. IANNINI, 1999, p. 67-75.

[10] "*Wenn wir nicht klar sehen können, wollen wir wenigstens die Unklarheiten scharf sehen*" (GW XIV 155 [Inibição, sintoma e angústia], na tradução proposta por Carone (2008).

com o "umbigo dos sonhos" ou com "*das Ding*" ou com os "*fueros*", Freud não recua. Ele não se furta a tomar seus poetas, seus dramaturgos ou alguma obra de arte em particular como suplemento às rasuras do discurso argumentativo, ainda que mantenha a clínica como principal vetor do discurso e principal "campo indutor de produção de conceitos" (SAFATLE, 2004, p. 113). Uma leitura atenta de Freud mostra que ele nunca deixou de engendrar este gigantesco *tour de force* que a escrita da psicanálise exige: ultrapassar a interdição wittgensteiniana do silêncio, para expressar, numa linguagem coerente, embora muitas vezes metafórica, mítica, analógica, as sutilezas e contradições de um objeto teórico que tem por natureza escapar por entre as malhas do conceito.

No limiar do século XX, ainda em 1895, Freud parece, pois, esboçar o fundamento longínquo da ideia da estruturação ficcional da verdade e do caráter metafórico do saber, desdobrados por Lacan. Ao descrever as experiências fundamentais de constituição do sujeito, Freud afirma o caráter contingente e material da gênese de um desejo. As experiências fundamentais de constituição subjetiva – prazer e dor – dependem de circunstâncias as mais diversas, que definem, para cada sujeito, os objetos privilegiados que estruturam, segundo a metáfora ferroviária de Freud, o circuito dos trilhos ou trilhamentos (*Bahnung*) que orientam os modos de satisfação libidinal possíveis a um sujeito.

A verdade é então tomada não como critério, mas como operação (BADIOU, 2003, p. 16). Neste sentido, recupera a dignidade ontológica da contingência, mostrando sua estreita correlação com a verdade. Além disso, dada a impossibilidade do sexual se representar *qua* sexual, devido à impossibilidade estruturante de estabelecer a identidade de percepção ao longo das experiências fundamentais de constituição subjetiva – prazer e dor –, Freud postula a existência de uma *próton pseudos* na origem da singularidade de cada sujeito. Para entendermos o modo como se dá essa estruturação, seria preciso partir da condição desamparada do *infans*, incapaz de agir especificamente sobre o mundo externo para satisfazer suas necessidades vitais e, portanto, suspenso à interpretação de um outro, por sua vez incapaz de responder de maneira plenamente adequada ao apelo do *infans*. A dissimetria entre o objeto buscado alucinatoriamente e o objeto alcançado perceptivamente instala a pedra fundamental da dialética entre o desejo e a alteridade. *Grosso modo*, por causa desta dissimetria: se a moção pulsional está do lado do sujeito, o objeto de satisfação depende do Outro. A inevitável inadequação entre o polo subjetivo e o polo objetivo é estruturante. Ao resto dessa operação chamamos desejo, à impossibilidade dessa adequação chamamos Coisa. E isso devido ao vazio de referência para o sujeito, melhor, à falha fundamental da referencialidade, a saber, *das Ding*: nome da impossibilidade de reconhecimento e de compreensão, nome da resistência à predicação (FREUD, [s.d.], p. 69-70), como veremos mais detalhadamente no §45. À estrutura ficcional da verdade soma-se a impossibilidade de dizê-la toda. Não estamos muito longe do momento em que Freud irá descrever como a verdade surge da equivocação (parapraxias) ou do sem-sentido (sonhos, chistes).

Em seu instigante estudo sobre a epistemologia freudiana, P.-L. Assoun desenha as principais rotas que compunham o caminho que pavimenta a identidade epistêmica de Freud. Herdeiro de tradições heterogêneas e conflituosas, como a psiquiatria alemã, que lhe inspirava o instinto psicopatológico, e a psiquiatria francesa, que lhe fascinava pela prática clínica (ASSOUN, 1983, p. 132), Freud não tardará a perceber que a especificidade de *sua* psicologia exigirá uma nomeação própria: metapsicologia. Da anatomia que ocupou os primeiros e decisivos anos em que trabalhou no laboratório de Brucke à tópica, o caminho não se fez sem que se consolidassem certos "modelos de pesquisa" e se fixasse um "espírito de rigor" (p. 116-117). Com a técnica anatômica, ele aprendera não apenas a aprimorar a observação, mas "a *constituir* o objeto enquanto tal" (p. 122). Assim, com a pesquisa científica, Freud incorpora primeiramente uma técnica, em que "o *procedimento* é uma verdadeira categoria heurística. Não constitui apenas um auxiliar da *démarche*, mas sua formalização" (p. 122). Pouco tempo depois, na Paris da Salpêtriere e de Charcot, Freud ficará fascinado por esta "outra *téchne*, que é a clínica" (p. 127). O que Charcot produz é este "desregramento fecundo na prática regulada e supercodificada de Freud" (p. 129). Mas ele conserva, de sua prática científica, "esse fanatismo obstinado do fato enquanto tal", agora transferido para "o sintoma, material da objetividade clínica" (p. 128). Ao caracterizar esse quadro epistemológico complexo que incide na "indeterminação dramática" (p. 139) da metapsicologia, P.-L. Assoun escreve um parágrafo hábil sobre o que chamou de "barroco" epistemológico de Freud:

> Não hesitemos em falar de barroco epistemológico. Se é verdade que o barroco é o encontro de estilos heterogêneos compostos numa totalidade onde cada heterogeneidade é constituinte, podemos muito bem falar de barroco, na medida em que a epistemologia freudiana opera nas fronteiras de tradições estrangeiras. Contudo, se o barroco constitui, por si só, a emergência de um estilo novo que não esgota a soma de seus componentes, profundamente original, ainda é a esse título que a psicanálise se institui como barroco epistemológico. Ademais, a analogia estética não é fortuita: num certo sentido, é a um trabalho de artista que doravante se entrega Freud. Está em condições de forjar com suas próprias mãos um dispositivo novo, de fundar uma prática que perdeu suas origens. Doravante vaga sobre uma jangada sem rumo, para longe dos portos oficiais da ciência instituída; mas foi em alto-mar que aprendeu a navegar, que forjou seus instrumentos de orientação. Trata-se menos de negá-los que de adaptá-los a espaços novos (p. 135).

Em que pesem todas as diferenças que distanciam Freud e Lacan em termos de suas heranças epistemológicas, de seus modelos e métodos de pesquisa e, principalmente, de seus estilos escriturais e referenciais estéticos, alguns traços de continuidade merecem ser sublinhados aqui. A necessidade de formalização do material clínico; a convicção de que a ciência oferece dispositivos de formalização indispensáveis, aliada à desconfiança de que os ramos majoritários da ciência, guardiões do método, frequentemente perdem a espessura do objeto e a singularidade da verdade; a ideia de que o método científico deve ser forjado à medida do material que emerge da clínica... tudo isso fornece alguns elementos para estendermos o "barroquismo" epistemológico da psicanálise, de Freud para Lacan. Evidentemente, este último leva esse barroco a extremos inimagináveis para Freud, cuja prosa límpida não dissimula seu valor literário.

Mas o ponto a ser ressaltado é que o "fanatismo" freudiano com relação ao "fato enquanto tal", herança de sua formação científica, transforma-se em uma obsessão pelo *fato clínico*, com todas as idiossincrasias que este "fato" comporta. No que concerne à objetividade do material clínico, nem Freud nem Lacan abririam mão desse postulado, em nome de algum ideal de ciência ou de método privilegiado. É claro que essa objetividade é bastante incomum: insubmissa a controle experimental, singular, refratária ao sentido, constituída através da fala do paciente e da escuta do analista, ela é, contudo, o ponto de partida e o ponto de chegada da teorização e da formalização psicanalítica. Essa objetividade do fato clínico, tão prezada por Freud, será tratada por Lacan em termos de *verdade*. Um dos resultados de tratar o material clínico segundo categorias como saber e verdade é a possibilidade de desmistificar um certo realismo epistemológico que ainda insistia aqui e ali nas formulações de Freud. Isso porque o "fato clínico como tal" é, no fim das contas, também um fato linguístico, um fato discursivo: ele supõe a fala do paciente e a escuta do analista. Portanto, não são poucas as mediações inerentes ao patenteamento da objetividade e verdade do material clínico.

Se Freud permaneceu até certo ponto indiferente quanto à significação filosófica de sua empresa, Lacan extraiu as consequências do que chamou *a razão desde Freud*. Podemos agora repor algumas perguntas formuladas acima. Qual o *regime de verdade* apropriado a essa disciplina que descortina uma modalidade do sujeito que não se caracteriza pela transparência dos atos de consciência ou pela autodeterminação da vontade? Como pensar o *estatuto da verdade* em uma disciplina cujo objeto define-se pela sua resistência à apreensão conceitual clássica? Finalmente, uma vez que a própria possibilidade de uma metalinguagem é problematizada,[11] que

---

[11] Para Lacan, não há metalinguagem, isto é, não é possível distinguir níveis ou "tipos" linguísticos a partir de critérios como prevalência de termos denotativos ou estruturas gramaticais profundas, que seriam seguidos de sentidos figurados, tropos, etc. Voltarei a isso.

modalidades discursivas podem melhor apreender a especificidade desse estranho objeto teórico que "quase só se manifesta por suas falhas"?[12] Malgrado tudo isso, o lugar da verdade continua, nas palavras de Lacan, "inabalável", "indispensável": "Neste registro do verdadeiro, quando entramos, não saímos mais. Para minorar a verdade como ela merece, é preciso ter entrado no discurso analítico. O que o discurso analítico desaloja, coloca a verdade em seu lugar, mas não a abala. Ela é reduzida, mas indispensável" (S. XX, p. 98).

Qual é, pois, este *lugar da verdade* que o discurso analítico designa? Com que meios – e com que direitos – o discurso analítico desloca o lugar da verdade? Por que, afinal, esse deslocamento e essa redução não abalam a verdade enquanto tal, a ponto de ela permanecer indispensável?

§2 Algumas precisões metodológicas: filosofia, psicanálise, clínica

"Lacan não é filósofo e não há, não poderia haver, uma filosofia de Lacan. Lacan insiste claramente que o essencial de seu pensamento provém de sua experiência clínica. Essa experiência é radicalmente exterior e estrangeira à filosofia." Subscrevo integralmente essa declaração de Badiou (2003, p. 13). O próprio Lacan afirma que "o que ensino não se dirige primeiramente aos filósofos. Não é, se posso assim dizer, em seu front que combato" (OE, p. 211). Quer dizer, o discurso lacaniano parte de questões clínicas, e seu campo de validação também depende do material clínico. Mas a experiência clínica é atravessada, de ponta a ponta, por uma certa figura da razão, que convém interrogar. Se o trabalho aqui apresentado contém relativamente poucos recursos explícitos à clínica psicanalítica é pela consciência aguda de que o discurso "teórico" da psicanálise, mesmo em seus momentos mais francamente especulativos (como *Totem e Tabu*, *Além do princípio de prazer* ou *Kant com Sade, Ciência e verdade*), nunca se desprende inteiramente do campo clínico, *alfa* e *ômega* do discurso. Uma das características mais marcantes do ensino de Lacan é que a clínica nunca é convocada para "ilustrar" a teoria. Casos clínicos são raramente abordados, à exceção dos casos de Freud e de alguma casuística pós-freudiana fundamental. No entanto, a clínica atravessa de ponta a ponta a escrita de Lacan. Em certo sentido, ela está presente no próprio tratamento do texto. Nenhuma necessidade, portanto, de "ilustrar" o livro com discussões explicitamente clínicas, mesmo porque a indexação clínica e a teoria não devem passar nunca pela ilustração. Essa necessidade só é urgente para aqueles que acreditam que discurso e objeto são duas realidades separadas

---

[12] Escreve F. Regnault (2001, p. 75): "[...] essa elucubração extravagante em torno de um ser que quase só é verificável por suas falhas, o *inconsciente*".

e independentes. Não é essa a visão de Lacan. Ao tratar justamente do tema da negatividade da linguagem em relação à realidade, ele afirma: "Não há dúvida de que o discurso tem a ver com as coisas. É justamente nesse contato que, de realidades, elas se transformam em coisas. Tanto é verdade que a palavra não é signo da coisa que ela chega a ser a própria coisa (OE, p. 156)".

Neste parágrafo, teço algumas rápidas considerações sobre dificuldades metodológicas concernentes à obra de Lacan, concernentes principalmente à relação dela com seu *exterior*, isto é, com os discursos da ciência e da filosofia. A posição da terminologia, das problemáticas e dos compromissos teóricos de sua obra com relação aos discursos científico e filosófico engendra dificuldades para o leitor. Ao mesmo tempo que demarca a distância que separa a psicanálise em relação à filosofia, o vocabulário técnico empregado é oriundo, principalmente, da filosofia moderna.[13] Termos como sujeito, objeto, verdade, saber, etc. são recorrentes a cada página dos textos escritos e dos *Seminários*. Mas, num gesto audacioso, aplica a eles a mais implacável lógica freudiana de articulação conceitual, submetendo-os a uma racionalidade que repousa sobre a necessidade epistemológica de incluir noções como inconsciente e pulsão. Como se dissesse que o destino das categorias filosóficas modernas estivesse desde então condenado a um impasse e que apenas sua transposição para uma razão definitivamente pós-freudiana pudesse ainda render algum fruto.[14] O que não significa, em absoluto, dissolver problemas filosóficos no interior do discurso psicanalítico, mas perceber que o acontecimento-Freud não é sem efeitos para a história da razão. Badiou percebeu a astúcia dessa operação: "[...] o que nos é prescrito é um passo a mais no moderno, e não a passagem a seu limite" (BADIOU, 1989, p. 13).

Lacan não se contentou com o silêncio freudiano acerca do sujeito – termo empregado por Freud de modo muito parcimonioso (ASSOUN, 1996), e aceitou de bom grado herdar toda uma problemática que é correlata à da subjetividade, relativa ao objeto, à coisa, ao sentido, ao saber e à verdade. Adivinhar as razões de tal empreendimento implica descobrir a envergadura do projeto lacaniano de refundação da psicanálise, porque se

---

[13] Uma rápida consulta ao índice de nomes dos *Escritos* mostra o seguinte: o autor mais citado por Lacan é, sem dúvida, Freud. Em segundo lugar, Hegel, largamente à frente do terceiro colocado, Platão. Só então Lévi-Strauss, Saussure e Jakobson. Finalmente, Heidegger, Kant e os psicanalistas pós-freudianos, com número de citações mais ou menos igual. É claro que heranças e influências às vezes podem ter um caráter subterrâneo, e que citações podem, muitas vezes, servir como signo de confrontação. Em todo caso, a presença de Hegel distingue-se pela recorrência e relevância. Nos *Outros escritos*, a situação não é diferente.

[14] Num certo sentido, a Escola de Frankfurt tentou, de forma independente, realizar este programa de perguntar o que é a razão uma vez admitidas as hipóteses freudianas. Ver, a esse respeito, os trabalhos de Safatle.

trata de fundá-la em oposição à psicologia, a fim de evitar os tantos impasses constitutivos daquela disciplina. Impasses de natureza ideológica, mas também epistemológicos, clínicos e éticos. A distância tomada em relação à psicologia economiza toda uma pletora de impasses. Não apenas a dívida histórica da psicologia com relação à ideologia da correção e da disciplina, mas também os impasses epistemológicos de *ou* encerrar a subjetividade a partir de métodos experimentais *ou* abdicar da pretensão epistêmica em favor da interpretação da subjetividade, além da difícil postulação da unidade da psique e da psicologia, temas incontornáveis da epistemologia da psicologia; o impasse ético-clínico de como fundamentar o horizonte do *télos* do tratamento sem apelar para parâmetros normativos da moral vigente, isto é, sem sucumbir a uma clínica pragmática da adaptação ou a uma ética utilitária.[15] Com efeito, a psicologia nunca soube esconder sua dívida para com os dispositivos de controle da sociedade disciplinar que, como mostrou Foucault,[16] são constitutivos de sua emergência. Tudo isso torna o projeto lacaniano de refundação da psicanálise muito mais atraente.

Mas o preço a pagar pela evitação dos impasses da incorporação da psicanálise ao campo da psicologia deixa um saldo nada fácil de liquidar. Com efeito, com o recurso maciço ao vocabulário filosófico, Lacan herda problemas estranhos à psicanálise freudiana e precisa lidar com tramas conceituais complexas. É claro que o autor nunca, ou quase nunca, descuidou de salientar a especificidade do discurso psicanalítico em relação à ordem filosófica, mas, paradoxalmente, ao importar um vocabulário eminentemente filosófico para articular a experiência da psicanálise, ele transpôs um limite que não cessa de gerar problemas teóricos. O saldo geral é francamente positivo: principalmente no que concerne aos compromissos ideológicos da psicologia e à ética que lhe subjaz, a novidade freudiana ficou resguardada. Neste sentido, o recurso lacaniano ao discurso filosófico, que eventualmente fornece apoio, eventualmente contraste, outras vezes funciona como uma baliza negativa, foi sempre decisivo em sua experiência intelectual. Algo semelhante ocorre também quanto ao recurso à literatura, à ciência, à linguística e demais campos. Não obstante, o estatuto dessas incorporações e interseções é, no mais das vezes, desigual.

---

[15] Com relação a esses pontos a bibliografia que vai de Canguilhem a Foucault é vasta e definitiva. Como resume Canguilhem (1973, p. 104), a psicologia é uma "filosofia sem rigor, uma ética sem exigência, uma medicina sem controle".

[16] Em diversos momentos, Foucault mostra como surge no século XIX, com a passagem das práticas do inquérito ao exame, toda uma rede institucional à margem do sistema judiciário que tem não mais a função de "punir as infrações dos indivíduos, mas de corrigir suas virtualidades" (FOUCAULT, 1999, p. 86). A psicologia e a psiquiatria encontram aqui o solo de onde sua positividade nunca se desprende.

Mas isso tudo coloca o estudioso de sua obra em sérios apuros metodológicos, pois o recurso de Lacan à filosofia nunca obedeceu a nenhum parâmetro acadêmico, como o estabelecimento de fronteiras disciplinares ou de períodos históricos. Frequentemente, passa do registro epistemológico ao ontológico, ou do registro lógico ao ético, sem maiores mediações, assim como passa de considerações sobre Hegel a Aristóteles ou Platão a Frege sem se preocupar com o cerimonial da pesquisa científica. E isso tudo acompanhado do cruzamento de referências a campos disciplinares heterogêneos (psicanálise, filosofia, literatura, linguística, etc.) e um movimento muitas vezes vertiginoso em direção à resolução de problemas relativos à clínica e à sua racionalidade própria. Neste trabalho, estabeleci alguns parâmetros metodológicos, ou mais precisamente, algumas diretrizes éticas a fim de contornar essas dificuldades.

Primeiramente, delimitei meu interesse em relação aos conceitos filosóficos diretamente concernidos pela problemática em pauta a cada etapa da demonstração do argumento, buscando identificar o contexto teórico subjacente a cada diálogo transversal nele implicado. O que determinou, finalmente, a necessidade de recorrer a outros autores que não Lacan foi o âmbito concernido a cada etapa da construção do argumento. Em cada uma delas, tentei explicitar a questão filosófica subjacente. Assim, por exemplo, a fim de abordar a irredutibilidade da verdade ao saber como uma das mais importantes teses lacanianas, era impossível não dialogar com a dialética hegeliana; no que concerne às relações entre linguagem e verdade, foram as posições diametralmente opostas de Heidegger e Carnap que emprestaram a moldura filosófica do debate; quando se tratava de abordar a crítica à metalinguagem, não era possível evitar Tarski nem Jakobson; ao discutir as relações entre sentido e verdade, foi a crítica wittgensteiniana da cientificidade da psicanálise que surgiu como referência incontornável; ao tratar o problema do estilo, também no contexto das relações entre saber e verdade, foi o tratamento adorniano da forma-ensaio que permitiu desdobrar o que estava apenas implícito; para tratar do estatuto do Outro, o contraste a ser feito exigiu a reconstrução do conceito cartesiano do Deus veraz; para lidar com os impasses da formalização, o interlocutor privilegiado foi Frege.

Apresentando desse modo a trama de referências do livro, a estratégia de não recuar diante de cada um desses conceitos e autores parece temerária. E realmente ela o é. A fim de atenuar os consideráveis riscos da empreitada, estabeleci as seguintes diretrizes, e delas forjei algumas estratégias: (1) busquei reconstruir, sempre que possível, apenas o contexto discursivo imediatamente correlacionado ao problema em pauta. Assim, em nenhum caso, faço uma abordagem global da filosofia deste ou daquele autor, mas, ao mesmo tempo, em nenhum caso tomo o ponto de vista lacaniano sem estabelecer diretrizes para o debate. Desse modo, cada excurso sempre foi precedido por uma explicitação da questão envolvida e conclui com o retorno ao texto de Lacan, num patamar superior da construção do argumento; (2) na maioria das vezes, não me preocupei muito com questões genéticas, filológicas, nem busquei determinar heranças e filiações teóricas. Assim, não me interessa muito dizer até que ponto Lacan é hegeliano ou anti-hegeliano, heideggeriano ou não, dialético ou logicista. Cada interlocução estabeleceu um ou dois pontos específicos a partir dos quais, por contraste ou por convergência, uma questão relativa aos estudos lacanianos ganha em inteligibilidade e em vitalidade; (3) o objetivo geral era o de interrogar o discurso lacaniano em sua especificidade, cujo principal campo de referenciação é a clínica psicanalítica. Se não temi a amplitude do problema, é justamente também porque não nutri nenhuma esperança de esgotá-lo. Porque "estar sem esperança é também, nesse caso, estar sem temor" (OE, p. 348).

§3 Da prosopopeia ao não-todo da verdade

É preciso também considerar alguns problemas metodológicos concernentes ao modo como abordarei um problema *interior* à obra de Lacan, relativo à posição do problema escolhido diante da cronologia de seus trabalhos e historicidade de seus conceitos. Do ponto de vista da delimitação do *corpus* textual em que se insere o tema da verdade no conjunto da obra, teço as seguintes considerações: duas balizas determinam o espaço deste trabalho. Trata-se de duas declarações distanciadas de duas décadas, que permitem entrever continuidades e rupturas.

Em 1956, em *A coisa freudiana*, um pouco à maneira de Erasmo, que deixa a loucura falar, o autor empresta sua voz a um personagem: a própria verdade. É a verdade que fala. Segundo J.-A. Miller: "[...] é a alma de o *Elogio da Loucura* de Erasmo que inspira a Lacan sua prosopopeia da verdade" (MILLER, 2003a, p. 359). À questão "quem fala?", que aliás não esconde sua coloração nietzschiana, a verdade responde: "E a prosopopeia continua [...] enquanto [eu, a verdade] 'vagabundeio pelo que considerais como o menos verdadeiro em essência: pelo sonho, pelo desafio ao sentido da piadinha mais gongórica e pelo *nonsense* do mais grotesco trocadilho, pelo acaso, e não por sua lei, mas por sua contingência'... (E, p. 411)".

A verdade vagabunda no Universo da contingência. A gramática do desejo puro, a estética do *ex-nihilo*, o paradigma trágico da ética, a clínica do nome-do-pai, bem como a estrutura como operador epistemológico fundamental: eis a constelação das principais coordenadas do ensino de Lacan nos anos 1950-1960.

Em 1973, é o célebre início de *Televisão*, que tomamos como segunda baliza deste trabalho. "Digo sempre a verdade: não-toda, porque dizê-la toda [...] é impossível, materialmente: as palavras faltam. É mesmo por este impossível que a verdade tem a ver com o real" (OE, p. 508).

Uma lógica da pulsão, uma estética do real, uma ética do bem-dizer, a clínica dos nós, assim como o matema como operador epistemológico fundamental: estamos diante de uma constelação bastante diversa em muitos aspectos, aquela que atravessa a década de 1970.

Entre uma e outra, rupturas, torções, enodamentos, idas e vindas, etc. são mais complexos do que se costuma imaginar na *dóxa* lacaniana. De uma verdade inscrita sob a rubrica da *contingência* a uma verdade pensada sob o regime do *impossível*, é todo um programa de pesquisas que se descortina. Um programa que poderia ser assim resumido: da Coisa ao objeto, ou da verdade do desejo puro ao saber acéfalo da pulsão. Essa passagem da contingência ao impossível tem efeitos na disposição dessas diferentes constelações, e vice-versa. O simbólico, por exemplo, não tem a mesma consistência se o apreendemos a partir da perspectiva da contingência e da Coisa ou a partir do impossível e do objeto: uma certa precariedade do simbólico se desvela à medida que nos aproximamos do real. Os conceitos de *alíngua, falasser* e *gozo* são os resultados mais concretos desse movimento de distanciamento em relação à *estrutura da linguagem*, *sujeito do inconsciente* e da *falta constitutiva do desejo*.

Quase 20 anos separam esses dois momentos. São diversas as tentativas de historicizar os desenvolvimentos internos da doutrina, e os resultados variam de acordo com a perspectiva adotada. Com efeito, a dificuldade aumenta devido ao próprio estilo lacaniano de compor conceitos e de tecer seu discurso teórico. Não há, nos casos aludidos, substituição nem recobrimento total de um "conceito" a outro, não há passagem e substituição de um "paradigma" a outro. O que há é uma tensão desde então incontornável do cofuncionamento dessas diferentes formulações: a temporalidade na psicanálise, tanto na prática clínica quanto na prática teórica, remete ao *Nachträglich* freudiano. Foi o próprio Lacan quem ensinou a ler Freud desse modo. A "segunda tópica", constituída pelas instâncias do isso, eu e supereu não torna obsoleta a "primeira tópica", formada pelos sistemas ICS e PCS/CS. O desafio é o de não apagar a tensão entre as duas perspectivas, mas de tornar fecunda a oposição entre *instâncias* e *sistemas*. O mesmo vale para outro conceito igualmente fundamental: não se pode ler *Além do princípio do prazer* sem reconhecer algumas teses esboçadas no *Entwurf*, e vice-versa. Do mesmo modo, a hesitação de Freud sobre a *Ichspaltung* em um de seus últimos escritos deve ser levada a sério. Em 1938, ele pergunta aproximadamente: o que vou anunciar é desde há muito sabido de todos ou o que vou dizer é novo e estranho?[17]

Da palavra ao dizer, da contingência ao impossível, da coisa ao objeto, etc., os remanejamentos são decisivos. Entretanto, a orientação fundamental continua

---

[17] No original: "*Ich befinde mich einen Moment lang in der interessanten Lage, nicht zu wissen, ob das, was ich mitteilen will, als längst bekannt und selbstverständlich oder als völlig neu und befremdend gewertet werden soll. Ich glaube aber eher das letztere*" (FREUD, 1997, p. 391).

a mesma: a verdade não é o resultado feliz da reconciliação do sujeito e do objeto; ela não pertence à ordem das essências, nem ao campo do sentido; ela não é um predicado exterior de uma proposição; ela não é o desvelamento de um ser original, mas um processo estruturado; ela não pode ser justificada metalinguisticamente; sua estrutura é ficcional. Todos esses aspectos serão comentados neste trabalho.

Um dos resultados subsidiários deste trabalho concerne ao problema da unidade da obra. Pelo menos no período que vai de 1953 em diante, tanto a impossibilidade da metalinguagem quanto a tese da irredutibilidade da verdade ao saber, teses centrais no pensamento de Lacan, advogam em favor da continuidade da obra, porquanto se mantêm estáveis apesar de todos os remanejamentos da doutrina e da clínica.

§4 A psicanálise habita a linguagem, mas ainda não se deu conta disso

"Se a psicanálise habita a linguagem, ela não poderia sem se alterar desconhecê-lo em seu discurso" (Lacan, epígrafe da revista *La Psychanalyse*, n. 1). Essa pequena frase, estampada por Jacques Lacan na folha de rosto do primeiro número da revista *La Psychanalyse* como epígrafe, dá o tom do que pode ser visto como uma palavra de ordem de um verdadeiro programa de pesquisas que inaugurava, em meados dos anos 1950, um novo capítulo na história da psicanálise. Um capítulo cujas ressonâncias filosóficas ainda não se esgotaram. Um dos pontos cegos da matéria em pauta é a ausência de um comentário sistemático e abrangente sobre um dos pilares mais importantes da concepção lacaniana de linguagem, qual seja, o problema da *crítica à metalinguagem*. Supérfluo acrescentar que o tema é indissociável do problema geral da função da linguagem na psicanálise.

Sob pena de perder a si própria, a psicanálise não poderia desconhecer que ela "habita a linguagem", eis um primeiro sentido da referida epígrafe. Muita tinta já correu a fim de celebrar, avaliar ou criticar a pertinência dessa tese lacaniana, segundo a qual o campo da psicanálise e o campo da linguagem são coextensivos, e, por conseguinte, a estrutura do inconsciente e a estrutura da linguagem são homólogas. Durante o quarto de século que abriga o principal de seu ensino (de 1953 a 1980), o próprio Lacan modulou e fez variar, de diversas maneiras, essa tese, em movimentos de maior ou menor afastamento em relação àquele momento inaugural. No seminário *Encore*, por exemplo, afirmou que "o indivíduo que é afetado pelo inconsciente é o mesmo que constitui o que chamo de sujeito de um significante" (S. XX, p. 194). Em outras palavras, o inconsciente não é uma entidade psicológica dotada de profundezas, mas o efeito do desconhecimento que um sujeito tem do discurso que o determina e cujo sentido lhe escapa. Cottet (1999, p. 11) adverte que não devemos ver no inconsciente lacaniano "uma zona de sombra, de opacidade muda, como santuário de onde o sujeito verdadeiro, encerrado na prisão de interioridade, obteria salvação. Em oposição a essa concepção algo romântica do inconsciente, Lacan construiu um inconsciente sem profundidade".

Psicanalistas, filósofos e linguistas, mas também cientistas sociais, críticos literários e artistas já comentaram, já se apropriaram ou já rejeitaram diferentes aspectos da doutrina que ali se delineava. Não obstante, o erro de equivaler o campo da linguagem ao registro simbólico é frequente, mesmo na literatura especializada. Mais à frente justificarei mais detidamente esse ponto de vista, e direi que ele deriva de um erro categorial. Por enquanto, vale lembrar que, embora a linguagem se estenda por sobre toda a extensão do registro do simbólico, ela, ao mesmo tempo, não deixa de enlaçar também o imaginário e o real (OE, p. 316).

Contudo, há um aspecto sutil que escapou a muitos, cuja correta valoração pode talvez fornecer um quadro de inteligibilidade profícuo no que concerne à relevância filosófica da leitura lacaniana da psicanálise. Trata-se da estreita solidariedade entre a concepção de linguagem *teorizada* por Lacan e a concepção de linguagem *praticada* por Lacan em seu discurso, isto é, entre a construção teórica e os esquemas formais de enunciação dessa própria construção teórica. Uma aproximação mais paciente do que se diz na epígrafe acima referida pode indicar um primeiro aspecto do que quero dizer. "A psicanálise habita a linguagem, e ela não poderia, sem se alterar, desconhecê-lo em seu discurso." Essa ligeira modulação da frase diz-nos o seguinte: não apenas a psicanálise não pode desconhecer que ela "habita a linguagem", mas o próprio discurso que diz isso, enquanto diz isso, também não pode. Em outras palavras, o próprio modo de enunciação, o próprio estilo composicional do discurso da psicanálise precisa estar atento a esse limite, a essa condição. É à sutileza dessa operação que este livro se consagra.

Talvez o melhor modo de introduzir um assunto dessa natureza sem se perder em intermináveis elucidações de conceitos fundamentais e de contextos discursivos já sobejamente conhecidos seja começar *in medias res*. E isso pela simples razão de que comentar o pensamento lacaniano no período precedente (de 1932 a 1953) ao que nos interessa (de 1953 em diante) constituiria um trabalho independente.[18] Não obstante, pode ser de alguma valia reunir num quadro esquemático as razões que motivam o surgimento do interesse de Lacan pela questão da linguagem e os principais elementos que organizam sua concepção geral do problema. Embora a bibliografia secundária relativa ao tema seja amplamente conhecida, vale a pena resumir os contornos mais gerais, sem prejuízo da angulação necessária à introdução do tema desta pesquisa.

---

[18] Tarefa realizada por Simanke (2002).

Seria banal dizer que os meios de que dispõe a técnica psicanalítica são exclusivamente a fala do paciente e a escuta do analista. Desde que uma paciente de Breuer batizou bastante precocemente o método freudiano como *talking cure*, o ponto está devidamente assentado. Inútil negligenciar o dado bruto de que na psicanálise "só se utilizam palavras" ou de que "existem doenças que falam", truísmos que não fazem senão reduzir o interesse da psicanálise pela linguagem à função da fala, no interior do paradigma da comunicação. Porque "a técnica não pode ser compreendida nem corretamente aplicada [...] quando se desconhecem os conceitos que a fundamentam" (E, p. 246). Pensar a *talking cure* exclusivamente como um método, sem interrogar os fundamentos que tornam esse método possível, consistiria em aumentar o fosso que separa a teoria e a técnica. Consistiria em aplicar cegamente um procedimento "linguístico" a um sujeito "psicológico", sem saber *como* e *por que* esse procedimento atua, desconhecendo também as razões de sua eficácia e de seus limites. Por si só, a fidelidade ao método da *talking cure* não é suficiente para afastar o risco nefando do psicologismo, isto é, da presunção de reduzir o sujeito – que fala, que sofre, que age, que goza – a uma espécie de *homo psychologicus,* e, por este fato, circunscrever a psicanálise a um ramo da psicologia geral. A ausência de um modelo capaz de fundamentar o alcance teórico e discursivo do método empregado poderia encetar a desconfiança de que a cura analítica dependeria de algum passe de mágica. A fim de justificar a consistência entre o domínio conceitual e os meios empregados na clínica, uma pergunta central precisa ser posta com todas as letras: o que é o sujeito, considerada a hipótese do inconsciente? A resposta a essa questão depende de uma complexa articulação que os textos da década de 1950 procuram responder. Tudo começa com *O discurso de Roma*, de 1953. Tudo começa com a insistência tenaz em distinguir a fala e a linguagem, isto é, discernir uma função e um campo. Por isso, "sempre encontramos [...] nossa dupla referência à fala e à linguagem" (E, p. 294).

A novidade consiste em dizer que a correta avaliação da *função da fala* na psicanálise depende da correta delimitação da experiência da psicanálise no *campo da linguagem*. E experiência aqui não se reduz apenas à experiência clínica: o campo da linguagem delimita também a experiência teórica da psicanálise e sua discursividade própria. É isso que indica não apenas a epígrafe do número 1 de *La Psychanalyse*, de onde partimos, mas também o título original do relatório que deu origem a *O discurso de Roma*: "Função da fala na experiência psicanalítica e relação do campo da psicanálise à linguagem." Essa dupla referência à fala e à linguagem permite precisar a questão posta acima: "[...] uma vez reconhecida a estrutura da linguagem no inconsciente, que tipo de sujeito podemos conceber-lhe?" (E, p. 814).

"A forma pela qual se exprime a linguagem, define, por si só, a subjetividade" (E, p. 299). Foi assim que foram redefinidos, no início da década de 1950, os rumos não apenas da técnica psicanalítica, mas também seus fundamentos teóricos e, por extensão, seu interesse filosófico. Qual a relação do campo da psicanálise e do campo da linguagem? Passar da linguagem ao sujeito, a partir da estrutura do inconsciente, era o desafio maior daquele momento, que ficou conhecido como retorno a Freud. Por isso, reduzir o interesse de Lacan pela linguagem ao interesse de inventar uma espécie de "terapia linguística" é colocar a perder o essencial. O interesse da questão da linguagem é um tanto mais vasto, mas nem por isso menos preciso. Se a subjetividade se funda na linguagem é porque esta última é "imperativa em suas formas, mas inconsciente em sua estrutura" (E, p. 278). O que o campo da linguagem empresta ao inconsciente freudiano é, pois, uma vitalidade e uma fecundidade filosófica até então apenas latente. Primeiro porque, ao situar o inconsciente freudiano como o termo médio que permite passar da linguagem ao sujeito, Lacan, de maneira nada inadvertida, toma de assalto um vocabulário eminentemente filosófico e conclama interlocutores à altura do debate, como Descartes, Hegel, Heidegger, entre tantos. O interesse filosófico da campanha salta aos olhos: muito mais do que justificar uma *práxis*, Lacan confere ao inconsciente freudiano a função de mediar conceitos tradicionalmente pertencentes à ordem filosófica, fazendo de sua reconstrução da psicanálise também uma intervenção nos quadros mais gerais do pensamento. Mais precisamente, o inconsciente estruturado como uma linguagem permite operar a passagem de um conceito tão caro à filosofia moderna quanto obsoleto na filosofia contemporânea – o sujeito – a um tema que, ao contrário, é tão central na contemporaneidade quanto pareceu periférico alguns séculos antes – a linguagem. O passo é audacioso, e não são poucos os riscos que sua abordagem encerra.

O fato de que Lacan não seja filósofo, mas um clínico, não quer dizer que suas teses sobre a linguagem, o sujeito ou a verdade sejam desprovidas de interesse filosófico, tampouco que seu domínio de validade restrinja-se ao domínio da clínica psicanalítica. Mal comparando, Descartes, em seu tempo, era ainda um matemático e um físico, interessado também em questões empíricas.[19] Seu *Discurso do método* é antes de mais nada o prefácio a três ensaios como cientista: *Dioptrique, Météores* e *Géométrie*. A obsolescência de sua física não diminui o interesse filosófico do método que lhe precede. *Mutatis mutandis*, parte importante da reflexão de Lacan pode ser vista como uma espécie de prefácio à sua clínica, ou, mais precisamente, como um desvio que permite tornar pensáveis os modos de manifestação do fato clínico, isto é, que permite tomar o que se passa numa análise como verdade. Mas a analogia encontra aqui seu limite, porque não apenas o "prefácio" tem interesse filosófico: os processos

---

[19] E o mesmo pode ser dito de quase todos os mais importantes filósofos. Pelo menos até Hegel, quase todos os filósofos são também cientistas ou políticos, etc.

de subjetivação que ocorrem na clínica psicanalítica ocorrem também, em algum grau, em espaços não clínicos.[20]

A abertura de um espaço de negociação entre filosofia e psicanálise, que Freud havia deliberadamente mantido o mais restrito possível, se inicia, pois, com o interesse de Lacan de redesenhar o lugar da psicanálise no quadro geral do saber, buscando afastar a tendência quase inercial de inserir a psicanálise como capítulo da psicologia. O diálogo estabelecido com a tradição filosófica tem sentido neste contexto. Ao comentar a necessidade de encontrar equivalências entre o vocabulário freudiano e os vocabulários da antropologia e da filosofia, ele chega a afirmar: "Mas parece-nos que esses termos só podem se esclarecer ao estabelecermos sua equivalência na linguagem atual da antropologia, e mesmo nos últimos problemas da filosofia, onde freqüentemente a psicanálise só tem a ganhar (E, p. 240, tradução modificada)."

A conferência que ficou conhecida como *O discurso de Roma* começa por analisar os descaminhos tomados pela psicanálise em seus desenvolvimentos pós-freudianos. Nos anos 1930-1940, a técnica psicanalítica parece desvirtuada. Os conceitos freudianos mais importantes, eclipsados. Aos defensores de uma psicologia do eu autônomo, Lacan vai, muito em breve, propor sua releitura do "cogito freudiano", [*Wo Es war...*], que parece ter como premissa escondida a ideia de que "o eu não é senhor em sua própria casa". Passando ao largo da inestimável relevância clínica da primeira parte de *Função e campo da fala e da linguagem em psicanálise*, o que interessa mais de perto, à guisa de introdução, por seu alcance mais propriamente epistemológico, é a segunda parte do artigo, em que o símbolo será definido como estrutura, e a linguagem, como limite do campo psicanalítico. Com efeito, a partir de 1953, a linguagem deixa de ser um meio para constituir um campo: o campo epistêmico-conceitual onde se definem a estrutura e os limites tanto da teoria quanto da *práxis* psicanalítica.

Em primeiro lugar, a linguagem não é apenas um instrumento ou um meio. Mas nem por isso ela pode ser reduzida apenas à sua função expressiva, pois criticar a redução da linguagem a funções referenciais e pragmáticas não implica recusar que essas funções descrevam determinados aspectos do uso da linguagem. A linguagem não perde sua função cognitiva de referir, ainda que obliquamente, objetos, ou de comunicar, ainda que pela via do mal-entendido. Funções cognitivas e comunicativas, no entanto, dependem do complexo concurso de diversas instâncias. O significante, sozinho, não refere, nem comunica: precisa encadear-se simbolicamente, imiscuir-se no imaginário, tocar o real, etc. Mas o ponto principal é que antes de pensar a linguagem como função é preciso tomá-la

---

[20] Não por acaso, Freud trabalhou o conceito de sublimação a partir de artistas que, escusado dizer, não fizeram análise...

como estrutura. E é neste sentido que a linguagem passa a ser o *campo* onde se constitui a subjetividade, fornecendo esquemas conceituais e tramas simbólicas que, em alguma medida, determinam o modo como o sujeito se relaciona com o mundo e com outros sujeitos. Importante frisar que nada disso contudo implica alguma forma de solipsismo linguístico ou de relativismo epistêmico. Porque a noção de sujeito construída por Lacan guarda estreita conexão com a alteridade e com a verdade, como veremos no momento apropriado.

O ponto que interessa nesta introdução é que o sujeito vai se definir *na* linguagem não apenas do ponto de vista de sua constituição psíquica, mas também em termos do modelo conceitual mobilizado para descrever essa constituição; não apenas do ponto de vista da materialidade de sua existência como sujeito, mas também em termos de como essa materialidade pode ser apreendida conceitualmente; em uma palavra, não apenas do ponto de vista do sujeito singular que procura um analista, mas também do ponto de vista de como uma linguagem pode dizer esse sujeito. Para dizer sem rodeios, o sujeito não mais pode ser definido a partir dos lugares e dos discursos de onde tradicionalmente se parte. Nem a maior ou menor opacidade a si de sua consciência ou capacidade de autorreflexão sobre estados interiores; nem a autodeterminação da vontade ou sua negação; nem a função de sintetizar o diverso da experiência; nem sua natureza moralmente boa ou viciada; tampouco a configuração cognitiva de sua mente, a disposição anatômica do corpo, a fisiologia dos estados neurais ou a fenomenologia de seu comportamento serão parâmetros para definir o sujeito do inconsciente, tal como o entende Lacan. Em todos os casos acima supõe-se que um esquema conceitual preexistente seja capaz de assimilar a radicalidade do gesto freudiano de fundação do sujeito. Se Lacan quer inserir Freud na história da razão, é para mostrar a ruptura que ele engendra. Não por acaso, o provocante *slogan*: "a razão desde Freud".

Mas, além de tudo isso, a linguagem incidirá, enquanto limite, na própria elaboração conceitual da psicanálise, implicando uma mudança decisiva em seu quadro de referências: não mais a biologia, a física ou a economia, que emprestaram a Freud modelos de inteligibilidade, mas a linguística, a matemática, a etnologia, etc. Nem é preciso dizer que o recurso lacaniano a disciplinas conexas, como a linguística ou as matemáticas, nunca se contenta com o mero empréstimo conceitual ou de métodos. Ao contrário, toda importação pagará o devido tributo à especificidade do campo em que se vai instalar.

Dois aspectos são aqui principais: (i) em primeiro lugar, a linguagem é condição do inconsciente (primeiramente no plano ôntico-ontológico, depois no plano ético) e (ii) em segundo lugar, a linguagem é condição da psicanálise (plano epistemológico, mas também estético). Tal nos parece ser o escopo epistemológico principal do escrito *Função e campo da fala e da linguagem em psicanálise*. Quer mostrar que, ou a psicanálise é capaz de retomar os fundamentos que ela toma na linguagem ou ela perder-se-á na confusão das línguas. Trata-se de renovar na psicanálise "os fundamentos que ela retira da linguagem" (E, p. 239). Impõe-se, pois, o veredicto: a psicanálise é uma ciência, melhor, um discurso à procura de um idioma.[21]

Cabe assinalar aqui um aspecto da passagem acima citada: a psicanálise só tem a ganhar ao estabelecer a equivalência de seus termos àqueles "últimos problemas da filosofia". Mas quais seriam estes "últimos problemas"? Nas atas do Congresso de Roma, de 26 de setembro de 1953, lê-se: "[...] um ensinamento sempre engajado em qualquer problema atual e que concerne a conceitos dialéticos: fala (parole), sujeito e linguagem, onde esse ensinamento encontra suas coordenadas, suas linhas e centro de referência" (LACAN, *Actes du Congrès de Rome*, p. 242). Se tomarmos como eixo o problema da linguagem e de seu papel na constituição do sujeito, veremos que Lacan não considera que a psicanálise esteja importando uma problemática que lhe é estranha. Para ser condizente com o alcance da obra freudiana, é preciso reinterrogar cada conceito psicanalítico desde seus princípios. Mostrar o fundamento que eles tomam na linguagem. E, ao fazê-lo, mostrar que não há algo como o fundamento do fundamento, isto é, que ao fundar os conceitos psicanalíticos na linguagem a própria conceitualização, a própria textura discursiva da psicanálise está submetida às leis da linguagem. Aqui começa, sorrateiramente, a insinuar-se a questão da metalinguagem e da crítica de sua pertinência. Mas adiemos, ainda uma vez, a entrada no tema.

Toda a operação lacaniana em 1953 parece consistir em trazer a discussão da teoria psicanalítica do campo da psique para o campo da linguagem. Em uma palavra: trata-se de passar do domínio do *aparelho psíquico*, da *vida mental* e da *representação* para o domínio do *aparelho de linguagem*, do *sujeito* e do *significante*. Neste sentido, o projeto lacaniano em alguma medida poderia ser visto como uma espécie de *linguistic-turn* aplicada à psicanálise. Isto é, tratar-se-ia da passagem do paradigma da consciência, que domina a cena da filosofia moderna a partir de Descartes, ao paradigma da linguagem, do qual o século XX é, a um tempo, agente e testemunha. Mas, outra vez, a analogia encontra seu limite: porque é através da linguagem que se pretende recuperar precisamente o conceito de sujeito, a partir da subversão do cogito cartesiano, e o conceito de verdade, numa operação nada trivial de leitura de Hegel e de Heidegger. Como se a *linguistic-turn* permitisse não a superação da subjetividade moderna, mas sua plena realização.[22]

---

[21] Só a partir de *O avesso da psicanálise* (S. XVII) é que Lacan consegue elaborar definitivamente a questão, ao formalizar as estruturas do discurso. Nesse momento o discurso analítico irá ganhar seu lugar próprio, distinto dos demais. Até então, tudo se passa diferentemente. Quanto ao emprego do termo *idioma*, reivindicamos a definição dada por Pichon: "[...] um idioma pode se definir: um modo específico de pensamento" (cf. ARRIVÉ, 1994b, p. 142).

[22] Um pouco no sentido de que apenas a desconstrução heideggeriana do cogito cartesiano permitisse o passo fundamental dado por Lacan alguns anos mais tarde de fazer remontar o sujeito

Do ponto de vista conceitual, esse projeto é já bastante claro desde Roma. Ainda nas atas de sua intervenção no Congresso de Roma (1953), pode-se ler: "[...] os conceitos da psicanálise se apreendem em um campo de linguagem" (OE, p. 145, trad. modificada). Com efeito, na economia do pensamento lacaniano, não há lugar para "psiquismo", "mente" e seus termos correlatos. Ninguém mais do que Lacan "procurou rejeitar uma visão simplista da 'psique', assimilada à interioridade do sujeito cuja superfície externa seria o corpo" (COTTET, 1999, p. 11). A terminologia propriamente lacaniana pertence a outro tronco linguístico: sujeito, Outro, objeto, significante, alienação, saber, verdade, etc. Mas o que significa fundar a psicanálise na linguagem? De que espécie de fundamento se trata aqui? Estaríamos diante de uma epistemologia de colorido kantiano, interessada em encontrar a matriz transcendental da experiência psicanalítica, ou as condições de possibilidade da ciência do inconsciente?

Numa primeira aproximação poderia parecer que sim. Certamente, a condição de inteligibilidade dos conceitos psicanalíticos é o campo da linguagem, e é Lacan quem o demonstra, em não poucas ocasiões. Neste sentido, fundamentar funciona – um pouco – no sentido de oferecer uma linguagem na qual os problemas podem ser formulados, os conceitos, articulados, a técnica, empregada. Trata-se, parece, de fundamentar no sentido de definir uma estratégia de inteligibilidade apropriada à psicanálise. Não sem correr o risco de uma analogia apressada, e até mesmo grosseira, arriscaríamos a comparação seguinte. Mais ou menos como Galileu dá um passo a mais em direção à consolidação do sistema copernicano, ao propor que a linguagem da natureza é a língua dos números, determinando os limites da ciência do movimento – aquilo que não pode ser apreendido em termos de figuras, números ou relações não pode pertencer ao campo da física –, Lacan dá um passo a mais no sentido de fortalecer a hipótese do inconsciente, mostrando que a psicanálise, se quer pertencer ao universo da precisão, se quer manter-se fiel à vocação científica que Freud nunca abandonou, precisa encontrar seus fundamentos no campo da linguagem. Mais ou menos do mesmo modo como Galileu proclama que "a natureza está escrita em caracteres matemáticos", Lacan insiste que "o inconsciente está estruturado como uma linguagem". Mesmo ao tentar tratar daquilo que estaria no fora-linguagem (Coisa, real, "a", Isso...), é preciso articular como esses elementos se presentificam na experiência: como falta, limite, buraco, furo. A Coisa, por exemplo, é definida por Lacan como aquilo do real que padece do significante. Não é possível prescindir da linguagem, mesmo para falar daquilo que estaria para além ou para aquém dela. Mas, ao mesmo tempo, não adianta descontar do resultado aquilo que pareceu

---

freudiano do inconsciente ao sujeito da ciência cartesiano, ponto que será detalhado mais à frente. Zizek (2009) faz uma leitura detalhada do ponto.

acrescentado, "o modo de atuação do instrumento" (HEGEL, 1992, p. 64). É claro que o recurso, que se manifesta bastante precocemente no ensino de Lacan, à letra, à topologia e ao matema são tentativas de formalizar não discursivamente aquilo que ultrapassaria o discurso. Por isso Lacan nunca se cansou de repetir: "não há metalinguagem".

Mas a analogia com Galileu, e a vizinhança com uma epistemologia kantiana, encontra seu limite justamente na impossibilidade da metalinguagem. O limite é algo tênue, e por essa razão sua correta demarcação apresenta interesse. E este limite é tênue por duas razões. (1) Encontrar os fundamentos que a psicanálise toma na linguagem consiste em restituir "o grão de verdade" da experiência freudiana. É, pois, sob o crivo da *verdade* que Lacan pretende submeter seu projeto de reconstrução da psicanálise, um passo *além*, portanto, do esforço de justificação ou de descrição de condições de possibilidade, um passo *além* de uma epistemologia de inspiração kantiana. Mas essa restituição do grão de verdade não se confunde com um trabalho de elucidação de tais condições epistemológicas. Antes, tal reconstrução estabelece, no próprio movimento do discurso, sua relação com a verdade e com a instauração de uma linguagem que é campo, o campo da experiência do processo de uma verdade. Projeto ambicioso, e em certa medida até mesmo ingênuo, na medida em que *cruza,* num movimento muitas vezes vertiginoso, referências tão díspares como, de um lado, a noção de estrutura da linguagem tal como formalizada a partir do estruturalismo e, de outro, a dialética hegeliana do saber e da verdade (como mostrarei ao longo do Capítulo 1). Não fosse pela sofisticação do aparato conceitual e das estratégias discursivas mobilizadas para a empreitada, como também pela consciência dos limites e desafios inerentes a ele, o projeto tinha tudo para naufragar, ali onde teve êxito.

E aqui encontramos a segunda razão, um passo *aquém* da epistemologia. (2) "Estrutura", para Lacan, não é esquema transcendental, não é forma pura à espera de um conteúdo: o esforço em criticar a metalinguagem, isto é, de desfazer a crença no Outro do Outro quer dizer exatamente isso. O termo "transcendental" – e o que ele designa – equivale, no idioma lacaniano, a "Outro do Outro", justamente aquele que não existe, e que não precisou esperar a invenção do objeto *a* para deixar de existir. Não há um momento epistemológico preparatório, relativo às condições de inteligibilidade do fenômeno analítico. Por isso a ideia de refração é tão central.

> Se o exame do conhecer – aqui representado como um meio – faz-nos conhecer a lei de refração de seus raios, de nada nos serviria descontar a refração no resultado. Com efeito, o conhecer não é o desvio do raio: é o próprio raio, através do qual a verdade nos toca. Ao subtraí-lo, só nos restaria a pura direção ou o lugar vazio (HEGEL, 1992, p. 64).

O principal limite, o desafio mais importante é justamente o desafio de conservar a centralidade do problema da verdade, mas no limite estreito que a crítica à metalinguagem permite, isto é, num contexto em que a legitimação da verdade se depara com dificuldades, aparentemente, intransponíveis. Como veremos ao longo do primeiro capítulo, a verdade aparece na experiência analítica como um *processo* ordenado segundo uma certa lógica e uma certa dialética. Essa lógica ficou conhecida como lógica do significante, e essa dialética, como dialética do desejo. A arquitetura desse empreendimento consiste num esforço de fazer funcionar concomitantemente certos procedimentos formais importados do estruturalismo (como a primazia e linearidade do significante) e certas operações herdadas da tradição dialética hegeliana (como a discordância saber *versus* verdade). Mas essa arquitetura só se sustenta porque sua engenharia não é outra que o esforço de pensar a experiência freudiana.

Como fundar a psicanálise na linguagem, mas sem o apoio de uma metalinguagem? Isto é, como prescindir do caráter profilático, até mesmo terapêutico, que o recurso à metalinguagem disponibilizaria? Essas perguntas se desdobram imediatamente em questões concernentes à natureza da verdade e ao problema do estilo. É isso que este livro pretende demonstrar. A impossibilidade de encontrar um fundamento último não exime da tarefa do "franqueamento das teses pela elucidação dos princípios" (E, p. 240). É uma estrutura similar a essa que nos interessa mais de perto. Ao definir a psicanálise como "método de verdade" (E, p. 242), mas afastando no mesmo gesto a metalinguagem como horizonte de legitimação desse método, Lacan é obrigado a forjar estratégias para tratamento do problema, estratégias que levam em conta o problema do estilo, como demonstraremos ao final do trabalho. Ao forjar a estrutura paradoxal – mas consistente – desse espaço, Lacan fornece o modelo para pensarmos alguns temas mais propriamente clínicos. O exemplo mais diretamente concernido é relativo à posição do analista e ao estatuto e aos limites da interpretação e do ato. Mas outros temas podem ganhar, indiretamente, alguma inteligibilidade. Penso, especificamente, no problema da formação do analista e no problema do final de análise. No que tange à formação do analista, a crítica lacaniana da análise didática pode ser melhor justificada se pensarmos a análise didática como um caso de crença numa garantia última do ato analítico, estruturalmente similar à crença na metalinguagem, como se fosse possível fazer uma espécie de terapia da terapia. No que concerne ao final de análise, o modelo é ainda mais promissor, porquanto permite pensar uma verdade "subjetiva", despojada de garantes simbólicos, e que se manifesta muito mais num certo estilo do sintoma. Uma verdade que não deixa de ser verdade por não encontrar o índice derradeiro que seria suficiente para legitimá-la, mas que não deixa de ter interesse "objetivo".

Porque, se a solução sintomática é radicalmente singular para um sujeito e não tem valor de paradigma, o que o final de análise testemunha, ao contrário, tem valor não apenas para aquele sujeito. É o que indicam os dispositivos acerca do final de análise e de sua transmissão.

Mas antes de fazê-lo, cabe ainda considerar algumas questões prévias, a fim de desenhar com mais clareza em que *registros* do discurso se move a problemática aqui estudada. Isso porque Lacan sempre insistiu no cofuncionamento de estratégias discursivas que, na falta de melhores termos, podemos qualificar como ciência e estilo, ou, se quisermos, matema e poema. Qual a natureza deste cofuncionamento?

§5 Onde as luzes fazem furo

> *O homem, e não Deus, é um composto trinitário.*
> JACQUES LACAN

Lacan propôs a tríade Real-Simbólico-Imaginário. Em linhas gerais, pode-se dizer, com Milner (2006, p. 8), que "nada poderia ser imaginado, isto é, ser representado, a não ser por **I**, nada pode existir a não ser por **R**, nada pode se escrever a não ser por **S**". A história do pensamento de Lacan funde-se com a história das tentativas sucessivas de delinear os contornos desses três registros da experiência, assim como de formalizar seu estofo e suas interseções. A tríade RSI é, ao mesmo tempo, o dispositivo maior que torna possível repensar o estatuto da experiência analítica e a teoria desse dispositivo. Do "esquema R" proposto em *De uma questão preliminar*... aos nós borromeanos do seminário *Le sinthome*, assistimos a uma reconstrução constante dos conceitos psicanalíticos (o inconsciente, a pulsão, o sujeito, o objeto, o Outro, etc.), assim como de um exercício obstinado de reformulação dos princípios que governam essa reconstrução (o peso e a disposição de cada um dos três registros). Segundo J.-A. Miller:

> A série encetada por RSI, e que encontra seu ápice em *O sinthoma*, constitui um retorno de Lacan aos fundamentos de sua própria tentativa, e um questionamento da psicanálise numa profundidade sem igual, e amplamente não percebida, em razão do cuidado de Lacan para furtar ao ouvinte o alcance de seu discurso e de suas virtualidades explosivas (MILLER, 2007, p. 205).

No texto de apresentação da conferência de Lacan de 1953 intitulada *O simbólico, o imaginário e o real*, o mesmo Miller se refere à tríade S-I-R da seguinte forma: "[...] a famosa tríade que sustentará de ponta a ponta a elaboração de Lacan ao longo das três décadas seguintes, até se tornar seu objeto essencial não apenas conceitual, mas matemático e material, sob a forma do nó borromeano" (MILLER, 2005, p. 7).

Paulatinamente, de instrumentos de análise dos fenômenos analíticos, os registros do real, simbólico e imaginário adquirem estatuto de objeto: de modelos de apreensão da realidade, esses registros passarão cada vez mais a ser identificados à própria matéria da psicanálise. Tudo se passa como se, aos poucos, eles fossem perdendo seu caráter de "modelo" análogo à realidade que descrevem e adquirindo homologia formal com o que "descrevem". Arriscaria dizer que, ao contrário do que se imagina, quanto mais a ordem do significante consolida sua autonomia em relação ao signo, quanto mais se afasta da miragem do significado e do sentido, mais e mais o real ganha importância como limite; mais e mais o significante esvazia-se, o real irrompe no próprio discurso, a ponto de Lacan propor "um significante novo", advindo do real. Veremos com detalhamento esse ponto quando estudarmos a distinção lacaniana entre metáfora e ficção (Capítulo 3). Como se o significado fosse, ao fim e ao cabo, o obstáculo maior a ser superado a fim de que, com seu fracasso, o real pudesse se inscrever, ainda que de forma negativa, como impasse *no* e *do* simbólico. A necessidade de uma teoria da letra e da escrita advém disso. "A escrita me interessa, posto que penso que é por meio desses pedacinhos da escrita que, historicamente, entramos no real, a saber, que paramos de imaginar. A escrita de letrinhas matemáticas é o que suporta o real" (S. XXIII, p. 68).

Aqui a distância com o discurso filosófico se estende ao máximo: pois o esforço deste último consiste em pensar que "deve haver" uma relação entre significante e significado (S. XX, p. 42), que "deve haver" um *ser* que sustenta o uso da cópula, deve haver um ser que garante que "aquilo é o que é" (S. XX, p. 44). Para Lacan, ao contrário, é exatamente através do esvaziamento do sentido que podemos apreender algo do real.

Durante todo esse percurso da década de 1950 em diante, é mantida a ideia de uma formalização conceitual de inspiração matemática. Da lógica do significante ao matema (e para além), trata-se da história das tentativas de construção de uma álgebra dos efeitos das identificações, do inconsciente e da pulsão no sujeito. Mas nem mesmo no momento mais "formalista" Lacan desconsiderou os impasses da formalização. Para começar, podemos dizer que a formalização matemática tende para a univocidade, entretanto não é possível prescindir da linguagem natural, ainda que apenas para explicitar a terminologia dessa formalização. "A formalização matemática é a escrita, mas que só subsiste se eu emprego, para apresentá-la, a língua que uso. Aí é que está a objeção – nenhuma formalização da língua é transmissível sem o uso da própria língua" (S. XX, p. 161).

O problema é que, na linguagem natural, não há univocidade semântica (virtualmente possível unicamente em sistemas formais restritos a certos domínios da lógica, da matemática e de domínios estreitamente conexos). A linguagem "natural" ou "ordinária" é o reino da equivocidade (como veremos no Capítulo 1). Ocorre que o discurso que toma a linguagem como objeto é também ele tecido de linguagem. Por essa razão, não é por negligência que Lacan faz uso dos equívocos da linguagem, nem "por desconhecer o veto cientificista que recai sobre eles", mas, como escreve Adorno (2003a, p. 43), para "recuperar aquilo que a crítica do equívoco, a mera distinção de significados, raramente alcançou". No caso de Lacan, isso quer dizer que a visibilidade do objeto não desmente sua opacidade, nem seu caráter refratário ao sentido. Não é possível fazer *tabula rasa* de que conceitos estão enraizados na linguagem, e que mesmo a mais completa formalização nunca é sem restos. Mesmo a série de metalinguagens é, admitem os lógicos, virtualmente infinita, pois a resolução de problemas em um determinado nível linguístico acaba lançando um resíduo dessa solução para o próximo nível.

É preciso observar que Lacan não lamenta o aspecto equívoco da linguagem, mesmo se a pretensão de empregar um sofisticado aparelho formal – teoria dos conjuntos, grafo, topologia, matema, nós, etc… – pudesse sugerir o contrário. Por que, então, perguntam os impacientes, mobilizar todo esse formalismo? Por que não abrir mão de toda essa pretensão formal e simplesmente descrever, pragmaticamente, a multiplicidade dos usos possíveis da linguagem?

A situação aqui é similar à acusação levantada contra Jakobson acerca de seu "formalismo". Levanta-se a objeção de que o estruturalismo jakobsoniano é demasiado formal, indiferente para com o "conteúdo" e para com o "singular". A essa objeção responde Todorov (1996, p. 382): "[...] aqueles que o acusam de 'formalismo', ou se apressam em declarar que o formalismo está ultrapassado, não se dão conta de que suas acusações se apóiam numa dicotomia *a priori*, que opõe a 'forma' ao 'conteúdo' ou às 'ideias'". Esse gênero de objeção negligencia o fato de que o formalismo jakobsoniano nunca descuidou do esforço de situar a experiência poética, principalmente de Novalis e de Mallarmé, não na periferia da linguagem, mas em seu interior. O caráter excepcional da teoria da linguagem de Jakobson decorre de que ela "não admite a oposição entre norma e exceção. Se uma teoria linguística é boa, ela deve poder explicar não apenas, digamos, a prosa utilitária neutra, mas as criações verbais mais rebeldes de um Khlebnikov, por exemplo" (TODOROV, 1996, p. 385). Essas considerações valem integralmente para Lacan, se acrescentarmos que ao psicanalista interessa não apenas a prosa utilitária neutra da linguagem ordinária (trocas intersubjetivas) e do discurso da ciência (proposições empíricas), mas também as criações verbais (isto é, associações-livres, atos falhos, relatos de sonhos, lapsos, chistes, etc.) de um Schreber, de uma Dora, de um homem dos ratos, de um Joyce (isto é, de um psicótico, de uma histérica, de um obsessivo, de um *sinthoma*). Do ponto de vista que interessa o inconsciente e a pulsão não há algo como prosa utilitária neutra, isenta de ressonâncias subjetivas, como gostariam de crer, alfineta Lacan, os filósofos ingleses. Para estes é claro como a água (*dur comme fer*) "que a palavra não tem efeito [...]. Eles não imaginam que as pulsões é o eco no corpo do fato de que há um dizer" (S. XXIII, p. 17), pois o campo da linguagem estende-se entre dois limites: "[...] das homofonias que há e da metalinguagem que não há" (Milner, 2006, p. 32). Em outras palavras, o campo da linguagem estende-se entre o aspecto pragmático, relativo aos efeitos da palavra sobre os sujeitos e sobre o real, e o aspecto simbólico, relativo à estrutura significante.

Como sabemos, Lacan postula a equivalência paradoxal do sujeito da psicanálise e do sujeito da ciência. Não obstante, se é verdade que ele alarga a concepção de ciência, indo além da vertente positivo-naturalista idealizada por Freud, é igualmente verdadeiro que ele é cônscio dos *limites* da formalização científica. A singularidade inelutável do sujeito, a contingência das experiências fundamentais da constituição subjetiva, os impossíveis concernentes à representação psíquica ou mesmo simbólica do sexual, o insondável do gozo feminino, o real como perda ou dejeto de uma operação simbólica, etc... podem ser colocados sob a rubrica geral de *impasses da formalização*.

Como dizer da *singularidade* sem cair numa hipóstase do não conceitual, sem abrir mão da vocação de ciência, sem sucumbir à crença relativista numa verdade puramente subjetiva? No mesmo sentido, como sondar a constituição dessa subjetividade singular a partir de experiências *contingentes*, inacessíveis à reconstrução histórica a partir de processos simples de rememoração? Como falar do aspecto pulsional do sexo, que, por sua natureza peculiar entre psíquico e somático, permanece opaco ao entendimento? Como abordar este "continente negro" do gozo feminino, ou este real que, justamente, define-se por sua resistência ao sentido? Como, finalmente, sustentar o esforço do matema diante de um quadro tão complexo, que parece requerer muito mais a sensibilidade do poeta do que do matemático?

Tudo isso coloca-nos diante de uma série nada trivial de problemas, ainda mais se levarmos em conta os impasses internos à própria formalização lógica ou científica. Não obstante, as principais linhas de força deste trabalho confluem para este ponto, vale dizer, como veremos, para o tipo de racionalidade e de discursividade próprios à psicanálise de orientação lacaniana. Lacan não é nostálgico nem da totalidade, nem do absoluto; o que não faz dele, contudo, um entusiasta do fragmentário e do relativo. Poderíamos dizer acerca dos escritos lacanianos: a dispersão não lhes tira a unidade, nem a inquietação, a constância,[23] pois aquela dicotomia é anulada se atentarmos para o fato de que a objeção relativa ao fragmentário "postula para si a totalidade como algo já dado" (Adorno, 2003a, p. 27).[24]

---

[23] Paráfrase de uma frase de Machado de Assis em *Páginas recolhidas*.

[24] Para uma discussão ampla e sistemática sobre a aproximação entre Lacan e Adorno, ver Safatle (2003).

Talvez caiba como uma luva, para as expectativas da escrita lacaniana, uma expressão cunhada por Adorno: "totalidade do que não é total". Com efeito, no Prefácio à edição dos *Escritos* em livro de bolso, Lacan escreve:"Não há um sem-número de maneiras de jogar uma partida, mesmo que não exista apenas uma" (OE, p. 383). Assim, impasses da formalização não devem ser vistos como deficiência do saber teórico ou incapacidade de apreensão de um suposto todo inacessível ou inefável, mas como modo de incorporação de limites na própria escritura conceitual. Impasses da formalização não devem ser vistos como figuras da impotência. No entanto, passar da impotência à impossibilidade não decorre de um passe de mágica. Minha sugestão, que será discutida no capítulo 3, é que o estilo e o semi-dizer são estratégias que procuram formalizar esses impasses.

O impasse, tomado como impasse e não como impotência, condiciona o desenlace "do quiasma que lhe parece criar obstáculos" (E, p. 889). Por ali, uma espécie de limite interno ao discurso se desenha. Levar em conta os limites da racionalidade não coincide com fazer elogio da irracionalidade, muito pelo contrário. Em *Talvez em Vincennes*, Lacan pergunta: "[...] posso eu indicar que a antítese entre racional e o irracional sempre foi tomada de empréstimo de outro lugar que não a linguagem? O que deixa em suspenso a identificação da razão com o *lógos*" (OE, p. 317). Mas o debate é sempre aquele das Luzes, mesmo se se trata de alargar seus limites, ou mostrar seus fracassos. "Quanto a mim, se proponho à psicanálise a carta/letra como retida [*la lettre comme en souffrance*], é porque nisso ela mostra seu fracasso. E é deste modo que a esclareço: quando invoco então as Luzes, é por demonstrar onde ela faz *furo*" (OE, p. 17).

Evidentemente, no esforço de formalização de impasses não se trata de um esforço de totalização ou de sutura. O dejeto, o resto, o que escapa não são reintegrados sob as espécies do Mesmo, numa espécie de síntese dialética totalizante. Ao contrário, o esforço de recuperá-los através da escritura não pode fazer economia de sua estranheza, alteridade, enfim, da discordância entre saber e verdade que ele quer escrever. Sublinhemos o essencial: a *impossibilidade da metalinguagem* agrupa e sintetiza os diversos fatores que engendram *impasses da formalização*, e, ao mesmo tempo, fornece coordenadas negativas para a *formalização de impasses*. Pois se Lacan partisse de uma posição metalinguística ele anularia "a possibilidade mesma de pôr a discordância como objeto" (SAFATLE, 2002, p. 273). A principal função do estilo no discurso remonta a esse quadro.

Desde o ponto de onde vemos os impasses da formalização, vislumbram-se duas diferentes modalidades de formalização de impasses: uma primeira vertente de inspiração lógica, que culmina na escrita de matemas, de objetos topológicos e de nós, e uma segunda vertente de matiz literário, que culmina num estilo e no semi-dizer. Nos termos de Badiou, essas duas vertentes podem ser descritas como *matema* e *poema*, cuja articulação no pensamento de Lacan foi sempre marcada por uma pulsação própria, um ritmo próprio de aproximação e de distanciamento. Segundo Safatle (2006, p. 37), "o quiasma entre matemática e estética" seria caracterizado por uma "*pulsação instável*". O que as duas vertentes têm em comum é justamente a centralidade da noção de letra e a distinção cada vez mais forte entre fala e escrita. Nos termos que propõe Safatle: "[...] haverá um movimento capaz de transformar o *impossível de escrever* numa *escritura do impossível*".[25] Que movimento é esse? Não estamos diante de mais um quiasma vazio, mera palavra de ordem? Ou tal movimento informa um programa de pesquisas, com resultados tangíveis? Ao final do trabalho, esperamos ter respondido a perguntas como essas.

§6 Nota sobre a recepção do pensamento de Lacan: nem Sokal, nem Derrida

A recepção da obra de Lacan é, para dizer o mínimo, heterogênea. Em primeiro lugar, há os analistas.[26] Embora mesmo entre os analistas não haja consenso sobre a validade e a operatividade da teoria e da técnica lacaniana, uma coisa é certa. Tanto do ponto de vista doutrinal quanto do ponto de vista clínico, milhares de psicanalistas no mundo inteiro praticam diariamente a psicanálise de uma maneira que não seria possível fazer antes de Lacan. Entre aqueles analistas que não aderem à orientação lacaniana e que se filiam a outras escolas, Lacan é frequentemente visto como obscuro e como alguém que introduziu complicações teóricas desnecessárias na psicanálise, além de frequentemente seu nome ser associado a um dogmatismo teórico intransigente e a uma política de formação de grupos sectária. Mas mesmo entre esses, encontramos uma gama enorme de analistas não lacanianos que incorporou pelo menos duas ou três ideias lacanianas centrais: a ideia de que a clínica lida com um "sujeito"; a ideia de que a prática da *talking cure* exige que o analista assuma alguma teoria não trivial da linguagem, seja ela qual for; a ideia de protocolos de cura desvinculados da dissolução de sintomas, ou seja, que o objetivo de uma análise não se reduz à queixa do sujeito relativa a seu sintoma; a ênfase na formação do analista, etc., tudo isso foi incorporado no cotidiano de analistas, em proporções variadas. Além disso, a prática lacaniana não se confina a consultórios particulares e se estende a instituições, hospitais e outros dispositivos de saúde mental, mais do que qualquer outra orientação teórica em psicanálise jamais o fez.

---

[25] Ver seminário proferido por Safatle no Colégio Internacional de Filosofia de Paris, intitulado *Écrire les impossibles*.

[26] Na cronologia apresentada em *The Cambridge Companion to Lacan*, o editor refere que "vinte anos após a morte de Lacan, a França tem a maior proporção de psicanalistas per capita no mundo, com algo perto de 5.000 analistas. Há mais de 20 associações psicanalíticas na França e pelo menos 15 delas são lacanianas em sua inspiração."

Fora dos meios analíticos, a recepção da obra é igualmente variada. Não vou falar por enquanto sobre filósofos como Badiou ou Zizek, que incorporaram categorias lacanianas em seus empreendimentos filosóficos, pois estes serão referidos neste trabalho a todo momento. Neste momento, vou limitar meu comentário apenas ao campo filosófico e mesmo assim apenas a um único aspecto, mais diretamente concernido pelo tema de minha pesquisa. Trata-se do tipo de *racionalidade* em funcionamento na obra de Lacan, isto é, seus procedimentos teóricos, seus contornos discursivos, seus compromissos e rupturas para com a tradição e para com o saber estabelecido por esta. Duas leituras radicalmente opostas do mesmo problema nos dão uma amostra significativa do arco que cobre a recepção de Lacan.

Mais ou menos recentemente, uma polêmica que se relacionava diretamente à obra de Lacan ganhou as páginas dos jornais. Sokal e Bricmont acusavam Lacan (e diversos outros) de *impostura intelectual*. O livro começava por caracterizar a corrente intelectual a que se filiaria Lacan como "pós-modernismo", definido pela "rejeição mais ou menos explícita da tradição racionalista do Iluminismo, por discursos teóricos desconectados de qualquer teste empírico, e por um relativismo cognitivo e cultural" (SOKAL; BRICMONT, 1999, p. 15). Os autores pretendiam mostrar que os pós-modernos: (i) abusam de terminologia científica "sem se incomodar muito com o que as palavras realmente *significam*"[27] (p. 18); (ii) importam conceitos das ciências naturais apoiados apenas em vagas analogias, sem justificação conceitual ou empírica suficiente; (iii) ostentam erudição superficial a fim de impressionar e intimidar seus leitores; (iv) manipulam frases e sentenças "carentes de sentido", manifestando "extraordinária indiferença para com seu significado" (p. 19). No caso específico de Lacan: sua matemática é "extravagante"; "suas analogias entre psicanálise e matemática são as mais arbitrárias"; ele ostenta "erudição superficial e manipulação de sentenças sem sentido". Além disso, "sua atitude diante da ciência" leva a extremos os formalismos teóricos e os jogos de palavras, em "detrimento da observação e da experiência" (p. 47). Finalmente, os defensores de Lacan acabariam professando uma espécie de religião ao dizer que seu discurso não deve ser avaliado nem como ciência, nem como filosofia, nem como poesia (p. 47-48). Tudo isso faria pensar numa espécie de "misticismo laico": o discurso lacaniano visa "provocar efeitos mentais que não são puramente estéticos, e sem se direcionar, de modo algum, à razão" (p. 47). Além disso, o estilo de Lacan é mais e mais enigmático, "combinando jogos de palavras com sintaxe fraturada" (p. 48). O panfleto de S&B injetou argumentos para outras empreitadas do mesmo gênero, como o livro de Bouveresse sobre o abuso das letras no pensamento, *Prodiges et vertiges de l'analogie* (1999), e, ainda mais recentemente,

---

[27] Infelizmente, o grifo é dos autores. Gostaria que fosse meu.

em outro campo, mas dentro desse mesmo espírito, *Le livre noir de la psychanalyse* (MEYER, 2005). Outros autores já haviam tentado coisas semelhantes, como Mounin (1970), centrado também na análise de traços do estilo de Lacan. O que, finalmente, todas essas críticas têm em comum é a acusação de irracionalismo.[28]

Coisa curiosa. Do outro lado do arco, temos a recepção de Lacan por Jacques Derrida. Complexa, cuidadosa e, sem sombra de dúvida, nada panfletária, a leitura de Derrida interessa aqui para contrapor, quase ponto por ponto, aquela que acabamos de resumir acima. Publicado pela primeira vez em 1975 na revista *Poétique*, o artigo "Le facteur de la vérité" censura a Lacan justamente o fato de prolongar a metafísica da presença, isto é, o excesso de compromissos e de heranças com a tradição majoritária do racionalismo ocidental. Ao situar a manifestação do inconsciente no registro da fala, Lacan prolongaria a metafísica da voz escondida no fonocentrismo, através do estruturalismo linguístico que ele importa. Além disso, ele não conseguiria romper com o ônus pesado do logocentrismo, ao manter intacto o lugar da verdade, situando "a falta em seu lugar" (DERRIDA, 2007, p. 466, 470)[29] e não conseguir se furtar a dizer a "verdade da verdade" (p. 472). Mais curioso ainda é que justamente o estilo de Lacan é acusado não pelo excesso de jogos de palavra, pelo caráter enigmático ou pelo emprego de sentenças desprovidas de significado. Ao contrário. Embora sua lógica do significante interrompa o "semanticismo ingênuo", o estilo de Lacan serve apenas para "frustrar por muito pouco tempo o acesso a um conteúdo isolável e a um sentido unívoco, determinável além da escritura" (p. 467). Temos um exemplo disso na teoria do Nome-do-pai que funciona num lugar de exceção na estrutura, o que "implode com o quadro de equivalência que deveria existir entre todos os significantes no seu conjunto de oposições diferenciais" (BIRMAN, 2007). Por essas e outras, Derrida vê em Lacan a "cumplicidade estrutural [...] entre a verdade e o fonocentrismo, o falocentrismo e o logocentrismo" (p. 526).[30]

Não é o momento de responder nem a Sokal, nem a Derrida. Ainda que indiretamente, a interpretação que apresento neste livro tem diversos pontos de

---

[28] O que Safatle (2005) comenta a respeito da crítica de Bouveresse a Lacan pode valer aqui em geral: "O resultado são, muitas vezes, despropósitos, como acusar a psicanálise de produzir um psicologismo generalizado e irracionalista que impediria os sujeitos racionais de se responsabilizarem pelos seus próprios atos, isso quando todo o esforço de psicanalistas como Jacques Lacan consistiu exatamente em pensar uma figura despsicologizada do sujeito. Nesse sentido, o que talvez mova Bouveresse nessa certeza de poder dispensar qualquer leitura mais cuidadosa dos autores que critica é a crença de que toda autocrítica da razão será uma contradição performativa que se sustenta naquilo que pretensamente tenta desqualificar".

[29] Mais à frente, Derrida (2007, p. 488) esclarece: "[...] alguma coisa falta em seu lugar, mas a falta nunca falta ali".

[30] Zizek oferece a melhor resposta às críticas de Derrida (Why does a letter always arrive at its destination?). Discussão relevante encontramos também em Birman (2008) e Márcia Rosa (2000).

contato com temas centrais tanto em uma, como em outra crítica, já que abordo temas como ciência, formalização, estilo, verdade, sentido, etc. Ainda que lateralmente, espero que a leitura aqui proposta ofereça subsídios para colocarmos o debate em outro patamar. Por enquanto, limito-me a lembrar duas coisas.

(1) O espaço em que se move a apreciação lacaniana da verdade organiza-se segundo dois limites, que emprestam a ela um caráter ao mesmo tempo cético e dialético. Badiou (2003, p. 16) recenseou as três teses capitais de Lacan sobre a verdade: "(i) há verdade; tese pela qual Lacan recusa os sofistas; (ii) uma verdade é sempre, de uma parte, devedora do dizer, mas, de outra, ela pode apenas ser meio-dita [...]; (iii) Não há critério da verdade. Pois a verdade não é exatamente um julgamento, mas uma operação". Neste sentido, continua Badiou, podemos dizer que a ausência de um critério de verdade distancia a verdade tanto de algum princípio de adequação quanto de um princípio de certeza. Isso "dá ao pensamento de Lacan seu caráter cético" (p. 16). Mas, ao mesmo tempo, "representando a verdade como processo estruturado e não como revelação originária, Lacan garante a seu pensamento um caráter dialético" (p. 16). Essa dupla injunção acaba por estabelecer uma tensão que nos afasta, de um lado, da interpretação derridiana, de outro, da invectiva de Sokal e Bricmont.[31]

(2) Ao modo do "riso filosófico" foucaultiano, lembro finalmente um delicioso comentário de Bento Prado Jr. acerca do suposto irracionalismo de Deleuze:

> Irracionalismo é um pseudo-conceito. Pertence mais à linguagem da injúria do que da análise. Que conteúdo poderia ter, sem uma prévia definição de Razão? Como há tantos conceitos de Razão quantas filosofias há, dir-se-ia que irracionalismo é a filosofia do Outro. Ou, pastichando uma frase de Émile Bréhier, que na ocasião ponderava as acusações de "libertinagem", poderíamos dizer: "*On est toujours l'irrationaliste de quelq'un*" (Sempre se é o irracionalista de alguém). Não, caro amigo, não é necessário defender Deleuze dessa acusação, à qual certamente não lhe ocorreria dar resposta. Basta sorrir (PRADO JR., 2004, p. 256).

Acrescento apenas que, se podemos responder a Sokal e Bouveresse, com "*on est toujours l'irrationaliste de quelq'un*" (sempre se é o irracionalista de alguém), podemos responder igualmente a Derrida: "*on est toujours le métaphysicien de quelq'un*" (sempre se é o metafísico de alguém).

---

[31] Badiou (2003) mobiliza esses argumentos a fim de munir seu combate antissofístico, que, na verdade, é uma batalha contra a filosofia analítica derivada da filosofia dos jogos de linguagem de Wittgenstein. Não é este o escopo do trabalho aqui apresentado. Afinal, como o próprio Badiou o sublinha, Lacan não é "inteiramente compatível" com o desígnio filosófico da refutação da sofística.

Plano do livro

Este livro está estruturado em três capítulos. Todos os três examinam, sob diferentes prismas, essa dupla injunção da verdade em Lacan: (i) a verdade fala sempre; (ii) não há verdade da verdade; todos eles abordam também a tese lacaniana da irredutibilidade da verdade ao saber. O objetivo inicial deste trabalho é esclarecer e desdobrar o impasse contido na pergunta: o que significa afirmar a verdade sem o apoio de uma metalinguagem, ou seja, sem que seja possível dizer a verdade sobre a verdade? Três eixos de pesquisa se impõem: (1) a crítica à metalinguagem como condição de posição do problema da verdade e de suas relações com o saber; (2) o estatuto do saber analítico e a posição da psicanálise em relação à ciência, assim como os limites de uma abordagem epistemológica da racionalidade psicanalítica, na perspectiva dos modos de refração da verdade no saber; (3) as implicações da impossibilidade da metalinguagem e da correlativa irredutibilidade da verdade ao saber na própria *Dichtung* lacaniana, isto é, seus efeitos discursivos, estilísticos. Esses três eixos estruturam a divisão em capítulos.

O primeiro capítulo, "Verdade e metalinguagem", estuda o movimento que conduz Lacan a identificar a tese da impossibilidade da metalinguagem como a condição formal da verdade. Trata-se de um capítulo propedêutico. Mais precisamente, demonstro que a crítica à metalinguagem é o dispositivo epistemológico central que torna impossível a síntese entre saber e verdade no contexto do pensamento de Lacan, na medida em que preserva o caráter irredutível do sujeito e de sua enunciação contingente. Ao rejeitar as diversas figuras da metalinguagem – Outro do Outro, sentido do sentido, verdade da verdade –, Lacan desenha os principais contornos internos e externos tanto de sua teoria quanto de sua prática da linguagem. É nesse contexto que examino o aforismo "eu, a verdade, falo", mostrando a quais problemas clínicos e epistemológicos ele responde. Mostro que o caráter processual da verdade na psicanálise precisa resguardar a dimensão do não sentido dentro dos limites da linguagem válida, para dar guarida à tese freudiana da origem equívoca e contingente da verdade. O afastamento da metalinguagem cumpre função não apenas epistemológica nesse contexto, mas inflete também em aspectos ético-políticos do tratamento lacaniano da verdade e do sujeito. Esse capítulo elege como principal interlocutor Heidegger, buscando auferir os pontos de continuidade e descontinuidade entre as concepções heideggeriana e lacaniana de verdade. Do ponto de vista metodológico, o Capítulo 1 difere dos demais. Nele, examinei, cronologicamente, todas as primeiras ocorrências do termo metalinguagem no momento fundador do ensino de Lacan que constitui os artigos publicados nos *Escritos* e os *Seminários* correspondentes de 1956 a 1964.

O segundo capítulo, "A ciência e o saber", também examina as relações entre saber e verdade, dessa vez sob o prisma do debate acerca das relações entre ciência e psicanálise. Uma vez recusada a perspectiva da metalinguagem, qual o estatuto do saber e da verdade em psicanálise? Como situar o saber analítico diante dessa prestigiosa modalidade de saber que é a ciência? Trata-se, então, de mostrar que a tese da irredutibilidade da verdade ao saber não exime a psicanálise de procurar condições de validade e de racionalidade do saber que ela produz. Se a crítica à metalinguagem situou a enunciação e o sujeito do lado da verdade, como corolário da prática clínica psicanalítica, parece que agora ficamos com um saldo nada fácil de liquidar: uma certa tirania de uma verdade puramente subjetiva e a aporia de uma linguagem carente de estruturas de decisão de sentido. É nesse contexto que a reflexão acerca das estratégias de formalização científica da psicanálise impõe-se. Examino a tese lacaniana de que verdade e ciência excluem-se mutuamente e proponho o que chamei de modelo elíptico das relações entre saber e verdade. Antes, porém, estudo a abordagem wittgensteiniana da cientificidade da psicanálise, mostrando que o principal limite de sua crítica refere-se à impossibilidade de reduzir a sexualidade pulsional da psicanálise a uma gramática das razões e ao registro do sentido. Por contraste, mostro como Lacan busca contornar essas dificuldades fazendo uso de determinadas estratégias de formalização do saber, como o matema e os grafos. A principal interlocução a que o capítulo se dedica é com a reflexão de Wittgenstein acerca da cientificidade da psicanálise. A estratégia se justifica na medida em que a perspectiva wittgensteiniana, amplamente aceita na tradição de pesquisa que vai da filosofia analítica ao pragmatismo, mostra os erros que incorremos quando negligenciamos a distinção entre saber e verdade e quando descuidamos da especificidade do objeto da psicanálise e do tipo de racionalidade que ele instaura. Finalmente, examino a ideia de refração material da verdade em psicanálise e o estatuto da causalidade em Lacan. Isso nos conduz ao terceiro e último capítulo.

Diante das especificidades do objeto da psicanálise, a formalização científica do saber psicanalítico nos deixa diante de uma série de impasses. É destes impasses – e da possibilidade de sua formalização através do estilo – que versa o terceiro e último capítulo, "Estilo e verdade". Ao investigar as modalidades discursivas de enunciação do discurso da psicanálise, examino os usos científico e poético da linguagem, buscando analisar limites e virtudes de cada um deles. Uma certa cartografia do sentido e do não-sentido atravessa o capítulo sob diversas formas e desemboca no estudo do *Witz*. Examino o estatuto teórico do estilo lacaniano, entre matema e poema, bem como investigo algumas controversas práticas estilísticas lacanianas, buscando medir até que ponto elas respondem às especificidades do objeto da psicanálise, à dupla injunção da verdade decorrente da impossibilidade da metalinguagem e à extimidade da psicanálise em relação à ciência. Examino ainda o papel da metáfora no discurso lacaniano e a estrutura ficcional da verdade. Finalmente, tento mostrar em que consiste a tese lacaniana de que o semi-dizer é a lei formal de toda enunciação da verdade e como ela se desdobra no próprio modo de exposição do discurso. Para tanto, contrasto o semi-dizer lacaniano com a retórica wittgensteiniana do inefável. Mais uma vez, o contraste com Wittgenstein, dessa vez do *Tractatus*, mostra a relevância filosófica da perspectiva lacaniana.

Finalmente, apresento dois *excursos* que funcionam como apêndices, respectivamente, aos Capítulos 1 e 2, mas que podem também ser vistos, com alguma vantagem, como uma espécie de *interlúdio,* ocupando, cada um, o intervalo *entre* os Capítulos 1 e 2 e entre os Capítulos 2 e 3. O Excurso I versa sobre verdade e metalinguagem no tratamento do paradoxo do mentiroso, confrontando Tarski e Lacan. Planejada como parte do Capítulo 1, a reflexão acabou ganhando certa autonomia em relação à economia argumentativa do capítulo, o que justificou sua apresentação como apêndice. O mesmo ocorreu com o parágrafo sobre Frege e Lacan, no que concerne aos impasses da formalização lógica. O enfrentamento da questão impôs-se como condição preliminar ao tratamento do problema da formalização de impasses, a fim de auferir até que ponto não passava de uma quimera a constatação da ocorrência inelutável de impasses na formalização lógica. Por isso o excurso sobre Frege justifica-se, pois nele encontramos um dos mais robustos e pioneiros esforços de escrita lógica do real.

Ao final do trabalho pretendo ter demonstrado que o caráter cético da verdade em Lacan fortalece a tese da *irredutibilidade da verdade ao saber*. Em sua figura mais elementar, essa tese coincide com a irredutibilidade do caso ao conceito. Ao mesmo tempo, mostro que o caráter processual da verdade implica que *o consentimento com a equivocidade do sentido é o que condiciona o desdobramento do processo de uma verdade*. A *impossibilidade da metalinguagem* aparece como o dispositivo fundamental cuja função consiste em operar a todo momento a disjunção entre saber e verdade. Ao mesmo tempo, o *cofuncionamento ciência e estilo* na prática discursiva lacaniana é uma exigência relativa à *refração* da verdade.

Exercício de semi-dizer

Todos conhecem a tese lacaniana de que a verdade é estruturada ficcionalmente, que será devidamente abordada no terceiro capítulo. De certa maneira, este livro estrutura-se também em torno de três cenas.

Cena 1. Duas crianças brincam. Uma delas conta uma história, um tanto fantástica, ou explica que a regra do jogo jogado é assim, assado. Desconfiada, a outra pergunta: – "Verdade?"; "–Verdade!" Segue-se um curto silêncio, e depois: "–Verdade verdadeira?"; "–Verdade verdadeira, eu juro." Eis, pois, que essa inocente brincadeira estabelece uma diferença sutil mas radical entre duas verdades: a verdade e a verdade verdadeira. Não por acaso, quando falamos da verdade, na vida adulta, gostamos de acrescentar "pura e simples", "nada a mais, nada além", como que para nos certificarmos de que falamos da verdade verdadeira. Mais do que isso, aquele jogo inocente e astuto de criança nos faz perguntar: o que mais pode garantir a verdade de um enunciado senão sua própria enunciação, com toda precariedade e contingência que o dizer implica?

Cena 2. Cara eu ganho, coroa você perde. O jornal *Die Fackel* publica em junho de 1908, no número 256, uma ligeira sátira em que Karl Kraus provoca: "A ciência de outrora negava a sexualidade dos adultos. A nova pretende que o bebê já experimenta volúpia durante a defecação. A antiga visão era melhor: os interessados podiam, pelo menos, contradizê-la." Algum tempo mais tarde, Wittgenstein afirma que o problema com a interpretação analítica é que o analista tem sempre razão: se o paciente concorda, a interpretação está correta; se o paciente não concorda, a interpretação também está certa: o analista pode sempre dizer que o "não" do paciente resulta de uma resistência inconsciente... Freud escreve, em 1937, "Construções em análise": nem o "sim", nem o "não" do paciente são índices da correção da interpretação ou da construção. A verdade em psicanálise depende de "confirmações indiretas", derivadas da capacidade que uma intervenção tem de produzir efeitos, como rememorações, sonhos, mudanças na posição subjetiva diante do sintoma, da fantasia, do gozo, etc. Freud lembra uma passagem de Hamlet: "[...] às vezes, uma isca de falsidade fisga uma carpa de verdade." A irmã de Wittgenstein, Margarethe Stonborough-Wittgenstein, mais conhecida como Gretl, faz análise por dois anos com Freud. Antes, em 1905, Gustav Klimt pinta seu retrato. Certa vez, Gretl confronta uma intervenção de Freud. Ele responde com o silêncio. Nem cara, nem coroa. Gretl mantém contato com Freud até sua morte.

Cena 3.
– Quem fala? – pergunta Nietzsche.
– É o ser enigmático e precário da palavra, em sua solidão, em sua vibração frágil, em seu nada – responde Mallarmé, através da pena de Foucault.
– Eu, que vagabundeio pelo que considerais como o menos verdadeiro em essência: pelo sonho, pelo desafio ao sentido da piadinha mais gongórica e pelo *nonsense* do mais grotesco trocadilho, pelo acaso, e não por sua lei, mas por sua contingência, eu, a verdade, falo – retruca Lacan.

CAPÍTULO 1
Verdade e metalinguagem

§7 Uma parábola

As pedras, quando preciso, também sabem gritar.
JACQUES LACAN

O presente capítulo descreve a curvatura do arco que liga o aforismo "eu, a verdade, falo" à tese da "impossibilidade da metalinguagem". Surgidas mais ou menos concomitantemente, no ano letivo de 1955-56, esta *tese* e aquele *aforismo* parecem, a princípio, independentes. Mas eis que a parábola distende-se ainda por uma década inteira, o suficiente para que, em seu termo, o arco se feche. Eis a descrição desse termo.

> Emprestar minha voz ao sustento dessas palavras intoleráveis, "Eu, a verdade, falo...", ultrapassa a alegoria. Isto quer dizer, muito simplesmente, tudo o que há por dizer da verdade, da única, ou seja, que não existe metalinguagem (afirmação feita para situar todo o lógico-positivismo), que nenhuma linguagem pode dizer o verdadeiro sobre o verdadeiro, uma vez que a verdade se funda pelo fato de que fala, e não dispõe de outro meio para fazê-lo (E, p. 882).

No instante de seu fechamento, "eu, a verdade, falo" já coincide integralmente com a "impossibilidade da metalinguagem", já quer dizer só isso. A não ser por um senão. Em sua angulação final, quase não sentimos mais algum *páthos* que se insinuava na prosopopeia da verdade, e que tornava "intoleráveis" suas palavras. Agora, no último texto dos *Escritos*, a verdade que fala já pode interrogar seu próprio dizer. E, se ela ecoa ainda, é apenas longinquamente: já perdeu seus contornos alegóricos, e o horror que suscitava já se destilou por completo. E isso pela principal razão de que, naqueles dez anos, a *crítica à metalinguagem* constituiu-se paulatinamente como um *dispositivo de formalização das condições de verdade*, que tornou supérflua a prosopopeia. A principal condição da verdade que a crítica à metalinguagem permite formalizar é o reconhecimento da dignidade ontológica do não-sentido como fato linguístico. Quer dizer, com a crítica à metalinguagem Lacan consegue desidentificar a ordem simbólica e o código linguístico. Essa posição tem consequências não apenas epistemológicas, mas também ético-políticas. A possibilidade de preservar o não-sentido dentro dos limites da linguagem é uma tarefa maior para o estabelecimento das condições formais da verdade, e a crítica à metalinguagem responde a isso. O objetivo deste capítulo é mostrar todo o movimento das principais linhas de força que culminam na ideia de que *a impossibilidade da metalinguagem consiste em um dispositivo de formalização das condições de verdade.*

Dois eixos atravessam o capítulo: no primeiro, reconstruo o contexto teórico e clínico do surgimento da questão da metalinguagem e de sua crítica na obra de Lacan. Esse eixo preocupa-se em investigar cada uma das primeiras ocorrências do termo *metalinguagem*, tanto na obra escrita quanto nos seminários. É claro que as referências teóricas remontam sobretudo à linguística estrutural, especialmente Jakobson e Hjelmslev, que fornecem a Lacan a noção de metalinguagem, e ao positivismo lógico-linguístico de Ogden e Richards, que permitem pensar a metalinguagem como sentido do sentido, e, por essa via, constituem o flanco por onde a crítica lacaniana se insinua, até atingir, um tanto marginalmente, perspectivas como as de Carnap e Tarski (ver Excurso I - §29). No *segundo eixo*, trato mais especificamente do aforismo "eu, a verdade, falo", buscando interrogar os pressupostos filosóficos e medir a dívida de Lacan para com estes. Neste eixo, três autores surgem como referências incontornáveis: Descartes, Hegel e Heidegger. O que esses dois eixos heterogêneos têm em comum é o exercício de mostrar que as questões lacanianas, embora dialoguem com os discursos da ciência, da filosofia e com os estudos sobre a linguagem, relevam sobretudo do campo inaugurado por Freud, tanto em suas questões teóricas quanto clínicas.

A simultaneidade desses dois eixos implica dificuldades e riscos consideráveis para o pesquisador, na medida em que o leque de problemas e de referências se torna grande demais e a abordagem desigual dessas referências se torna inevitável. Mas a natureza do autor estudado não deixa outra saída. A fim de contornar essas dificuldades, tentei, sempre que possível, obedecer à delimitação do tema da pesquisa, tornando os excursos a tantas referências heterogêneas o mais possível pontuais e diretos, mas sem descuidar de reconstruir minimamente os contextos teóricos mais diretamente interessados na discussão.

Quanto à disposição da matéria, julguei preferível, por comodidade, respeitar, sempre que possível, a cronologia dos textos, mesmo ao preço dos diversos cruzamentos entre os eixos linguístico e filosófico. Este capítulo percorre a totalidade das referências de Lacan ao termo "metalinguagem" desde seu surgimento em meados da década de 1950 até o ponto em que a crítica da metalinguagem se cruza com o tema da verdade e se consolida uma tese bastante estável de Lacan acerca da impossibilidade desta. A maior parte do capítulo versa sobre o *corpus* teórico que abrange a produção lacaniana de meados da década de 1950, mas se projeta até a publicação dos *Escritos*, em 1966. De todo modo, não me furtei, aqui e ali, de recorrer a textos de antes ou de depois, privilegiando sempre a inteligibilidade do problema, e não o recorte metodológico. Preferi, às vezes, o risco de um certo sobrevoo, do que o risco do mergulho, que correram outros comentadores. Quando se lê Michel Arrivé, parece que Lacan era um linguista, e que Descartes ou Heidegger nunca desempenharam nenhum papel em seu pensamento; quando se lê François Balmès, Lacan conversa com Hegel e Heidegger de igual para igual, mas parece que ele nunca frequentou Jakobson; com Jean-Claude Milner, temos um Lacan em franco diálogo com a ciência moderna, mas que nunca falou de desejo, e para quem Hegel era uma referência ultrapassada; com Slavoj Zizek, temos um Lacan hegeliano, mas cujo interesse pela questão da ciência não é central.

Seção 1 – Eu, a verdade, falo

§8 *Alétheia* no registro do inconsciente?

A progressiva e constante radicalização da postura crítica de Lacan em relação à metalinguagem é um fato notório. Muito precocemente, ele assinala a "impropriedade da noção" e denuncia sua "falsa aparência"; mais tarde, afirma sua "impossibilidade" e até mesmo a "impostura" e a "canalhice filosófica" que subjaz a empreendimentos filosóficos que se arvoram em operações de natureza metalinguística.[32]

Paralelamente a este movimento, assistimos a um remanejamento das relações entre verdade e saber: num primeiro momento, a análise gira em torno da assunção pelo sujeito da verdade de seu desejo. A figura central desse primeiro

---

[32] Escreve Regnault (1985, p. 9) a propósito do axioma de que "não há Outro do Outro": "[...] o primeiro axioma, aparentemente metafísico, recebe imediatamente uma interpretação lógica, alegando uma hierarquia de níveis, ou de tipos, que ele denuncia – ou desmente – ou nega."

momento é a palavra plena, capaz de desvelar a estrutura de desconhecimento que obstruía a manifestação do ser do sujeito. Mas, alguns anos mais tarde, a temática da palavra plena se perde por completo,[33] depois de diluir-se numa lógica do significante, que, como veremos, será mais e mais desprovido de força denotativa, e cuja vetorização de sentido passará por uma teoria da enunciação como ato subjetivo. Mas quando a temática da metalinguagem surge, ainda um pouco timidamente, no pensamento de Lacan, ela encontra postas as primeiras tentativas de ler o inconsciente freudiano a partir da perspectiva de um discurso da verdade. Num sentido duplo: um discurso *sobre* a verdade do inconsciente revelado pela palavra e um discurso em que a própria verdade tomava a palavra para dizer o inconsciente.

Àquela altura, era frequente na pluma de Lacan uma certa *retórica da verdade*, que caracterizava Freud como uma espécie de porta-voz da verdade. A palavra de ordem do retorno à Freud, no fim das contas, é uma tentativa de restituir à sua experiência o seu "grão de verdade" (E, p. 268).[34] Nesse contexto, a psicanálise é frequentemente referida como "método de verdade" (E, p. 242), e o processo analítico, como um processo de "desmistificação de camuflagens subjetivas" (E, p. 242), isto é, como processo de *realização* da verdade em oposição à alienação (E, p. 312 *et seq.*). É certo que essa concepção será paulatinamente enfraquecida, mas a vinculação do acontecimento-Freud à emergência da verdade é um traço duradouro no pensamento de Lacan. A seguinte fórmula é característica da retórica lacaniana daquele período: "[...] se Freud não trouxe outra coisa ao conhecimento do homem senão a verdade de que existe o verdadeiro, não há descoberta freudiana" (E, p. 408). Ou: "[...] a descoberta de Freud questiona a verdade, e não há ninguém que não seja pessoalmente afetado pela verdade" (E, p. 406).

Talvez essa concepção, um tanto retórica, de que Freud inaugura um capítulo na história da verdade proceda da obrigação de pensar elos entre verdade e determinação subjetiva, e que isso, ao fim das contas, remonte a questões postas pela clínica.[35] É o que parece acontecer por exemplo em "Função e campo", quando, ao tratar certos processos de rememoração próprios da histeria, Lacan localiza na ambiguidade própria à revelação histérica do passado "o nascimento

---

[33] Segundo Safatle (2003), "a palavra plena não se perde por completo, mas se transmuta na questão do ato analítico. Antes disto, ela está presente todas as vezes que Lacan fala sobre simbolização como metáfora. Pois a metáfora é necessariamente uma palavra plena. De qualquer forma, uma lógica do significante dependente de uma teoria da enunciação é ainda uma teoria sobre a palavra plena".

[34] Seria este grão, aquele corpo-estranho, do paradoxo do grão-a-mais (ou do cabelo a menos) que, aliás, só pode ser percebido um pouco tarde demais? (cf. ZIZEK, 1991, p. 30).

[35] Embora não seja pequena a tentação de pensar que Lacan situa o inconsciente freudiano na perspectiva de uma espécie de posfácio ou capítulo IX da *Fenomenologia*, que depois do "Saber absoluto" poderia se intitular "Saber mitigado".

da verdade na fala e, através disso, esbarramos na realidade do que não é nem verdadeiro nem falso" (E, p. 257). Uma verdade que não é verdadeira nem falsa: difícil seria imaginar algo mais heideggeriano. A clínica psicanalítica não se interessa pela realidade material, se entendermos com este conceito uma realidade pré-discursiva alheia ao sujeito que fala. Ao contrário, o que está realmente em jogo é a questão da "verdade", porque "o efeito de uma fala plena é reordenar as contingências passadas dando-lhes o sentido das necessidades por vir, tais como as institui a escassa liberdade pela qual o sujeito as faz presentes"[36] (E, p. 257). Tal concepção é explicitamente relacionada à temática heideggeriana do "sujeito como *gewesend*", isto é, "como sendo aquele que assim foi", o que confere retroativamente à contingência um papel determinante no curso da vida. Aqui, tudo aponta na direção de uma ambientação heideggeriana. Se a essência da verdade consiste em deixar-ser o ente, isto é, "entregar-se ao aberto e à sua abertura" (HEIDEGGER, 1983, p. 138), nada mais tentador do que pensar o dispositivo analítico como um dispositivo concebido ao modo de uma clareira, um refúgio em que a eclosão da verdade não encontraria tantos obstáculos quanto os encontrados na cotidianidade. Um espaço em que, devido à associação livre, a irrupção da verdade não seria constrangida pela exigência de adequação entre o enunciado de um "sujeito" em relação a um "objeto" num determinado âmbito, perfazendo condições para o jogo de velamento/desvelamento próprio à manifestação da verdade.[37]

A atmosfera heideggeriana daquele primeiro momento é facilmente reconhecível, especialmente nos primeiros seminários, aqueles realizados em Sainte-Anne: a questão da verdade está presente para o ser humano desde que a palavra se coloca. Como em Heidegger, a estratégia consiste em questionar o caráter judicativo (ou proposicional) da verdade e em situá-la, por conseguinte, anteriormente à predicação. Também para Lacan, a verdade deixa de ser uma propriedade do discurso e passa a ser sua condição. Mais do que isso. Heidegger (2006, p. 290) recupera o que lhe parece ser "uma interpretação necessária" da *alétheia*: "deixar e fazer ver (descoberta) o ente em seu desencobrimento, retirando-o do encobrimento". A presença é e está na verdade, este é seu fenômeno originário; mas de modo "igualmente originário", ela é e está na não-verdade: ela se abre, mas justamente porque também se fecha. A perspectiva heideggeriana de que o encobrimento faz parte do modo de ser da verdade, e que a presença manifesta-se

---

[36] Para uma leitura interessante desse ponto, ressaltando o fundo hegeliano do raciocínio de Lacan, ver o capítulo "A performatividade retroativa, ou como o necessário surge do contingente" (ZIZEK, 1991, p. 30-43).

[37] O pano de fundo remonta ao embate com as leituras existencialistas de Freud, patrocinadas especialmente por Sartre.

tanto na verdade quanto na não-verdade, faculta a Lacan ler as diversas figuras do erro internas às formações do inconsciente (atos falhos, esquecimentos, chiste, sonho, etc.), como *modos de ser da verdade*.

Mais ou menos como "o ente não se encobre por completo, ele se descobre no momento em que se distorce" (HEIDEGGER, 2006, p. 293), assim também os processos psíquicos inconscientes presentes na elaboração onírica, por exemplo, consistem não num conteúdo latente previamente dado, mas no próprio elemento da distorção onírica. Essa chave permite uma leitura de Freud sob o prisma da verdade e do ser. A palavra, por ser palavra, "introduz no mundo o novo da emergência de sentido"(S. I, p. 299), na medida em que "introduz no real a dimensão da verdade". A novidade freudiana é que, na própria superfície do fenômeno, "uma palavra emerge que ultrapassa o sujeito discorrente" (p. 305). Por seu corpo, o sujeito emite a "palavra de verdade", através e apesar de si mesmo: "[...] é que ele diz sempre mais do que quer dizer, sempre mais do que sabe dizer" (p. 303). Se o desejo recalcado se manifesta nas formações do inconsciente, se a verdade surge da equivocação, como mostra o chiste ou os atos falhos, há uma razão de ordem ontológica que comanda essa lógica freudiana. É que "o ser espera se revelar" (p. 307). O que marca essa perspectiva com o selo heideggeriano é "a iniciativa dada ao ser no movimento da revelação" (BALMÈS, 1999, p. 13). No início da análise, o ser do desejo só existe como inatual: é não realizado. Através da associação livre, "a palavra se releva e o ser se realiza" (S. I, p. 309). Lacan não esconde as cartas: "[...] essa margem de erro que há em toda realização do ser é sempre, parece, reservada por Heidegger a uma espécie de '*léthe*' fundamental de sombra da verdade" (p. 222-223). Trata-se aqui de uma apropriação da crítica fenomenológica ao saber objetivante em favor da verdade subjetiva, autêntica, irredutível à objetividade científica. Até que ponto, pergunta Balmès, podemos seguir Lacan na retomada que ele pretende fazer da *alétheia* no registro do inconsciente? A questão permanece incontornável, "tanto mais que, qualquer que seja seu posterior distanciamento, é um dos pontos em que a dívida a Heidegger é mais explícita e durável: ele permitiu-lhe ligar a verdade à fala na unidade do desvelar e do velar, fora do registro da exatidão" (BALMÈS, 1999, p. 24).

Segundo Balmès (1999, p. 29), Lacan encontra duas coisas na abordagem heideggeriana da verdade: (i) uma verdade que não é exatidão ou correspondência, mas desvelamento; e (ii) a identidade entre os movimentos de manifestação e retirada (ou dissimulação) da verdade na fala. Mas essa operação só pode ser feita à custa de "uma certa indiferença" (p. 30) em relação à diferença ontológica entre "ser" e "ente", questão heideggeriana fundamental até então. Convém notar que essa indiferença lacaniana frente à diferença ontológica é o primeiro índice de que a apropriação lacaniana de Heidegger não fugiria à regra geral do modo como Lacan se vale de referências exteriores à psicanálise: no gesto mesmo de se apropriar de um conceito, de um método, etc., Lacan sempre subverte, torce, modela de acordo com as necessidades epistemológicas postas pelo objeto da psicanálise, ou de acordo com a função que tal importação exerce em cada contexto argumentativo. No caso da aproximação com relação à filosofia heideggeriana, essa estratégia se mostra, principalmente, na manutenção do vocábulo que Heidegger procurou desconstruir de maneira mais radical, o conceito de sujeito.

Mesmo assim, vale a pena retomar em linhas gerais o esquema que, inicialmente, aproxima Lacan de Heidegger. Em que pese sua aparência de ser apenas o atributo de um predicado e de pertencer a uma teoria do conhecimento ou do juízo, Heidegger (2006, p. 283) mostrava o "nexo originário" da verdade com o ser e procurava estabelecer suas condições. O *"fundamento* do fenômeno originário da verdade" consiste em que o ser-verdadeiro só é "ontologicamente possível com base no ser-no-mundo" (p. 289). Isto é, que "a verdade é deslocada em direção ao próprio Dasein" (BALMÈS, 1999, p. 28). Dessa forma, era possível "mostrar o caráter derivado do conceito tradicional de verdade" (HEIDEGGER, 2006, p. 284).Verdade não é uma operação intelectual que verifica a concordância de um conhecimento e um objeto ou a consistência entre enunciados. Porque o próprio enunciado "é um ser para a própria coisa que é". O *ente* se mostra "na modalidade de sua descoberta". "Confirmação significa: *que o ente se mostra a si mesmo*" (p. 289). Conforme esclarece Balmès, "ser verdadeiro, para um enunciado, quer dizer ser-descobridor; para um ente, ser descoberto quer dizer que a própria coisa sai de seu retiro (*retrait*)" (BALMÈS, 1999, p. 28).

O que parece escapar a Balmès é que a desvinculação entre verdade e exatidão não depende apenas, e nem principalmente, de Heidegger. Ora, quantas vezes Hegel denunciou o engodo típico à consciência ordinária de denominar uma "definição correta [*richtig*]" aquela que se adéqua a seu objeto, sem saber que pressupõe a própria correção como padrão de medida? O mesmo vale no que concerne às relações entre a verdade e seus modos de ser, inclusive a inverdade. Lacan reencontra aqui, de maneira um tanto difusa, uma temática hegeliana que consistia em mostrar o paralelismo do caminho do erro e do caminho da verdade. Porque o critério de verdade é internalizado pela própria consciência na experiência, na sucessão das figuras "como estações" (HEGEL, 1992, p. 66), que, cada uma a seu modo, experimentam a contradição entre saber e verdade. Grosso modo, a apreensão de um objeto resulta em um saber do objeto: sua verdade agora não é mais a verdade daquilo que se apresentava como um objeto antes de qualquer apreensão. Esse saber do objeto, que é verdade para mim, pode ser novamente tomado como objeto. Mas esse processo ocorre sem que a consciência saiba, "pelas costas" (HEGEL, 1992, p. 72). A cada gênese de um novo objeto, uma nova figura da consciência. Se a verdade não se confunde com a exatidão, nem é uma propriedade de enunciados pretensamente objetivos é, antes de tudo, porque ela é, em Hegel como em Lacan, processo.

Neste ponto, um *Witz* relatado por Zizek (1991, p. 110) pode nos auxiliar a mostrar duas coisas: como uma verdade pode surgir da não-verdade (do engano, poderíamos dizer com Freud) e por que uma verdade é, afinal, um processo (Hegel). Num trem, um polonês incomodado pergunta ao judeu: "Como é que vocês, judeus, conseguem tirar até o último centavo das pessoas? Qual o segredo?" "Posso te dizer, mas, você sabe, é um segredo... São 100 reais, por favor." Depois de receber o pagamento, o judeu diz: "Pegue um peixe morto, corte-lhe a cabeça, despeje as vísceras num copo d'água, leve a um cemitério numa noite de lua cheia..." "E estarei rico, pergunta, ávido, o polonês?" "Ainda não. Mas se você quiser saber mais, só se você me der mais 100 reais." A cena se repete, até que o polonês enfurecido retruca: "Seu judeu mesquinho! Acha que não percebi o que você está fazendo? Não há segredo nenhum, você só quer tomar todo o meu dinheiro!" Ao que o judeu responde tranquilamente: "Isso mesmo, agora você entendeu...".

O que está em jogo aqui? Na verdade, o judeu não enganou o polonês. Quando este se enfurece, ele já *diz* a verdade, mas *não sabe* disso. A verdade coincide com o caminho até a verdade (Zizek, 1991, p. 112). O erro está em achar que a verdade está no final, no resultado, e não no processo. O erro do polonês é achar que o segredo lhe seria revelado no final, e não no caminho. Dizer a verdade toda não é possível, como sugere Lacan. Mas sempre é possível positivar essa impossibilidade de dizê-la toda. O sujeito se choca com a verdade no momento em que descobre que não há verdade substancial, transcendental: o polonês descobre que seu desejo é que porta a cifra do que não é, afinal, segredo algum. Neste sentido, Zizek tem razão em apontar que:

> A coincidência hegeliana entre o caminho para a verdade e a verdade implica, ao contrário, que já se tocou desde sempre na verdade: com a mudança de saber, é a própria verdade que tem de mudar, o que equivale a dizer que, quando o saber não corresponde à verdade, não se deve apenas ajustá-lo à verdade, mas transformar os dois pólos – a insuficiência do saber, sua falta em relação à verdade, indica sempre uma falta, uma não-realização no seio da própria verdade (Zizek, 1991, p. 113).

O que este exemplo nos mostra, senão que a pergunta que intitula este parágrafo só pode ser respondida negativamente? O que Lacan encontra em Heidegger é muito mais uma crítica da redução da linguagem à sua estrutura proposicional e o afastamento da noção de verdade como adequação do que propriamente uma concepção de verdade como *alétheia*, ainda que fosse pelo simples fato de que o que a clínica psicanalítica nos confronta é com a gênese empírica, melhor, material, da subjetividade, totalmente insensível quanto à diferença ontológica enquanto tal.

Não é por acaso que esse movimento de incorporação e subversão do pensamento heideggeriano vai culminar no "totalmente inesperado movimento" que conduz Lacan de volta a Descartes:

> [...] há, de fato, um paradoxo aqui: Lacan primeiramente aceita o ponto de Heidegger de que o cogito cartesiano, que fundamenta a ciência moderna e seu universo matematizado, anuncia o mais agudo esquecimento do ser; mas, para Lacan, o Real do gozo é precisamente externo ao Ser, de modo que o que é para Heidegger o argumento *contra* o cogito é, para Lacan, o argumento *a favor* do cogito – o real do gozo só pode ser abordado quando saímos do domínio do ser (ZIZEK, 2009, p. 23).

Evidentemente, tal leitura supõe uma reinterpretação nada convencional do cogito, como lugar em que a disjunção entre pensamento e ser se mostra com mais clareza. Voltarei a isso.

§9 Uma verdade que fala

Quase duas décadas mais tarde, Lacan comenta sua prosopopeia da verdade. "Eu fiz a verdade dizer – *Eu, a verdade, falo*. Mas eu não a fiz dizer, por exemplo – *Eu, a verdade, falo a verdade para dizer-me como verdade, nem para dizer-lhes a verdade*. O fato de que ela fale não quer dizer que ela diga a verdade (S. XVI, p. 171)".

Em que pese a imediata vinculação de reflexões do gênero das que nosso resumo indicou acima com a ambientação heideggeriana típica do início da década de 1950, é possível encontrar uma matriz que, de maneira mais duradoura e mais insidiosa, forneceu a sintaxe de que Lacan necessitava. Lacan encontrou em Hegel não um sistema filosófico constituído, mas uma linguagem ou um modo de interrogar a linguagem e o discurso. Um modo de interrogar que não toma, por exemplo, o verdadeiro e o falso como "essências próprias", "carentes-de-movimento" (HEGEL, 1992, p. 41). É neste sentido que Hegel (1992, p. 41) dizia que "a verdade não é uma moeda cunhada, pronta para ser entregue e embolsada sem mais". O seguinte comentário de Lebrun (2006, p. 403) ajuda a aclarar o ponto. "Sem dúvida, vivemos no Verdadeiro – mas com isso Hegel não quer dizer que todas as nossas palavras, doravante, sejam igualmente verdades encadeadas. Uma coisa é estar na Verdade no sentido em que ele o entende, outra coisa é assegurar que, desde meu observatório, direi seguramente a verdade 'representativa'".

O que Hegel faz é interrogar sobre a verdade em um outro cenário, e apenas isso, afirma Lebrun (2006, p. 375). O que faz Lacan também não é só isso? Perceber que este "outro cenário da verdade" permite a explosão desta "outra cena" de que Freud nos falava quando apresentava o inconsciente?

Mas concedamos a Balmès que, pelo menos naqueles dois, talvez três primeiros seminários, a ideia de uma "retomada da *alétheia* no registro do inconsciente" ainda seduzia Lacan e que sua dívida para com Heidegger era, pois, "explícita". Ela era explícita nem que fosse pelo simples fato de que o ensino de Kojève, que marcou profundamente a recepção do pensamento de Hegel para toda uma geração, já era uma leitura heideggeriana, que dava uma certa inflexão antropológica à *Fenomenologia do espírito*, em especial à dialética do senhor e do escravo. Mas embora explícita, ela não era nem exclusiva, nem durável.[38] Quanto ao segundo ponto – "a unidade do desvelar e do velar" na manifestação da verdade do inconsciente –, a dívida a Heidegger parece menos explícita e menos durável ainda, e o saldo, mais fácil de liquidar. Porque, tal como ocorreu no primeiro caso, o que Lacan encontrava em Heidegger ele havia encontrado também em Hegel, e mais ainda, em Freud. É fato que Lacan se esforçou por aproximar a "unidade do velar e do desvelar" do recalcamento e do retorno do recalcado (S. I). Mas essa aproximação mostrou-se, muito precocemente, problemática. Mais do que um jogo ou uma unidade subjacente, tratava-se em Freud muito mais de um processo conflitual, de um antagonismo. E essa figura da luta, da batalha, do conflito, da negatividade, Lacan a encontra muito mais na dialética entre saber e verdade[39] do que numa revelação original do ser. Além disso, a palavra plena, junto aos processos de rememoração, lançava no horizonte uma perspectiva de reconciliação. Escreve Zizek (1991, p. 78), a respeito desse momento: o que predomina "são os temas da luta e da reconciliação final nesse meio de reconhecimento intersubjetivo que é a palavra". Nada disso obsta a prioridade lógica do inconsciente freudiano funcionando na antecâmara da leitura lacaniana da dialética saber/verdade. Ao fazer o balanço alguns anos mais tarde, Lacan afirma que o que o inconsciente acrescenta "é uma dinâmica da disputa, que ali se faz por uma série de retorsões" (OE, p. 424).

Todos sabem que a referência à palavra plena, capaz de revelar o sentido esquecido do desejo do sujeito, será descartada muito precocemente, já a partir

---

[38] Para uma conclusão contrária, ver Oliveira (2006), em que o autor afirma, por exemplo: "Essa ideia de que a verdade só pode ser dita pela metade, de que ela nunca pode ser dita toda, Lacan a extrai de Heidegger" (p. 280). O comentário é certeiro, na medida em que, para Heidegger, conforme escreve Oliveira, o velamento "é o velar-se do que é no todo". "É dessa reflexão heideggeriana em torno do simultâneo desvelamento e velamento, em jogo em toda verdade, que Lacan chega ao enunciado de que a verdade é não-toda" (p. 281). Entretanto, é preciso acrescentar dois complicadores a esse quadro: (i) o método de verdade empreendido por Lacan nada tem a ver com o procedimento hermenêutico de desvelamento tal como praticado por Heidegger; (ii) a ideia de incompletude ou de impossibilidade de dizer o todo, Lacan a extrai de diversas fontes, todas elas girando em torno da lógica freudiana do recalque originário (*Urverdrangt*) (S. XVII, p. 84) e desembocando em procedimentos de formalização lógica ou matemática, estranhos ao procedimento heideggeriano.

[39] A verdade que interessa à psicanálise, escreve Regnault, é "a verdade que, como diz Hegel, nos toca com seu raio, não é da ordem do saber positivo" (1985, p. 151).

da análise do caso Schreber e da lógica do significante. Mas ainda assim é possível que o sujeito se reconheça, através da interpretação, ali onde menos se esperava, no desconhecimento agora desvelado acerca das coordenadas de seu desejo. Fácil notar que a referência à verdade do desejo irredutível ao saber se desdobra ainda por bastante tempo. Paulatinamente, Lacan desata os nós que vinculavam, através da revelação e da realização, o ser à verdade, e com isso se desvinculava ele próprio de Heidegger (BALMÈS, 1999, p. 24). Como veremos no Capítulo 3, apenas depois da formulação do semi-dizer como dispositivo de enunciação da verdade, no início da década de 1970, é que Lacan poderá outra vez retomar Heidegger em uma outra chave, a fim de pensar a verdade não-toda. Mas, mesmo então, tratar-se-á de enquadrá-la dentro de uma dinâmica da verdade que prolonga a ideia de verdade como processo.

A descontinuidade entre saber e verdade, entre o querer-dizer e o dizer, não impedia que o sujeito pudesse reconhecer a verdade de seu desejo, ainda que na falha do seu saber. Tratava-se de uma coordenada negativa, mas ela permitia circunscrever o "capítulo rasurado" da história do sujeito, ao assumir o sentido desvelado pela enunciação da verdade. O principal vetor da clínica lacaniana era então o de subjetivar a verdade do desejo.

Retomemos o fio. O erro manifesta a verdade. Mas a mola do inconsciente funciona muito mais no próprio movimento de transfigurar, de distorcer e no processo que preside, do que na origem e no resultado. Importa muito mais o processo do que o resultado ou a reconstituição do conteúdo original. Como em Hegel, não haverá mais um *páthos* da verdade (LEBRUN, 2006, p. 17). Assim como a crítica hegeliana da representação enfatizava muito mais o processo de significação (*Bedeutung*) do que a invariância de um conteúdo prévio, a psicanálise, pelo menos desde os impasses do caso do homem dos lobos, não manifestará especial apreço por reconstruir, através de dispositivos de rememoração, a cena original. A estrutura ficcional da verdade responde a isso. Na análise de um sonho, por exemplo, importa muito mais investigar o processo de deformação do que a restituição de um suposto conteúdo latente original.

"Eu, a verdade, falo" é uma primeira maneira aforística que firma o principal do que Lacan até aqui cunhou. E não só isso, ela é assonante com a crítica à metalinguagem que surge concomitantemente. Jean-Luc Nancy e Philippe Lacoue-Labarthe estão entre os primeiros a perceber com nitidez a solidariedade entre a prosopopeia da verdade e a crítica à metalinguagem. Em 1973, eles escrevem:

> Esta verdade – cuja teoria, por sua vez, comanda a teoria do sujeito – não é aquela que um sujeito pode saber. Ela é anterior ou exterior a qualquer saber, pois é preciso entendê-la tal como Lacan desde então a precisou, como identificação da verdade com a própria palavra falada, sem outra

referência e, em particular, com a exclusão de toda metalinguagem, isto é, de qualquer sentido do sentido (Lacoue-Labarthe; Nancy, 1991, p. 76).

O comentário é certeiro. Antes mesmo de incorporar o termo "metalinguagem", Lacan já criticava uma das principais acepções do que mais tarde será incluído sob sua rubrica. A crítica do "sentido do sentido" é anterior até mesmo à criação do aforismo "eu, a verdade, falo". E não por acaso. Porque é precisamente a crítica do *sentido do sentido* que torna possível, senão necessária, essa estratégia de distinção de uma "fala verdadeira" (*vraie parole*) e de "discurso verdadeiro" (*discours vrai*), que condiciona o surgimento de "eu, a verdade, falo".

Mas como entender a expressão "o sentido do sentido"? Bento Prado Jr. fornece um quadro preciso de duas vertentes iniciais para tal.

> Digamos que há, pelo menos, duas maneiras de compreender o "sentido do sentido". Uma, digamos, descritivista, outra expressivista. No primeiro caso (Reichenbach), uma proposição é significativa (ou pode sê-lo) caso, tendo forma lógica, refira-se a um fato possível; por exemplo: "Está chovendo". No segundo (Kierkegaard), um enunciado terá sentido caso consiga exprimir para alguém o que se quer dizer; por exemplo: "Creio em ti". Num caso, a boa linguagem é a película mais transparente possível, que separa ou une um sujeito cognoscente a um fato. Na outra, ela é essa mesma película, mas interposta agora entre duas subjetividades. Digamos que a linguagem oscila entre dois pólos: descrição de objetividades e expressão da subjetividade: podemos entendê-la à luz de um e de outro pólo e, segundo nossa escolha, perderemos e ganharemos espaços diferentes. Assim como a linguagem será boa ou má segundo critérios diferentes: como instrumento descritivo ou expressivo. É claro que a filosofia não tem nada a ver com a descrição de fatos ou com a expressão de estados de alma: a ciência empírica e as artes desempenham essas tarefas. Mas é claro, também, que a própria essência da filosofia oscilará conforme fizermos oscilar a essência da linguagem entre esses pólos (Prado Jr., 1999, p. 3).

Todavia, como teremos ocasião de mostrar, Lacan situa sua crítica simultaneamente nos dois polos, em um movimento vertiginosamente pendular, que *tende a fazer do antagonismo entre descrição objetiva e expressão subjetiva a natureza mesma do funcionamento da linguagem.*

§10 O fundamento freudiano da crítica do sentido do sentido

Redigido na Páscoa de 1955, *Variantes do tratamento padrão*, a certa altura, pergunta: "[...] o que é a fala (parole)?" (E, p. 353). A pergunta prepara a célebre passagem em que Lacan exemplifica o que quer dizer a "forma invertida" da mensagem: "[...] é o que se evidencia em toda palavra dada, onde as declarações 'tu és minha mulher' ou 'tu és meu mestre' significam 'sou teu marido', 'sou teu discípulo'" (E, p. 353). O caráter performativo do ato de fala sobressai aqui à função de comunicação. Desde o *Discurso de Roma* de 1953, estes são os exemplos privilegiados de Lacan a fim de mostrar o caráter pragmático do reconhecimento como "forma mais paradoxal de comunicação" (OE, p. 161), como estratégia que completa e tensiona sua incorporação da linguística estrutural. Muito antes de conhecer a teoria dos atos de fala, já é o aspecto performativo da fala que interessa ao psicanalista. É por isso que "nenhum conceito, no entanto, fornece o sentido da fala, nem mesmo o conceito do conceito, pois ela não é o *sentido do sentido*. Mas ela dá apoio ao sentido no símbolo que encarna por seu ato" (E, p. 353, grifo meu).

Trata-se aqui de distinguir duas modalidades de verdade. A "fala verdadeira" (*vraie parole*) refere-se ao eixo sujeito-sujeito, e sua condição de verdade é o reconhecimento intersubjetivo, ao passo que o "discurso verdadeiro" (*discours vrai*) refere-se ao eixo sujeito-objeto e visa ao conhecimento da realidade. Os índices de verdade de uma e outra parecem, neste primeiro momento, invertidos. A fala "afigura-se tão mais verdadeiramente uma fala quanto menos sua verdade se fundamenta na chamada adequação à coisa" (E, p. 353). Um discurso verdadeiro é tanto mais verdadeiro quanto menos depende de acordos intersubjetivos e quanto mais consegue afigurar fatos com a máxima objetividade. Num primeiro momento, performance e descrição funcionam de modo inversamente proporcional. Mas tudo se complica quando essas duas modalidades se cruzam.

Tomemos o caso de uma promessa (sustentada por uma fala verdadeira), sendo examinada do ponto de vista de um discurso verdadeiro. Uma fala verdadeira, cujo regime de verdade remete mais à "autenticidade" do que à adequação, só pode "parecer mentirosa", pelo menos do ponto de vista de sua objetividade. Por mais verdadeira que possa ser, uma fala que "compromete o futuro" não dispõe de garantias suficientes de sua efetivação futura, "por superar incessantemente o ser a quem concerne, na alienação em que se constitui seu devir" (E, p. 353). Por seu turno, o discurso verdadeiro, cujo regime de verdade submete-se à adequação e não à autenticidade, se interrogado a partir do ponto de vista da fala verdadeira, "descobre que a significação remete sempre à significação, não podendo coisa alguma ser mostrada senão por um signo, e portanto, faz com que ele pareça fadado ao erro" (E, p. 354). Ora, é da natureza do signo linguístico uma certa abertura de sentido, uma certa equivocidade. Além disso, mesmo designações ostensivas conduzem ao paradoxo da necessidade de recorrer a instâncias linguísticas a fim de designar instâncias não linguísticas, como Hegel já havia mostrado em sua análise da certeza sensível. Como esclarece Agamben (2006, p. 25): "[...] tentar dizer a certeza sensível significa, para Hegel, ter a experiência da impossibilidade de dizer aquilo que queremos-dizer". Por excesso e não por falta, isto é, "porque o próprio universal é a verdade da certeza sensível e é, portanto, precisamente esta verdade que a linguagem perfeitamente diz" (p. 25).

Eis o paradoxo: do ponto de vista do "discurso verdadeiro" (adequação), uma fala verdadeira implica a aparência de *mentira*; do ponto de vista da fala verdadeira (autenticidade), um discurso verdadeiro implica a aparência de *erro*.[40] Seria possível um discurso intermediário? Sim, é "aquele em que o sujeito, em seu projeto de se fazer reconhecer, dirige a palavra ao outro, considerando o que sabe de seu como dado" (E, p. 354). Mas esse discurso, "em razão das miragens narcísicas que dominam a relação com o outro de seu Eu", é o discurso da astúcia. É o discurso cujo processo "se consuma na má-fé do sujeito" (E, p. 354) e se reforça pelo "desconhecimento em que essas miragens a instalam" (E, p. 354). A forma essencial desse tipo de discurso seria a denegação, e é justamente esse discurso intermediário que o analista precisa silenciar "para se abrir para a cadeia das falas verdadeiras" (E, p. 355). Toda essa análise, que o próprio Lacan qualifica como "abordagem fenomenológica da verdade", é "a chave cuja perda leva o logicismo positivista a buscar o '*sentido do sentido*'" (E, p. 355, grifo meu).

Na mesma direção, vai o comentário feito no famoso *Função e campo da fala e da linguagem*. "Se a psicanálise pode tornar-se uma ciência – pois ainda não o é [...] devemos resgatar o sentido de sua experiência" (E, p. 268). Eis a palavra de ordem do *retorno a Freud*. Lacan se pergunta qual o regime de verdade próprio a essa experiência. Para pensar a verdade do desejo manifestando-se tortuosamente através de sonhos, atos falhos e chistes, é preciso, mais uma vez, determinar as relações entre fala e verdade. É neste ponto que o autor se pergunta: "[...] como haveria a fala de esgotar o sentido da fala – ou, para dizê-lo melhor, com o logicismo positivista de Oxford, o *sentido do sentido* –, a não ser no ato que o gera?" (E, p. 272, grifo meu). É claro que o que está em jogo aqui é o livro *The meaning of meaning*, de Ogden e Richards, que comentarei mais tarde.

A estratégia, aqui, de pensar uma noção de verdade que não dependa da objetividade científica – uma verdade liberada do "realismo ingênuo do objeto" (LACAN, 1933, p. 69) – tem como fundamento não uma suposta tentativa de heideggerizar ou de hegelianizar a psicanálise, ou de dar "boas referências" à disciplina. Tanto Hegel quanto Heidegger aqui *servem*, como recursos, a um fim muito claro: o de situar o gênero de verdade próprio à "ciência" que Freud criou, examinando as relações entre verdade e linguagem. A verdade deixa de ser um atributo, uma propriedade relativa ao predicado. Ela é posta do lado do sujeito, e não da forma proposicional.

---

[40] Zizek (2004) diferencia a histeria e a obsessão em termos bastante equivalentes.

Elidir o contexto da discussão acerca da cientificidade da psicanálise e do estatuto da linguagem na teoria e na técnica em meados dos anos 1950 seria desastroso. O contexto da psicanálise nos anos 1950 é vasto e complexo. O desafio é afastar versões reducionistas da psicanálise, nas quais uma epistemologia de cunho positivista mescla-se à ideologia adaptativa da psicologia do ego. Em 1956, ele critica nominalmente Hartmann, Kris e Loewenstein, arautos de uma teoria do eu autônomo, "esse psicologismo analítico", através do que a psicanálise penderia "para um *behaviorismo*, cada vez mais dominante em suas 'tendências atuais'" (E, p. 494). A bibliografia concernente à crítica lacaniana da psicologia do ego é suficientemente conhecida e bem estabelecida. Mas, estranhamente, não se costuma salientar o problema epistemológico que subjaz à discussão, fazendo-se pouco caso da solidariedade que une a *psicologia do ego*, não apenas à ideologia do *self-made man*, mas também a ideais científicos positivistas e a teorias linguísticas do tipo das que encontramos em Ogden e Richards.

É verdade que o sentido da posição de Lacan no debate pode ser bem delineado a partir da crítica que ele fazia às tentativas, representadas por exemplo por Franz Alexander e Raymond de Saussure, de centrar a teoria do inconsciente a partir do modelo da psicologia, "reduzindo a experiência do tratamento a um trabalho adaptativo, o desejo à necessidade e o psíquico ao biológico" (ROUDINESCO, 1988, p. 195). Mas é igualmente verdade que o modelo epistemológico que subjaz a essa espécie de psicologia da consciência é o modelo da psicologia com pretensões de ciência positiva, calcada numa noção de objetividade e verdade que Lacan não poupou esforços em criticar, na quase totalidade de seus escritos da primeira metade da década de 1950. É isso que explica o esforço para pensar as relações entre psicanálise e ciência, a partir de outras fontes epistemológicas (como veremos no Capítulo 2).

Acrescente-se ao quadro assim composto que tais releituras cientificistas da psicanálise empenhavam-se em moldar a descoberta freudiana a um modelo preconcebido de ciência, em geral aquele em voga na psicologia experimental, e que, para tanto, não economizavam qualquer recurso a saberes pretensamente munidos de objetividade científica. A publicação do artigo "Language, behavior and dynamic psychiatry" de Jules Massermann no *International Journal of Psychoanalysis* é um exemplo claro disso. O artigo mereceu a atenção de Lacan justamente pela boa acolhida que teve junto ao periódico oficial, que "em conformidade com uma tradição retirada das agências de emprego, nunca desprezam nada do que possa oferecer a nossa disciplina 'boas referências'" (E, p. 274). O tom dessa apresentação dá uma ideia da ironia ácida que Lacan destila em sua apreciação.

Dentro da melhor metodologia behaviorista, Massermann tenta reproduzir a neurose experimentalmente em animais e, depois, transpor os resultados para seres humanos.[41] Sumariamente, trata-se do experimento de associar um estímulo visual intenso o suficiente para determinar a contração da pupila a um estímulo sonoro e, num segundo momento, associar isso ao imperativo "contraia" (em inglês, *contract*). Segundo o autor, uma vez condicionado, o indivíduo, ao simples murmurar ou mesmo ao pensar a ordem "*contract*", vai obter a contração de sua pupila. Assim, a *idea-symbol* "*contract*", por induzir uma reação do sistema autônomo, provaria a base fisiológica do funcionamento da linguagem humana, assim como provaria que o aprendizado da linguagem é condicionado. Não faltariam, parece, elementos promissores para o mesmo gênero de pesquisa em psicanálise...

Com sua ironia particular, Lacan exige a contraprova científica. O que aconteceria se o cientista submetesse esses sujeitos condicionados à enunciação de "*marriage contract, bridge-contract, breach of contract*, ou então progressivamente reduzida à emissão de sua primeira sílaba: *contract, contrac, contra, contr...*" (E, p. 275)? E completa: "[...] sem precisar interrogar as reações dos sujeitos condicionados à ordem *don't contract*" (E, p. 275). O problema aqui é o de determinar qual elemento da palavra "*contract*" é determinante para a reação subjetiva: não necessariamente é o elemento semântico, como mostram os exemplos lacanianos, todos eles construídos a fim de mostrar o caráter determinante do material fônico do significante.

É exatamente neste ponto que surge uma das primeiras ocorrências da distinção saussuriana entre significante e significado e de sua vinculação à etnologia lévi-straussiana. "Pois a descoberta de Freud é a do campo das incidências na natureza do homem, de suas relações com a ordem simbólica, e do remontar de seu sentido às instâncias mais radicais da simbolização no ser. Desconhecer isso é condenar a descoberta ao esquecimento, a experiência à ruína" (E, p. 276).

Ficou claro: remontar a questão do sentido a instâncias de simbolização no ser é, antes de tudo, uma estratégia que permite cortar pela raiz qualquer tentativa de submeter a psicanálise ao regime de verdade e aos métodos científicos da psicologia científica de matriz positivista. Miller (2003a, p. 183) tem razão ao afirmar que "se somos positivistas, só há ditos. Se somos lacanianos, o dizer é isolável do dito, 'o dizer se demonstra, e de escapar ao dito'".

Lacan começa criticando o positivismo, aqui o de Ogden e Richards, para situar o problema da linguagem e da verdade em outro campo. Mas antes

---

[41] Note-se que Lacan aqui não assina o credo culturalista. Longe de desprezar estudos de psicologia animal, ele dedicou parte de seu esforço a entender a etologia (ver Peter Dews). O próprio Lacan chega a dizer: "que ao menos esta digressão desfaça o mal entendido a que teríamos dado ensejo em alguns: o de nos imputarem a doutrina de uma descontinuidade entre a psicologia animal e psicologia humana, que está muito longe de nosso pensamento" (E, p. 487). É claro que a linguagem faz "corte", e que a psicanálise precisa apreender a determinação subjetiva a partir do simbólico. Trata-se, pois, de negar a epistemologia naturalista, não necessariamente sua ontologia.

de fazê-lo, é preciso mostrar como a verdade se manifesta no contexto de uma análise. Nada melhor do que deixá-la falar. A coisa fala de si mesma.

§11 Uma prosopopeia da verdade: a coisa fala de si mesma

"O eu deve desalojar o isso." Tal era a tradução corrente, até então, para "*Wo Es war, soll Ich werden*", que Freud havia formulado na 31ª de suas *Neue Vorlesungen*. A leitura proposta por Lacan torna-se o verdadeiro ponto de ancoragem de um programa de pesquisa conhecido como retorno a Freud. Primeiramente é preciso retraduzir a frase, forçá-la, fazê-la dizer mais do que disse, implantá-la em novo solo, fazê-la... falar. Para tanto, é preciso inseri-la em um novo discurso, diferente em forma e em teor da rota tomada pela psicanálise de então. O que está em jogo é "recolocar em vigor aquilo que não cessou de sustentá-la em seu próprio desvio", isto é, "o sentido primeiro que Freud preservava nela por sua simples presença" (E, p. 404).

A coisa freudiana ou o sentido do retorno a Freud em psicanálise é, sem sombra de dúvida, o texto mais retórico de Lacan, e o mais cuidado em termos literários. Trata-se de uma retórica da verdade, ou mais precisamente de uma prosopopeia à maneira de Erasmo, atravessada de ponta a ponta por um *páthos* do retorno à verdade de Freud, esquecida nos descaminhos da psicanálise pós-freudiana. O quiasma que articula o texto não esconde sua filiação heideggeriana: "[...] o sentido de um retorno a Freud é um retorno ao sentido de Freud" (E, p. 406).

Depois de situar Freud e sua "descoberta da verdade" na linha dos moralistas que vai de Balthazar Gracian e La Rochefoucauld até Nietzsche (E, p. 408), Lacan formula a pergunta, nos seguintes termos: "[...] a questão geral é: quem fala?" (E, p. 412). Sua resposta: é a verdade quem fala. Vale a pena, a título de contraste, lembrar a resposta foucaultiana à pergunta nietzschiana "quem fala?" e a resposta lacaniana à "mesma" pergunta. Note-se que Lacan e Foucault formulam a questão exatamente nos mesmos termos, embora forneçam respostas até certo ponto distintas. Foucault (1995, p. 322) escreve: "A esta questão nietzschiana: quem fala? Mallarmé responde e não cessa de retomar sua resposta, dizendo que o que fala, em sua solidão, em sua vibração frágil, em seu nada, é a própria palavra – não o sentido da palavra, mas seu ser enigmático e precário".

Na visão de Lacan, quem fala é a própria verdade, cujo caráter enigmático e precário não tardaremos a descobrir. A prática analítica "refaz a descoberta" de que a verdade incide "até em nossa carne" (E, p. 406). Note-se que essa estranha genealogia do pensamento freudiano na linhagem dos moralistas é um episódio raro, talvez único, na pena de Lacan. Ao que parece, nunca mais Lacan situará a emergência de Freud nessa linhagem moralista, e preferirá, no mais das vezes, situar a ciência moderna como condição da psicanálise (Capítulo 2). Meu interesse aqui não é o de investigar o sentido dessa filiação aos moralistas, mas apenas o de insistir na construção polêmica do argumento geral do texto. Em certo sentido, ensaio aqui o gênero de investigação que será aprofundado no último capítulo. O caráter retórico do artigo explica-se por sua maneira *polêmica* de argumentar, isto é, pela necessidade de desqualificar moralmente o "adversário" (E, p. 406), a psicanálise pós-freudiana e a psicologia do ego, que teriam desvirtuado os rumos da descoberta freudiana ao entregarem-se à análise das resistências, tornando-se "administradores de almas" (E, p. 404). Se Lacan situa Freud na "via láctea no céu da cultura européia" (E, p. 408) é justamente para contrapor à "degradação" da prática analítica "na esfera norte-americana", como meio de "obter o *success*' e a um modo de exigência da '*happiness*'" (E, p. 417), característica do "a-historicismo da cultura, próprio dos Estados Unidos da América do Norte" (E, p. 403).

Essa desqualificação moral atravessa o texto e reaparece em fórmulas as mais diversas, como a de identificar, ironicamente, a análise didática como "sacrário da prática que se autoriza da superioridade dos superiores" (E, p. 422). Ou ainda, ao acusar a psicologia do ego de confundir o eu e o sujeito, Lacan escreve: "[...] o *eu* é uma função, o eu é uma síntese, uma síntese de funções, uma função de sínteses. É autônomo! Essa é muito boa" (E, p. 422). Fórmulas como "princípio reacionário" (E, p. 404), "comodismo intelectual" (E, p. 404), "cascos grossos" (E, p. 407), "os gênios das origens, os gigantes das poltronas" (E, p. 414), etc. Como bem mostra Lopes (2006, p. 168),

> [...] uma das características do discurso polêmico, que faz com que ele se diferencie de uma estratégia de invalidação por refutação, consiste no fato de o oponente, ao buscar invalidar o ponto de vista do adversário, concentrar as suas energias mais nos aspectos contextuais que estão em jogo no debate do que na consistência interna do discurso concorrente. Ao proceder deste modo, o polemista rompe em certa medida com a autonomia do discurso, e sua objeção tende a atingir uma virulência que está ausente (ou no máximo latente) em contextos simples de refutação.

Mas isso tudo serve para preparar alguns passos definitivos no ensino de Lacan. Entre eles: (1) o deslocamento dos interlocutores da psicanálise para fora do campo da psicologia, aceitando o desafio de situar "a verdade freudiana" em contraste com a verdade filosófica; (2) a distinção entre sujeito e eu; (3) a instauração do campo da linguagem como coextensivo ao campo da psicanálise e onde a verdade eclode.

Quanto a (1), o seguinte parágrafo é esclarecedor quanto a isso. Antecipando uma possível objeção de seu interlocutor, Lacan entabula o diálogo a seguir com seu adversário, que escarnece: "Vê-se logo do que se trata. O senhor se entrega à filosofia. Daqui a pouco, entram Platão e Hegel. Essas assinaturas nos bastam. O que elas avalizam é para jogar no lixo [...]." Ao que Lacan responde: "Vocês acham que estou zombando neste discurso. De modo algum: eu o subscrevo" (E, p. 407-408).

Esse deslocamento do campo de interlocução (2) permite recuperar a noção de sujeito ("verdadeiro sujeito do inconsciente"), contra a ideia de *eu* ("constituído em seu núcleo por uma série de identificações alienantes"), através da retradução do "*Wo Es war soll Ich Werden*". A tradução corrente "*Where the id was, there the ego shall be*" pressupõe, continua Lacan, que Freud tivesse dito "*das Es*" e "*das Ich*", o que não foi o caso, devido "ao rigor inflexível" do estilo de Freud (E, p. 418). A tradução lacaniana da frase de Freud, "contrariando os princípios de economia significativa que devem dominar uma tradução" (E, p. 418), consente em "forçar um pouco em francês as formas do significante" a fim de acolher melhor a "significação rebelde" da frase em alemão. Tudo isso nos lembra a tradução que Heidegger fizera da sentença heraclítica, que forçava a sintaxe e a gramática do alemão.

O primeiro número da revista *La Psychanalyse*, dirigida por Jacques Lacan, consagrada ao tema "Do uso da fala e das estruturas de linguagem na conduta e no campo da psicanálise", foi lançado em 1956. Entre os autores publicados, nada menos que Lacan, Benveniste, Hyppolite e Heidegger. Foi o próprio Lacan quem traduziu *Logos*, de Heidegger.[42] É digna de nota não apenas a escolha deste texto e deste autor para figurar numa revista de psicanálise, como fiador de sua própria leitura de Freud em termos de verdade, mas também pelo estilo da tradução. Numa nota à página 61, Lacan justifica sua escolha de traduzir o artigo transcriando para o francês os jogos de homofonia que Heidegger havia feito soar em alemão. Lacan escolhe o significante contra o sentido, buscando ressaltar na tradução uma "aproximação fonemática" que de outro modo seria impossível. Ele justifica seu emprego do "*calembour*" valendo-se de um "equívoco espontâneo" da língua francesa que o conduzirá a uma "convergência inesperada".[43] Heidegger jogava com a homofonia do verbo alemão *legen* e do grego *legein*; Lacan jogou com *léguer*, *legs* e *lais*, desbancando "a pretensão heideggeriana de superioridade filosófica da língua alemã" (ROUDINESCO, 1994, p. 237). Neste sentido, Jean Bollack (*apud* ROUDINESCO, 1994, p. 237) tem razão em afirmar que Lacan acrescentou ao texto "algo de mallarmiano". Outro dado interessante da tradução é o seguinte: o texto de Heidegger é repleto de termos gregos, transcritos no alfabeto grego. Lacan não transliterou os termos gregos, nem após notas de rodapé para auxiliar o leitor, exceto em um único caso: onde Heidegger menciona o *Hypokeimenon*, Lacan acrescenta em nota: "sub-jectum".[44]

---

[42] Para reconstruir o panorama da tradução, ver Roudinesco.

[43] Nota de Lacan à sua tradução de Heidegger (1956, p. 61, nota 1).

[44] Outra nota de Lacan, à sua tradução de Heidegger (1956, p. 64, nota 1)

O artigo de Heidegger é um esforço de recuperar a linguagem esquecida do ser, através de um recurso maciço à filosofia dos pré-socráticos. Neste sentido, a tradução lacaniana do "Wo Es war" é, em tudo, devedora de sua frequentação de Heidegger nos anos 1950. A fim de dar conta, em francês, dessa significação rebelde, Lacan, numa série de contorções e malabarismos, se serve da "homofonia do *Es* alemão com a inicial da palavra sujeito" (E, p. 418), para enfim acentuar a "excentricidade radical" que Freud descobrira. Ao fim, propõe: "onde isso estava, pode-se dizer, onde se estava, gostaríamos que se escutasse, é meu dever que eu venha a ser" (E, p. 417-418, tradução livre). Trata-se aqui de "um advento cujo termo correto é *subjetivação*" (SAFATLE, 2006, p. 22).

Quanto a (3), ao dizer que "não há fala senão de linguagem", Lacan precisa que deve-se evitar duas interpretações extremas. A primeira delas reclama a dignidade do pré-verbal, do gesto e da mímica como elementos constitutivos da subjetividade e da verdade, e acusa, por essas razões, o ponto de vista lacaniano de "logomaquia" (E, p. 414); na outra ponta, há os que diriam que "tudo é linguagem: linguagem é meu coração quando sou tomado pelo medo", etc. (E, p. 414). Lacan recusa ambos os pontos de vista: nem tudo é linguagem, mas não é o "afetivo" ou a "expressividade" que demonstra isso. Eis o texto:

> Voltemos, pois, pausadamente, a soletrar com a verdade o que ela disse de si mesma. A verdade disse: "eu falo". Para reconhecermos esse eu [je] no que ele fala, talvez não seja ao eu [*je*] que devamos lançar-nos, mas antes deter-nos nas arestas do falar. "Não há fala senão de linguagem" lembra-nos que a linguagem é uma ordem constituída por leis, das quais poderíamos aprender ao menos o que elas excluem. Por exemplo, que a linguagem é diferente da expressão natural e que tampouco é um código; que não se confunde com a informação [...] (E, p. 414-415).

E conclui: "leiam Saussure" (E, p. 415). A correta interpretação dessa exortação é fundamental, pois ela nos mostra a função propedêutica do recurso a Heidegger. Ao examinar o modo de ser da verdade como presença, Heidegger (2006, p. 299) se pergunta: "[...] será que a verdade, compreendida de modo adequado, vê-se lesada por, onticamente, só ser possível no 'sujeito', e de coincidir com o ser do sujeito?" A análise heideggeriana da verdade acaba por elucidar o próprio método de descoberta empregado: "[...] elucidou-se o próprio compreender, garantindo-se, pois, a transparência metodológica do procedimento de compreensão e interpretação do ser" (p. 302). É aí, no método empregado, que as distâncias entre Heidegger e Lacan começam a se esboçar, pois Heidegger amputado do método fenomenológico da compreensão e da hermenêutica da interpretação não é mais Heidegger. A recomendação "leiam Saussure" é, no fundo, uma recomendação metodológica, que opõe, como veremos, o método estrutural como recurso de evitação da querela entre hermenêutica e positivismo, como modelos epistemológicos para as ciências humanas.

Pelo exposto, *a essência da verdade nunca é em Lacan verdade da essência*, por duas razões: (i) porque a questão do ser tal como a concebe Heidegger não está no horizonte da verdade tal como pensa Lacan. Mais especificamente, nem a questão do fundamento da verdade na liberdade, nem a diferença ontológica nunca seduziram o discurso lacaniano. Prova disso é sua pouca cerimônia para usar a expressão "ser do sujeito" e para localizar aí um *locus* privilegiado de manifestação do processo de verdade. Mas a essência da verdade não é verdade da essência principalmente porque (ii) não há verdade da verdade: dizer que a essência da verdade é a verdade da essência (HEIDEGGER, 1983 [1943], p. 145) supõe pensar a liberdade como "fundamento da possibilidade intrínseca da conformidade" (p. 138), porque a liberdade "recebe sua própria essência da essência mais original da única verdade verdadeiramente essencial" (p. 138). Contudo, como veremos neste capítulo, "uma verdade verdadeiramente essencial" *é justamente aquilo que Lacan recusa quando recusa a perspectiva da metalinguagem*, de fato e de direito (cf. OE, p. 270).

Tudo isso serve para dar voz à verdade. Seguindo sua prosopopeia, a verdade que fala desvincula-se astuciosamente do ser: "[...] acaso não é o bastante ver-me escapar, primeiro da torre de fortaleza em que julgáveis com mais certeza me reter, situando-me não em vós, mas no próprio ser" (E, p. 411). E a prosopopeia continua "[...] enquanto eu, a verdade vagabundeio pelo que considerais como o menos verdadeiro em essência: pelo sonho, pelo desafio ao sentido da piadinha mais gongórica e pelo *nonsense* do mais grotesco trocadilho, pelo acaso, e não por sua lei, mas por sua contingência..." (E, p. 411).

Começam a desenhar-se os elos entre verdade e contingência: a verdade não mais pertence à ordem das essências, nem tampouco ao campo do sentido. Ao contrário, ela pulula insidiosamente onde menos se espera: no sem-sentido das formações do inconsciente, no mais grotesco uso da língua. Evidentemente, o processo de constituição da subjetividade é o processo de inscrição de experiências contingentes que, uma vez inscritas, funcionam necessariamente. Como afirma Milner (1996, p. 52), o necessário é "cicatriz do contingente". Tais cicatrizes formam o núcleo duro da subjetividade, que muitas vezes Lacan chamou de *ser do sujeito*, que por sua vez indica os pontos limites da cura analítica (LIMA, 2001; PINTO, 2008).

A distância que separa as respostas foucaultiana e lacaniana à pergunta "quem fala?" se acentua. O diagnóstico do caráter opaco, frágil, errático do ser da palavra certamente nos distanciaria de um cartesianismo clássico, calcado na evidência, na clareza e na distinção. Mas, na visão nada ortodoxa de Lacan, o universo discursivo de Freud e de Descartes ainda é, basicamente, o mesmo. É basicamente o mesmo porque a dissociação entre ser e pensar em que se funda, em Descartes, o sujeito no momento da instauração – pontual e evanescente – do *cogito* não deixa de ecoar na instauração, não mais do sujeito do pensar, mas do sujeito do sonhar, que acompanha, em Freud, também de maneira pontual e evanescente, a constituição do sujeito do inconsciente. Em outras palavras: o fato "de que penso" instaura o sujeito transparente a si da filosofia cartesiana; o fato "de que sonho" instaura o sujeito do inconsciente da psicanálise freudiana. O plano opaco que faz surgir a figura de um sujeito diante da certeza de uma ação – de pensar, de sonhar – é, em suas coordenadas mais profundas,[45] basicamente o mesmo.[46] Mas o sujeito que o *cogito* instala não dispõe de continuidade, nem de espessura, a não ser que algum Deus possa emprestar-lhe a garantia de sua subsistência para além da experiência da consciência, que, de outro modo, precisaria ser refeita, a cada vez, desde seu início na dúvida metódica.

Na superfície, sinais trocados de uma mesma operação que, mais fundamentalmente, instaura, depois de Freud, o pensamento inconsciente numa subjetividade que só se constitui em oposição a uma alteridade radical, cujas provas de existência restam, estas sim, como um rosto na areia ao sabor das vagas. Porque, depois de Freud, *falta o ser*. Mas é preciso ter cuidado com formulações assim. A não ser que o próprio Lacan possa nos esclarecer o que ele designa por meio desse nome. Na medida em que o inominável surge no interior do simbólico, pode-se chamar de *ser*, por exemplo, o umbigo do sonho. Porque se trata, sempre, para Lacan, do ser do sujeito.

---

[45] Se seguirmos Bento Prado Jr. (2004, p. 157), poderíamos aproximar aqui a *Weltbild* wittgensteiniana e o plano de imanência deleuziano: "[...] amálgama de pseudo-proposições cristalizado na base de um jogo de linguagem que, ao mesmo tempo, precede a alternativa entre o verdadeiro e o falso e abre o espaço para seu advento ou, numa palavra, o plano onde circulam e se entrechocam os conceitos." Ou, nas palavras de Deleuze, "o não pensado no pensamento" (apud PRADO JR., 2004, p. 150).

[46] A este respeito, agradeço a Oswaldo Giacoia que observou que Nietzsche, no §17 de *Além do bem e do mal*, denuncia a ilusão gramatical que embasa a inferência causal que anima o fundo desse esquema. Não obstante, o esforço de Lacan ao ler Descartes e Freud consiste justamente em interromper essa substantificação do sujeito, evitando, de uma forma ou de outra, o que Nietzsche chamou de "superstição dos lógicos". Reproduzo aqui o texto de Nietzsche, na tradução disponibilizada por Giacoia no sítio <http://www.rubedo.psc.br/artigosb/curniti3.htm>. "Quanto à superstição dos lógicos, nunca me cansarei de sublinhar um pequeno fato que esses supersticiosos não admitem de bom grado – a saber, que um pensamento vem quando 'ele' quer, e não quando 'eu' quero; de modo que é um falseamento da realidade efetiva dizer: o sujeito 'eu' é a condição do predicado 'penso'. Isso pensa: mas que este 'isso' seja precisamente o velho e decantado 'eu' é, dito de maneira suave, apenas uma suposição, uma afirmação, e certamente não uma 'certeza imediata'. E mesmo com 'isso pensa' já se foi longe demais; já o 'isso' contém uma interpretação do processo, não é parte do processo mesmo. Aqui se conclui segundo o hábito gramatical: 'pensar é uma atividade, toda a atividade requer um agente, logo –'." Por seu turno, Lacan obtém resultados semelhantes através da crítica à metalinguagem. Não por acaso, ele escreve: "[...] penso: 'logo existo'" (E, p. 879).

Há sempre num sonho, diz Freud, um ponto inapreensível (*insaisissable*), que é do domínio do desconhecido – ele chama isso de umbigo do sonho. Não se sublinha essas coisas em seu texto porque se imagina que provavelmente isso é poesia. Mas não. Isso quer dizer que há um ponto que não é apreensível no fenômeno, o ponto de surgimento do sujeito no simbólico. É o que chamo de ser (S. II, p. 130).

Mas esta falta deixa marcas no discurso. Na perspectiva da crítica à metalinguagem e à pretensão de fundar em sua pretensa neutralidade a garantia do ser, os laços que ligam o ser à palavra só poderiam ser frágeis e precários, na medida exata da impossibilidade de reduplicação do Outro sobre si mesmo.

Nem a essência do ser nem a do homem podem ser a *medida* da verdade. Ela é antes inumana: "[...] complexa por essência, humilde em seus préstimos e estranha à realidade, insubmissa à escolha do sexo, aparentada com a morte e, pensando bem, basicamente desumana" (E, p. 437).[47]

Seção 2 – Fundamentos da crítica à metalinguagem

Até aqui, a perspectiva da verdade no campo do sujeito já delimita o lugar em que surge a crítica à metalinguagem como um dos pilares da conceituação lacaniana dos modos de relação do sujeito com a linguagem. A seguir, apresentarei sucintamente os principais passos desse movimento.

§12 Linguagens puras, linguagens impuras

O ano em que eram comemorados os cem anos do nascimento de Freud foi decisivo no ensino de Lacan. Alguns de seus escritos mais célebres, como *Instância da Letra*, *De uma questão preliminar*, *A coisa freudiana*, assim como seu famoso seminário sobre *As estruturas freudianas das psicoses*, foram gestados àquela época. Não por acaso, é exatamente naquele momento em que se manifesta o interesse de Lacan pela questão da metalinguagem. Mais do que isso, as primeiras ocorrências da noção de metalinguagem já lançam, com alguma timidez, os principais vetores do modo como será tratado o problema nos próximos anos. Ao reconstruirmos o conjunto dessas primeiras referências, colocando lado a lado

---

[47] O saber analítico, desde Freud, é obrigado a considerar o termo "humano", escreve Le Gaufey (1991, p. 9), um tanto estreito: a mera consideração do par pulsão de vida/pulsão de morte, por exemplo, faz explodir "este limite frágil".

todas e cada uma dessas ocorrências, obtemos o essencial de sua crítica à metalinguagem. Bastante sumariamente, trata-se do seguinte. Lacan, evidentemente, nunca negou a possibilidade de que a linguagem pudesse falar de si mesma. O que está em questão não é a existência de signos autônimos, autorreferentes, em que o objeto da comunicação é o próprio signo e não o que ele significa. A experiência cotidiana é recheada de casos que pareceriam "engrossar o dossiê da metalinguagem". Esse primeiro momento prepara o terreno para que, já na próxima ocorrência do termo, seja sublinhada "a impropriedade" da *noção* de metalinguagem. O que está em questão é a impossibilidade de falar da linguagem a partir de um ponto que pudesse ser capaz de neutralizar os efeitos dessa mesma linguagem nessa dobradura do discurso sobre si mesmo.

A primeira ocorrência de uma reflexão sobre a metalinguagem data de 9 de maio de 1956, no contexto do seminário sobre as psicoses. Lacan declara o seguinte: "[...] toda linguagem implica uma metalinguagem, ela já é uma metalinguagem de seu registro próprio" (S. III, p. 258). Essa declaração é sumariamente desprezada pelos comentadores, talvez porque ela pareça afirmar a necessidade da metalinguagem. Minha sugestão é que nessa aparente afirmação da inevitabilidade da metalinguagem, Lacan já esboça as coordenadas do *éthos* que informa sua crítica, a saber, de que pendores metalinguísticos respondem ao mal-estar inerente à experiência da equivocidade da linguagem, isto é, a um impulso de lançar-se para fora do campo em que estamos sujeitos aos efeitos da linguagem.

Evidentemente, ninguém está negando que a linguagem possa falar de si mesma. Isso seria uma tolice. Nem tampouco que ao falar de si mesma a linguagem esteja fatalmente fadada ao contrassenso. Isso seria outra tolice. Posso dizer "esta frase é composta de sete palavras". A frase é, ao mesmo tempo, autorreferencial e não implica nenhum contrassenso. O que está em questão na crítica lacaniana da noção de metalinguagem é que ao falar da linguagem não saímos da linguagem, não nos desembaraçamos de suas armadilhas. Michel Arrivé (1994b, p. 96) vê nesta declaração de que "toda linguagem implica uma metalinguagem" uma denegação. Waldir Beividas (2000, p. 3) vê um elogio à eficácia da metalinguagem, que atestaria um momento inaugural do ensino de Lacan de maior complacência em relação a ela. A perspectiva aqui adotada não endossa nem uma coisa nem outra. Sumariamente falando, a ideia de que *toda* linguagem é desde o início metalinguagem "de seu próprio registro" pode ser vista como o fundamento de toda crítica possível à metalinguagem, na medida em que interdita o gesto fundador da metalinguagem, qual seja, a possibilidade de separá-la de uma linguagem-objeto. Atenção ao quantificador universal da frase: se "toda" linguagem é metalinguagem, então não há linguagem-objeto, ou não há possibilidade de cindi-las, o que resulta no mesmo. Crítica à metalinguagem é, neste sentido, crítica da linguagem-objeto, como aliás notou Arrivé, na esteira de Jacques-Alain Miller (1994, p. 75).

Só se pode formular uma hipótese, já vislumbrada acima a respeito de Miller: é que considerar a linguagem, de imediato, como metalinguagem, é recusar *ipso facto* considerá-la como língua-objeto. É dizer de algum modo que "não há linguagem-objeto". E como linguagem-objeto e metalinguagem se definem por suas relações recíprocas, negar a existência de uma é, necessariamente, no mesmo movimento, negar a existência da outra (ARRIVÉ, 1994b, p. 126).

O ponto que deve ser ressaltado é que, ao falar de si mesma, uma linguagem nunca encontra nela mesma um limite à remissão incessante do sentido, nunca neutraliza seus efeitos. É exatamente isso que motiva o sonho de criação de metalinguagens artificiais. Mas o ponto é que uma metalinguagem não consegue neutralizar os efeitos de equivocidade próprios a ela. Mais do que isso: as condições de verdade de um enunciado não são essencialmente diferentes quando adotamos a tipificação de linguagens. Como esclarece Sylvain Auroux:

> O que é visado não é essencialmente a existência da gramática e de sua metalinguagem, mas antes a ideia de que recorrendo (como em Carnap ou em Tarski) a um empilhamento de metalinguagens se pudesse atingir por aí o funcionamento último da linguagem cotidiana: esta não poderia ser objeto sem resto daquelas (AUROUX, 1998, p. 279).

O comentário é pertinente, embora seja possível corrigir algumas imprecisões parafraseando-o bem de perto. Assim obteríamos algo como: o que é visado não é essencialmente a existência de disciplinas "metalinguísticas" como a gramática, mas antes a ideia de que recorrendo (como em Carnap ou em Tarski) a uma hierarquização de metalinguagens se pudesse atingir por aí uma linguagem depurada da equivocidade das línguas naturais: necessariamente, algo da impureza da linguagem objeto projeta-se como resto na pureza pretendida daquelas.

Evidentemente, o que está em questão é a natureza da própria linguagem. Embora esteja equivocado em ver na crítica lacaniana à metalinguagem uma forma de *Verneinung*, Arrivé não está errado em apontar a solidariedade entre lógica do significante e crítica à metalinguagem, porque "do mesmo modo como a teoria saussuriana do signo implica uma teoria da metalinguagem", a lógica do significante implica simetricamente a crítica à metalinguagem (cf. ARRIVÉ, 1994b, p. 96). A ambiguidade é inerente ao funcionamento da linguagem. "A linguagem joga inteiramente na ambiguidade, e na maior parte do tempo, vocês não sabem absolutamente nada do que dizem. (...) Nove décimos dos discursos efetivamente ocorridos são completamente fictícios" (S. III, p. 131).

Mais do que isso. Não apenas a ambiguidade é inerente à linguagem, mas ela é inerente também à própria matéria da psicanálise: "[...] o dizer ambíguo por ser apenas material do dizer fornece o que há de supremo no inconsciente, em sua essência mais pura" (OE, p. 355).

"O que há de supremo no inconsciente" já seria suficiente para justificar a crítica à metalinguagem. Mas há ainda outros desdobramentos e outras questões que conduzem à necessidade de tematização da metalinguagem?

§13 Não se esconde a verdade do delírio

De uma questão preliminar a todo tratamento possível das psicoses apresenta a primeira grande sistematização do conceito de Outro, com a formalização da metáfora paterna como inscrição do sujeito na ordem simbólica, cuja tematização é a "questão preliminar" à introdução da forclusão do nome do pai que caracterizará a clínica diferencial da estrutura da psicose. Segundo seu próprio autor, o artigo contém "o mais importante do que foi apresentado em nosso seminário durante os dois primeiros trimestres do ano letivo de 1955-56, ficando excluído, portanto, o terceiro" (E, p. 537). Curiosa observação, principalmente se levarmos em conta o seguinte fato. É no contexto do seminário intitulado originalmente *As estruturas freudianas das psicoses* que o interesse pelo problema da metalinguagem surge pela primeira vez. Com efeito, como salientado, a primeira ocorrência explícita do termo "metalinguagem" data de maio de 1956, correspondendo, portanto, ao terceiro trimestre do seminário, justamente aquele que fora "excluído" da transcrição. Portanto, se seguisse à risca sua diretiva, o referido escrito não deveria conter o termo metalinguagem. Mas é interessante notar que, no momento de retomar e transcrever com vistas à publicação "o mais importante do que foi apresentado", Lacan julga necessário incluir, como se tivesse sido proferido antes do que realmente foi, sua reflexão sobre a metalinguagem. Como se o surgimento da crítica à metalinguagem oferecesse o subsídio teórico que fornecia retroativamente sentido àquelas primeiras incursões na linguística estrutural.

Quando aparece pela primeira vez no discurso oral de Lacan, o problema da metalinguagem ainda não parece aglutinar aquela peculiar verve crítica que envolve as futuras referências ao tema. Tanto mais que, uma vez que retoma o assunto para apresentar sua versão escrita em *De uma questão*, Lacan já fala da "impropriedade" da noção. E insere essa referência como se tivesse sido proferida durante os dois primeiros trimestres daquele ano letivo, o que, como vimos, não havia sido o caso. Tudo se passa como se Lacan procedesse a alguma forma de retroação forçada, dizendo que havia formulado nos primeiros trimestres algo que, de fato, só recebera tal tratamento um pouco mais adiante. Como se alguma necessidade teórica o impelisse a isso. Certamente, trata-se do seguinte. Havia já, desde há algum tempo, uma desconfiança em relação a certas posições teóricas e a certos modos de abordar a linguagem e a verdade. Mas faltava uma peça fundamental, que fosse capaz de fornecer um dispositivo de formalização teórica para todo aquele quebra-cabeça. A peça que faltava era justamente a noção de metalinguagem e a perspectiva crítica que se descortinava então. Por isso, a necessidade de retornar à questão da estrutura do sujeito e do Outro, já tendo em mãos a perspectiva da crítica à metalinguagem.

Antes de analisar com mais vagar as duas primeiras ocorrências do termo "metalinguagem" em Lacan, em suas versões oral e escrita, vale a pena reconstruir bastante sumariamente o contexto discursivo no qual o interesse pelo tema se manifesta. Do ponto de vista epistemológico, dois elementos solidários circundam e delimitam o início do seminário sobre as psicoses. São eles: (i) uma crítica do paradigma da compreensão e do sentido e (ii) uma crítica da teoria da comunicação. A referida lição de 9 de maio de 1956 inicia, com todas as letras, essas duas discussões, desenhando os contornos de onde emerge, a partir do comentário do caso Schreber, a crítica à metalinguagem. Vale notar o horizonte ético, e mesmo político, que enfeixa todo esse momento. O *parti pris* assumido é muito claro, e consiste em nunca tomar como antagônicos loucura e razão. "Loucura, já não sois o objeto do elogio ambíguo em que o sábio instalou a caverna inexpugnável de seu medo. Se ali, afinal, ele não está muito mal instalado, é porque o agente supremo que escava desde sempre suas galerias e seu dédalo é a própria razão, é o mesmo Logos que a ele serve" (E, p. 531).

O que faz Lacan neste momento *princeps* é mostrar como a experiência da loucura nos fornece as coordenadas de uma nova cartografia das relações da subjetividade com o sentido e o não-sentido, a verdade e o saber, a razão e a linguagem. Desde sua tese de 1932,[48] Lacan inicia uma espécie de reestruturação das relações entre normal e patológico. Esse movimento o leva a "mostrar como a constituição do Eu do homem moderno, com suas exigências de individualidade e autonomia, coloca em funcionamento uma dinâmica de identificações e de desconhecimento própria à paranóia" (SAFATLE, 2007, p. 26). Em outras palavras, longe de tomar o eu do homem moderno como norma capaz de delimitar a loucura, perspectiva que tende a conceber a loucura como desrazão, inverdade e termos correlatos,[49] Lacan mostra a estreita afinidade entre uma figura maior da loucura, a paranoia, e a constituição da personalidade moderna. Os passos dessa demonstração são cuidadosamente dados na tese de 1932. Segundo o próprio Lacan, o ponto mais notável dos "símbolos

---

[48] Sobre os anos de formação do pensamento de Lacan, ver: Simanke (2002), assim como Ogilvie (1988).

[49] Segundo Foucault, é a idade clássica, concomitante à aurora e consolidação da ciência, que vai imergir a loucura na desrazão, fazendo surgir a experiência crítica da loucura, com seus pressupostos filosóficos e suas consequências sociais de segregação. Em certo sentido, pode-se dizer que a experiência anterior à Idade clássica, que Foucault denominou de "experiência trágica da loucura", ressoa em certos aspectos da teoria lacaniana da forclusão, que trata a loucura sem necessitar confiná-la no espaço da desrazão. Ver, a este respeito, o capítulo um de Sérgio Laia (2001).

engendrados pela psicose é que seu valor de realidade não é em nada diminuído pela gênese que os exclui da comunidade mental da razão" (LACAN, 1933, p. 69). Longe de precipitar a loucura na zona escura do erro e da mentira, Lacan a localiza como uma experiência de linguagem que aponta a fragilidade de uma identificação da razão à partilha de significados socialmente constituídos. Não por acaso, a tese teve uma imprevisível acolhida nos meios da vanguarda artística, tendo sido comentada muito precocemente por Dali.

Depois de Freud, a experiência da loucura implica a necessidade de alargamento de noções centrais à tradição filosófica, como verdade, razão e subjetividade. Não basta tratar o louco na perspectiva da insensatez, da desrazão, da inverdade. Fazê-lo seria, para dizer o mínimo, incorrer na miragem da compreensão,[50] estabelecendo a experiência neurótica do mundo como norma ontológica da subjetividade: "[...] nenhum lingüista e nenhum filósofo poderia mais sustentar, com efeito, uma teoria da linguagem como um sistema de signos que reproduzisse o das realidades, definidas pelo comum acordo das mentes sãs em corpos sãos" (E, p. 167). Este é o "alcance metafísico" da loucura, porque "o fenômeno da loucura não é separável do problema da significação para o ser em geral, isto é, da linguagem para o homem" (E, p. 166). Mas a tese de que não há identidade entre o que o sujeito diz e o que ele sabe que diz (S. I, p. 303), primeira versão lacaniana da discordância saber/verdade, é o que permite alargar a racionalidade até um ponto em que a loucura não seja excluída, pois a noção de subjetividade não se funda mais na transparência, nem na intencionalidade. Mas era preciso também interrogar *a própria ideia de razão*. Antes de falar de "uma razão desde Freud", Lacan obtém esse resultado, mais ou menos indiretamente, através da tradução que faz de um artigo de Heidegger, que ele publica no primeiro número da revista *La Psychanalyse*, também em 1956. Heidegger (1956, p. 60) esforça-se por traduzir o *lógos* heraclítico não mais como havia feito a tradição: Ratio, Verbum, Lei do mundo, sentido, razão, etc. Consciente dos riscos de parecer "uma interpretação arbitrária e uma tradução demasiado estranha" (HEIDEGGER, 1956, p. 68), parece que o próprio Lacan, traduzindo Heidegger, quis correr o risco que correu Heidegger traduzindo Heráclito. De todo modo, ao definir o *lógos* como sendo "*le lais où se lit ce qui s'élit*" (p. 68), Heidegger desatou os nós que uniam o *lógos* ao "sentido" e à "razão". Esse ponto foi de fundamental importância a fim de situar o inconsciente freudiano sem precisar ceder um centímetro sequer ao suposto irracionalismo de Freud, ao pensá-lo no campo da linguagem. Além disso, essa concepção de um *lógos* anterior à razão e ao sentido dava maior alento

---

[50] Mais do que isso, fazê-lo significaria repetir teoricamente o gesto prático de exclusão e segregação da loucura. *A história da loucura na idade clássica* de Foucault, pelo menos até certo ponto, pode ser vista como um coroamento dessa forma de pensar.

à sua própria concepção da loucura: não se tratava mais nem de desrazão, nem de insensatez.[51]

Vale abrir um parêntesis para dizer que as principais coordenadas que dispõem o tratamento dispensado por Lacan às questões da metalinguagem e do estilo, dentro do quadro teórico em que trata o problema da verdade, se vinculam, e não por acaso, a momentos essenciais de reflexão clínica sobre as psicoses. Com efeito, bastante precocemente, na década de 1930, ao tratar da paranoia, Lacan aborda também o problema do estilo, em um artigo publicado na revista *Minotaure*.[52] Já no contexto do seminário sobre as psicoses, proferido duas décadas mais tarde, é que, ao retomar o problema da paranoia, ele formula sua crítica à metalinguagem. Tudo se passa como se a perspectiva da não exclusão do fenômeno psicótico do campo da verdade engendrasse um duplo movimento antagônico: habilitação teórica do problema do estilo e descredenciamento da noção de metalinguagem. Quais as razões que conduziriam a isso?

Vale lembrar, ainda no que concerne ao contexto discursivo desta discussão, que à época desses primeiros seminários sobre as psicoses, Lacan redigia e concluía alguns de seus escritos mais célebres. Entre eles, o artigo sobre "A coisa freudiana", que não por acaso é um texto maior sobre a questão da verdade, onde o aforismo "eu, a verdade, falo" surge pela primeira vez. Este enunciado precede, pois, muito de perto, o surgimento da crítica à noção de metalinguagem. Mais do que isso, na estratégia de inserir a reflexão sobre a impropriedade da metalinguagem no escrito que retrataria os primeiros trimestres de 1955-1956, Lacan acaba por tornar contemporâneos, e assonantes, os aforismos "eu, a verdade, falo" e "não há metalinguagem".

Retomando o fio do argumento, podemos dizer que a experiência da loucura como verdade implica que a própria noção de verdade precise ser remodelada. Ainda em 23 de novembro, Lacan afirma: "[...] encontramos também no próprio texto

---

[51] Na mesma linha do que diz Foucault em *A loucura, ausência de obra* (1999, p. 195). A loucura é "incluída no universo dos interditos da linguagem": a internação clássica enreda "tudo o que caracteriza o mundo falado e interditado da desrazão; a loucura é a linguagem excluída – aquela que, contra o código da língua, pronuncia palavras sem significação (os 'insensatos', os 'imbecis', os 'dementes')", etc. Para Foucault, é depois de Freud que a loucura aparece não mais como insensatez, mas ligada a uma exclusão da linguagem que consiste em "submeter uma palavra, aparentemente conforme o código reconhecido, a um outro código cuja chave é dada nesta palavra mesma; de tal forma que esta é desdobrada no interior de si: ela diz o que diz, mas ela acrescenta um *excedente mudo* que enuncia silenciosamente o que ela diz e o código segundo o qual ela diz" (1999, p. 194). É assim que a loucura aparece como "uma palavra que envolve a si própria, dizendo por baixo do que diz, outra coisa" (p. 195). Não se trata mais de um interdito moral ou de uma concepção psicologizante da loucura, mas de uma linguagem que implica ela própria, que "abre uma reserva lacunar que designa e faz ver esse oco no qual língua e palavra implicam-se" (p. 196).

[52] O artigo ressalta justamente a centralidade da noção de objeto, fora de um "realismo ingênuo" (p. 69).

do delírio uma verdade que não está escondida nele, como ocorre nas neuroses, mas efetivamente [*bel et bien*] explicitada, e quase teorizada" (S. III, p. 37). Qual é a verdade que não está escondida no delírio paranoico? Trata-se, justamente, de dizer o seguinte: o eu é um outro. Em termos menos alegóricos: há uma espécie de "reversibilidade transitiva entre o eu e o outro" (SAFATLE, 2007, p. 20) escondida no fundamento de toda personalidade. A paranoia é exemplar a este respeito principalmente depois que Freud pode mostrar no delírio de Schreber uma aproximação admirável tanto das "estruturas da troca interindividual como da economia intrapsíquica" (S. III, p. 37).

Isso porque a gênese da personalidade remonta a um complexo processo de estruturação que envolve mecanismos como os de identificação e de alienação. Esses processos são responsáveis, ao mesmo tempo, pela individuação e pela socialização. O eu não é um dado espontâneo da natureza, nem uma instância capaz de se autoengendrar. Tampouco é estruturante para o conjunto da estrutura psíquica de um sujeito. Ao contrário, é *a partir de* e *em oposição a* um outro que o eu se constitui. A estrutura paranoica, longe de ser um desvio em relação a este processo de "gênese social da personalidade" (SAFATLE, 2007, p. 16), é o modelo da personalidade. Tudo se passa como se a grande dificuldade teórica para a psicanálise, uma vez admitidas as premissas relativas ao fundamento econômico da distinção entre realidade psíquica e realidade material, e concernentes, portanto, à estruturação do sujeito, consistisse não em explicar como alguém se torna louco, mas ao contrário: como é possível não delirar?[53]

O horizonte teórico do problema fica, pois, mais nítido: trata-se de desatar os nós que uniam o sujeito à transparência da consciência e, por aí, o enodoavam igualmente a certas figuras clássicas da razão e da verdade. Tais nós conduziam ao paradoxo de encerrar a subjetividade clássica numa espécie de jogo de representações especulares. Estamos diante do clássico problema da transparência a si do pensamento, posto desde que a consciência é tomada como fundamento da certeza, no limiar da idade clássica. A questão é colocada nos seguintes termos:

> [...] o pensamento, por ser o pensamento, deve obrigatoriamente se pensar pensante? Todo pensamento deve obrigatoriamente aperceber-se que está pensando naquilo em que pensa? Isso está tão longe de ser simples que imediatamente abre um jogo de espelhos sem fim – se é da natureza do pensamento que ele se pense pensante, haverá um terceiro pensamento que se pensará pensamento pensante, e assim por diante. Esse pequeno problema, que nunca foi resolvido, basta por si só para demonstrar a insu-

---

[53] Desenvolvi esse ponto a partir da perspectiva do *Entwurf* (1895) em um artigo intitulado: "Caro Fliess, há algo..." (IANNINI, 2000).

ficiência do fundamento do sujeito no fenômeno do pensamento como transparente a si mesmo (S. III, p. 45).

Do mesmo modo, esse pequeno problema indica também a impropriedade da noção de metalinguagem, que também engendra um jogo infinito de espelhos.

Parece, pois, que a crítica lacaniana à metalinguagem tem por pano de fundo uma certa concepção de subjetividade, em sentido lato, uma certa "antropologia freudiana". A loucura não é excluída do campo da subjetividade também porque esta é pensada num espaço refratário à lógica formal.

> As famosas contradições da lógica formal não têm nenhuma razão de ser mais operantes nele [em Schreber] do que o são em nós, que fazemos coexistir perfeitamente em nosso espírito, fora dos momentos em que somos provocados à discussão e em que nos tornamos muito sensíveis [*chatouilleux*] à lógica formal, os sistemas mais heterogêneos, talvez os mais discordantes, numa simultaneidade em que essa lógica parece completamente esquecida (S. III, p. 80).

O argumento pode parecer banal. Tanto mais que a ele Lacan emenda uma prova retórica subjetiva: "[...] que cada um tome como referência sua experiência pessoal" (S. III, p. 80). Mas rapidamente essa impressão se esvai. A coexistência de sistemas heterogêneos e discordantes é tornada possível através do recurso à noção de sistema simbólico. Aqui então a expressão "antropologia freudiana" mostra-se, no mínimo, estreita, pois está em jogo não apenas uma certa concepção de homem ou mesmo de sujeito. Está em questão também uma noção bastante sofisticada do que vem a ser a linguagem e dos modos como se vincula a subjetividade às estruturas sociais. Se Freud fornecia o modelo de subjetividade cindida entre sistemas intrapsíquicos a partir do qual a coexistência de representações discordantes podia ser pensada, Lévi-Strauss fornecia o modelo de um sistema simbólico que organiza os vínculos sociais reais entre os sujeitos numa estrutura simbólica. A astúcia de Lacan consiste em mostrar que tais modelos são homólogos.

É esta astúcia que abre o espaço para a entrada em cena da lógica do significante. O imperativo de não recuar diante da psicose – imperativo que é clínico, mas também ético e político – acarreta a dissolução do signo e enseja a adoção de uma teoria do significante.

§14 "O importante não é compreender; é atingir o verdadeiro"

Isso nos conduz ao cerne da questão epistemológica central daquele momento, a crítica da compreensão. Afastada a perspectiva positivista de fundamentação da psicanálise, ou mais precisamente, afastada a concepção "científica" de verdade como adequação entre proposições e fatos, tudo parecia indicar que não restaria à psicanálise senão a perspectiva compreensiva da fenomenologia e/ou da hermenêutica. É diante desse quadro que precisamos colocar a questão da crítica lacaniana da compreensão. Voltar a esse tema tão conhecido tem a vantagem de preparar o solo para a discussão com Wittgenstein, que censurou Freud por confundir uma gramática das razões com uma gramática das causas (Capítulo 2).

A crítica lacaniana da compreensão visa, em primeiro lugar, aos fundamentos da psicopatologia geral de Jaspers e à interpretação fenomenológica da psicanálise freudiana. Lacan apresenta a compreensão jasperiana como uma perspectiva que negligencia "uma enorme variedade de sequências" (S. III, p. 15) possíveis a um dado acontecimento, na medida em que enfeixa o sentido numa relação intersubjetiva que, no limite, mostra-se especular. Os dois primeiros exemplos mobilizados para mostrar os limites da perspectiva compreensiva são o de uma criança que leva um tapa e o do suicídio. É plenamente compreensível, por exemplo, que uma criança chore depois de levar um tapa, ou que alguém com inclinações suicidas escolha o outono, estação de declínio da vida natural, para declinar de sua própria existência. Parece menos compreensível, mas nem por isso menos verdadeiro, que uma criança possa zombar do adulto quando leva um tapa. Ou, como no exemplo aludido por Lacan, que uma criança suspenda momentaneamente sua reação até que o adulto responda a ela se aquilo era um tapa ou um carinho, para que ela possa então chorar ou sorrir. Parece também incompreensível que o suicida escolha um ensolarado domingo de primavera para pôr fim à sua vida, como parecem também incompreensíveis padrões comportamentais como os de alguém que, possuindo tudo que deseja e realizando tudo que dizia almejar, possa se sentir deprimido ou vazio, ou, como disse Freud, arruinado pelo êxito. Em todos esses exemplos, está em jogo uma certa caricatura da compreensão. Talvez não fosse assim tão difícil para o partidário da perspectiva compreensiva responder ponto por ponto a esses exemplos e restituir a fecundidade de seu método. Mas, em todo caso, Lacan tem razão no mínimo em afirmar que a compreensão envolve sempre um componente imaginário, e, no limite, moral, porque fundado na intersubjetividade e no paradigma do sentido.[54]

À perspectiva compreensiva, Lacan vai opor sua abordagem estrutural do significante e tentar reerguer o estatuto da apreensão conceitual. Com efeito, a categoria de ordem simbólica, posta em relevo a partir da perspectiva estruturalista, permite uma abordagem não compreensiva dos fatos clínicos. Afinal, "o importante não é compreender; é atingir o verdadeiro" (S. III, p. 59). Esquematicamente, pode-se dizer que a compreensão é coextensiva ao sentido, ao passo

---

[54] A tese de doutorado de Lacan, defendida em 1932, pode ser vista a partir da perspectiva compreensiva. Portanto, seu distanciamento com relação a esse paradigma é também, em alguma medida, afastamento com relação a suas próprias raízes.

que a verdade funciona como seu limite exterior. No famoso Posfácio ao primeiro Seminário publicado, *Os quatro conceitos fundamentais da psicanálise*, Lacan retoma um dos *tópoi* prediletos de sua retórica: a clássica oposição explicar *versus* compreender. Como mostra Ram Mandil (2003, p. 177), compreender tem o sentido de "apreender", "abraçar", "limitar" o objeto; enquanto *explanare* tem o sentido de espalhamento, desdobramento.

Do ponto de vista clínico, a crítica da compreensão procura precaver os efeitos terapêuticos negativos ligados à resistência, pois compreender é, ao fim e ao cabo, colaborar com a resistência (S. III, p. 60). Compreender é colaborar com a resistência por duas razões: porque fornece sentido ali onde o trabalho deveria ser de extrair o excesso de sentido do gozo sintomático, por exemplo, e também porque compreender é fixar no eixo intersubjetivo as miragens narcísicas da relação dual e simétrica, elidindo a possibilidade de que o desejo possa emergir, o que supõe sempre a assimetria entre o sujeito e a alteridade.

No caso específico da paranoia schreberiana, Lacan mostra que o delírio prescinde de um interpretante que compreenda seu sentido, porque ele já contém em si as chaves de sua própria interpretação. É isso que faz com que seja o próprio sistema do delirante que nos fornece "os elementos de sua própria compreensão" (S. III, p. 41). Vale dizer, o próprio sistema do delirante, e não o sistema do psiquiatra ou do filósofo, delirante ou não.

A crítica da compreensão, no início da década de 1950, pode ser vista como uma espécie de capítulo epistemológico da crítica do imaginário. O máximo que pode ser alcançado a partir da relação compreensiva é a significação de um fato clínico, de um sintoma, de um lapso, mas nunca o significante que o determina. A causa está excluída da perspectiva da compreensão, como aliás já notara Wittgenstein em sua crítica à "confusão" freudiana de uma gramática de razões e outra gramática das causas.[55] Tal é, em suma, a posição de Lacan. Todo seu esforço consiste em introduzir o registro do simbólico, ao lado das mais conhecidas categorias de real e de imaginário.[56] Naquele momento, o imaginário era pensado em referência à etologia animal (cf. S. III, p. 17).[57] Ao passo que este

---

[55] Ponto desenvolvido na seção §33.

[56] Um exemplo tirado da historiografia da antiguidade clássica pode ajudar a entender a questão. Marcel Detienne, ao criticar o trabalho de Luther, escreve: "[...] se o resultado mais claro do trabalho de Luther é o fato de mostrar quer a 'Verdade' grega não é a mesma que a nossa, ao longo de sua obra, este estudioso não deixa de trabalhar sobre uma certa concepção retórica e trivial da verdade, partindo sempre dela para determinar na língua grega as expressões e as palavras representativas da 'Verdade'. Em vez de partir do significado, para agrupar as palavras que parecem explicitar o mesmo sentido, seria preciso partir do significante, ou seja, de *alétheia* e ver como se organiza o 'campo semântico' desta palavra, neste ou naquele período" (DETIENNE, 1988, p. 77, n. 6).

[57] O artigo de Peter Dews publicado na coletânea *O limite tenso* aborda detalhadamente o tema (cf. SAFATLE, 2003).

é o lugar do contínuo, o simbólico é o lugar do descontínuo e do discreto. "O sistema da linguagem, em qualquer ponto em que vocês o peguem, não conduz nunca a um índice diretamente dirigido a um ponto da realidade, é toda realidade que é recoberta pelo conjunto da rede da linguagem" (S. III, p. 42).

Mas a crítica da compreensão é, sobretudo, uma declaração, um posicionamento epistemológico muito claro, que deita raízes profundas na reconstituição do quadro histórico de surgimento da psicanálise, e que procura afastar tanto o positivismo quanto a hermenêutica como solos onde eventualmente a psicanálise poderia se disseminar. Aqui, a distância entre as posturas de Wittgenstein e de Lacan, que examinaremos detidamente no Capítulo 2, ganha maior nitidez. Dilthey definiu a heterogeneidade entre as *Naturwissenschaften* e as *Geisteswissenschaften* em termos ontológicos, é a natureza do objeto que importa. Já para Jaspers a antinomia se dá basicamente no terreno dos métodos. É bastante conhecido o adágio: *explicação* para a natureza, para o espírito *compreensão*. Para cada objeto um método, para cada método um objeto. A *explicação* visa determinar as causas dos fenômenos a partir de fatos concretos até leis gerais, mas as relações entre os eventos permanecem externas a seus objetos, porquanto a dimensão do sentido, do valor e da finalidade não desempenham nenhum papel. A *compreensão*, ao contrário, preocupa-se com relações internas entre os objetos, "cuja intimidade e profundidade só pode ser desvelada na perspectiva da indivisibilidade dos fenômenos". Não é preciso dizer que Lacan considera "nefasta" esta antinomia e nunca poupou críticas ao estatuto conferido por Jaspers à compreensão (E, p. 651). Essa é a razão de fundo da repetida recomendação lacaniana "comecem por não compreender!". Quer dizer, é preciso tomar distância da miragem imaginária inerente à perspectiva da intersubjetiva da compreensão, que engendra, necessariamente, um jogo de espelhos.

O pano de fundo da questão não é outro senão a recusa da concepção hermenêutica do sentido, calcada na ideia de um simbolismo como depósito de significados velados sob os significantes da cultura. A fim de revisar a classificação das ciências construída no século XIX, Lacan arrisca alguns passos no terreno da história das ciências. É aqui que o estruturalismo é visto como aquele movimento que "instaura uma nova ordem nas ciências". Com efeito, a linguística teria alcançado um incontestável estatuto de cientificidade:

> Basta acompanharmos a evolução concreta das disciplinas para nos apercebermos disso.
>
> A linguística pode servir-nos neste ponto, já que é esse o papel que ela desempenha na vanguarda da antropologia contemporânea, e não poderíamos ficar-lhe indiferentes (E, p. 286).

A linguística é guia: acompanhando os desenvolvimentos concretos da disciplina linguística será possível descobrir que as aporias com as quais certos psicanalistas se embaraçam não são exclusivas da psicanálise. Também a linguística e a etnologia se viram diante de aporias da mesma natureza, dissolvidas quando o ponto de vista da estrutura pôde prevalecer.[58] A linguística é, dizíamos, guia. Em *A instância da letra*, lemos: "Pois aí está o fato pelo qual a linguística se apresenta em posição piloto nesse domínio em torno do qual uma reclassificação das ciências assinala, como é de regra, uma revolução do conhecimento" (E, p. 499).

A linguística como ciência piloto, em Lacan, *não* implica um modelo de formalização exterior à psicanálise; nem em uma outra ciência como fonte que empresta conceitos e normas de construção de conceitos e que, como consequência, fique na posição de legislar sobre a utilização desses empréstimos.[59] Sobretudo, a linguística funciona como um modelo de como superar velhas dicotomias e inaugurar um novo campo discursivo; de como formar novos objetos teóricos, dispositivos de formalização e conceitualização para investigá-los. Em resumo, a linguística estrutural mostra que é possível formular para objetos não naturais um método de formalização tão rigoroso quanto o de um Galileu ou de um Newton. No auge do entusiasmo estruturalista (1966), Lacan afirma: "Tudo isso se enuncia numa sequência científica, a partir do momento em que existe uma ciência da linguagem tão fundamentada e tão segura quanto a física, o que é a situação em que se encontra a linguística" (OE, p. 229).

Esse método decorre do processo de *redução estrutural* que culmina na literalização do real, exemplificado nas figuras do fonema (Jakobson), do mitema (Lévi-Strauss) e do significante (Lacan). Mas isso não quer dizer que aqueles objetos, aqueles conceitos e aquelas regras serão importadas sem mais. Ou, no caso de importações, empréstimos ou derivações, não implica qualquer tipo de subordinação. Mesmo que muitas vezes os étimos epistemológicos de alguns conceitos lacanianos remontem à linguística estrutural – como o caso da estrutura e do significante, por exemplo –, isso não significa que para cada conceito importado corresponda algum tipo de compromisso teórico. Por isso era necessário marcar a especificidade do campo psicanalítico, para que "uma abordagem estrita de nosso campo" pudesse se beneficiar dos "aparelhos" formais disponíveis desde então. Um conceito importado funciona como vetor num campo de forças previamente determinado, embora a introdução desse novo vetor possa – e mesmo deva – culminar num rearranjo do jogo de forças inicial.

Tanto quanto campo indutor de conceitos, interessa a Lacan em que medida a linguística estrutural consegue superar certas dicotomias, forjar um espaço

---

[58] Note-se como Lévi-Strauss fizera isso diversas vezes, quando comparou a etnologia e a linguística quanto a seus impasses e soluções: preocupação dos neogramáticos e dos etnólogos do século XIX com origem e causa, etc.

[59] Foi o que Georges Mounin (1970) – e depois dele Sokal e Bricmont – não foi capaz de perceber.

próprio e emprestar estratégias de formalização. Por exemplo, a dicotomia entre ciências humanas e ciências naturais: sua superação articula, no mesmo golpe, um objeto não natural (a linguagem) a um método de visada matemática. Coisa que nem Dilthey, nem Jaspers, nem Helmholtz e nem Comte sonhariam... Nem mesmo Freud. Mas talvez a principal novidade de Lacan, no tocante à história do estruturalismo nas ciências, seja articular esta "nova ordem nas ciências", motivada pela emergência do estruturalismo na linguística, ao papel desempenhado pela psicanálise na "subjetividade moderna". É o que confirma, em diversas passagens, o texto de Roma.

O melhor exemplo dessa estratégia de formalização do simbólico nos é fornecido por Lévi-Strauss. Lacan, que conheceu o trabalho de Lévi-Strauss por recomendação de Koyré, inspira-se amplamente em seu método combinatório, principalmente no que concerne à "forma de matematização" tornada possível através da redução de fenômenos a suas estruturas simbólicas mínimas, que faculta "uma abordagem estrita de nosso campo" (E, p. 286).

> Ocorre com os mitos o mesmo que com a linguagem: se um sujeito aplicasse conscientemente em seu discurso as leis fonológicas e gramaticais, supondo-se que possuísse o conhecimento e o virtuosismo necessários, perderia quase que de imediato o fio de suas ideias. Do mesmo modo, o exercício e o uso do pensamento mítico exigem que suas propriedades permaneçam escondidas, senão nós nos colocaríamos na posição do mitólogo, que não pode acreditar nos mitos, pois se dedica a demonstrá-los. A análise mítica não tem, nem pode ter, por objeto mostrar como os homens pensam [...]. Não pretendemos mostrar, portanto, como os homens pensam nos mitos, mas como os mitos se pensam nos homens e à sua revelia. Talvez, como sugerimos, convenha ir ainda mais longe, abstraindo todo sujeito para considerar que, de uma certa maneira, os mitos se pensam entre eles (Lévi-Strauss, 1991, p. 20-21).

A empresa vã de compreender que tipo de necessidade interna unia sons e sentidos só se viu resolvida quando a linguística se apercebeu de que a "função significativa da linguagem não está ligada aos próprios sons, mas à maneira pela qual os sons se encontram combinados entre si" (Lévi-Strauss, 1973, p. 240). Na mitologia arquetípica de Jung, Lévi-Strauss encontra ocasião de contraexemplificar o que seria a noção de arbitrário do signo em etnologia. Jung pecaria por crer na existência de elos naturais entre as figuras míticas e sua significação, do mesmo modo como os linguistas, antes de Saussure, procuravam um vínculo natural entre sons e sentidos. Agora, dotado do aparelho nocional da linguística estrutural, é possível estudar os mitos desvinculados de qualquer espécie de vínculos naturais entre a matéria e o significado dos mitos. Passo fundamental para que se possa proceder a uma verdadeira análise estrutural e ultrapassarmos a miragem da compreensão.

Por isso é possível dizer com Lévi-Strauss: "[...] mito é linguagem; mas uma linguagem que tem lugar num nível muito elevado, e onde o sentido chega, se é lícito dizer, a decolar do fundamento linguístico sobre o qual começou rolando." Esse fato explica, por exemplo, uma peculiaridade do mito em relação a uma das manifestações mais altas da linguagem, a poesia. A poesia é muito difícil de ser traduzida de uma para outra língua; ao contrário, a despeito da pior tradução, o valor do mito persiste. Isso permite dizer que "a substância do mito não se encontra nem no estilo, nem no modo de narração, nem na sintaxe, mas na história que é relatada". Não obstante, esse relato pode ser reduzido a sua estrutura mínima.

Antes de se debruçar sobre os mitos, Lévi-Strauss (1973, p. 243) elucida os princípios gerais da análise estrutural sob todas as suas formas: "[1] economia de explicação, [2] unidade de solução, [3] possibilidade de reconstituir o conjunto a partir de um fragmento e [4] de prever os desenvolvimentos ulteriores a partir dos dados atuais". A aplicação desses princípios ao mito tem por consequência que: i) o *sentido dos mitos* deve ser procurado na *combinação de seus elementos constituintes*; ii) *mito é da ordem da linguagem*, mas sua linguagem apresenta *propriedades específicas*; iii) estas propriedades pertencem a um nível superior, de natureza mais complexa do que as que se encontram na expressão linguística de qualquer tipo. A aceitação desses três princípios, como hipóteses de trabalho, implica: 1) como todo ser linguístico, o mito é formado por unidades constitutivas; 2) "estas unidades implicam a presença daquelas que intervêm normalmente na estrutura da língua, ou seja, os fonemas, os morfemas e os semantemas". É neste ponto que Lévi-Strauss introduz a noção de mitema, esta unidade constitutiva do mito, formalmente semelhante ao fonema.

Lévi-Strauss fornece um exemplo claro da natureza do mitema no Prefácio escrito por ele para um livro de Jakobson. As características principais do fonema, que são unidades opositivas, relativas e negativas, reaparecem, uma a uma, nas unidades elementares do discurso mítico, os mitemas.

> Na língua corrente, o 'sol' é o astro do dia; mas tomado em-si próprio o mitema 'sol' não tem qualquer sentido [...] É exclusivamente das relações de correlação e de oposição que mantém, no seio de um dado mito, com relação a outros mitemas, que se pode depreender uma significação. Esta não pertence propriamente a nenhum mitema; resulta de sua combinação (Lévi-Strauss, 1977, p. 14).

Isso mostra que os mitemas "só adquirem significação no seio do sistema mítico". Assim, a demonstração deve ser entendida como o trabalho não de um *sábio*, mas de um *camelô*: o objetivo não é desvendar um mecanismo ou desvelar um substrato, mas explicar, rapidamente, o funcionamento da máquina de que se trata de vender.

A apropriação lacaniana do estruturalismo foi um dos pontos que gerou maior polêmica em termos da recepção do pensamento de Lacan. Não por acaso, é um dos temas mais mal compreendidos. Duas são as ressalvas mais comumente destacadas: (i) por ser dinâmico, o inconsciente freudiano não pode ser identificado à função simbólica;[60] (ii) a ordem simbólica ou estrutura da linguagem seria um esquema transcendental de tipo kantiano, o que conduziria a uma espécie de "formalismo linguístico", em tudo contraditório com o tratamento do sujeito singular implicado pela *práxis* e com as formas do real tão irrevogavelmente presentes na psicanálise. A tônica geral da crítica refere que o inconsciente freudiano não pode ser reduzido a mera função simbólica, como faz Lévi-Strauss, porque isso consistiria em negligenciar os aspectos dinâmico e econômico do inconsciente. A definição lévi-straussiana de inconsciente é resumida no seguinte texto:

> O inconsciente deixa de ser o inefável refúgio das particularidades individuais, o depositário de uma história única, que faz de cada um [de] nós um ser insubstituível. Ele se reduz a um termo pelo qual nós designamos uma função: a função simbólica, especificamente humana, sem dúvida, mas que, em todos os homens, se exerce segundo as mesmas leis; que se reduz, de fato, ao conjunto destas leis (LÉVI-STRAUSS, 1973, p. 234).

Ou, numa passagem ainda mais célebre,

> [...] o inconsciente está sempre vazio; ou, mais exatamente, ele é tão estranho às imagens quanto o estômago aos alimentos que o atravessam. Órgão de uma função específica, ele se limita a impor leis estruturais, que esgotam sua realidade, a elementos inarticulados que provem de outra parte; pulsões, emoções, representações, recordações (LÉVI-STRAUSS, 1973, p. 235).

É claro que existem convergências marcantes entre os pontos de vista de Lévi-Strauss e de Lacan, quando, por exemplo, lemos que "o inconsciente não é o primordial nem o instintivo e, de elementar, conhece apenas os elementos do significante" (E, p. 526). Estamos diante, pois, de uma primeira convergência: o inconsciente não é nem instintual, nem biológico; tampouco é um estado

---

[60] Para uma versão mais sofisticada desse ponto de vista, ver, por exemplo, Simanke (2003, p. 282-283): "[...] é bastante transparente que essa concepção do inconsciente, desse sujeito do inconsciente, seja inteiramente avessa ao sentido do conceito freudiano. Por mais que alguém empenhe sua retórica em traduzir a dinâmica de representações pulsionalmente motivada do inconsciente freudiano em uma expressão infeliz [...] dos automatismos combinatórios do significante, é difícil passar por alto a heterogeneidade entre as duas noções."

de alma ou algo concernente ao domínio da psicologia. Foi aproximadamente esse gênero de observação que conduziu Ricoeur, e com ele uma leva de estudiosos, à sua célebre fórmula segundo a qual o estruturalismo seria uma forma de "kantismo sem sujeito transcendental".

Três observações precisam ser feitas a fim de desfazer o equívoco conceitual de uma aproximação demasiado impaciente: (i) se, para Lévi-Strauss, não há sujeito possível no campo da estrutura, para Lacan é a estrutura que "põe em cena o sujeito"; (ii) as diversas formas com as quais o conceito de real negativiza a estrutura (coisa, objeto a, pulsão, etc.) desautorizam a reprimenda de que Lacan negligencie a dimensão econômica; (iii) as elaborações lacanianas acerca da temporalidade de causação do sujeito e do desejo desautorizam a crítica de que Lacan descuide da dimensão dinâmica. Quanto ao ponto (i), voltarei a ele mais à frente (ver §43); quanto a (ii), escreve Lacan, "não é porque uma represa decora uma paisagem que a energia é natural [...] pois a energia não é uma substância [...] é uma constante numérica que o físico precisa encontrar em seus cálculos, para poder trabalhar" (OE, p. 520-521). O mesmo ocorre com a energia pulsional: o fato de que ela seja cifrada ou decifrada, no gozo, não contradiz que ela encontre vazão nas estruturas do sujeito; finalmente, em relação a (iii), basta lembrar o que Miller escreveu: "[...] a topologia da estrutura não contradiz desde então sua dinâmica, que escande o deslocamento de seus elementos" (1996, p. 11).

Mas o ponto a ser destacado aqui não é nenhum desses pontos polêmicos acima referidos, pois o que Lacan realmente deve ao estruturalismo está longe de poder ser confundido com algum conteúdo conceitual que ele importa. Por isso são inócuas as tentativas de auferir o grau de fidelidade em relação aos conteúdos originais dos conceitos incorporados de disciplinas conexas ou o correlativo grau de distorção em relação ao sentido original dos conceitos freudianos. Trata-se muito mais de um problema epistemológico, relativo à importação de ferramentas e de estratégias de formalização. Como salienta Granger acerca de *Estruturas elementares do parentesco*, a novidade do método de Lévi-Strauss "consistiu justamente em romper esse círculo epistemológico, definindo *estruturas* de parentesco, modelos abstratos dos fatos sociais observados e vividos, construídos sem prejulgar a compreensão que deles nossa própria cultura sugere" (GRANGER, 1974, p. 301). Por exemplo, ao estudar o funcionamento de parentesco de sociedades indígenas brasileiras, Lévi-Strauss suspendeu a compreensão prévia que um etnólogo europeu devia ter acerca das relações de parentesco, calcada em oposições como pai-filho, tio-sobrinho, etc. Afastada a miragem compreensiva, ele pôde aplicar uma "nova formalização dos fenômenos", descrevendo "relações entre classes e suas combinações à maneira de uma álgebra" (GRANGER, 1974, p. 301). É neste sentido que "a análise algébrica define o modelo e determina assim o *objeto* que o pensamento científico substitui ao fenômeno diretamente observado" (p. 307). É essa maneira de "constituir o objeto" através de um estilo de formalização que Lacan encontra no estruturalismo. Contudo, disso não se segue que a estratégia seja de tipo kantiano, isto é, que seja priorizada uma forma anterior ao movimento do sujeito e à resistência do objeto (como veremos no Capítulo 2; § "Para introduzir na ciência o conceito de sujeito").

Só é possível perceber um kantismo no inconsciente lacaniano ao preço de negligenciar o essencial de seu ensino, justamente a forma de racionalidade que opõe saber e verdade. Em outras palavras, há um "kantismo" em Lacan do mesmo modo como há um "kantismo" em Hegel: como um momento lógico a ser superado pelo ato mesmo de enunciar seu limite.

§15 A fonte lacaniana do problema da metalinguagem

Isso nos conduz diretamente ao próximo ponto. O segundo parâmetro que delimita a discussão é relativo à critica à teoria da comunicação. Enquadrar o fenômeno da linguagem e da fala dentro de um esquema que trate a comunicação como função primordial destas e que represente essa função a partir da fórmula "um remetente emite uma mensagem para seu receptor" é tudo que Lacan quer evitar naquele momento:

> [...] é impossível esquematizar o fenômeno da fala [parole] pela imagem que serve a um certo número de teorias ditas da comunicação – o emissor, o receptor, e alguma coisa que se passa no intervalo. Parecem esquecer que na fala humana, entre muitas outras coisas, o emissor é sempre ao mesmo tempo um receptor, que ouvimos o som de nossas próprias palavras (S. III, p. 33).

A observação como um todo parece um truísmo, se não se retirasse dela uma série de consequências relativas à divisão do sujeito e do Outro, que terão consequências clínicas importantes, chegando mesmo à tematização do estatuto da alucinação verbal. Mas do ponto de vista que interessa nossa discussão, a observação acima vale para mostrar que Lacan tinha em mente um modelo de linguagem amplamente devedor da reflexão levada a efeito por Jakobson.

O inventário da dívida de Lacan com relação à linguística estrutural parece trabalhado à exaustão, numa farta, porém desigual, bibliografia secundária. Desse cenário, destacam-se os trabalhos cuidadosos de Jean-Claude Milner e de Michel Arrivé. Não pretendo aqui reconstruir esse inventário, mas apenas enfatizar alguns aspectos mais diretamente relacionados ao tema da pesquisa. Trata-se do enfoque dado por Jakobson à linguagem em termos de suas funções, o que vai nos conduzir em seguida ao tema da metalinguagem como *função reflexiva do código linguístico*.

A esta altura, cabe perguntar qual ou quais a(s) fonte(s) onde Lacan encontrou o problema da metalinguagem, a fim de determinar com precisão o alvo visado por ele. Vale lembrar previamente que o termo "metalinguagem" é uma invenção recente. Sob o termo polonês *metajezik*, surge pela primeira vez, em 1931, sob a pena de Tarski. Encontra alguma repercussão no positivismo lógico vienense, tendo sido acolhido com entusiasmo por Carnap.[61] Da lógica à linguística, ele surge, em 1943, nos Prolegômenos de Hjelmslev (ARRIVÉ, 1994b, p. 182). Adianto a hipótese de que haveria em Lacan um deslocamento entre a fonte do termo metalinguagem e o alvo visado em sua postura crítica. Isto é, se a fonte remonta à linguística estrutural, o alvo de Lacan é o positivismo lógico. Porque é este último, identificado aqui às posturas epistemo-linguísticas de Ogden e Richards, que situa a metalinguagem na perspectiva do "sentido do sentido", o que faculta a Lacan equivaler "metalinguagem" e "Outro do Outro", estratégia maior para fundamentar sua crítica. Voltarei a isso na seção correspondente.

Ao refletir sobre as fontes do conceito lacaniano de metalinguagem, Michel Arrivé propõe que apenas "uma pesquisa cronológica precisa sobre os empregos do conceito por Lacan" (p. 182) permitiria descobrir se o conceito de metalinguagem lhe chegou através de Hjelmslev ou de Jakobson.

É Hjelmslev quem p imeiro percebe a fecundidade da noção lógica de metalinguagem cunhada por Tarski para o estudo das línguas. O fundador do Círculo de Linguística de Copenhagen, empenhado em estabelecer um método de descrição das línguas naturais, percebe a necessidade de introduzir uma língua apropriada à tarefa. Mais do que outras ciências, a linguística precisa definir sem ambiguidade seus termos, na medida em que sua matéria é a própria língua. Para descrever sem ambiguidades as línguas, que por natureza são ambíguas, é preciso criar uma nova língua. Tal é a função da metalinguagem, ou mais precisamente, da metalíngua: estabelecer uma língua técnica isenta de equívocos para descrever as línguas naturais. Embora Jakobson, no texto sobre as afasias que influenciou Lacan, refira-se a Carnap para ilustrar o conceito de metalinguagem, é certo que ele conhecia o tratamento dado por Hjelmslev ao tema.

A distinção entre metalinguagem e linguagem-objeto, que no domínio da lógica respondia à necessidade de definir "verdade" para sistemas formalizados, é agora, de certa maneira, generalizada. A distinção metalíngua/linguagem-objeto refere-se, respectivamente, à língua descritiva e à língua descrita (HJELMSLEV, 1978, p. 175). Para dizer com todas as letras: agora uma metalíngua é um dispositivo que pretende definir sem equívocos não apenas a verdade, como acontecia em Tarski, mas quaisquer signos empregados para falar das linguagens naturais. A metalíngua é o sistema de conceitos, a terminologia empregada para descrever a língua. Assistimos, pois, a uma dupla passagem, a uma dupla generalização: (i)

---

[61] Ver, por exemplo, sua *Autobiografia intelectual*, que integra um volume em sua homenagem *Philosophy of Rudolph Carnap* (Library of Living Philosophers) (1997).

a generalização da metalíngua como instância de definição apenas do conceito de verdade em direção a uma metalíngua capaz de abrigar quaisquer definições linguísticas, quaisquer conceitos técnicos, e (ii) a generalização do campo de aplicação da metalíngua, das linguagens formalizadas em direção às línguas naturais.

Mas embora Arrivé suspeite que Lacan lesse "secretamente" Hjelmslev, inclino-me a pensar que é num artigo de Jakobson que Lacan encontra pela primeira vez o termo. Pelo menos a essa época, se Hjelmslev influencia Lacan, é indiretamente ou é em outras questões. As evidências disponíveis são, na verdade, demasiado simples. Todos sabem da importância capital que o artigo de Jakobson sobre as afasias teve para Lacan. É Jakobson (1995, p. 61) quem primeiro chamou atenção para a "negligência" de nunca ninguém haver percebido a importância dos procedimentos metafóricos e metonímicos na constituição de alguns processos simbólicos subjetivos e sociais, como aqueles encontrados na estrutura dos sonhos (Freud) ou na análise dos ritos mágicos (Frazer). Foi a partir da leitura deste texto que Lacan, depois de alguns pequenos ajustes à perspectiva jakobsoniana, postulou a equivalência entre os mecanismos freudianos de condensação e deslocamento aos mecanismos linguísticos de metáfora e metonímia. Foi esse passo que o levou à célebre tese de que o "inconsciente é estruturado como uma linguagem". Ora, no parágrafo imediatamente posterior àquele em que Jakobson (1995, p. 61) chama a atenção para "a questão decisiva de saber se os símbolos e sequências temporais usadas [nos sonhos] se baseiam na contiguidade [...] ou na similaridade", lemos:

> A similaridade das significações relaciona os símbolos de uma metalinguagem com os símbolos da linguagem a que ele se refere. A similitude relaciona um termo metafórico com o termo a que substitui. Por conseguinte, quando o pesquisador constrói uma metalinguagem para interpretar os tropos, possui ele meios mais homogêneos para manejar a metáfora, ao passo que a metonímia, baseada num princípio diferente, desafia facilmente a interpretação (JAKOBSON, 1995, p. 61, grifo meu).

Não é possível haver a menor sombra de dúvida de que Lacan conhecia esta referência. Mais do que isso. É certo que esse parágrafo em particular recebeu uma atenção especial, não apenas porque ele forneceu a intuição fundamental para a postulação da equivalência entre processos psíquicos inconscientes e mecanismos linguísticos, mas também porque o tema da heterogeneidade da metáfora e da metonímia é um tema caro a Lacan.

Mas o texto de Jakobson sobre as afasias nos revela ainda uma outra pista importante. Como veremos, o alvo principal da crítica lacaniana à metalinguagem é, na maior parte das vezes, o positivismo lógico. Ora, vale notar que, pelo menos explicitamente, Jakobson, surpreendentemente, não refere a distinção entre metalinguagem e linguagem-objeto, a partir de Hjelmslev, mas de Carnap. "Uma das grandes contribuições da lógica simbólica para ciência da linguagem é a ênfase dada à distinção entre linguagem-objeto e metalinguagem. Como diz Carnap, 'para falar sobre qualquer linguagem-objeto, precisamos de uma metalinguagem'" (JAKOBSON, 1995, p. 46).

O texto de Carnap a que Jakobson se refere é *Meaning and necessity*, na edição de 1947. Embora não haja, salvo engano, nenhuma menção explícita de Lacan à filosofia de Carnap nesse período, duas coisas chamam a atenção: (i) pelo menos indiretamente, através de Jakobson, Lacan conheceu o livro de Carnap; (ii) até aquela altura, Lacan não dispunha ainda dos elementos que mais tarde serão incorporados à sua álgebra, a seu sistema de notação; (iii) Carnap, na referida obra, emprega um sistema de notação que utiliza símbolos como S_1, S_2 e &, evidentemente, num sentido totalmente diverso do que terá mais tarde em Lacan. Mas não deixa de ser tentador pensar que possa ter havido, ainda que longínqua e subvertidamente, alguma apropriação... De todo modo, essa pista talvez indique que Lacan tenha, no mínimo, corrido os olhos no livro de Carnap.

Logo em seguida, Jakobson (1995, p. 46) acrescenta, certamente inspirado por Hjelmslev, que operações metalinguísticas não são invenção dos lógicos: "[...] longe de se confinarem à esfera da Ciência, elas demonstram ser parte integrante de nossas atividades linguísticas habituais." Segundo essa perspectiva, a reflexão dos falantes sobre a própria fala, essa dobra da linguagem sobre si mesma, essa ênfase no sentido, é índice de atuação de operações metalinguísticas. Escreve Jakobson (1995, p. 47): "[...] o recurso à metalinguagem é necessário tanto para a aquisição da linguagem como para seu funcionamento normal. A carência afásica da 'capacidade de denominar' constitui propriamente uma perda de metalinguagem".[62]

§16 O Outro não é o código, nem um esquema transcendental de significação

Uma língua não é uma nomenclatura destinada a designar entidades determinadas independentemente. Ao contrário, nuanças no plano semântico mostram que signos linguísticos fazem mais do que etiquetar conteúdos prévios. Quer dizer que nuanças semânticas são expressas por signos diferentes em línguas diferentes, isto é, a sinonímia é sempre limitada.[63] Fronteiras de significação não podem ser deduzidas nem do pensamento, nem obtidas inferencialmente

---

[62] Uma linha de investigação poderia ser aberta a partir desse ponto: a crítica à metalinguagem corresponderia a uma espécie de generalização da afasia? Como se, uma vez admitida a universalidade do recalcamento originário, o sujeito do inconsciente fosse ligeiramente afásico?

[63] Milner, em *Les noms indistincts*, chega a sugerir, a partir dessa perspectiva, a impossibilidade da sinonímia.

da natureza. Antes de Lacan, quem levou mais longe a noção de *combinatória* foi Hjelmslev. Ao aprofundar as intuições fundamentais de Saussure, de quem retém duas afirmações, ele conclui que "(1) a língua não é substância, mas forma; (2) toda língua é ao mesmo tempo expressão e conteúdo" (DUCROT; TODOROV, 1988, p. 31). Mas Hjelmslev não apenas prolonga essa intuição saussuriana fundamental do caráter negativo e relacional das unidades da língua, ele a aprofunda. "Se a língua é forma e não substância, não é mais, portanto, na medida em que se introduz um corte original, mas na medida em que suas unidades devem definir-se pelas regras segundo as quais é possível combiná-las, pelo jogo que elas autorizam" (p. 32). Por isso "uma língua pode permanecer fundamentalmente idêntica a si própria" (p. 32), a despeito das mais diversas transformações, por exemplo, da linguagem oral para a escrita. Assim, Hjelmslev distingue três níveis onde Saussure distinguia apenas dois. Para o dinamarquês, "a substância é a manifestação da forma na matéria" (p. 33). A distinção entre expressão e conteúdo é, pois, abandonada, na medida em que sua forma é idêntica, isto é, variações no plano fônico coincidem com variações de conteúdo e vice-versa. Com isso, *abandona-se também a ideia de signo como unidade linguística fundamental, e apostam-se todas as fichas na noção de combinatória.*

Até que ponto Lacan conhecia essa crítica hjelmsleviana do signo? É certo que a solução do linguista, a invenção do glossema e da disciplina que lhe seria correlata, a glossemática, não seduziu o psicanalista. Mas não é certo que o momento negativo que prepara essa teoria, isto é, a crítica do signo, não seja pelo menos bastante afim à crítica lacaniana. Inclusive no que tange à centralidade da forma, depurada de toda substância e à consequente desvinculação entre língua e comunicação, e ao alargamento do campo linguístico promovido por essas operações. O caráter abstrato da reflexão linguística hjelmsleviana conduz a um "estudo geral das linguagens" e, consequentemente, a uma tipologia. É aqui que a noção de metalíngua é inventada.

Fala-se, por exemplo, de línguas denotativas quando nem expressão nem conteúdo constituem linguagens independentes, como ocorre no uso habitual de línguas naturais. Quando, por exemplo, o conteúdo constitui sozinho uma linguagem, como na língua técnica da linguística que serve para descrever uma língua natural, estamos em presença de uma metalíngua. Finalmente, se a expressão constitui uma linguagem independente, como no uso literário de línguas naturais, trata-se de língua conotativa. Neste caso, "o significante é menos a palavra escolhida do que o fato de tê-la escolhido" (p. 34). Os autores nos fornecem um belo exemplo: "[...] quando Stendhal utiliza uma palavra italiana, o significante não é somente o termo utilizado, mas o fato de que, para exprimir uma certa ideia, o autor decidiu recorrer ao italiano, e este recurso tem como significado uma certa ideia de paixão e liberdade, ligada, no mundo stendhaliano, à Itália" (p. 34).

Como veremos adiante, a crítica lacaniana à metalinguagem é, antes de tudo, crítica da distinção entre metalinguagem e linguagem-objeto ou língua denotativa. Para Lacan, a função denotativa da linguagem é apenas secundária, e a noção de linguagem-objeto, relacionada de algum modo especial a uma realidade independente, é que é problemática. Não obstante isso, chama a atenção essa ideia de que "o significante é menos a palavra escolhida do que o fato de tê-la escolhido", que Hjelmslev reserva à função conotativa da linguagem em seu uso literário. Tudo se passa como se assistíssemos a uma generalização dessa tese para além do domínio específico do uso conotativo da linguagem. Porque, no fim das contas, o que isso tudo nos mostra, senão que não é no código que o sujeito encontra o que ele procura?

Em um artigo, publicado originalmente em inglês no volume *Style in language* (1960) e traduzido para o francês três anos mais tarde sob o título *Linguística e poética*, recolhido nos *Essais de linguistique génerale*, Jakobson formaliza algumas de suas ideias centrais. A linguagem será vista sob o prisma das diferentes funções de cada um dos fatores (*facteurs*) constitutivos do processo linguístico (JAKOBSON, 1995, p. 122; cf. também DUCROT; TODOROV, 1998, p. 303). Toda a análise jakobsoniana se baseia na caracterização do processo linguístico como processo em que "o *remetente* (*destinateur*) envia uma *mensagem* ao *destinatário* (*destinataire*)" (JAKOBSON, 1995, p. 122).[64] Mas isso não é tudo, porquanto a eficácia do processo requer ainda a participação de outros três fatores, quais sejam, o *contexto* (que inclui o que a lógica e a filosofia costumam tratar como "referente"), o *código* e o *contato*.

Vale a pena resenhar bastante sumariamente a tipificação que nos fornece Jakobson acerca das funções da linguagem, a fim de estabelecermos o lugar exato que ocupa a função metalinguística. A ênfase em um ou outro desses fatores define uma função determinada da linguagem. Não se trata nunca de monopólio ou exclusividade de uma função em detrimento de outras, mas de dominância hierárquica de uma ou de outra função. Assim, por exemplo, costumamos representar no senso comum a linguagem do ponto de vista de sua função referencial. Neste caso, é o contexto, e mais precisamente, um elemento do contexto, o referente, que predomina na determinação do sentido. A função denotativa ou cognitiva da linguagem, e aqui se enquadra toda a reflexão levada a efeito pelo positivismo lógico, é acentuada em detrimento dos demais fatores envolvidos no processo linguístico. Mas, embora central, a função denotativa está longe de encerrar toda a riqueza dos fenômenos linguísticos.

---

[64] Parece não ser por acaso que Derrida critique o falogocentrismo do estruturalismo linguístico explorando exatamente este termo "*facteur*" e toda a conotação "postal" que lhe subjaz, segundo a ideia de que o processo linguístico fora representado como o de envio de uma carta...

Por exemplo, a ênfase no remetente dá-nos a função expressiva da linguagem, centrada na subjetividade daquele que fala, nas inflexões, tonalidades, alterações sonoras, etc. Um ator, por exemplo, pode infletir uma mesma mensagem de inúmeras maneiras, a fim de transmitir situações emotivas diversas. Já a ênfase no destinatário nos fornece a função conativa, expressa, por exemplo, na forma imperativa. Uma sentença imperativa não pode ser submetida à prova da verdade.

Mas além destas três funções básicas – referencial, expressiva e conativa – referidas aos três ápices do modelo tradicional da linguagem – o contexto, o remetente e o destinatário –, Jakobson propõe outras três funções, relativas agora ao predomínio do contato, da mensagem e do código. Quando numa conversação surgem elocuções como "você está me ouvindo?" ou "entende?", trata-se do privilégio do fator contato, que nos leva à função fática da linguagem. Já a função poética da linguagem define-se pelo enfoque predominante dado à própria mensagem. Importante salientar que Jakobson não restringe a função poética apenas ao ofício do poeta. Lacan é sensível à perspectiva adotada por Jakobson, quando afirma por exemplo que "se vai muito longe na elaboração dos efeitos da linguagem, posto que nela se pode construir uma poética que nada deve à referência ao espírito do poeta, nem tampouco à sua encarnação" (E, p. 875). Voltaremos a este ponto quando se tratar de abordar o problema do estilo. Depois de caracterizar minimamente as funções (1) referencial, (2),emotiva, (3) conativa, (4) fática e (5) poética, como relativas ao predomínio respectivo (1') do contexto, (2') do remetente, (3') do destinatário, (4') do contato e (5') da mensagem, dispomos de todos os elementos para introduzir a (6) função metalinguística.

Como se pode facilmente adivinhar, a função metalinguística refere-se ao predomínio do código. Embora Jakobson refira a distinção entre os níveis linguísticos da metalinguagem e da linguagem-objeto à Lógica moderna, seu primeiro movimento é o de apontar a utilização cotidiana da função metalinguística. Bastante provavelmente é este aspecto que chama a atenção de Lacan em relação ao tema. Constata Jakobson (1995, p. 127) que "a metalinguagem não é apenas um instrumento científico necessário, utilizado pelos lógicos e lingüistas; desempenha também papel importante em nossa linguagem cotidiana". O autor destaca aqui como isso ocorre independentemente de o falante o saber: "[...] praticamos a metalinguagem sem nos dar conta do caráter metalinguístico de nossas operações" (p. 127). Sempre que a conversação se interrompe para tentar estabelecer o sentido dos termos em que ela se desenrola, sempre que o que está em pauta não é nem a própria mensagem, nem os agentes envolvidos, mas o próprio "código lexical do idioma" (p. 127), estamos diante do exercício da função metalinguística. Neste sentido, a observação feita no seminário sobre *As psicoses* de que toda linguagem já implica uma metalinguagem parece convergir com tal perspectiva. Mas veremos que essa convergência é apenas superficial.

Jakobson propõe o seguinte diálogo exasperante como exemplo de conversação centrada no código, isto é, como exemplo de conversação metalinguística.

– O calouro tomou pau.
– Mas que quer dizer "tomar pau"?
– A mesma coisa que "levar bomba".
– E "levar bomba"?
– Levar bomba é "ser reprovado nos exames".
– E o que é "calouro"?
– Um "calouro" é um estudante do primeiro ano (p. 127, diálogo modificado).

Num diálogo como este, predomina a função metalinguística de estabelecer a equivalência de sentido entre termos e expressões diversas. O que está em jogo é a partilha do código entre os falantes e sua função cognitiva. Trata-se de tentar controlar o mal-entendido, fazendo referência recorrente ao próprio léxico. Em situações menos extremadas, a função metalinguística prevalece sempre que ocorrem expressões do tipo "mas o que isso quer dizer?" ou "o que você quer dizer com isso?". Neste sentido, parece que a função metalinguística é reiteradamente exercida no cotidiano. Isso nos conduz a uma aproximação inicial da primeira ocorrência do tema da metalinguagem em Lacan, que data de 1956, e que observa que toda linguagem "já é uma metalinguagem de seu registro próprio" (S. III, p. 258). A estrutura da linguagem não é um esquema transcendental, um *a priori* linguístico: ela não é separada da experiência; não é um *a priori* que torna possível a verdade, independentemente... A estrutura é estruturante, antes de ser estruturada,[65] do mesmo modo como toda linguagem já é metalinguagem de si mesma; não há como *cindir* linguagem-objeto, de um lado, e metalinguagem, de outro; como não há maneira de *cindir* esquema e conteúdo. As diversas leituras que imputaram ao Outro lacaniano a função de encarnar um esquema transcendental de tipo kantiano fizeram economia justamente da crítica lacaniana à metalinguagem, como se esta fosse marginal ou como se fosse um prolongamento acessório de sua doutrina. O erro em que elas incorrem é precisamente o de desconsiderar que o esquema transcendental não pode ser identificado ao Outro, mas ao Outro do Outro, que Lacan afasta. O Outro do Outro, se houvesse, seria transcendental. Portanto, não é preciso esperar a invenção do objeto *a* para distinguir o Outro lacaniano da estrutura da linguagem jakobsoniana ou a ordem simbólica lévi-straussiana.

Parece que o diálogo acima indica exatamente isso. Em termos lacanianos, ênfase no código em detrimento das outras funções linguísticas indica o esforço

---

[65] A este respeito o texto fundamental continua sendo "Ação da estrutura" (1996), de J.-A. Miller.

de apagamento do sujeito, como se a linguagem pudesse funcionar por si mesma, sem sujeito (diga-se de passagem, tal seria o impasse constitutivo das terapias cognitivas). O que equivaleria aproximadamente a dizer que a hipertrofia da função metalinguística corresponde à atrofia do polo do sujeito, em favor da expectativa imaginária de que o código pudesse fornecer todas as respostas possíveis. O problema é que esse movimento é sempre assintótico. Não é possível interromper o fluxo da cadeia significante utilizando apenas os elementos contidos no interior do código linguístico. Neste caso, teríamos uma figura do Outro completo e autossuficiente, transparente a si e aos seus "usuários", capaz de doar sentido a todo e qualquer enunciado. Neste caso, o código funcionaria em posição de metalinguagem. Ora, mas o matema da falta do Outro indica exatamente que toda essa expectativa não passa de uma miragem, de uma ilusão da transparência.

Mesmo no momento desta aparentemente máxima atrofia da dimensão subjetiva que seria correlata à hipertrofia da função metalinguística, como no caso de uma conversação centrada predominantemente no código, interessa ao psicanalista a irredutibilidade da dimensão da enunciação, que, de uma ou de outra maneira, aponta a posição do sujeito no discurso. Em sentido lato, enunciação refere-se à situação efetiva de um discurso, em que enunciados se atualizam por um locutor específico, circunscritos espaçotemporalmente. Mas, conforme escreve Todorov, em sentido estrito, importa "a *marca do processo de enunciação no enunciado*" (DUCROT; TODOROV, 1998, p. 289, grifos do autor). Na concepção de Lacan, é sempre possível rastrear as marcas desse processo. Vale lembrar que o esquema conceitual subjacente à oposição entre fala plena e fala vazia remonta a um esquema linguístico proposto por Benveniste. Diferentemente de outros elementos da linguagem, os pronomes são "signos vazios", que não remetem a nenhuma realidade lexical. Esses signos "vazios" se tornam "plenos" assim que "o locutor os assume em uma instância de discurso" (AGAMBEN, 2006, p. 41). É essa operação que permite passar da língua à fala.

A natureza ambígua da enunciação fica patente na figura da dêixis (*shifter*): a enunciação contém, ao mesmo tempo, elementos intralinguísticos, como um pronome, por exemplo, e aquilo que ele designa, como a situação de elocução. Não por acaso,

> [...] o problema da *referência* está estreitamente ligado à enunciação [...]. A questão da *verdade*, subordinada à da referência, é igualmente concebível fora da enunciação: em si mesmo, o enunciado não é nem verdadeiro nem falso, torna-se verdadeiro ou falso unicamente no decorrer de uma enunciação particular (DUCROT; TODOROV, 1998, p. 290).

Todorov detecta algumas relações possíveis entre as reflexões linguísticas acerca da enunciação e a teoria filosófica dos atos de fala, ao afirmar que as teorias de Searle e Austin exploram exatamente a dimensão da enunciação. É este o ponto que interessa na presente discussão. Atos de fala com os quais exprimimos crenças, temores, dúvidas, etc. podem ser chamados de atos ilocucionários. Dois elementos compõem um ato ilocucionário: seu conteúdo proposicional e a força ilocucionária relativa à posição do sujeito. O ponto ressaltado por Lacan é que, mesmo nesses fenômenos onde predomina o código, o que a mensagem realmente veicula é menos uma informação acerca do código do que "uma mensagem reduzida àquilo que no código indica a mensagem" (E, p. 546), a saber, a dimensão da enunciação. Isso porque a enunciação mostra, mais do que tudo, que "a linguagem teve lugar" (AGAMBEN, 2006, p. 43). É por essa razão que ela interessa ao psicanalista; é por essa razão que ela é irredutível.

No caso desse exasperante diálogo, não é difícil adivinhar que o único modo de interromper essa demanda infinita seria, de uma ou de outra parte, a realização de um ato. Este ato seria necessariamente desprovido de fundamentação suficiente, porque o código linguístico não é suficiente para fornecer elementos para a interrupção da conversa infinita. Um ato realizado, por um dos atores, antes da obtenção de todas as respostas possíveis. Isto é, seria preciso que o sujeito percebesse que a resposta que ele procura, o Outro, como código, não pode dar. Apenas o ato de um dos sujeitos pode interromper o jogo de espelhos: ou ele refreia sua impaciência e se dá por satisfeito num ponto qualquer da conversação, ou seu interlocutor se exaspera, sai de cena, etc. O máximo que podemos obter seria um acordo intersubjetivo, mas não um grau zero do sentido. Lacan chamou isso de inconsistência do Outro, mostrando ao mesmo tempo que o Outro não se reduz ao código (E, p. 820). O Outro é uma estrutura desejante.

O resultado mais importante dessa distinção capital entre sujeito do enunciado e sujeito da enunciação só mostrará toda sua relevância quando estudarmos, no Capítulo 3, os impasses da formalização. O que podemos adiantar agora é o seguinte comentário a respeito das relações entre enunciação e quantificação lógica, datada de 27 de março de 1968. Para Lacan, é evidente que escrever "todos os homens" ou escrever "todos os psicanalistas" difere do ponto de vista formal em relação a, por exemplo, "eu não penso" ou "eu não sou". Essa diferença concerne ao estatuto das proposições particulares. Proposições particulares implicam uma "distinção severa" entre enunciado e enunciação. Precisamente porque a lógica da quantificação *resiste* ao que é da ordem do sujeito da enunciação: o sujeito quantificado não é de modo algum a mesma coisa que "este sujeito muito mais perturbador [...] que de fato se designa nominalmente e de uma forma que se pode dizer desvelada, como sujeito da enunciação" (S. XV, p. 180). A fim de tirarmos todas as consequências dessa distinção, precisaremos granjear dois passos: (i) a correta delimitação da distância que separa o saber e verdade (Capítulo 2) e (ii) os impasses da formalização (Capítulo 3).

Seção 3 – Não há sentido do sentido

O passo seguinte consiste em responder à questão deixada para trás sobre o porquê da necessidade de cindir a fonte do conceito de metalinguagem e o alvo da crítica. Isto é, poupar Jakobson, ao deslocar o alvo de sua crítica à metalinguagem a Ogden e Richards e ao positivismo lógico em geral. Trata-se de examinar o negativo da tese do Outro inconsistente, perguntando: o que seria um "Outro consistente"?

§17 O equívoco de "O sentido do sentido"

A verdade nasce da equivocação: este é talvez o aspecto mais conhecido da concepção psicanalítica de verdade, e, ao mesmo tempo, um dos momentos em que podemos dizer com segurança que Lacan é mais freudiano. A análise freudiana do ato falho é o paradigma para entendermos como a verdade surge da equivocação. Mas a tese da origem equívoca da verdade não se restringe apenas aos atos falhos e às outras formações do inconsciente. É possível aplicar essa perspectiva de que a verdade nasce da equivocação não a alguma formação do inconsciente *stricto sensu*, mas ao próprio trabalho teórico de Lacan. Trata-se de medir o discurso teórico a partir dos mesmos critérios que o fundam. No presente caso, isso equivale a mostrar um lugar determinado em que um equívoco na leitura de um certo livro teve amplos efeitos de verdade em seu trabalho teórico.

O livro de que se trata é *The meaning of meaning*, que foi duramente criticado por Lacan em diversas ocasiões e que se tornou um de seus alvos preferenciais, da década de 1950 até o final de seu ensino. O equívoco em questão é relativo à tradução do título "*The meaning of meaning*" para "*Le sens du sens*" [O sentido do sentido], que resulta em atribuir aos seus autores ideias que não estão tematizadas direta ou explicitamente no interior da obra. Tentarei mostrar que a crítica impiedosa à linguística de Ogden e Richards é um *locus* privilegiado para entendermos alguns aspectos centrais do pensamento de Lacan. Principalmente no que tange à crítica do sentido, da metalinguagem e do positivismo, e de suas relações intrínsecas. Estes três temas são fortemente relacionados, e o referido livro é um exemplo perfeito da solidariedade dessas três ideias: (1) a redução do problema do significado (ou do sentido) ao referente, ao fático, ao empírico; (2) o projeto de criação da metalinguagem, como linguagem de nível superior isenta de equívocos;[66] (3) a interpretação positivista da ciência como forma de saber em que a verdade é formalizada numa metalinguagem e provada através de verificação empírica.

---

[66] Reproduzo aqui uma nota do editor brasileiro dos *Outros escritos*, acerca do termo "equivoque": "[...] vale lembrar que o termo original 'equivoque' não comporta o sentido de erro, tal como em português, mas apenas de ambigüidade, dubiedade" (OE, p. 317).

A verdadeira ojeriza que Lacan tem em relação ao "significado", além de toda a dimensão clínica subjacente, ganha aqui maior nitidez, porque a noção de "significado" ou de "sentido" que ele critica é fundamentalmente aquela tornada popular na linguística da primeira metade do século XX, pelo livro de Richards e Ogden. O mesmo vale, talvez um pouco mais indiretamente, para os dois outros temas, a metalinguagem e o positivismo. Mas a interdependência conceitual e moral entre significado, metalinguagem e positivismo é mostrada em toda sua extensão pelo referido livro. Vale ressaltar que, se hoje essa obra caiu no esquecimento, à época da formação do pensamento de Lacan ela era a grande referência linguística em muitas universidades europeias e norte-americanas, *ao lado de* e *em oposição à* linguística estrutural de matriz saussuriana.

A virulência da crítica de Lacan à concepção de linguagem como sistema representativo calcado na positividade do significado é conhecida de todos. Ele associa termos que vão desde "ilusão" ("a ilusão de que o significante atende à função de representar o significado" [E, p. 501]), passando por "heresia" (a heresia de que "o significante tem que responder por sua existência a título de uma significação qualquer" [p. 501]); até acusação de "canalhice". Mas o ponto que gostaria de ressaltar é que há um equívoco importante no ponto de partida da invectiva lacaniana contra esse livro. Sumariamente trata-se do seguinte: Lacan traduziu erradamente o título do livro. Poderia ser um erro menor, caso ele não inferisse uma série nada trivial de conclusões a partir dele e/ou caso sua crítica dissesse respeito mais à ordem interna de razões contida no livro. Mas não é este o caso. Sua crítica está assentada na ideia central contida já no título do livro, ou mais precisamente, na tradução errônea que fez dele, e em algumas ideias contidas nos capítulos iniciais. Esse erro perdurou e nunca foi retificado.

Examinemos mais detidamente o caso. Com efeito, "*The meaning of meaning*" não deveria ser traduzido, como fez Lacan, como "O sentido do sentido" (que em inglês correto seria "*The meaning of the meaning*"). A tradução correta seria "o sentido de sentido", ou "o significado de significado". Principalmente porque o objetivo declarado dos autores é apenas o de discutir o sentido da palavra "sentido", ou ainda mais precisamente, o significado do termo "significado" e de reconduzir a centralidade do referente na determinação deste. Portanto, pelo menos no que tange ao título e à ideia central do livro, Lacan está simplesmente errado em dizer que "O sentido do sentido" equivale à crença no "Outro do Outro". Mas esse equívoco não invalida a virulência do ataque, ao contrário. Tudo se passa como se ali se descortinasse o horizonte moral e político que está em jogo naquela perspectiva linguística, o que torna a crítica de Lacan ainda mais precisa e mais certeira, na medida em que mostra o que está por trás do impulso de pensar a linguagem como sistema de representação de sentido empírico ou denotativo.

Adianto de saída qual o resultado mais relevante da pesquisa levada a cabo por Richards, como principal "desiderata" do livro: a criação de uma língua ideal isenta de equívocos, chamada de "BASIC english", contendo apenas 850 palavras livres de ambiguidades. Os próprios autores não temem em nenhum momento qualificar seu procedimento como "eugenia" ou como "higiene". Por isso é que, atirando no que viu e acertando no que não viu, Lacan revelou o *télos* de sua crítica do sentido, da metalinguagem e do positivismo: a eugenia da linguagem que lhes é necessariamente correlacionada, sua verdade exterior. A intolerância a uma certa indeterminação do sentido, o ódio à ambiguidade inerente às línguas naturais, etc., têm efeitos nefandos, como ficará claro no decorrer da exposição. Ficará mais claro porque, entre outras coisas, Lacan adotou uma concepção linguística de matriz saussuriana (ainda que subvertida), baseada no valor, na diferença e na negatividade do significante.

Algumas evidências textuais mostram que a equivalência do sentido do sentido ao Outro do Outro, e sua vinculação a Ogden e Richards, atravessa textos de diversas épocas do ensino de Lacan. Um conhecido texto de 1957, intitulado *A instância da Letra*, apresenta o célebre algoritmo que inaugura a lógica do significante (ste/sdo). A crítica à "ilusão" do caráter representativo da linguagem e à "heresia" que consiste em pensar o significante como significação reificada é construída em oposição explícita ao livro de Ogden e Richards. Porque é aquela heresia que "conduz o positivismo lógico à busca do sentido do sentido, do *meaning of meaning*, tal como se denomina, na língua em que se agitam seus devotos" (E, p. 501). Em 1965, este "sentido do sentido" será interpretado como crença no Outro do Outro, isto é, como crença na metalinguagem e na possibilidade de dizer a verdade sobre a verdade. Por isso, crítica à metalinguagem é também crítica do positivismo lógico (E, p. 882) e da concepção normativa de verdade que lhe é inerente. Alguns anos à frente, no seminário *D'un discours qui ne serait pas du semblant*, 17 de fevereiro de 1971, e no contexto de uma teoria da escrita, Lacan volta um pouco mais detidamente ao assunto e afirma:

> Richards e Ogden eram os dois chefes de fila de uma posição nascida na Inglaterra e inteiramente conforme à melhor tradição da filosofia inglesa, que constituiu no início deste século a doutrina chamada positivismo-lógico.
>
> Seu livro maior se intitula *The meaning of meaning* [...] quer dizer O sentido do sentido (S. XVIII, p. 59).

Em seguida, relembra o tom "depreciativo" com o qual já havia tratado o referido livro, para imediatamente esclarecer a questão de fundo: "[...] o positivismo-lógico procede desta exigência que um texto tenha um sentido apreensível, o que o conduz a uma posição que é esta: um certo número de enunciados filosóficos ficam desvalorizados a princípio, pelo fato de que eles não dêem nenhum resultado apreensível quanto à busca do sentido" (S. XVIII, p. 59). Ou seja, um texto filosófico qualquer, ao menor "flagrante delito de *nonsense*", deve ser expulso do jogo, segundo a perspectiva positivista. O que está em jogo é que essa exigência de expulsão de todo e qualquer *nonsense*, essa exigência contínua de determinação total do sentido resulta na perda de uma dimensão essencial ao discurso e à verdade, isto é, que a verdade possa resultar da ausência de sentido. Tomar *a verdade como processo* implica consentir com sua emergência fora do sentido. Como se ressoasse aqui a sentença hegeliana segundo a qual "o medo da verdade poderá ocultar-se de si e dos outros por trás da aparência de que é um zelo ardente pela verdade" (HEGEL, 1992, p. 68).

No limite, a exigência tão ordinária para a filosofia de uma linha de continuidade entre verdade e sentido coincide com o rechaço do sexual, com a recusa de que a verdade do sexo seja insensata. Escreve admiravelmente Badiou (2005, p. 117): "[...] o destino subjetivo da sexuação submete o sujeito a uma verdade insensata." Pois se há um campo em que a verdade aparece em sua máxima refração com relação ao sentido tal campo é a sexualidade (desenvolverei este ponto na seção §38). Por enquanto, vale lembrar que, em *O engano do sujeito suposto saber*, essa articulação entre uma metalinguagem que sonha com o sentido do sentido e um positivismo behaviorista mostra a que veio no que concerne à sexualidade: pois são os dois álibis epistemológicos de noções como "migração da libido", "desenvolvimento afetivo" (OE, p. 333), com seus desvios de conduta e outras sequelas moralizantes.

Mas o horizonte maior de sua impiedosa crítica remete aos desastrosos resultados políticos inerentes a esta amálgama de sentido, metalinguagem e positivismo, como veremos adiante. Finalmente, uma última evidência textual, dessa vez oriunda de Introdução à edição alemã de um volume dos *Escritos*.

> O sentido do sentido (*the meaning of meaning*), levantou-se a questão dele. Comumente, eu apontaria que foi por se ter a resposta, se não se tratasse simplesmente de um passe de mágica universitário.
>
> O sentido do sentido, em minha prática, se capta (*Begriff*) por escapar: a ser entendido como de um tonel, e não por debandada (OE, p. 550).

O sentido escapa, não por debandada, mas como escapa o líquido de um tonel. Quer dizer, são incalculáveis os efeitos de sentido de um dado discurso. Pelo menos aprioristicamente, são inapreensíveis. Mas do que isso: a metáfora do tonel indica que, quanto mais sentido é acrescentado, mais ele escapa. No que tange ao sentido do sentido, o comentário vai ao ponto: é por querer salvar o sentido que acabamos por perdê-lo, como água no tonel. Quando muito, efeitos de sentido podem ser mal apreendidos, segundo a perspectiva da *méprise*,[67] e

---

[67] Que será comentada no terceiro capítulo.

apenas retroativamente, exatamente porque a distância que separa o simbólico do real não pode ser nunca obliterada por nenhum discurso meta, nem metafísica, nem metalinguagem.[68]

Não por acaso, o Prefácio à edição alemã começa pela crítica à linguística de Ogden e Richards e se prolonga no distanciamento em relação a Heidegger. Numa passagem já célebre, Lacan escreve que a metafísica é sempre uma tentativa de "tapar o furo da política" e conclui com a seguinte alusão: "sem que seja inútil lembrar, aqui, aonde isso levou por volta de 1933" (OE, p. 552).

§18 A comunicação de boa-fé, o *"honnête homme"* e o sentido do sentido

Pode soar risível hoje, mas *The meaning of meaning*, que foi reeditado oito vezes entre janeiro de 1923 e maio de 1946, delimita seu escopo do seguinte modo: "[...] na presente obra, só tratamos da comunicação de boa fé" (OGDEN; RICHARDS, 1976, p. 39). A suposição do *"honnête homme"* (p. 37, em francês no original)[69] é, pois, explicitamente reivindicada. Soa estranho, e talvez acessório, que um livro de linguística, cujo programa pode ser resumido como o de apresentar uma "teoria da definição", precise declarar uma suposição epistêmica e antropológica dessa natureza. Mas, como veremos, não há nada de acessório, e essa suposição é prenhe de consequências.

Desde as primeiras linhas, Ogden e Richards elegem como alvo principal a linguística saussuriana, para eles excessivamente especulativa e fantástica. A delimitação proposta por Saussure da "língua" como objeto da linguística científica seria o resultado de algum "método de distração intensiva" (OGDEN; RICHARDS, 1976, p. 27). Por isso, o extraordinário e injustificável respeito saussuriano pela "convenção linguística", "cujas raízes mergulham fundo na natureza humana"

---

[68] Se não há metalinguagem é também porque o sentido da estrutura é sexual, e a verdade do sexo, insensata (veremos na seção §38). Se uma linguagem é um sistema de relações, não há uma linguagem capaz de estabelecer relações entre os sexos, quer dizer, "a linguagem jamais deixará outra marca senão a de uma chicana infinita" (LACAN, 2003, p. 553). A inexistência da proporção/relação entre os sexos implica que toda metalinguagem forjada para obliterar esse impossível seja, no limite, uma superestrutura ideológica ou, no melhor dos casos, uma fantasia universitária.

[69] Ogden e Richards parecem se valer aqui de um conceito trivial de *honnête-homme*, e não de uma concepção mais sofisticada, como por exemplo aquela que encontramos na fina análise de Telma de Souza Birchal, em "Aquele que busca a Deus, o incrédulo e o *honnête-homme*: natureza e sobrenatureza nestes três tipos de homem". (2006, p. 335-346). Por exemplo: "[...] ora, agradar e se fazer amar é o objetivo maior dos assim chamados *honnêtes-hommes*, pois reconhecem a necessidade natural que todo ser humano tem da estima do outro, como demanda de seu amor próprio. Nas palavras do Chevalier de Méré, um dos *honnêtes-hommes* do círculo de Pascal: 'Para eles, é suficiente como objetivo levar a alegria a todo lugar, e seu maior cuidado é dedicado a merecer a estima e a se fazer amar'."

(p. 27). O erro de Saussure poderia ser resumido do seguinte modo. A teoria dos signos, "ao negligenciar inteiramente as coisas que os signos representam, ficou desde o início desligada de qualquer contato com os métodos científicos de verificação" (p. 28).

Conforme Auroux (1998), há basicamente dois grandes modelos de signo. Segundo o modelo triádico, um signo é a relação de um som, uma ideia e um objeto. Esse é o modelo mais tradicional, lugar-comum da reflexão linguística. A novidade de Saussure está justamente em elidir a relação com os objetos e delimitar o domínio da linguística como o das relações entre o som e a ideia, deixando o problema da relação do signo ao referente a cargo de outras disciplinas, como a filosofia da linguagem ou a ontologia (Auroux, 1998, p. 128). Ogden e Richards reprovam a Saussure justamente sua concepção binária, desconhecendo que Saussure não adota "o modelo diádico por ignorância, mas por rejeição ao modelo triádico" (Auroux, 1998, p. 133). Em outras palavras, no ponto onde reside a força do empreendimento saussuriano, que é justamente a colocação entre parêntesis das relações entre conceitos e objetos, Richards e Ogden enxergam carência do método. Até aqui, nada de muito grave. Basta lembrar que Ogden e Richards não estão sozinhos em apontar as limitações da concepção saussuriana de signo. Uma parte importante da filosofia analítica também procura recuperar o papel da referencialidade. Mas a perspectiva defendida em *The meaning of meaning*, em seu esforço de recuperar a centralidade da referência para uma teoria da definição, ainda está por vir.

Depois de criticar a indeterminação semântica de termos da estética e da filosofia, com especial atenção à definição de "sublime" por Croce, a dupla descobre que nas intermináveis discussões terminológicas, típicas de discussões filosóficas, o que está em jogo é outra coisa. Escrevem eles: "[...] a principal função de tais termos na discussão geral é atuar como Irritantes, evocando emoções irrelevantes para a determinação do referente. Isso é um abuso da função poética da linguagem" (Ogden; Richards, 1976, p. 146).

Temos aqui talvez os patronos longínquos de empreendimentos como os de Sokal e Bricmont. Mas é então que tudo começa a ficar mais claro, porque eles não apenas recriminam esse uso não diretamente referencial da linguagem, como também propõem uma solução para o problema. Numa tonalidade que dificilmente poderia ser reeditada depois da Segunda Grande Guerra, eles escrevem: "[...] há muito âmbito para o que pode ser chamado a Eugenia da linguagem, não menos do que para a Ética da terminologia" (Ogden; Richards, 1976, p. 146).

Segundo nossos autores, "um sentido mais vigoroso da importância prática da ciência" (Ogden; Richards, 1976, p. 226) teria evitado confusões metafísicas. Uma "verdadeira abordagem gramatical" nos levaria a uma "investigação crítica do procedimento simbólico" (p. 226), isto é, ao trabalho de reconduzir a análise gramatical ao estado de coisas que lhe subjaz. Em resumo, "um exame normativo das palavras não pode ser iniciado sem um exame normativo do pensamento [...]. Os símbolos não podem ser estudados independentemente das referências que eles simbolizam". A conclusão inevitável é a seguinte: "[...] e sendo isso admitido, não existe ponto algum em que o nosso exame dessas referências possa parar com segurança, aquém da investigação mais completa possível" (p. 226). O sentido não pode escapar, custe o que custar.

Dizer a verdade toda, perfazendo a mais completa investigação, sem se deter antes de um ponto seguro: eis o programa de Ogden e Richards. O sentido do sentido é o referente; o Outro do Outro é a norma, em seu caráter declaradamente eugênico. Eles não se satisfazem em algum ponto qualquer, mas apenas quando o remetimento de sentido a sentido se interromper no absoluto, através de uma espécie de gozo da satisfação na coisa. Aqui, os dois sentidos do termo satisfação (satisfação lógica de uma variável capaz de preencher uma função e satisfação do gozo, quando o encontro com um objeto faz gozar) coincidem admiravelmente. Comenta J.-A. Miller (2005, p. 327): "[...] nada decide o sentido senão a satisfação". É por isso que Lacan ridiculariza a pergunta sobre o sentido do sentido, reduzindo a resposta simplesmente a: "o sentido do sentido é o gozo" (MILLER, 2005, p. 327).

Interessante notar que a cegueira política de nossos autores não impede que eles estejam muito conscientes das repercussões de sua teoria da definição para uma teoria da verdade. Se atentarmos, por exemplo, para a definição XIIIb diremos que "o significado de um sinal adequadamente interpretado será aquele a que está realmente relacionado pela relação significante" (OGDEN; RICHARDS, 1976, p. 210). Por isso, a teoria da verdade como correspondência pode ser eliminada, "visto que a referência adequada tem como seu referente não algo que corresponde ao fato ou evento que é o significado de um sinal por definição, mas algo que é idêntico a ela" (p. 210).

O que Hegel disse acerca do filosofar natural, aquele que nos fornece uma "retórica de verdades banais", vale aqui: ele "acredita que, com a inocência do coração, a pureza da consciência e coisas semelhantes já disse a última palavra. [...] Eis um esforço que poderia ser poupado: produzir verdades últimas" (HEGEL, 1992, p. 60).

§19 Positivismo, metalinguagem e o sonho de uma língua universal

Entusiasmados com a perspectiva que então se descortinava diante deles, nossos implacáveis higienistas continuam. Primeiro, devemos rejeitar sumariamente as palavras "irritantes e degeneradas": "[...] as irritantes por causa do poder de evocar emoções perturbadoras, as degeneradas por causa da multiplicidade de seus referentes associados" (OGDEN; RICHARDS, 1976, p. 147). Entre estas últimas, destacam-se palavras como "aparência e realidade", que constariam do *Index expurgatorius*. O caráter normativo e higienista da associação entre teoria do significado (como referente) e do positivismo põe as cartas na mesa:

> [...] quando penetramos na Floresta encantada de Palavras, as nossas regras empíricas podem nos habilitar a lidar não só com os tão diabólicos duendes da Fonética, os subterfúgios hipostáticos e utraquísticos, mas também com outras perturbadoras aparições, das quais os Irritantes, os Mendicantes e os Nômades são exemplos; tais regras, contudo, derivam sua virtude dos mais refinados cânones (OGDEN; RICHARDS, 1976, p. 148).

Um signo, um referente; um referente, um signo: eis os cânones linguísticos que resultarão na criação do BASIC English: a língua isenta de equívocos, ambiguidades, referentes múltiplos, etc. Eis também o resultado político daquela inocente postulação do homem honesto e da comunicação de boa-fé: a eugenia da linguagem. Interessante notar que tal perspectiva não ficou apenas no plano teórico, mas que seus autores encontraram amplo apoio institucional para implementação de seu programa. Já no Prefácio da segunda edição (1926), eles destacam a boa acolhida do livro nos países de língua inglesa e seu emprego em diversas universidades. Mas o "novo campo aberto por *The meaning of meaning*" é o "desenvolvimento de uma técnica educacional por meio da qual a criança e o adulto possam ser assistidos num melhor uso da linguagem" (OGDEN; RICHARDS, 1976, p. 19-20), na perspectiva de uma "linguagem científica universal". Este era um dos "desiderata" da obra. Os três resultados mais surpreendentes foram, pois, a criação, publicação e disseminação do sistema do *BASIC English* e a implementação de institutos de pesquisa linguística com sedes em Genebra, Nova York e Pequim. Rapidamente o que se chamou de eugenia linguística foi visto como terapia linguística (OGDEN; RICHARDS, 1976, p. 21).

A linha que nos conduz da comunicação de boa-fé, o *honnête-homme* que lhe subjaz, através de uma ciência positiva de determinação do sentido e criação de metalinguagens, até a eugenia e à terapia linguística torna desnecessárias quaisquer explicações suplementares sobre o porquê da ojeriza lacaniana em relação ao "sentido do sentido", como Outro do Outro, e o porquê da adoção de uma vigorosa lógica do significante. Talvez não seja fortuita a ligação do paradigma que reduz a linguagem à comunicação, a palavra ao referente, a atividade científica à verificação empírica e o humano ao *honnête-homme*. Como também não é fortuita a ligação entre uma lógica do significante e da incompletude do Outro, uma concepção de ciência ciente dos impasses inerentes à formalização e uma concepção do sujeito como sujeito barrado, na esteira da ética freudiana da castração.

Para mostrar que não é meramente acidental essa combinação de (i) uma concepção positivista de ciência, que aposta na metalinguagem como um dispositivo capaz de produzir sentenças sobre a relação de designação e verdade; (ii) o impulso à criação de linguagens artificiais universais, ou, pelo menos, internacionais; (iii) uma perspectiva política calcada no humanitarismo, basta lembramos o eloquente exemplo de Carnap, que soube combinar esses três elementos com mestria. Em comparação a Ogden e Richards, o caso de Carnap tem ao menos a vantagem de não cair no patético e de ser indiscutivelmente mais relevante filosoficamente.

Em sua *Autobriografia intelectual*, Carnap descreve o impacto da teoria semântica de Tarski em sua filosofia e nos debates do Círculo de Viena. Escreve ele:

> Neste sentido, torna-se possível falar sobre as relações entre linguagem e fatos. Em nossa discussão filosófica tínhamos, é claro, sempre falado destas relações; mas não possuíamos nenhuma linguagem sistematizada para este propósito. Na nova metalinguagem da semântica, é possível fazer proferimentos (*statements*) sobre a relação de designação e sobre a verdade (CARNAP, 1997, p. 59).

A discussão técnica do ponto em questão não cabe aqui. Uma reconstrução sucinta nos mostra que Carnap, a essa altura, já havia acolhido, também com entusiasmo, a ideia de uma "nova lógica", liberta das armadilhas da gramática, liberta portanto da forma sujeito-predicado em que Aristóteles a havia enfeixado. Os textos seminais de Frege e o atomismo lógico de Russell fomentavam o sonho de construção de uma linguagem "purificada das particularidades e irregularidades que tocam as línguas naturais" (SOULEZ, 2004, p. 14). Munida de uma "técnica de redução" e de uma teoria dos "tipos lógicos", a lógica simbólica carnapiana funciona como "parapeito contra o não-sentido" (p. 17). O que Carnap visa construir nos anos 1930 é uma concepção sintática da gramática como lógica da ciência, "*analógon* de uma língua artificial como o esperanto" (p. 17). Não se trata aqui de questionar os inegáveis avanços proporcionados à lógica simbólica nesse efervescente momento do positivismo lógico. Trata-se apenas de distingui-los de toda a ganga policialesca da ideologia que marcou essa efervescência.

Vale dizer ainda que não foram poucos nem os críticos de tal perspectiva – a começar por Wittgenstein que nunca escondeu seu desgosto por línguas artificiais –, nem os caminhos abertos naquela tradição de pesquisa. Mas o que importa para o propósito deste trabalho é relacionar essa perspectiva ao quadro político geral que mostra sua familiaridade, ainda que parcial, com o projeto de Ogden e Richards. Não surpreende que, depois de se confessar "fascinado pelo fenômeno da linguagem" (CARNAP, 1997, p. 66), Carnap acrescente que sua paixão sempre foi a de "construir" e "planejar" linguagens, a partir de duas diferentes frentes de trabalho, cuja "fonte psicológica comum" o autor sublinha com exatidão. Estas duas frentes são a construção de sistemas linguísticos na lógica simbólica e a construção de uma "língua auxiliar para comunicação internacional" (p. 66). O autor confessa ainda seu fascínio pela "construção regular e engenhosa" do Esperanto, que muito precocemente chamou sua atenção. Um dos pontos altos de um Congresso de Esperanto foi, continua Carnap, uma apresentação da Ifigênia de Goethe, toda feita em Esperanto que permitiu a milhares de congressistas de todas as partes do mundo "unirem-se no espírito" (*to become united in spirit*) (p. 68). Este exemplo mostra a Carnap que os críticos de línguas artificiais estão errados em dizer que elas são estruturalmente inaptas para a vida, para as humanidades e para as artes. Ao contrário, para Carnap, uma língua internacional auxiliar não é desejável apenas para o mundo dos negócios e para a ciência natural, mas poderia servir perfeitamente também para "assuntos pessoais", para "ciências sociais e humanidades", e, sem nenhum problema, para a "ficção" e o "teatro". Para coroar este breve excurso, vale citar na íntegra o seguinte parágrafo, onde sublinho a linha que leva do ideal humanitário da comunicação ao prazer da língua.

> Em minha juventude, os motivos que evocaram meu interesse por uma linguagem internacional eram, de um lado, o ideal humanitário de fomentar o entendimento entre as nações, e, por outro lado, o prazer de usar uma linguagem que combinava uma surpreendente flexibilidade em termos de expressão com uma enorme simplicidade de estrutura (p. 68)

À terapia linguística baseada no "treinamento do adulto e da criança" para um "melhor uso da linguagem", e ao humanismo que lhe subjaz, no caso de Ogden e Richards e ao humanitarismo positivista de Carnap, que, ao menos foi suficientemente astuto para não se deixar seduzir pelo projeto eugênico, podemos opor algumas coordenadas da concepção ético-política que subjaz à crítica lacaniana da linguagem reificada. Trata-se de retomar e prolongar uma ou duas linhas do que foi adiantado sobre a ética do ato que subjaz à clínica psicanalítica.

Mesmo correndo o "risco" de precipitar um pouco a conclusão, recorrerei a um capítulo luminoso de Jean-Claude Milner, em que ele escreve que o sujeito "não pode se apoiar em nenhuma observação, nem deduzir de nenhum princípio seguro, a conjectura que tal inscrição significante seja o nome próprio de seu desejo ou que tal propriedade material seja a cintilação do objeto que o causa" (MILNER, 1983, p. 124). É por essa razão que a pressa ou a precipitação faz parte da estrutura do ato: a demora em busca de uma garantia suficiente já é índice de não querer saber do desejo. Alienação e separação são operações contínuas e incessantes de nomear o desejo. Mas esse movimento contínuo de alienação e separação vai na contramão do discurso comum, que pretende oferecer aos sujeitos representações estáveis e, assim, tornar vã a inquietude própria à operação de separação. Representações sociais virtualmente capazes de estabilizar a ligação entre um sujeito e uma identidade, tal é o resultado social da crença numa metalinguagem (p. 126). A maquinaria do laço social apoia-se numa sabedoria que consiste frequentemente em propor significantes que funcionem como nomes de objetos absolutos, capazes de deter a necessidade de separações ulteriores: "Deus ou não, é o lugar de toda serenidade" (p. 126).

A crítica à metalinguagem implica o engajamento ético do sujeito em relação ao ato e à necessidade de se descolar incessantemente das representações sociais que se supõe nomeá-lo. É por esse conjunto de razões que Lacan nomeia de canalhice a paixão de não querer saber do desejo, a paixão de criar metalinguagens para representar a verdade na estabilidade do enunciado, elidindo a diferença real entre enunciação e enunciado, entre desejo e sua representação (p. 127).

***

Antes de passar para o próximo ponto, gostaria apenas de relatar uma curiosidade. É surpreendente saber que o projeto da eugenia linguística de Richards teria encontrado eco em diversas partes do mundo desde muito cedo. Mas ainda mais surpreendente é a acolhida que teve entre poetas experimentais que, no mesmo espírito daqueles que traduziram Goethe em Esperanto, se encarregaram, já em 1932, de – pasmem – traduzir o *Finnengan's Wake* de James Joyce no Basic English. A língua mais complexa (estima-se em 50 mil o número de palavras diferentes em *Finnengan's*) traduzida na língua mais simples, o Basic English, com suas 850 palavras. Um dado ainda mais interessante é que a biblioteca de Joyce possuía pouquíssimos livros de linguística, mas um deles era exatamente *The meaning of meaning*. Não por acaso, o projeto literário de Joyce contrasta francamente com a eugenia linguística de Ogden e Richards. Que Lacan tivesse em suas prateleiras esses mesmos inimigos políticos que Joyce isso não surpreende.

Seção 4 – Não há Outro do Outro

§20 "Se eu ignorasse que há um Deus"

Lacan recusou a comunicação de boa-fé, a suposição do *honnête-homme* e o Outro consistente. Mas não bastava substituir essas três noções por termos novos, como o mal-entendido, o sujeito dividido e o Outro barrado. Era preciso fundá-los novamente e dispor seus elementos no que se convencionou chamar razão depois de Freud.

A principal categoria promovida no instante em que emerge o tema da metalinguagem no ensino de Lacan, e que será central para o desenvolvimento de nosso argumento, é a categoria de Outro. A correta apreensão do que está em jogo nessa noção vai ser fundamental no desenvolvimento deste trabalho, porque, na visão de Lacan, metalinguagem equivale a "Outro do Outro". Mais à frente, desenvolveremos mais detidamente essa equivalência. O matema fundamental que formaliza a concepção lacaniana da linguagem é S($\cancel{A}$). Metalinguagem seria justamente a tentativa de obliterar o lugar da falta, de neutralizar essa falta do Outro. Embora a essa altura de seu ensino Lacan ainda não possua todas as ferramentas conceituais necessárias, é da construção delas de que se trata aqui. O caso Schreber é um passo fundamental neste percurso. Do mesmo modo como o paranoico constrói um sistema delirante a fim de circunscrever a notícia da falta do Outro, o impulso para criação de metalinguagens artificiais se enraíza no ponto paralelo a este. Diante da percepção do caráter ambíguo e equívoco da linguagem humana, uma metalinguagem é um sistema que se prontifica a resolver esse caráter. Que a lógica e a epistemologia sejam domínios que costumam ver com bons olhos empreendimentos metalinguísticos não surpreende, pois elas são algumas das melhores realizações do conhecimento humano. Que a estrutura do conhecimento humano, por sua vez, tenha um fundamento paranoico é o que Lacan sobejamente demonstrou.

Nosso próximo passo consiste em mostrar como a construção da categoria de Outro é tributária de uma lógica cartesiana, em que o sujeito não pode se autofundamentar, não pode se instalar como instância garantidora da verdade. A disjunção entre saber e verdade, central para a discussão em pauta, encontra aqui seu fundamento. Lacan se vale duplamente de Descartes: de um lado, ele reitera a centralidade da categoria de sujeito, de outro fornece um esquema de articulação do "eu penso a Deus, ao mesmo tempo com a questão do Deus radicalmente enganador (o *Malin génie*) e o Deus garante da verdade [...]. A leitura do seminário *As psicoses* permite verificar que este Deus de Descartes é uma das fontes conceituais da introdução do grande Outro" (BALMÈS, 1999, p. 131). A distância que separa a emergência do sujeito e a figura de um Deus veraz é coextensiva à distância que separa o sujeito dividido e o Outro barrado. A linguística estrutural fornece os elementos para subversão do cogito cartesiano, ao diferençar o sujeito do enunciado e da enunciação, e ao tratar o cogito pela vertente do significante. Por isso, é possível escrever: "[...] penso: 'logo existo'" (E, p. 879). E complementar que as aspas indicam que "o pensamento só funda o ser ao se vincular à fala, onde toda operação toca na essência da linguagem" (E, p. 879).

A existência perde sua consistência ontológica e passa a ser não mais que o conteúdo de um pensamento estritamente qualquer: importa, antes de tudo, o fato de que alguma coisa pensa no sujeito. A colocação entre aspas da existência, como mero conteúdo proposicional do ato de fala "eu penso", marca o cogito como experiência pontual e evanescente. Ela interrompe o processo de substantivação do cogito, deixando em suspenso a resposta da pergunta: sei que sou, mas o que sou afinal? Como diz Safatle, "para Lacan, o cogito levanta o problema da identidade do sujeito no exato momento da auto-enunciação da certeza de si. É a questão da anatomia do ato de fala que se apresentava na antecâmara da metafísica cartesiana" (SAFATLE, 2000).[70] É a impossibilidade de garantir a identidade entre ser e pensar no interior do sujeito que conduz Descartes à necessidade do concurso de um Deus que não engane, e que, portanto, dispense a repetição incessante do percurso metódico da dúvida até a primeira certeza. Pode ser interessante retomar passo a passo o itinerário cartesiano que conduz da dúvida ao cogito e do cogito ao Deus veraz, assinalando as torções e interrupções que Lacan introduz.

Nas suas *Respostas às segundas objeções*, Descartes afirma nada conhecer de "mais útil para alcançar um firme e seguro conhecimento das coisas do que acostumar-se, antes de estabelecer algo, a duvidar de tudo e principalmente das coisas corporais" (DESCARTES, 1983, p. 152). Ponto de partida da ordem das razões, a dúvida ocupa na maquinaria da metafísica cartesiana um lugar privilegiado. Metódica, pois depende de uma decisão da vontade, ela é um meio de se desfazer de todas as opiniões prévias no intuito de estabelecer "algo de firme e constante nas ciências" (p. 85); hiperbólica, porque sistemática e generalizada, ela considera falsas as coisas em que se encontrar a mais remota razão de duvidar e declara sempre enganoso tudo aquilo que "já nos enganou uma vez" (p. 86). Decisiva na analítica das razões, a dúvida pode corrigir o juízo, ajudando-o a não desviar-se do "reto caminho que pode conduzi-lo ao conhecimento da verdade" (p. 88).

Não sendo a empreitada da Filosofia Primeira de Descartes outra que estabelecer fundamentos racionais para o conhecimento, respondendo aos problemas do fundamento da verdade, dos limites do entendimento e dos fundamentos das Ciências da Natureza (GUÉROULT, 1953, p. 25), também a dúvida não excederá esses limites. Situa-se pois no plano do conhecimento racional, vale dizer, metafísico. A moral e a religião delimitam a partir de fora esse domínio e estão protegidas da dúvida. É porque a hipótese do Deus veraz diz respeito apenas ao conhecimento teórico, deixando a filosofia prática de fora, que Lacan refere-se em seguida à moral kantiana, a fim de prosseguir seu comentário referente à dialética da insuficiência do Outro como garante da verdade e sua relação com a dimensão subjetiva do ato.

A arquitetônica da dúvida tal como estabelecida na Primeira Meditação é conhecida de todos: ela vai da dúvida natural à dúvida metafísica (cf. GUÉROULT,

---

[70] <http://www.geocities.com/vladimirsafatle/vladi014.htm>.

1953, p. 33-40). O deus veraz será necessário a Descartes em função da radicalidade da dúvida instaurada. Duvidar dos sentidos, da memória e da imaginação não exige nenhuma faculdade sofisticada de duvidar. Outra coisa é duvidar de ideias simples e universais, como a natureza corpórea em geral, e de seus atributos de figurabilidade, espacialidade, quantidade e temporalidade.[71] Para colocar em dúvida a verdade das proposições matemáticas, Descartes mobiliza o argumento do Deus enganador: pode ser que haja um ser muito poderoso, que seja também meu criador e que queira enganar-me mesmo quando efetuo corretamente operações matemáticas simples.

A hipótese do Deus enganador me leva à universalização da dúvida. Tanto as ciências naturais quanto as formais não podem fugir da suspensão do juízo: mesmo a consistência e a resistência dos seres matemáticos é posta em xeque. Com efeito, é a natureza da evidência como critério de verdade que é questionada. Ainda mais radicalmente, sendo a evidência o único critério de que a razão dispõe para distinguir o verdadeiro do falso, a dúvida engendrada pelo Deus enganador é tal que visa à própria consistência da razão (cf. LANDIM, 1992, p. 109).

É neste ponto que entra em ação a ficção do *Malin génie*, que auxilia a negar mesmo as opiniões que, malgrado meu, insistem em meu pensamento. Ele tem três funções no itinerário daquele espírito que experimenta resistências não só no plano lógico, mas também psicológico: (1) ajuda a fixar na memória as razões (metafísicas) de duvidar; (2) promove assim aquele esforço contra a natureza que torna falso mesmo o muito provável e (3) nega o valor objetivo intrínseco às ideias claras e distintas.

§21 O Deus veraz é estruturado como uma metalinguagem

É neste sentido que o Deus veraz cartesiano pode ser visto em *posição* de metalinguagem, como uma instância capaz de afastar o engano. Infinito e perfeito, Deus é estruturado como uma metalinguagem. A transparência da linguagem repousa em Deus. O interesse de reconstruir em linhas gerais o itinerário da instauração cartesiana do caminho que leva da certeza subjetiva a Deus como garante da verdade objetiva no contexto de explicitação da crítica lacaniana à metalinguagem reside no seguinte: Lacan se vale desse esquema cartesiano a fim de construir seu próprio esquema das relações entre o sujeito e o Outro, como vimos acima. O sujeito cartesiano não pode se autofundamentar e busca no Deus veraz a garantia da verdade de seu saber. Em termos lacanianos, o sujeito

---

[71] A dúvida levada a este extremo seria considerada por Wittgenstein como destituída de sentido. Não há razão para se duvidar de verdades tão patentes, se nos mantivéssemos no nível da linguagem comum. Mas é justamente esse nível que Descartes quer superar.

cartesiano encontra a verdade de seu saber numa metalinguagem, num Outro consistente. Lacan se inspira neste itinerário, mas introduz algumas interrupções que, ao fim e ao cabo, mostram a impossibilidade do Outro do Outro. Neste sentido, o sujeito lacaniano, também incapaz de se autofundar, também se lança numa dialética que exige a participação de um Outro. Mas dessa vez o Outro de que dispõe o pensamento de Lacan é inconsistente, justamente devido à impossibilidade da metalinguagem. No entanto, o esquema fundamental permanece o mesmo, desde que sejam introduzidas a divisão no sujeito e a falta no Outro. A correta demonstração desse ponto nos dá o essencial do que Lacan tem em mente quando critica a metalinguagem, mas mantém o sujeito e a verdade.

A dúvida efetuada em toda sua extensão faz emergir de seu próprio seio um pensamento que duvida. Ainda que haja um Deus que me engane, sou um sujeito que pensa. Por isso, o cogito é, na terminologia cara a Guéroult, um fato para a razão. Por enquanto, no entanto, a proposição "eu sou, eu existo" só pode garantir sua validade enquanto é sustentada por cada enunciação, por cada ato do espírito. Indubitável, o cogito constitui o primeiro princípio da filosofia, que tem um duplo estatuto, ao mesmo tempo lógico e ontológico. Lógico, pois funciona como interrupção do processo de radicalização da dúvida e início de sua neutralização, ao inaugurar a cadeia de certezas; ontológico, pois trata-se da descoberta do ser, que será fundamento da ligação entre realidades heterogêneas: o eu, o absoluto e a matéria, condições de possibilidade para uma ciência do real (ALQUIÉ, 1957, p. 12-17). Ao estabelecer o cogito como primeira certeza, a certeza de si mesmo como condição de verdade, Descartes faz conhecer o ser no conceito de pensar. A única resposta indubitável à pergunta "o que sou eu?", *enquanto* se mantém a hipótese de um Embusteiro "que emprega todas as suas forças e toda sua indústria em enganar-me" (DESCARTES, 1983, p. 93), é aquela que diz "eu sou uma coisa que pensa" (p. 94). Com efeito, é exatamente a identidade entre a certeza imediata do pensamento de um lado e a determinação do ser enquanto tal, conhecido no conceito de pensar, de outro, ou seja, a identidade entre ser e pensar, que Hegel afirmará ser a ideia "mais interessante dos tempos modernos" (HEGEL, 1955, p. 261). Contudo, essa identidade não pode se objetivar a si mesma, sem o concurso de um ser mais perfeito. Sua objetivação e sua determinação de direito só se estabelecerão quando a unidade ser/pensar encontrar-se num terceiro termo, Deus (p. 271). "Descartes teria sido assim o responsável involuntário por dois dispositivos fundamentais para a psicanálise: a estrutura evanescente do sujeito e a ultrapassagem forçada desta estrutura através do apelo a um Outro" (SAFATLE, 2000).

Lacan, ao contrário, apesar de afirmar a equivalência paradoxal dos sujeitos da ciência e da psicanálise, acompanha Descartes apenas até a enunciação do cogito. Se pudéssemos reconstruir as *Meditações* cartesianas segundo Lacan, teríamos talvez que admitir a prova da existência de Deus como a prova da existência de um Outro que se constitui como alteridade para o sujeito. Mas teríamos, ao mesmo tempo, que admitir que esse Outro é marcado pela incompletude. Portanto, o Outro não poderia garantir a consistência da razão, nem a correspondência da evidência ao objeto. É na fissura do Outro e na estrutura temporal de determinação subjetiva que encontraríamos o fundamento para que a verdade só possa ser instaurada num movimento que a antecipa na insuficiente determinação simbólica do ato.

O substrato ontológico da substância pensante só será dado por um Deus veraz, capaz de investir as ideias claras e distintas de valor objetivo (GUÉROULT, 1953, p. 54). No contexto da segunda prova da existência de Deus, Descartes mostra a dramaticidade da questão:"[...] pode acontecer que nesse ínterim outras razões se me apresentem, as quais me fariam mudar de opinião *se eu ignorasse que há um Deus*" (DESCARTES, 1983, p. 127, grifo meu).

A certeza do cogito funda o critério de verdade como sendo clareza e distinção. Ora, se é assim, uma ideia clara e distinta deve ser verdadeira. Entretanto, a hipótese do grande embusteiro prevalece de direito e apenas a prova da existência de um Deus veraz garantirá (1) a realidade objetiva das ideias claras e distintas e (2) a estabilidade da evidência. Do mesmo modo que a lembrança de uma intuição não é uma intuição, a lembrança de uma evidência não é uma evidência. A certeza do cogito está vinculada à sua temporalidade. Para que se torne atemporalmente válida, necessitará também de um fundamento que não dependa da atualidade de uma intuição. A peça-chave deverá portanto promover esta passagem da certeza à verdade. Não é difícil descobrir que essa peça é Deus. Assim, Deus será o anel superior da cadeia de certezas, ao cogito restando não mais o papel de fundamento da ciência, que será Deus, mas de seu ponto de partida (GUÉROULT, 1953, p. 158).

Ora, mas o que toda essa temática tem a ver com a metalinguagem? Sem a hipótese do Deus veraz, a regra geral da verdade não pode ser aplicada. Apenas o Deus veraz garante a estabilidade dos enunciados e a consistência da razão. Na língua de Lacan, isso é dizer que apenas um Outro consistente e completo, um Outro veraz, poderia garantir a estabilidade da linguagem e a consistência da razão. Ora, mas o que seria um Outro veraz, senão a metalinguagem, como Outro do Outro?

Algo similar ao que se passa com o Deus veraz cartesiano ocorre também com a metalinguagem. A fim de tornar possível a aplicação da regra da verdade, é ela que permite (1) eliminar as confusões e inconsistências da linguagem ordinária e (2) distinguir tipos hierarquicamente ordenados de linguagem a fim de evitar paradoxos na aplicação do predicado verdade. É claro que estritamente falando metalinguagem e Deus veraz não são idênticos. Enquanto o Deus veraz cartesiano destina-se a fornecer a possibilidade de correspondência de representações mentais a fatos materiais, uma metalinguagem não se preocupa primariamente com esse gênero de questão. Existe um debate técnico que separa, por exemplo, Tarski e Carnap. Mas, em todo caso, tal como o Deus veraz cartesiano, uma metalinguagem fornece um modelo de verdade e um método de aplicação.

Num primeiro momento, a formulação de uma metalinguagem num determinado domínio da ciência não concerne diretamente à correspondência de enunciados a realidades extralinguísticas, mas à sua formalização, incluindo, por exemplo, a superação de paradoxos. Não obstante, sua utilidade nas ciências reside justamente em possibilitar a fundamentação de uma concepção semântica da verdade. Segundo o próprio Tarski: "A semântica é uma disciplina que, de modo geral, trata de certas relações entre expressões de uma linguagem e os objetos (ou estados de coisas) 'a que se referem' tais expressões" (TARSKI, 2007, p. 164). É preciso dizer que a concepção semântica da verdade parece economizar toda referência a alguma ontologia determinada.

§22 Uma linguagem que engana, uma que não engana

Do mesmo modo como, sem o concurso da verdade do Deus veraz, Descartes exclama: "não vejo como jamais possa estar certo de coisa alguma" (DESCARTES, 1983, p. 100), podemos perguntar: sem o concurso de uma metalinguagem, como o sujeito pode estar certo de algo? Em que medida o Outro lacaniano, que não se reduz apenas ao código linguístico *stricto sensu*, pode oferecer alguma garantia?

Por enquanto, vale dizer que o Outro, na palavra verdadeira, é o lugar do reconhecimento. Lacan frisa, de saída, que o discurso não se restringe ao plano verbal, mas comporta também "atos, encaminhamentos [*démarches*], as contorções das marionetes presas no jogo" (S. III, p. 63). Os exemplos privilegiados de que a estrutura do reconhecimento supõe o Outro absoluto (S. III, p. 63) são os atos performativos e a mentira. Quando digo "você é minha mulher", digo, ao mesmo tempo, "eu sou seu homem". A condição de que o performativo se realize enquanto tal é o reconhecimento vindo do Outro. Com a mentira passa-se algo análogo, na medida em que a mentira só é mentira se se faz passar por verdade. O Outro, como o sujeito, é aquilo que é capaz de "convencer e de mentir" (S. III, p. 76).

A passagem do fingimento à linguagem só é possível através da Fala, porque a ordem do significante implica o Outro como lugar transversal ao eixo intersubjetivo. Para que a Fala possa mentir é preciso que ela se coloque como Verdade: "Assim, é de outro lugar que não o da Realidade concernida pela Verdade que extrai sua garantia: é da Fala. Como é também desta que ela recebe a marca que a institui numa estrutura de ficção" (E, p. 822).

Mas isso não é tudo. Para que uma verdade seja possível, para que se reporte a "algum fundamento no real, é preciso que haja em algum lugar alguma coisa que não engane" (S. III, p. 76). Estamos imersos na dimensão do que, em poucas semanas, Lacan vai situar como metalinguagem: uma linguagem que não engana. Uma história da verdade confunde-se pois com uma história das diversas posições e diversas categorias do que, a cada momento, funcionou como "elemento não enganador". O Deus de Descartes é um momento fundamental nessa história. A ideia de que o real, a matéria não trapaceia, não nos engana, é fundamental para o surgimento da ciência. "A noção de que o real, por mais delicado que seja penetrar nele, não pode fazer velhacarias conosco, não nos passará para trás de propósito, é, ainda que ninguém absolutamente se detenha nisso, essencial à constituição do mundo da ciência" (S. III, p. 77).[72]

Na perspectiva cartesiana, o erro não decorre de algum encobrimento da natureza, de alguma tensão entre a razão e a matéria, mas do uso incorreto de nossas faculdades. O sujeito erra quando a vontade excede os limites do entendimento. Mas o entendimento cartesiano, em si mesmo, não conhece limitações, como ocorrerá quando Kant introduzir a finitude na estrutura do entendimento e a metafísica for declarada impossível. Essa ideia de que o real é estruturado segundo uma ordem que se oferece à razão como objeto de conhecimento livre de mistérios e de contradições é o ato de fé da ciência moderna, cuja lei funda-se *ex-nihilo*. Se há erro, se há engano, é porque a vontade se lançou além do entendimento e turvou o conhecimento. Mas o real, ele próprio, é transparente, não trapaceia, nem engana. Não obstante, nem tudo são flores. É preciso que um Deus me assegure de tudo isso, pois a ficção de um Deus enganador pode ser imaginada sem contradição.

A dimensão do engano, presente como virtualidade em toda comunicação humana, coloca-se para o paranoico com uma dramaticidade especial, na medida em que se constitui uma espécie de "exercício permanente do engano [*tromperie*]" (S. III, p. 82). O jogo do engano, ordinariamente situado na dimensão intersubjetiva de trocas linguísticas entre semelhantes, é jogado, na paranoia, com "esse ser primeiro, garante mesmo do real" (S. III, p. 82).

> O delírio é, com efeito, legível, mas ele é também transcrito em um outro registro. Na neurose, ficamos o tempo todo na ordem simbólica, com essa duplicidade do significante e do significado que é o que Freud traduz pelo compromisso neurótico. O delírio se passa em um registro totalmente diverso. Ele é legível, mas sem saída (S. III, p. 120).

É nesse contexto que Lacan aborda a questão da "língua fundamental" de Schreber. O paranoico relaciona-se com a linguagem num jogo de espelhos: "O

---

[72] Segui, nessa passagem, a versão brasileira de Aluisio Menezes (1988, p. 79)

mundo do sujeito vai se compor essencialmente da relação com esse ser que é para ele o outro, isto é, o próprio Deus" (p. 104). A consideração da língua fundamental de Schreber impressiona "pela predominância da função do significante" (E, p. 546), que faz vacilar a distinção linguística entre fenômenos de código e fenômenos de mensagem. É neste ponto exato que surge a segunda ocorrência do termo metalinguagem em Lacan, dessa vez já qualificada explicitamente como "imprópria".

A *Grundsprache* é descrita por Schreber como um alemão arcaico cheio de eufemismos, caracterizado "por uma nobre distinção e simplicidade" (Schreber *apud* Lacan, E, p. 544). As alucinações verbais de Schreber "instruem sobre as formas e empregos" desse novo código. Aqui introduz-se uma distinção capital para entendermos a "impropriedade" da noção de metalinguagem. Trata-se da noção de *mensagem autônima*, que se caracteriza por tomar como objeto da comunicação "o próprio significante (e não o que ele significa)" (E, p. 544). Tomemos as seguintes sentenças:

(1) "BH tem duas letras";

(2) "BH é a capital de Minas".

A sentença (1) é autônima, na medida em que o que ela comunica, o predicado "tem duas letras", refere-se a "BH", que é um significante, contido na própria sentença. Já a sentença (2) não é autônima porque o predicado "é capital de Minas" refere-se não à palavra "BH" como um significante, mas ao que ele significa, a cidade de Belo Horizonte. Em (1) "BH" é o *nome* de uma palavra, de um sinal proposicional (menção); em (2) "BH" é o nome de um coisa, a cidade que o nome designa (uso).

Na língua fundamental de Schreber, "essa relação da mensagem consigo mesma [...] reduplica-se, aqui, por serem essas mensagens tidas como sustentadas por seres cujas relações elas mesmas enunciam" (E, p. 544). Os significantes da língua fundamental não comunicam nada além de si mesmos, não apontam para nenhum objeto exterior que pudesse funcionar como limite à remissão incessante de sentido na cadeia, são sempre autorreferentes. No entanto, não constituem metalinguagem. Temos, pois, o seguinte exemplo:

> O termo *Nervenanhang*, que traduzimos por anexação-de-nervos, e que também provém dessas mensagens, ilustra essa observação, na medida em que a paixão e a ação entre esses seres se reduzem a esses nervos anexados ou desanexados, bem como na medida em que estes, assim como os raios divinos de que são homogêneos, não passam da entificação das palavras que sustentam (E, p. 544).

Este é o ponto preciso em que surge o comentário sobre a impropriedade da noção de metalinguagem: "Relação, aqui, do sistema com sua própria constituição de significante, que engrossaria o dossiê da questão da metalinguagem e que, em nossa opinião, demonstrará a impropriedade dessa noção, caso ela pretenda definir elementos diferenciados na linguagem" (E, p. 544).

Embora a tese aqui expressa já contenha o essencial, sua tonalidade está longe da virulência com que o tema será tratado em alguns anos. Notem-se dois elementos de atenuação que denotam um certo cuidado, talvez até mesmo uma certa timidez: "em nossa opinião" e a cláusula hipotética "caso ela pretenda". Mas o essencial está dito. Lacan não nega que uma linguagem possa referir-se a si mesma, mas que alguma instância seja capaz de distinguir níveis capazes de, neutralizando as equivocidades do nível inferior, garantir a verdade num nível superior.

§23 Hipertrofia do código, apagamento do sujeito

O ponto ficará claro ao examinarmos os chamados fenômenos de mensagem. Trata-se das provocativas mensagens interrompidas que Schreber alucina. Para tomarmos um único exemplo: as vozes dizem (1) "agora eu vou me..." e se calam. Schreber preenche o vazio de significação retrucando (1') "render-me ao fato de que sou idiota" (E, p. 546). As frases se interrompem sempre no ponto em que termina o grupo de palavras que funcionam como "*shifters*, ou seja, precisamente os termos que, no código, indicam a posição do sujeito a partir da própria mensagem" (E, p. 546). Na língua fundamental, "a parte propriamente léxica da frase [...], quer se trate do código comum ou do código delirante fica elidida" (E, p. 546).

Neste sentido, a língua fundamental de Schreber funciona como modelo para pensar a predominância do significante e os limites da caracterização jakobsoniana que separava fenômenos de código e de mensagem. Mesmo sentenças aparentemente fechadas sobre si mesmas, relativas apenas ao código, contêm algo que não pertence à linguagem, devido à antecipação do efeito de significação (E, p. 545), indicando, ainda que precariamente, a posição do sujeito. Por isso a necessidade de transpor para o grafo do desejo, que representa "as conexões internas do significante na medida em que estruturam o sujeito" (E, p. 547), essa ideia da imbricação entre código e mensagem: "[...] um código composto de mensagens sobre o código e de uma mensagem reduzida àquilo que no código indica a mensagem" (E, p. 546; cf. E, p. 821). "Trata-se, na verdade, de um efeito do significante, na medida em que seu grau de certeza (segundo grau: significação de significação) adquire um peso proporcional ao vazio enigmático que se apresenta inicialmente no lugar da própria significação" (E, p. 545).

Não é mero acaso que a reflexão acerca da metalinguagem tenha surgido durante sua análise do caso Schreber, nem que o conceito de recalcamento originário tenha se imposto a Freud também quando este examinava o mesmo caso. Nem é acaso que Lacan, um pouco mais à frente, venha justificar a impossibilidade da metalinguagem justamente a partir da posição do recalcamento originário. Voltarei a isso no final do capítulo.

Uma breve alusão à primeira etapa do grafo do desejo pode ser útil. À página 819 dos *Escritos*, a "célula elementar" do grafo é construída. Tomada uma sequência significante qualquer, representada pelo vetor S → S', o efeito de sentido é produzido pela interposição de outro vetor que cruza em dois pontos este primeiro. Este segundo vetor parte da instância Δ, lugar posteriormente ocupado pelo sujeito, até → $. O primeiro cruzamento dos dois vetores ocorre em A, "lugar do tesouro significante" (E, p. 820). Lacan prefere designar este Outro, A, do que como código. Argumenta Lacan que não se trata de "código", porque o Outro não conserva a "correspondência biunívoca entre um signo e alguma coisa" (E, p. 820). Embora recuse empregar o conceito de "código" como faria provavelmente Jakobson nesse contexto, a definição do Outro fornecida por Lacan neste momento é, em última análise, estritamente jakobsoniana. Depois de recusar o código, pelas razões aludidas acima, o Outro é definido como lugar do tesouro significante afirmando que "o significante só se constitui por uma relação sincrônica e enumerável, na qual qualquer um só se sustenta pelo princípio de sua oposição a cada um dos demais" (E, p. 820).

Isso posto, nada obsta que Lacan pudesse subscrever a perspectiva jakobsoniana de que a função metalinguística consiste em uma hipertrofia do código. Assim, se a função metalinguística corresponde ao predomínio do código, mais precisamente, a uma tentativa de unificação e partilha dos códigos utilizados numa situação equívoca de comunicação, trata-se da tentativa de suspender a enunciação em favor da correta fixação do enunciado na partilha do código. O exasperante diálogo reproduzido acima mostra isso. Mas esse mesmo exemplo indica em que sentido Lacan crê, a esta altura, que a noção de metalinguagem é "imprópria" (E, p. 544). Primeiramente, não saímos do léxico quando refletimos sobre o léxico: o esclarecimento de uma ambiguidade gera outra ambiguidade, a resolução de um mal-entendido gera outro mal-entendido, a resolução de um paradoxo engendra outro, etc. O mais importante é que isso nos mostra que a remissão incessante de significantes só pode ser interrompida exatamente quando nos afastamos da função metalinguística, quando abrimos mão de tentar fechar o sentido de um termo a partir do código. Porque a certeza só pode advir de um ato.

A ênfase no código equivale à tentativa de fechamento do sentido, que só seria possível se a bateria significante instalada em A pudesse ser completa: teríamos um circuito completo de s(A) até A e de volta de A até s(A), na medida em que "a asserção que ali se instaura [...] remete apenas a sua própria antecipação na composição do significante, em si mesma insignificante" (E, p. 821). Ocorre que essa "quadratura do círculo" é impossível, posto que nada, a não ser sua própria escansão pelo ato, permita a saída dessa espécie de pingue-pongue infinito. E é essa espécie de ato que constitui o sujeito, essa espécie de ato que faz o sujeito advir ali onde havia apenas o delta indeterminado: "[...] o sujeito só se constitui ao se subtrair dela (da quadratura impossível) e ao descompletá-la essencialmente, por ter, ao mesmo tempo, que se contar ali e desempenhar uma função apenas de falta" (E, p. 821).

Vale notar que uma conversação centrada predominantemente na função metalinguística é um jogo infinito de espelhos, cujo modelo remete aos mecanismos de produção de sentido próprios ao delírio paranoico. Para contrastar com aquele diálogo especular infinito, apenas um ato capaz de quebrar o espelho. Uma anedota judaica contada por Freud a Fliess, numa carta datada de 28 de maio de 1899, ilustra o caso.

Um casal que possuía um galo e uma galinha decide oferecer a si mesmo, por ocasião das festas, uma refeição de ave e consulta a este respeito um rabino.

– Diga-nos, rabino, o que fazer? Só temos um galo e uma galinha. Se matamos o galo, a galinha irá sofrer; se matamos a galinha é o galo que se sentirá infeliz. Mas desejamos comer ave nesse dia de festa. O que fazer?
– Matem o galo! – disse o rabino.
– Mas então a galinha terá um grande desgosto.
– Sim, é verdade, disse o rabino, é melhor que matem a galinha.
– Mas, rabino, o galo sofrerá!
– Azar dele, que sofra.

Seção 5 – Não há verdade da verdade

§24 Eu, a verdade, falo, mas não digo a verdade

Quando o rabino disse "– Azar dele, que sofra", ele logrou estancar a conversa infinita, quebrando o jogo especular. Mas poderíamos tomar o caso como paradigmático? Na impossibilidade de recurso a uma instância última de legitimação, o sujeito não dispõe de mais nenhuma coordenada? Dizendo de outro modo: é possível quebrar espelhos de outra maneira?

Com posse dos elementos recolhidos até agora, voltemos a nosso ponto de partida. Crer na metalinguagem é dizer "eu, a verdade, falo a verdade". Como observou J.-A. Miller: a verdade diz: "falo". Ela não diz "falo a verdade" (MILLER, 1994, p. 76). Para tornar operatório o conceito de verdade, é preciso antes redesenhar seus contornos e cartografar os lugares de sua ocorrência. Diversas distinções preliminares são prontamente feitas. Primeiro, distingue-se verdade e realidade e atribui-se um fundamento freudiano a essa distinção (E, p. 257; cf. E, p. 822); distingue-se também verdade e exatidão (E, p. 287), num sentido muito próximo tanto de Hegel, quanto de Heidegger. O caráter conjectural da ciência freudiana, segundo os termos de Lacan no início da década de 1950, não exclui o rigor; a ciência caracteriza-se pela introdução da medida no real (E, p. 288). A verdade não pode depender da exatidão, nem da certeza prévia. Ao contrário, é a estrutura temporal da antecipação da certeza que introduz a dimensão da verdade, como bem mostra o sofisma dos três prisioneiros: "[...] é a certeza antecipada pelo sujeito no *tempo para compreender* que, pela pressa que precipita o *momento de concluir*, determina no outro a decisão que faz do próprio movimento do sujeito erro ou verdade" (E, p. 288).

Ao contrário da concepção cartesiana em que a evidência é garante da verdade, Lacan postula o surgimento da verdade na antecipação da certeza, no horizonte do que mais tarde vai chamar de "traço sem-fé da verdade" (E, p. 833). Para Descartes, ideias marcadas pelas notas da clareza e da distinção constituem-se como evidentes ao sujeito. Depois de exercer metodicamente a dúvida hiperbólica, o sujeito que se descobre como certeza de si na figura do pensamento só poderia conceber uma ideia clara e distinta que não correspondesse à verdade caso houvesse um Deus enganador. Mas com as provas da existência de Deus, não pode haver erro ali onde a evidência se impõe. O erro será, antes, efeito de uma desproporção da vontade e do entendimento, mas nunca interno ao próprio entendimento. Tudo se passa como se Deus, ou mais precisamente o Deus dos filósofos, funcionasse como uma metalinguagem, que forneceria as coordenadas para a determinação do conteúdo de verdade de uma ideia ou para a aplicação de uma regra geral da verdade. Assim também a impossibilidade da metalinguagem incide diretamente no domínio da ação, porque a certeza subjetiva perde seu apoio num sistema transparente de coordenadas de sentido. Esse sistema, além de "falsa aparência" (E, p. 882), é também ocasião propícia para que o impostor se apresente.

Tudo se passa como se, com Freud, a cartografia das relações entre o erro e a verdade, tal como pensado na filosofia, se invertesse. É por isso que o "escabroso" e a "impostura", agora, instalam-se não mais no lugar de quem não diz a verdade sobre a verdade, mas em quem ainda pretende dizê-la. A fim de justificar essa afirmação, traço um panorama sumário das relações entre erro, saber e verdade na filosofia.[73]

---

[73] A resposta clássica que a filosofia deu para o problema do erro remonta a Platão: "[...] é impossível que aquele que sabe algo não o saiba e que aquele que não o sabe saiba" (*Teeteto*, 188b). Mas a solução de Platão precisava ainda responder ao impasse constituído entre, de um lado, (i)

A filosofia moderna conheceu um momento de viragem no que toca à questão do erro quando Kant, contra Descartes, mostrou que o erro não é apenas uma invasão da vontade no domínio do entendimento, um mau uso do livre-arbítrio. Como mostra Lebrun (1993), depois de Kant, o erro não é mais um evento de natureza psicológica, porque não está garantida a ordem ontológica que faria do erro uma desatenção, um absurdo, uma loucura. A aparência pode falsear a razão ("sabe e não sabe ao mesmo tempo"), porque há uma falsidade no coração do conhecimento, e esta não é meramente acidental.[74] A incerteza agora é objetiva: a finitude do conhecimento encontra necessariamente (e não contingencialmente) relações que é incapaz de determinar: "[...] depois de Kant, o erro deixa de ser uma inabilidade para tornar-se um destino" (LEBRUN, 1993, p. 23).

Ora, como vimos (§1), com Freud, a "próton pseudos" instala uma falsidade na origem do sujeito; "*das Ding*", um vazio de referência no coração da linguagem; o inconsciente, um saber que não se sabe, etc. A tal ponto que talvez a pergunta se inverta. Se a filosofia clássica, porque mantinha mais ou menos intactas as estruturas da razão, perguntava-se, chocada, "como o erro era ainda possível?", depois da psicanálise, a pergunta parece se inverter e ganhar a seguinte forma: "como ainda é possível dizer alguma verdade?" Como ainda é possível, admitida a prevalência dos processos inconscientes, admitidas as hipóteses sobre a constituição imaginária do eu e o desconhecimento constitutivo de si mesmo, como ainda é possível não errar?

Com efeito, a inversão freudiana dos lugares do erro e da verdade é particularmente digna de nota. Tanto os *tópoi* clássicos acerca da natureza do erro[75] – o argumento do sonho, a ilusão, a loucura – quanto a clássica definição de erro como privação, essa espécie de extensão desmesurada da vontade para além dos limites do entendimento,[76] são um a um subvertidos por Freud. É desse modo que

---

o discurso parmenídico, em que as esferas do ser, do pensar e do dizer formavam uma unidade indissolúvel e, de outro, (ii) o discurso sofístico em que ser, pensar e dizer formam três esferas separadas e irreconciliáveis, como propôs Górgias. O que o discurso de Górgias mostra é que, uma vez aceito o pensamento-poema de Parmênides, em que mundo/linguagem são ainda-não separados, é impossível explicar o *pseudos*. É a esse quadro que Platão responde com o parricídio de Parmênides em *O sofista*. Nem Parmênides, nem Górgias: ser, pensar e dizer não formam nem uma unidade esférica, completa e imóvel, nem tampouco formam três unidades sem algum ponto de interseção. O conceito de entrelaçamento (*symplokê*) é a resposta platônica para o problema. Assim, o erro será atribuição de um predicado inadequado a um sujeito. Não posso dizer que "Teeteto voa", pois não é possível entrelaçar o dizer "voa" ao ser "Homem".

[74] Por isso, a banalidade de exemplos tornados clássicos depois de Platão – como "Teeteto voa" ou "Teeteto está sentado" – é posta de lado, pois eles mostrariam apenas que ontologia, razão, saber, estavam garantidos em sua consistência.

[75] Cf. o belo ensaio de Bento Prado Jr. (2004), intitulado "Erro, ilusão loucura".

[76] Definição canônica de erro proposta por Descartes na *Quarta meditação*.

(i) o sonho se transforma na via régia para a verdade do desejo inconsciente; (ii) os atos falhos, bem como as demais formações do inconsciente que a psicopatologia da vida cotidiana demonstram, desvendam a natureza fantasmática da subjetividade; (iii) a satisfação alucinatória do desejo é definida como modo primeiro de funcionamento do aparelho psíquico; e (iv) o excedente pulsional não simbolizável é visto como núcleo duro do ser, "âmago de nosso ser" (E, p. 530). Desse modo, "os conteúdos do inconsciente não nos fornecem, em sua enganosa ambiguidade decepcionante, nenhuma realidade mais consistente no sujeito do que o imediato; é da verdade que eles extraem sua virtude, e dentro da dimensão do ser: *Kern unseres Wesens*, termos que são de Freud" (E, p. 522).

A resposta de Lacan a esse problema é complexa, e sua elaboração foi paulatina. Para começar, é preciso dizer que se trata de tentar configurar os termos do problema, antes de respondê-lo. Isto é, trata-se de aceitar a aposta de formular um pensamento capaz de transitar no espaço vazio desenhado pela recusa do paradigma do sujeito consciente de si, e de suas garantias ontológicas: Deus, o Absoluto, o Mundo, o Sentido. O teorema que se pode deduzir aqui é: uma verdade deve se afirmar sem o apoio de uma posição metalinguística, exterior aos efeitos equívocos da linguagem. Ora, mas estaríamos então diante de um ceticismo dissimulado?

> Um de meus alunos [...] achou por bem dever dizer que o sentido do meu ensino seria que a verdade, sua verdadeira apreensão, é que não a agarraremos jamais.
>
> Inacreditável contra-senso! No melhor dos casos, impaciência infantil! [...] Dessa *práxis* que é a análise, tentei enunciar como a busco, como a agarro. Sua verdade é movediça, decepcionante, escorregadia. Vocês não conseguem compreender que é porque a *práxis* da análise deve avançar em direção a uma conquista da verdade pela via do engano? (LACAN, 2005 [1963], p. 87).[77]

"Movediça, decepcionante, escorregadia": a verdade na experiência analítica não é redutível ao saber, o que não a torna, contudo, inacessível. A psicanálise não lastima a equivocidade da linguagem, nem se compraz com ela. A ordem da verdade não está velada por uma tela, nem escondida nas profundezas de um poço obscuro. Ou, quando está, há maneiras de atravessar a tela, de sair do poço, ainda que a meio corpo. Ela não é inapreensível, intocável. É o que a metáfora – ao mesmo tempo militar e erótica – da "conquista da verdade" sugere. A figura do engano não é casual: o esquecimento, o ato falho, o erro, a mentira, a

---

[77] O aluno de que se trata seria J.-B. Pontalis. Cf. "Indicações biobibliográficas", de J.-A. Miller, da obra citada de Lacan ([1963] 2005, p. 92).

verdade-mentirosa, o *Witz*, o equívoco, o desconhecimento, etc., eis os índices de uma via a conquistar, em uma cartografia das figuras fronteiriças da verdade, como processo. Se não se está mais num contexto de uma linguagem regida pela captura do sentido, em outros termos, se a psicanálise não é nem uma hermenêutica, nem uma analítica da linguagem ordinária, como delimitar os traços de verdade de um discurso? O problema é particularmente difícil lá onde os efeitos dos indiscerníveis são mais notáveis, ou seja, nas formações do inconsciente e na estrutura do sujeito. Tal é a dificuldade que mostra a especificidade do inconsciente freudiano.

> No entanto, acaso não poderíamos perceber que a única diferença, mas a diferença que reduz ao nada aquilo de que difere, a diferença de ser, aquela sem a qual o inconsciente de Freud é vão, está em que, ao contrário de tudo o que se produzira antes dele sob o *label* do inconsciente, ele deixou bem claro que é de um lugar diferente de todo e qualquer apreensão [*prise*] do sujeito que se revela um saber, visto que ele só se oferece naquilo que do sujeito é engano?
>
> O *Vergreifen* (cf. Freud, o engano, seu termo para designar os chamados atos sintomáticos), ao ultrapassar o *Begriff* (ou a apreensão), promovo um nada que se afirma e se impõe pelo fato de sua própria negação apontá-lo para a confirmação de seu efeito, que não faltará na sequência (OE, p. 337)

No que se segue, apresento duas ocorrências da crítica lacaniana à metalinguagem, todas as duas inseridas em discussões que mostram o fundamento freudiano dessa crítica e deslocam o problema para o plano ético: o problema do recalcamento originário e a *Versagung*.

§25 Metalinguagem como alienação: o desejo imunizado e o recalcamento originário

Depois de algum silêncio, a próxima ocorrência importante do termo metalinguagem data de 31 de maio de 1961, no contexto do seminário sobre *A transferência* (S.VIII, p. 326). Ela vai nos conduzir diretamente ao ponto de chegada que interessa mais de perto à discussão: a ideia de que o recalcamento originário está no fundamento da impossibilidade de dizer a verdade da verdade. Isto é, que a principal razão da crítica lacaniana à metalinguagem advém da clínica freudiana. Não se trata, pois, de um problema linguístico *tout-court*: não por acaso as diversas formas aforismáticas de que ela se reveste, Outro do Outro, verdade da verdade, sentido do sentido. É por essa razão que a crítica à metalinguagem ramifica-se tão profundamente no pensamento de Lacan, deitando raízes em problemas de diversa natureza, como a ética e a política.

Além disso, começamos a vislumbrar a pertinência clínica da discussão, na medida em que se refere à posição do analista na transferência, isto é, numa relação que ocorre segundo uma dialética do saber e da verdade. Eis o parágrafo:

> A noção de *Urverdrangt*, que está em Freud, pode aparecer aqui como opaca, e é por isso que tento dar a vocês um sentido para ela. Trata-se da mesma coisa que tentei da última vez articular para vocês, dizendo-lhes que nada mais podemos fazer senão engajar a nós mesmos na *Versagung* mais original. E é a mesma coisa que se exprime no plano teórico na fórmula de que, apesar de todas as aparências, não há metalinguagem (S.VIII, p. 326).

Prosseguindo sua análise da transferência e de sua articulação ao desejo do analista, Lacan se pergunta: "[...] o analista pode ser indiferente àquilo que é a sua posição verdadeira?" (S.VIII, p. 320). Não por acaso, a lição de 31 de maio é um dos raros momentos no ensino de Lacan em que ele elabora um caso clínico seu. Sob o termo freudiano de mecanismos do inconsciente, é necessário aprender a "reconhecer e soletrar" os "efeitos do discurso" (S.VIII, p. 323). "Aconteça o que acontecer, esses efeitos fazem recuar o sujeito, imunizam-no, mitridatizam-no com relação a um certo discurso. Impedem de levar o sujeito aonde queremos levá-lo, a saber, ao seu desejo" (S.VIII, p. 324). Porque é através dos efeitos do discurso, incluindo aí as ambiguidades e equivocidades próprias à linguagem que propiciam o surgimento de atos falhos e de outras figuras da irrupção de um dizer que escapa ao saber, é através desses efeitos que alguma coisa do desejo pode aparecer. O analista deve evitar proferir sua interpretação em *posição* de metalinguagem, colocando-se a si próprio como Outro do Outro, como garantia da verdade, para que seu próprio discurso não incida sobre o sujeito silenciando-o: "é realmente isso – o efeito de um discurso que incide sobre o efeito de um discurso, que não sabe disso, e que resulta necessariamente numa cristalização nova desse efeito de inconsciente que opacifica esse discurso" (S.VIII, p. 324).

É precisamente este o resultado da assunção de uma *posição* de metalinguagem: a cristalização de um efeito de discurso que imuniza o sujeito em relação a seu desejo. E é aqui que podemos entrever o avesso dessa situação: o estilo, definido a partir da queda do objeto, visto como índice de uma certa relação com o desejo. O terceiro capítulo abordará precisamente isso.

Essa cristalização do efeito de discurso ocorre devido à entrada em cena gradativa desses "registros da alienação" que são o eu, o supereu e o ideal do eu. São essas instâncias que funcionam como obstáculos ao desejo (S.VIII, p. 324). Neste sentido o *impulso* em direção à criação de línguas isentas de equívocos é, no limite, um impulso egoico: a fim de dirimir efeitos dispersivos e ambíguos do discurso, o eu promove essa instauração de um nível superior de linguagem que fixa o sentido na estabilidade do enunciado, buscando elidir a dimensão da verdade do desejo, que poderia manifestar-se na contingência de uma enunciação. Vimos isso quando o próprio Carnap sublinhava a fonte psicológica comum do impulso de construção de linguagens internacionais e metalinguagens lógicas, e sublinhava o prazer de se expressar em linguagens regulares e planificadas desse tipo. Como veremos no próximo parágrafo, o impulso de construir remendos para a inconsistência da linguagem deriva, segundo Lacan, de uma resposta neurótica à *Versagung*.

No limite, por volta de 1960, metalinguagem é alienação, e o resultado da adoção de uma posição metalinguística é a imunização do discurso em relação ao desejo, estrutura algo similar àquela que encontramos na formação sintomática. As metáforas empregadas por Lacan em sua crítica à psicologia do eu e à metalinguagem são inteiramente convergentes: "tampão", "barragem", "inércia", "imunização", "mitridatização", etc. A estas figuras do bloqueio o autor opõe a própria ideia do ato. Por paradoxal que possa parecer, o tema é abordado exatamente a partir da posição do analista, posição da qual habitualmente espera-se o máximo de abstenção de agir. "Se existe alguma coisa que o analista pode se levantar para dizer, é que a ação como tal, a ação humana, se quiserem, está sempre implicada na tentação de responder ao inconsciente" (S.VIII, p. 325).

Estamos, note-se, na contramão do movimento acima descrito como bloqueio egoico ou superegoico. Se a ação é tentativa ou mesmo tentação de responder ao inconsciente é porque "toda ação, *acting out* ou não, analítica ou não, tem relação com a opacidade do recalcado" (S.VIII, p. 326). A ação mais original releva do recalcado mais original (S.VIII, p. 326). É neste momento que Lacan articula a crítica à metalinguagem com a temática freudiana do recalcamento original, que será central no ponto de chegada deste capítulo.

Reconhecendo a aparência opaca da noção freudiana de *Urverdrängt*, Lacan entende fornecer um sentido a ela. Diante dos impasses da ação, da impossibilidade de justificação última da ação, resta apenas, a fim de fornecer um sentido ao recalcamento originário, "engajar a nós mesmos na *Versagung* mais original" (S.VIII, p. 326). O termo engajamento aqui indica que não se trata de um entendimento teórico do que vem a ser o conceito de *Versagung*, mas de uma experiência subjetiva. Esse engajamento na *Versagung* mais original consiste em aceitar a aposta de que a relação do desejo ao objeto é entremeada por uma trama de linguagem que afasta toda possibilidade de satisfação pura e simples. E isso numa dupla perspectiva, empírica e lógica: porque a satisfação aqui é tomada não apenas no sentido de gratificação, mas também no sentido lógico do termo, em que um argumento satisfaz uma função. Não há objeto que satisfaça positiva e completamente um desejo. É dessa "indisponibilidade do objeto" que se trata na *Versagung* (Dunker, 2002, p. 123).

Evidentemente, isso não quer dizer que um desejo não se vincule a determinados objetos. Ao contrário. Temos aqui toda a temática da *Fixierung*, esboçada por Freud já na famosa carta 52 a Fliess, com a ideia de "*fueros*" que fundam o anacronismo do inconsciente: a coexistência de diferentes regimes psíquicos conflitantes, devido à ausência de transcrição de uma determinada corrente psíquica em uma instância superior. E é justamente a fixação que está na base do que Freud chamou de recalcamento originário. É porque o representante psíquico de determinada pulsão ficou retido numa instância psíquica anterior que ocorre a fixação "inalterável" da pulsão.

> Estamos pois fundamentados para admitir um recalcamento originário, uma primeira fase do recalcamento, que consiste nisso: que a *"prise en charge"* no consciente é recusado à representação psíquica (*Vorstellungreprasentanz*) da pulsão. Este se acompanha de uma fixação; a representância concernida subsiste, a partir daí, sem modificação possível, e a pulsão continua ligada a ela (FREUD, 1988 [1915], p. 191).

Mas o que conduz um desejo a um objeto não pode ser fruto de uma dedução: o salto entre uma ponta e outra só pode ser dado no escuro, por um ato subjetivo que não pode se firmar em nenhuma garantia de adequação. Toda relação do desejo a um objeto supõe uma relação fantasmática, cuja formulação algébrica trabalharemos mais tarde. Essa relação só pode ser transposta pelo salto no escuro que o engajamento subjetivo permite. É isso que dá à ética do desejo uma tonalidade de risco e de constante precariedade. Essa experiência subjetiva da *Versagung* "é a mesma coisa que se exprime no plano teórico na fórmula de que, apesar de todas as aparências, não há metalinguagem" (S.VIII, p. 326).[78]

§26 Metalinguagem como resposta neurótica à *Versagung*

É aqui que o comentário feito um ano antes acerca de nosso engajamento "na *Versagung* mais original" ganha maior inteligibilidade. Tratar-se-ia de uma velada ética da resignação? A correta elucidação da função da *Versagung* nos mostra que não. Afinal, em que consiste a *Versagung*? Primeiramente, ela não é a falha em gratificar uma necessidade: não se trata de opor o par gratificação-frustração. Na maior parte das vezes, como assinalam Laplanche e Pontalis (1992, p. 203), "não designa apenas um dado de fato, mas uma relação que implica uma recusa [...] por parte do agente e uma exigência mais ou menos formulada em demanda por parte do sujeito". O que predomina é o "sentido reflexo de *recusar-se*" (p. 204).[79]

---

[78] Interessante notar que a temática do recalcamento originário surgiu para Freud durante a análise do caso Schreber e que a crítica à metalinguagem surgiu para Lacan também diante do mesmo caso.

[79] Hanns (1996, p. 260) propõe o campo semântico de impedimento, bloqueio, fracasso; Dunker (2002, p. 124), menos preocupado com a semântica do que com a clínica, acrescenta termos como renúncia ou sacrifício.

Conforme lembra ainda Dunker (2002, p. 124), "a expressão alemã indica privilegiadamente uma relação e não um submetimento passivo", e, portanto, escapa "à conotação de 'amargura existencial' contida em frustração", o que afasta a perspectiva de uma ética da resignação à falta. Mas o que é sublinhado é que a *Versagung* consiste na frustração inerente ao uso da palavra, sempre inadequada para expressar um desejo. A *Versagung* original é, pois, a de que as palavras não correspondam às coisas em relações biunívocas, e que uma parcela do desejo permaneça para o próprio sujeito que deseja opaca, inominável. Essa parcela é propriamente o que se chama de gozo, definido aqui como "quantidade fora do lugar, quantidade indecifrável" (Dunker, 2002, p. 128). Situada entre simbólico e real, a *Versagung*, vista como recusa ou renúncia, "faz parte portanto de uma báscula, de uma operação de conversão, troca ou substituição realizada entre gozo e desejo" (p. 126).

O que caracteriza a *Versagung* é o modo pelo qual a pulsão não se satisfaz: incidência imaginária da falta de um objeto real. A *Versagung* é pois uma espécie de antecâmara da castração: é o fato da suspensão do desejo à palavra, a impossibilidade de satisfação a partir da simples e direta relação a um objeto positivamente dado na experiência, que condiciona a operação em jogo na castração: unir um desejo a uma Lei. O sujeito precisa consentir com essa perda de gozo inerente à castração simbólica, para que possa resgatar pelo menos uma parte dela, "na escala invertida da Lei e do desejo" (E, p. 841).[80]

É a essa espécie de frustração intrínseca que o impulso à posição metalinguística tentaria suprir, como uma patologia da satisfação, quase uma formação sintomática. Nesse gênero de patologia, o paradoxo da *Versagung* é que o tipo de demanda que ela implica é insaciável. Pergunta Dunker (2002, p. 131): "[...] quanto dinheiro será suficiente ao capitalista? Qual o limite para a coleção de signos do apelo amoroso?" Quanto precisamos saber acerca de um significante, quanta indeterminação é possível tolerar para usarmos uma palavra, um conceito, uma teoria? Quanto sentido é preciso acrescentar para satisfazer a voracidade do entendimento?

É a posição do sujeito diante da inconsistência do Outro que exclui de antemão, para a psicanálise, todo recurso à metalinguagem. Para dizer com todas as letras: uma vez reconhecida a estrutura inconsciente do desejo do sujeito, a metalinguagem só pode ser vista como uma operação de sutura. A razão principal é relativa ao estatuto do Outro barrado, onde se funda o desejo do sujeito. Tudo

---

[80] Um parágrafo de Freud do artigo de 1927, "O fetichismo", é aqui elucidativo. Cito na tradução proposta por Dunker (2002, p. 124): "Para unificar nosso vocabulário, designaremos o fato de uma pulsão (*Trieb*) não ser satisfeita (*befriedigt*) pelo termo frustração (*Versagung*), o meio pelo qual esta frustração é imposta pelo termo interdição (*Verbot*) e o estado produzido pela interdição pelo termo privação (*Entbehrung*)."

decorre do fato de que a relação ao Outro estrutura-se num engodo fundamental, na medida em que a natureza não é capaz de fornecer objetos que satisfaçam o desejo, devido à "duplicidade radical da posição do sujeito" (S. IX, p. 197). Uma breve leitura do grafo do desejo proposto em 1960 pode nos auxiliar a visualizar melhor o problema.

Na base do grafo do desejo, encontramos quatro termos: (1) A, o Outro; (2) s(A), a significação invertida da mensagem do Outro; (3) S ◊ D, a pulsão, como aquilo que designa a relação do sujeito à demanda do Outro; e (4) S($\not$A), significante da falta do Outro. É aqui, neste quarto termo, que se localiza o matema da impossibilidade da metalinguagem. Cabe dizer que desde que essa escrita do $\not$A surgiu, ela tornou-se uma das teses mais estáveis de seu ensino. Embora tenha empregado termos como inconsistência, incompletude, etc., para designar o $\not$A, Lacan sempre acrescentava algo do tipo: "[...] o que quer dizer este A barrado é que não há Outro do Outro" (S. XXIII, p. 55).

No limite, o Outro "só pode ser formalizado, significantizado como marcado ele próprio pelo significante, em outras palavras porquanto ele nos impõe a renúncia a toda metalinguagem" (S. IX, p. 198). Até aí, pode-se dizer que Lacan concordaria que a linguagem é "semanticamente fechada". Mas essa constatação "nos impõe a renúncia à metalinguagem" (S. IX, p. 198). Mais uma vez, não se trata de dizer que não é possível forjar uma metalinguagem, o que, afinal, constituiria mera denegação. Trata-se de (1) denunciar a dimensão ética envolvida neste recurso à posição metalinguística e (2) assentir ao fato de que uma metalinguagem será sempre, no limite, como uma linguagem, isto é, marcada pelo equívoco, ambiguidade, pela contingência, etc. Em outras palavras, na relação do sujeito com o saber e a verdade, o recurso à metalinguagem quer obliterar os efeitos discursivos do inconsciente. O saber também é, pois, limitado internamente. Isso quer dizer que é a impossibilidade da metalinguagem que constitui a limitação interna ao saber? É o que Lacan afirma quando diz que "a impotência do Outro em responder tem a ver com um impasse, e este impasse, nós o conhecemos, chama-se *limitação de seu saber*" (S. IX, p. 200, grifo meu). Isso porque "o desejo constitui-se inicialmente, por sua natureza, como aquilo que está escondido do Outro por estrutura" (S. IX, p. 200).

Se o desejo se constitui a partir desse ponto de não-saber do Outro, disso que permanece opaco, velado, há pelo menos dois modos de lidar com essa ausência de garantia, com essa inconsistência do Outro. Uma delas consiste em agir a despeito da ausência de garantia no saber do Outro. É a saída que, a esta altura, Lacan remete à ética trágica do desejo. E é ela que vai fundamentar uma ética do ato.[81] Mas há também a maneira neurótica de lidar com a inconsistência

---

[81] Não cabe detalhar aqui em que consiste a ética lacaniana do ato. Para tanto, remeto o leitor a dois trabalhos definitivos: Guimarães (2006) e Safatle (2003).

do Outro. A dimensão clínica do problema não demora a surgir. O neurótico obsessivo lida com isso tentando estar, ao mesmo tempo, em toda parte e em lugar nenhum: daí "o gosto de ubiqüidade do obsessivo" (S. IX, p. 201). Se ele está em diversos lugares ao mesmo tempo, é porque não quer ser apanhado em parte alguma, tenta o tempo todo evitar qualquer engajamento, qualquer risco. Nada melhor para tanto que forjar uma posição metalingüística que o isente de lidar com o fato de que a palavra não expresse seu desejo, de que seu gozo seja, finalmente, sem sentido.

§27 A natureza ética da renúncia à metalinguagem

Toda essa reflexão conduz a esta "dialética fundamental que repousa inteiramente na falha última do Outro como garantia do certo (*sûr*)" (S. IX, p. 202):

> [...] a realidade do desejo se institui aí e aí se aloja por intermédio de algo do qual nós nunca assinalaremos suficientemente o paradoxo, a dimensão do escondido, quer dizer a dimensão que é a mais contraditória que o espírito pode construir desde que se trata da verdade. O que seria mais natural do que a introdução deste campo da verdade senão a posição de um Outro onisciente?

Esta passagem prepara dois comentários centrais para demonstrar a relevância filosófica do tema. Porque é justamente no contexto da crítica à metalinguagem pela vertente de uma resposta neurótica à *Versagung* original que são evocados os exemplos do Deus veraz cartesiano (S. IX, p. 202) e da moral kantiana (S. IX, p. 203). No limite, uma como a outra poderiam ser vistas como respostas neuróticas a essa falha do Outro em garantir índices de verdade, tanto no domínio do conhecimento quanto no domínio da ação. A suposição de um Outro onisciente quando se trata de pensar a verdade conduz à seguinte afirmação:

> A tal ponto que o filósofo mais agudo, o mais afiado, não pode sustentar a dimensão da verdade senão ao supor que é essa ciência daquele que tudo sabe que lhe permite sustentá-lo. E todavia nada da realidade do homem, nada disso que ele busca, nem disso que ele segue sustenta-se senão nesta dimensão do escondido, na medida em que é ela que infere a garantia de que há um objeto que existe realmente e que fornece por reflexão esta dimensão do escondido (S. IX, p. 202).

Como vimos, a hipótese do Deus veraz é necessária à economia da ordem cartesiana de razões a fim de possibilitar a passagem da certeza subjetiva à verdade objetiva. Sem o Deus veraz, o abismo entre representações subjetivas (afecções ou ideias) e o mundo material seria intransponível. É porque a hipótese do Deus veraz diz respeito apenas ao conhecimento teórico, deixando a filosofia prática de fora, que, a fim de prosseguir seu comentário, a lição se refere à moral kantiana. Para Lacan, o exemplo kantiano do falso testemunho é derrisório. Toda a estratégia lacaniana será a de deslocar a questão moral do lugar em que a *Crítica da razão prática* a havia instalado, a da convergência da vontade livre com a lei moral universal, em direção à problemática do desejo e da alteridade. Mais precisamente, trata-se de rejeitar o formalismo moral kantiano que consistia em afirmar que princípios práticos fundamentados na matéria, isto é, na eleição efetiva de um objeto pela faculdade de desejar não podem fornecer nenhuma lei prática universal. O corolário que Kant extraía então era que a admissão de uma faculdade de apetição superior (ou faculdade de desejar superior) dependia da possibilidade da "lei meramente formal da vontade" (KANT, 2002, p. 38). A crítica de Lacan ao formalismo moral kantiano é bastante bem conhecida e já exaustivamente trabalhada por diversos autores. Não seria difícil mostrar que ela se prolonga na esteira que liga a oposição iniciada por Hegel e que culmina no famoso Excurso que Adorno e Horkheimer escreveram em sua *Dialética do esclarecimento*.

Mas a estratégia de Lacan, embora em tudo convirja com a de seus ilustres predecessores, acentua um aspecto diferente, na medida em que considera também a perspectiva freudiana do desejo inconsciente. Lacan forja um contraexemplo no qual dizer a verdade coincide com a satisfação do desejo do tirano. Adivinha-se facilmente o que poderíamos chamar de paradoxo do testemunho verdadeiro: denunciar ao tirano que alguém é verdadeiramente judeu satisfaz não apenas à universalidade da regra moral universal de dizer a verdade incondicionalmente, mas satisfaz igualmente ao desejo inequivocamente imoral do tirano. Vale a pena retornar rapidamente ao apólogo kantiano a fim de melhor situar a discussão. Situado no âmbito da Analítica da razão prática pura, o apólogo concerne ao contexto em que é aferida a possibilidade que o ente racional tem de representar suas máximas (seus princípios práticos subjetivos), ao mesmo tempo como leis universais práticas. Mas a possibilidade de representar máximas universais corresponde, até certo ponto, à possibilidade de se fixar em uma posição análoga à posição metalinguística. Isso porque, para Lacan, uma metalinguagem é o exemplo maior de uma instância formal, separada de toda concreção, divorciada de toda experiência. Mais uma vez é preciso lembrar que o que Lacan entende por "metalinguagem" não corresponde ao conceito técnico construído por lógicos e linguistas, mas aponta muito mais para uma *posição discursiva* que busca forjar a máxima neutralização dos efeitos de indeterminação próprios ao discurso. Ninguém está dizendo que Kant pressupôs ou criou uma instância metalinguística qualquer para representar máximas morais, o que seria, para dizer o mínimo, um anacronismo grosseiro. Não obstante, se admitirmos a impossibilidade da metalinguagem, isto é, se admitirmos a impossibilidade de que o Outro forneça garantias sólidas para a representação dos móbeis da ação, representação esta que deveria estar totalmente purificada da contaminação por elementos condicionados ou materiais, então a imediaticidade da consciência moral fica gravemente danificada. A transparência da representação de máximas como leis universais formais passa a ser uma quimera se não dispusermos mais do sentido do sentido, da verdade da verdade, ou ainda mais, do Outro do Outro. O que equivale a dizer que a materialidade do significante, e a necessária e relativa indeterminação de sentido que ele implica, sugere uma dificuldade adicional para que possamos representar, na linguagem, máximas morais. Não há como postular que julgamentos morais possam prescindir do significante e de seus efeitos. Vejamos tudo isso mais de perto.

A pergunta kantiana em jogo na passagem aludida refere-se a saber "onde começa nosso conhecimento do incondicionalmente prático, se pela liberdade ou pela lei prática" (KANT, 2002, p. 49). A resposta de Kant é conhecida de todos: porquanto o primeiro conceito da liberdade é apenas negativo, o que se oferece a nós como fundamento da ação moralmente boa é "a lei moral, da qual nos tornamos imediatamente conscientes" (p. 49). Os dois exemplos forjados por Kant da imediaticidade da consciência moral são, justamente, o da forca e o do falso testemunho. O primeiro exemplo consiste em questionar aquele que justifica a motivação patológica da máxima de sua ação afirmando o caráter irresistível de uma inclinação por um objeto particular, consideradas a disponibilidade efetiva do objeto e a ocasião correspondente. Se se perguntar a este sujeito patológico o que faria na mesma situação caso uma forca para pendurá-lo imediatamente após a realização de sua vontade fosse erguida em frente à sua casa, ele certamente saberia que sua inclinação pelo objeto não era assim tão irresistível e que poderia ser refreada. Dois anos antes, no seminário sobre a ética, Lacan problematiza o exemplo kantiano da forca apontando como ele se sustenta numa subjetividade comandada exclusivamente pelo princípio do prazer. Considerando a dimensão do gozo além do princípio do prazer, nada impede de imaginar um caso em que justamente a máxima da ação subjetiva aceita como inevitável a punição ou até mesmo inclui a punição final como elemento inerente à própria satisfação. No primeiro caso, em que a consciência da imediata condenação à morte após a realização do ato não impede a realização deste, temos a situação, por exemplo, de Antígona ou a menos distante situação de uma vingança. O sujeito sabe que será morto se realizar tal ato, mas prefere a consequência funesta. No segundo caso, a clínica fornece uma miríade de exemplos nos quais a satisfação só é obtida a partir de um longo circuito que passa exatamente pela punição, sem passar antes pela consciência.

O exemplo do falso testemunho ocorre justamente neste momento. Instado pelo tirano a prestar falso testemunho contra um homem honrado, o mesmo sujeito saberia imediatamente determinar qual a ação moralmente correta, embora, por amor a si, pudesse agir ou não corretamente. O ponto, para Kant, não é "se ele faria ou não, talvez ele não se atreva a assegurá-lo; mas que isso lhe seja possível, tem que admiti-lo sem hesitação" (KANT, 2002, p. 51). É por essa razão que é a consciência do dever, a lei prática, que nos conduz ao reconhecimento da possibilidade da escolha e, portanto, da liberdade. Escreve Safatle (2006, p. 163) :"[...] mesmo que não exista transparência entre a intencionalidade moral e o conteúdo do ato, resta um princípio de transparência entre a intencionalidade moral e a forma do ato. Eu sempre saberei como devo agir." Ou seja, como também notaram Adorno e Horkheimer, há uma imanência absoluta entre a Lei moral e a consciência (cf. SAFATLE, 2006, p. 164). Conclui Kant: "[...] ele julga que pode algo pelo fato de ter a consciência de que o deve, e reconhece em si a liberdade, que do contrário, sem a lei moral, ter-lhe-ia permanecido desconhecida" (KANT, 2002, p. 51).

Esses dois exemplos são tão mais eloquentes porquanto eles preparam a entrada em cena da mais célebre formulação do imperativo categórico, ali enunciado como lei fundamental da razão prática pura. Conforme a tradução de Valério Rohden: "Age de tal modo que a máxima de tua vontade possa sempre ao mesmo tempo valer como princípio de uma legislação universal" (KANT, 2002, p. 51). Antes de abordar o comentário feito no seminário de 1961-62, vale a pena reconstruir em linhas bastante gerais o sentido de sua crítica à moral kantiana. Esta crítica está expressa mais detalhadamente no artigo "Kant com Sade", publicado na revista *Critique*, em 1963. Grosso modo, trata-se de afirmar que o ponto de vista puramente formal torna equivalentes imperativos tão distantes um ao outro quanto o de Kant e o de Sade. Em que pese a distância que separa o puritano Kant e o libertino Sade, tanto o imperativo categórico quanto o imperativo sadiano operam uma espécie de recusa da dimensão patológica como fundamento da determinação da ação. A lei moral puramente formal não consegue, aos olhos do psicanalista, responder ao desafio da moral perversa. A moral sadiana também rejeita o prazer como norma da ação ao postular a mais perfeita indiferença em relação ao objeto. Se Sade é a verdade de Kant, conforme a fórmula de Lacan, é porque ele "não se limita a afirmar que tanto Sade como Kant são filhos do esclarecimento em matéria de moral. Para a psicanálise, Sade revela o que estaria recalcado na experiência moral kantiana" (SAFATLE, 2006, p. 161).

Em outros termos, a exclusão da dimensão do objeto na determinação dos móveis da ação coincide com uma neutralização da potência do significante, isto é, coincide com a fixação de um sentido capaz de representar universalmente a máxima de minha ação. Coincide pois, do ponto de vista que interessa a esta pesquisa, com a postulação de uma *posição* metalinguística, em que a relação significante/significado é estabilizada, em que consigo saber com precisão que minha ação corresponde à intencionalidade adequada à universalidade da lei moral. Posso determinar a partir do saber advindo do Outro a verdade que orienta a minha ação. O problema começa quando, depois de Freud, embora não se cale, a voz da razão é suave. Ela é suave porque é refratada pelo significante (como veremos no Capítulo 2). Neste caso, o que está em jogo é que o Outro, inconsistente, não empresta garantias suficientes para adequação entre intencionalidade e ato. Tudo se passa, escreve Safatle (2006, p. 169), "como se só houvesse ato moral lá onde o sujeito é chamado a agir sem garantias".[82]

§28 Quando a parábola se fecha

O próprio Lacan refere-se alguns anos mais tarde à prosopopeia da verdade como algo que só pode ser pronunciado no horror. Retomo a passagem célebre:

> Emprestar minha voz ao sustento dessas palavras intoleráveis, "Eu, a verdade, falo...", ultrapassa a alegoria. Isto quer dizer, muito simplesmente, tudo o que há por dizer da verdade, da única, ou seja, que não existe metalinguagem (afirmação feita para situar todo o lógico-positivismo), que nenhuma linguagem pode dizer o verdadeiro sobre o verdadeiro, uma vez que a verdade se funda pelo fato de que fala, e não dispõe de outro meio para fazê-lo (E, p. 882).

Isto quer dizer, muito simplesmente, que qualquer enunciado não tem outra garantia a não ser sua própria enunciação. Mas a enunciação, e o sujeito que dela se constitui, não se resume a uma mera categoria de análise linguística. O sujeito da enunciação é também o sujeito de um *ato* para além de todo cálculo simbólico de determinação das coordenadas de sentido. E, por essa razão, responde à impossibilidade real de determinar os efeitos de sentido do dizer, cuja exterioridade, apesar de incontornável, não lhe exime de responsabilidade. Dizer que não existe metalinguagem "ou, mais aforisticamente, que não há Outro do Outro" (E, p. 827) é vetar a possibilidade de um discurso primeiro que legitime os discursos particulares. É dizer que não há consolo para a condição desamparada do homem. A metafísica não pode ser nada a não ser um engodo de que sentido e verdade correspondam. Um engodo apaziguador, na medida em que, ao alienar o sujeito de seu desejo, constrói um discurso que mascara os impasses constitutivos da subjetividade. Neste sentido, a metalinguagem seria a mais sublime realização da metafísica moderna: ela entifica todos os dualismos do esquema conceitual que estrutura o campo discursivo da metafísica, como a separação sujeito-objeto, verdade-falsidade, nome-coisa, etc; ela substantifica a gramática como estrutura do pensamento.

---

[82] No Capítulo 3, veremos como essa crítica à moral kantiana se completa de uma reflexão acerca do estatuto da linguagem e sua dimensão ética: a ética do bem-dizer.

Até aí, nada de novo sob o *front*. Até aí temos uma crítica perspectivista da metafísica clássica e de sua motivação religiosa (mesmo quando antirreligiosa) que o recurso a causas finais não sabe esconder. O problema é que, em Lacan, não estamos apenas nos registros do imaginário e do simbólico. O filosofema "não há metalinguagem", isto é, a tese da incessante remissão de um significante a outro não implica que tudo seja simbólico. Há um real em Lacan, e isso faz toda a diferença, seja com o perspectivismo, seja com o realismo. É a crítica à metalinguagem que permite estabelecer a sincronia do sujeito da ciência e do sujeito da psicanálise, apesar de todas as distâncias que separam Descartes e Freud. É fundamental em Lacan a possibilidade de recuperar a centralidade da ciência moderna na *posição* do sujeito. Somos ainda modernos: o pensamento inconsciente, longe de recusar o sujeito, o atualiza. Se há pensamento inconsciente, e a teoria freudiana dos sonhos é suficiente para no-lo demonstrar, há, pois, o sujeito deste pensar (MILNER, 1996). Mas esse sujeito não é solipsista, ele apenas constitui-se em oposição a uma alteridade que se coloque de forma assimétrica fora do campo da intersubjetividade, como bem anteviu Descartes ao precisar provar a existência de Deus como garantia da estabilidade das representações e fiador da adequação destas com os objetos sensíveis. Mas o Outro lacaniano não garante nada a não ser essa exterioridade e aquela assimetria: além de incompleto, ele próprio só é capaz de encontrar na reduplicação de sua figura mais uma miragem. Na impossibilidade de um Outro do Outro, a disjunção do saber e da verdade torna-se ainda mais longínqua de qualquer figura de reconciliação. Mas nem essa disjunção, nem o vislumbre daquela miragem nos dispensam da dimensão da verdade.

Freud deixou "que a verdade falasse". E isso também ultrapassa a alegoria, porque "metáfora ou não, o que digo aqui é perfeitamente verdadeiro".[83] Lacan empregou "vez por outra" a metáfora de que "as pedras, quando é preciso, sabem gritar" (E, p. 883). Essa metáfora remonta ao episódio da descida do Monte das Oliveiras e da triunfal entrada de Jesus em Jerusalém (Mt 21,1-9; Mc 11,1-10). Enquanto a multidão louvava, alguns fariseus pediram a Jesus que repreendesse o fervor de seus discípulos. Ao que ele respondeu "se eles se calam, as pedras gritam".

Neste capítulo, vimos como a crítica à metalinguagem e o concomitante recurso a uma lógica do significante de forte tonalidade estrutural facultam a Lacan um duplo afastamento. De um lado, um afastamento das perspectivas objetivantes que leituras positivistas da psicanálise pretendiam edificar; de outro, afastamento das perspectivas fenomenológica e/ou hermenêutica que, até então, pareciam constituir-se como únicas alternativas possíveis para fundamentação das ciências humanas uma vez recusado o positivismo.

---

[83] Gide, *Notes de la Tentative amoureuse*, apud Lacan (E, p. 749).

Nenhum outro lugar mostra com tanta clareza a distância que separa a verdade tal como vista por Lacan, isto é, refratada pelo aspecto material do significante, e a verdade tal como vista pela fenomenologia de inspiração heideggeriana, do que a crítica à ideia de que "a verdade da dor é a própria dor", que constitui para o psicanalista o exemplo de como a fenomenologia chega à "contra-verdade" (E, p. 885). Ao que parece, a frase é uma variação da tese de Michel Henry de que a verdade do sofrimento é o próprio sofrimento, isto é, de que ele é um fenômeno imanente, inultrapassável em sua manifestação.[84] Como de costume, Lacan não se preocupa em reconstituir o contexto discursivo em que surge o enunciado alvo de sua crítica, e a virulência com que ele desfere todo tipo de desqualificação ensina mais sobre o próprio modo lacaniano de pensar do que sobre o autor que ele critica.[85] Alguns anos mais tarde, Lacan afirma:

> Se o que nós fazemos, nós analistas, opera, é justamente disso, que o sofrimento não é o sofrimento. Para dizer o que é preciso dizer, é preciso dizer que o sofrimento é um fato [...]. Há sofrimento que é fato, quer dizer, que oculta um dizer. É por essa ambiguidade que se refuta que ele seja inultrapassável em sua manifestação. O sofrimento quer ser sintoma, o que quer dizer, verdade (S. XVI, p. 69).

A verdade da dor não é a própria dor, mas o que da dor fala através do sujeito, pois a dor pode ser também silenciamento e ocultação da verdade do sintoma. No registro da fala, a dor supõe esse deslocamento, essa não identidade entre o que se cala e o que se diz em outro lugar. No próximo capítulo, examinarei a tese de que a verdade como causa é refratada segundo o aspecto material do significante.

---

[84] Em 1963, Michel Henry lançava os dois volumes de *L'essence de la manifestation*. Para fazer justiça a Henry, seria preciso ler atentamente *L'essence de la manifestation*, e também os artigos consagrados a ele por Furtado, particularmente "A origem da obra de arte", revista *Artefilosofia*, n. 5, julho de 2008. Escreve o comentador: "[...] em 'A essência da manifestação', obra fundamental da fenomenologia contemporânea, embora ainda pouco lida e conhecida entre nós, afirma Michel Henry que 'o sentimento jamais faz ver nada'. Ele não porta nenhuma verdade, não leva a nenhum conhecimento. O sentimento, todo e qualquer sentimento, é, pois, cego. A dor nada mais revela do que seu próprio sofrimento, isto é, ela revela a si mesma, antes de reenviar, através da intencionalidade da consciência que ela motiva, a qualquer coisa diferente dela como uma significação ou uma causa. Seu ser interior e imanente repugna a objetividade da consciência de tal modo que, por exemplo, a consciência da dor jamais será dolorosa pois, na condição de correlato intencional, projetada fora dela própria pela retenção do fluxo das vivências, a dor visada não é mais ela mesma e não pode pois, doer, fora dessa coincidência originária consigo própria que a faz ser a dor que ela é."

[85] No seminário XVI, Lacan chega a se referir a esse enunciado como ignorância proveniente do discurso universitário (S. XVI, p. 69-70). Mas tal virulência ganha sentido se levarmos em consideração que o que está em jogo é a própria noção de inconsciente e seu alvo é a psicanálise fenomenológica que até então gozava de prestígio universitário, principalmente na Bélgica. Para Henry, o sentimento é o verdadeiro inconsciente.

Metaforicamente, ela diz que, calados os sujeitos, as pedras gritam, mas diz também que o que elas gritam nunca é idêntico ao que foi silenciado em outra parte. Não há porque recuar a uma verdade que seria imanente a si, nem à forma originária de manifestação do ser. A verdade que fala começa a se despojar de seu horror.

Assim, tal "horror" da verdade como prosopopeia de uma verdade que não se cala decanta-se quando Lacan afirma que "não existe metalinguagem", é "tudo o que há por dizer da verdade" (E, p. 882). Assim, o "eu, a verdade, falo" passa a ser não mais do que "a verdade se funda pelo fato de que fala, e não dispõe de outro meio para fazê-lo" (E, p. 882). O que abre caminho para o que depois surge como "semi-dizer". Toda aquela atmosfera da unidade do velamento e do desvelamento, todo aquele *páthos* da verdade se destilou. Em pouco tempo, o "grito das pedras" torna-se "isso fala". Agora, a reflexão sobre a ciência como condição da psicanálise torna-se cada vez mais central.

> Essa falta do verdadeiro sobre o verdadeiro, que exige todos os fracassos que a metalinguagem constitui no que ela tem de falsa aparência, é propriamente o lugar da *Urverdrangung*, do recalque originário que atrai para si todos os outros – sem contar outros efeitos da retórica, para o reconhecimento dos quais dispomos tão-somente do sujeito da ciência (E, p. 882)

O contexto da primeira crítica lacaniana à metalinguagem bastaria para explicar por que não há uma linguagem capaz de dizer "a verdade sobre a verdade". É que a dimensão da verdade se abre junto com a linguagem e é posta por ela, com tudo que isso implica, em termos de irredutibilidade da enunciação ao enunciado, do dizer ao dito. A metalinguagem não é possível por razões epistemológicas, relativas ao estatuto da psicanálise como ciência e de sua experiência da linguagem, mas também por razões clínicas, relativas à posição que o recalcamento originário vai ocupar no exato ponto em que o sujeito acede à linguagem. Este é o ponto sensível. Por isso, diferentemente de Heidegger, o "desvelamento" de que se trata na *alétheia* não seria o desvelamento "do ser do ente, nem de sua diferença, mas o da coisa freudiana" (BALMÈS, 1999, p. 34). Uma coisa para sempre perdida, que não autoriza nenhuma perspectiva de retorno ou conciliação. Mas cabe perguntar a Balmès: trata-se aqui, no que concerne à coisa freudiana, de desvelamento? O vocabulário da *alétheia* aplicado à psicanálise ainda é pertinente? Como ficou claro quando rejeitamos a hipótese de identificação da verdade lacaniana à *alétheia* heideggeriana (§8), o que Lacan encontrou foi, muito mais, uma temática, hegeliana. *No limite, não há desvelamento da coisa, porque ela não está velada: retirados todos os véus, não há nada.* Vale aqui aproximadamente o que disse Hegel (1992, p. 118) em outro contexto: "[...] fica patente que por trás da assim chamada cortina, que deve cobrir o interior, nada há para ver; a não ser que nós entremos lá dentro – tanto para ver como para que haja algo ali para ser visto."

Que aquele real que orienta a *práxis* lacaniana se manifeste como o impossível do discurso, como refratário ao conceito, como impasse da formalização, é ele, no entanto, que sustenta o caráter ficcional da verdade. Afinal, a teoria das pulsões é a mitologia da psicanálise. Neste sentido, o impossível do discurso não é o inefável. A verdade não se manifesta apenas na pura negatividade do indizível, mas, ao contrário, surge estreitamente conectada à superfície do dizer. Refratada, diferida, ela surge a meio-corpo. Mais precisamente, na estrutura performática do semi-dizer. Veremos tudo isso com detalhe no terceiro capítulo.

> Não se deve reduzir este "não-todo" da verdade a uma mera impossibilidade fenomenológica de transparência total, ou a uma mera impossibilidade metafísica de reflexividade absoluta. Tais impossíveis, fenomenológico e metafísico, são bastante evidentes. O "não-todo" do dizer da verdade vai mais longe, nisso precisamente que ele permanece na superfície do dizer (LAVENDHOMME, 2001, p. 201).

Uma primeira conclusão impõe-se, a esta altura. A tese lógico-linguística da impossibilidade de dizer a verdade da verdade tem como contrapartida no plano ético a ideia de que "somos responsáveis por nossa posição de sujeito". Toda uma ética do ato desdobra-se a partir dessas condições. Se um ato, na esteira do que ocorria com a enunciação, pode colocar-se como verdade é apenas porque a perspectiva da metalinguagem foi afastada. O ato não pode colocar-se como fiador da verdade,[86] o que seria recair, como vimos, na impostura: "[...] meu discurso em nada aplaca o horror do ato analítico" (OE, p. 286), pois o ato "nunca tem tanto sucesso como ao falhar [*rater*], o que não implica que o erro [*ratage*] seja seu equivalente, ou, dito de outra maneira, possa ter tido como sucesso" (OE, p. 270). Se o Deus veraz não pode homologar a verdade, tampouco pode seu negativo, o Deus embusteiro[87]: "[...] o momento de falhar só tem sucesso no ato se o instante de passar a ele não for uma passagem ao ato, por parecer seguir o tempo para compreendê-lo" (OE, p. 270). O discurso de Lacan "se homologa por não haver Outro do Outro (de fato), nem verdade da verdade (de direito): também não existe ato do ato, na verdade impensável" (OE, p. 270). Por outro lado, eliminar a enunciação em proveito da estabilidade do enunciado, a fim de lançar a atribuição de verdade a um procedimento metalinguístico, coincide com o afastamento do sujeito em relação aos efeitos de seu dizer. No limite, confiar a verdade à metalinguagem nos exime de responder por nossa posição de sujeito. Chamemos a coisa pelo nome: canalhice.

---

[86] Impossível não notar que a "precariedade" é o que sustenta o ato analítico enquanto tal (OE, p. 276).

[87] Agradeço essa observação à leitura cuidadosa que o professor Franklin Leopoldo e Silva fez de meu trabalho.

Excurso I

§29 Quando eu, a verdade, digo: "eu minto" (Tarski e Lacan)

Sache par un subtil mensonge
Garder mon aile dans ta main.
STÉPHANE MALLARMÉ

Como vimos, a partir da década de 1960, os contornos da crítica à metalinguagem vão ficando mais e mais nítidos, e a crítica de Lacan vai se consolidando a passos largos. Mas não seria leviandade recusar a pertinência de uma determinada perspectiva teórica (por exemplo, aquela que se abre com a possibilidade de discernir níveis de análise linguística) que se propõe a resolver uma série de problemas (como paradoxos semânticos) sem oferecer em contrapartida uma maneira de lidar com esses mesmos problemas? Em outras palavras, a recusa da metalinguagem não nos deixaria desamparados diante de paradoxos que um recurso a ela permitiria resolver, caso admitíssemos sua pertinência? Mais especificamente: diante da recusa lacaniana de recorrer à metalinguagem, há alternativas para lidar com paradoxos do gênero do célebre paradoxo do mentiroso? A certa altura do Seminário XI, Lacan afirma que "um pensamento logicista demasiado formal introduz absurdos, ao ver uma antinomia da razão no enunciado *eu minto*" (S. XI, p. 132).

Um dos principais atrativos da concepção tarskiana de metalinguagem é justamente a capacidade de resolver paradoxos, como o célebre paradoxo do mentiroso. Mas aqui é preciso fazer uma pausa na estrutura argumentativa do trabalho a fim de esclarecer certas premissas metodológicas admitidas e justificar certas escolhas teóricas. Seria leviandade filosófica tratar em poucas páginas e de modo apenas superficial problemas técnicos, por exemplo, da aplicabilidade da teoria semântica da verdade de Tarski a línguas naturais. O mero levantamento do estado da questão mereceria uma tese e envolveria uma gama enorme de autores, como Carnap, Quine, Davidson ou Ramsey, além de uma extensa e nada trivial bibliografia especializada. Por outro lado, seria igualmente leviandade com relação ao autor estudado e ao problema aqui circunscrito nos privarmos de estabelecer pelo menos as bases da discussão, em nome de uma exigência formal de regras acadêmicas.

Como é do conhecimento de todos, Lacan nunca se privou de recorrer a autores de todas as tradições, campos e épocas, extraindo deles apenas aquilo que interessava ao seu ponto de vista ou ao contraste que ele queria estabelecer. É claro que o resultado de tantas incursões nas diversas searas alheias é heterogêneo. Não se pode duvidar de que ele tivesse uma intimidade muito maior com os textos de Hegel, Koyré ou de Jakobson do que, digamos, de Wittgenstein, Quine ou Russell. Assim, quando abordo temas como a teoria semântica de Tarski, meu interesse é apenas o de resumir os elementos mínimos para a discussão aqui em foco. Evitarei, sempre que possível, a deriva por debates técnicos, não apenas por patente falta de competência técnica, mas também por julgar que os aspectos filosóficos envolvidos são anteriores ao nível em que as tecnicalidades e manejos da simbologia entram em cena, e que eles tocam em questões mais genéricas, acerca, por exemplo, do funcionamento de conceitos como os de linguagem, verdade e outros. Se se quiser, trata-se de discutir os fundamentos filosóficos envolvidos na necessidade, possibilidade e legitimidade de recorrer à metalinguagem para tratar da verdade, e não do próprio tratamento dispensado, uma vez admitidas as premissas. No caso em pauta, uma caracterização do programa filosófico que embasa a perspectiva de Tarski é suficiente para mostrar a armadura do problema e, assim, avaliar o alcance e limite da perspectiva de Lacan acerca do tema.

Qual o estatuto do "eu minto" de Epimênides de Creta? Em sua versão mítica, o assim chamado "paradoxo do mentiroso" não é, rigorosamente falando, um paradoxo. Porque o universo espiritual em que sua palavra é enunciada ainda não é regido pela lógica da contradição, mas pela lógica da ambiguidade: "[...] é a *Alétheia* que Epimênides de Creta tem o privilégio de ver com seus próprios olhos; é a planície de *Alétheia* que a alma do iniciado aspira a contemplar" (DETIENNE, 1988, p. 14).

Mas mesmo fazendo economia da ambientação mítica, valeria notar que Epimênides de Creta diz que todos os cretenses são mentirosos, mas não que um mentiroso diz mentira todas as vezes, sobre todas as coisas. Como assevera Kirkham (1995, p. 271), não se segue, do fato de que Epimênides seja mentiroso, que a própria sentença que afirma isso seja mentira. Solução análoga seria dizer que o paradoxo do mentiroso não é um paradoxo porque trata-se de um proferimento (ato de fala), e não de um enunciado. Foi a filosofia clássica que transformou o episódio em um paradoxo lógico-linguístico. A rigor, a sentença "todos os cretenses são mentirosos" é gramaticalmente correta, não é vaga, não é ambígua e não é sem sentido. É autorreferente, mas isso não é, em si, um problema.[88] Mesmo porque seria possível formular o problema de forma não autorreferencial: "a próxima sentença é falsa"; "a sentença anterior é verdadeira" (KIRKHAM, 1995, p. 272; HAACK, 2002, p. 186). Temos aqui a formulação do mesmo paradoxo, evitando a autorreferência.

---

[88] Acima, a sentença "esta frase é composta de sete palavras" foi tratada como sendo autorreferente e não paradoxal.

Ao apresentar sua concepção semântica de verdade, Tarski escreve: "A meu ver, seria inteiramente errado e arriscado, do ponto de vista do progresso científico, depreciar a importância dessa e de outras antinomias e tratá-las como piadas ou sofismas" (TARSKI, 2007, p. 167-168). Segundo Tarski, a antinomia do mentiroso pressupõe que a linguagem na qual foi construído seja semanticamente fechada. Uma linguagem é semanticamente fechada quando contém expressões e nomes das mesmas expressões, além de conceitos semânticos como "verdadeiro" aplicados a sentenças dessa mesma linguagem (p. 168). Em outras palavras, quando o predicado "é verdade" ou "é verdadeiro" pertence à mesma linguagem que contém nomes e sentenças que não possuem esse tipo de predicado. Por exemplo, uma linguagem é semanticamente fechada se ela contém sentenças como "a neve é branca" e sentenças como "a neve é branca é verdade". O paradoxo do mentiroso nasce quando sentenças que contêm o predicado "não é verdadeiro" são examinadas em termos de sua verdade ou falsidade nessa mesma linguagem, em outras palavras, quando o conceito de verdade é "aplicado à linguagem coloquial em conjunto com as leis normais da lógica" (p. 137). Assim, qualquer sentença do tipo "a sentença S não é verdadeira" leva a paradoxos. Por isso, em uma linguagem semanticamente fechada não é possível "formular uma definição de verdade formalmente correta e materialmente adequada, pois a contradição obtida compromete ambos os critérios" (RODRIGUES FILHO, 2005, p. 36). Por isso, a resolução de Tarski é de "não usar nenhuma linguagem que seja semanticamente fechada" (TARSKI, 2007, p. 169). O problema surge porque linguagens naturais são semanticamente fechadas e, por isso, segundo o próprio Tarski, inconsistentes: "É justo essa universalidade da linguagem cotidiana a fonte primária de todas as antinomias semânticas" (p. 32). Definir o que é uma sentença verdadeira numa linguagem natural apresenta, continua Tarski, dificuldades insuperáveis, na medida em que linguagens naturais não são "formalmente especificáveis", isto é, grosso modo, não é possível estabelecer regras para identificação de expressões bem formadas ("wffs", segundo a sigla em inglês) (cf. HAACK, 2002, p. 148).[89] É nesse contexto que a distinção entre metalinguagem e linguagem-objeto é decisiva para definições semânticas de verdade, porque "o perigo dos paradoxos semânticos pode ser evitado com o recurso a uma metalinguagem" (HAACK, 2002, p. 147).

A construção de uma metalinguagem – ou mais precisamente, a necessidade de distinção entre linguagem-objeto e metalinguagem – tornou-se necessária

---

[89] A não ser que empregássemos com sucesso métodos de redução, como aqueles empregados no atomismo lógico de Russell e Wittgenstein, ou mesmo a proposta de Davidson de "conceber uma linguagem ideal que representasse a forma real das línguas naturais" (HAACK, 2002, p. 171). Davidson pensa que a gramática transformacional de Chomsky é um exemplo bem-sucedido (p. 170).

como ferramenta para uma teoria da verdade quando Tarski, a partir de 1933, publicou os textos seminais do que ficou conhecido como "concepção semântica da verdade". Seu principal texto é "O conceito de verdade nas linguagens formalizadas", texto que revolucionou não apenas a lógica, mas toda uma vertente da filosofia do século XX, principalmente aquela comprometida com as teorias do significado (cf. HAACK, 2002, p. 143).

Uma metalinguagem será uma linguagem semanticamente aberta, formalizada e consistente. A metalinguagem é um dispositivo que não admite sentenças que contêm verdade como predicado. Assim, sentenças do tipo "a sentença S é verdadeira" são sentenças mal formadas. A atribuição de verdade deve ser sempre lançada para um nível superior de linguagem, o que impede a formulação de paradoxos. Verdade seria sempre um predicado estabelecido numa metalinguagem para referir propriedades semânticas da linguagem objeto. No limite, o termo "verdade", na metalinguagem, é apenas uma abreviação de "verdade-na-linguagem-objeto" (KIRKHAM, 1995, p. 278). O projeto de Tarski consistia em "definir satisfação em termos não-semânticos, verdade em termos de satisfação, e todos os demais conceitos em termos de verdade" (p. 278). Desse modo, soluções como as de Tarski só resolvem o problema do paradoxo para linguagens artificiais, mas, no que concerne a linguagens naturais, o paradoxo se mantém (cf. KIRKHAM, 1995, p. 306). A sentença do mentiroso deixa der ser um "perigo" por tornar-se "a inofensiva 'Esta sentença é falsa-em-O', que é claro que é uma sentença de M e, conseqüentemente, não-paradoxal" (HAACK, 2002, p. 146).

Toda a dificuldade do problema para nosso debate reside no seguinte: a afirmação lacaniana da impossibilidade da metalinguagem, embora central tanto para a teoria quanto para a prática analítica, evidentemente não é relevante para discussões técnicas em determinados domínios da lógica, onde, queiramos ou não, o esquema T é operacional e permite diversos usos. Querer estender a posição de Lacan em relação à metalinguagem para fora do campo da psicanálise ou, indo um pouco mais longe, embora com algum grau de concessão, para fora de linguagens naturais, seria fazer da psicanálise uma *Weltanschauung*. Lacan não está dizendo, por exemplo, que o recurso de Tarski à metalinguagem a fim de definir o que é sentença verdadeira na linguagem do cálculo de classes é um uso impróprio ou fruto de canalhice filosófica. O problema não é esse, mas a aplicação desses métodos e resultados na linguagem ordinária e, talvez, num certo nível da concepção de ciência. Em outras palavras, o que está em jogo é o emprego da metalinguagem tal como foi empreendido pelo positivismo lógico. Por quê? Porque ele informa uma certa concepção unitária de ciência incompatível com o tipo de racionalidade que a psicanálise instala. Em outras palavras, a crítica lacaniana à metalinguagem restringe-se ao domínio das linguagens naturais, em que toda distinção entre metalinguagem e linguagem-objeto será vista como um artifício ficcional cujo *éthos* normativo não pode ser escondido, como ficou visto quando analisamos o projeto político de Ogden e Richards. Vale abrir um parêntesis para dizer que o próprio Tarski, cético quanto à aplicabilidade do esquema T a línguas naturais, via como "tarefa ingrata" a "reforma da linguagem" a fim de "superar a ambiguidade dos termos que nela ocorrem" (TARSKI, 2007, p. 137). Onde Ogden e Richards se entusiasmavam com a perspectiva reformista, Tarski mantinha-se cético.

A centralidade da discussão deve-se ao seguinte fato. O problema da verdade, ou mais precisamente, a dimensão da verdade se abre para o sujeito pelo simples fato de que há linguagem. Estamos imersos, desde que somos seres falantes, neste mar de linguagem "semanticamente fechada", para usarmos uma expressão de Tarski, já que a linguagem contém sempre "sua própria metalinguagem". Estamos agora em condições de entender o alcance e limite do tratamento dado por Lacan ao paradoxo do mentiroso. Como ficou dito, para Lacan, não há antinomia na sentença "eu minto". O erro de tomar o "eu minto" como paradoxo lógico é o de desconsiderar a dimensão da alteridade e do sistema de expectativas que ela engendra. Só há paradoxo lógico se tomarmos o problema semântico internamente ao enunciado, sem levar em conta a dimensão subjetiva da enunciação e desconsiderando que o problema da verdade pressupõe o Outro. O comentário é breve, mas certeiro.

É no contexto de sua análise do conceito de transferência, já na segunda metade do seminário sobre *Os quatro conceitos fundamentais da psicanálise*, que Lacan aborda o paradoxo. Dando continuidade à sua empreitada de retificar a teoria analítica sem cair numa "substantificação" do inconsciente, Lacan coloca no primeiro plano sua análise da "relação do sujeito ao significante" (S. XI, p. 132). O primeiro passo consiste em situar o enunciado "eu minto" no esquema de quatro cantos do grafo do desejo, "que distingue ciosamente o plano do enunciado e o plano da enunciação" (S. XI, p. 132). Essa operação vai permitir mostrar que o "*eu* que enuncia, eu da enunciação, não é o *eu* do enunciado, quer dizer, o *shifter* que, no enunciado, o designa" (S. XI, p. 133). A estratégia é similar àquela releitura do cogito cartesiano, resumida acima. Simplifica Miller (2003, p. 180): "[...] *eu minto* é uma mentira no nível do enunciado, uma verdade ao nível da enunciação."

Para mostrar o limite da análise semântica da verdade, isto é, para mostrar que o selo da verdade depende não apenas das propriedades internas do enunciado, mas de todo um sistema de expectativas e de critérios exteriores ao enunciado, basta lembrar o chiste contado por Freud em seu livro sobre os chistes. Dois judeus se encontram na estação. Quando o primeiro interroga o destino do outro, este responde que vai a Cracóvia. Mas o primeiro replica, exasperado: "Porque você diz que vai a Cracóvia, já que é pra lá mesmo que eu sei que você vai? Para que eu pense que você vai para Lemberg?". Em outras palavras: o segundo diz a verdade querendo mentir, para que o primeiro tome a verdade como mentira. "Estamos aí diante de um caso claro de enunciação da verdade que produz um *efeito de mentira* invertendo, com isso, o próprio valor de verdade e retirando, assim, sua força perlocucionária. Ele inverte o valor da verdade *ao sustentá-la*" (SAFATLE, 2007, p. 130).

O tema é caro a Lacan. Desde *O Seminário sobre "A carta roubada"*, a ideia de desmistificar a ilusão da transparência é recorrente. No conto de Poe, mostra Lacan, a estratégia de mascarar a verdade é exatamente a de não lançar nenhum véu sobre a presença transparente da verdade, no caso, a carta que a rainha deixa completamente à vista de todos. Em outras palavras, às vezes, a verdade transparente é o melhor modo de encobrimento e dissimulação. Por essas razões, o modelo de Lacan para abordar o "eu minto" é o chiste freudiano "Cracóvia", lido a partir da perspectiva jakobsoniana do *shifter*.

> Esta divisão do enunciado à enunciação faz com que, efetivamente, do eu minto que está no nível da cadeia do enunciado – o minto é um significante que faz parte, no Outro (A), do tesouro do vocabulário onde o eu, determinado retroativamente, se torna significação engendrada, ao nível do enunciado, do que ele produz ao nível da enunciação – seja um eu o engano que resulta (S. XI, p. 133).

É fácil notar que o alcance dessa abordagem lacaniana consiste em mostrar que não é preciso recorrer à metalinguagem para enfrentar o paradoxo do "eu minto". O recurso à metalinguagem decorre da atitude de tomar "eu minto" como uma sentença fechada que (i) prescinde da dimensão do sujeito, ou, mais precisamente, como um enunciado sem sujeito; e (ii) que o conceito de verdade é puramente semântico; e que, portanto, (iii) o critério de verdade não depende de contextos de enunciação nem de um sistema de coordenadas sociolinguísticas de validação. Por isso, a tentativa de dirimir sua contradição conduz à atribuição de verdade a um nível superior de linguagem. Ora, Lacan emprega a distinção de sujeito do enunciado e sujeito da enunciação. Ao invés de tomar o enunciado "eu minto" como enunciado fechado em si mesmo, trata-se de recuar para a questão "quem fala?"[90] e de mostrar que não coincidem o sujeito do enunciado – o pronome pessoal "eu" interno ao enunciado "eu minto" – e o sujeito da enunciação – aquela entidade externa ao enunciado e que profere a sentença. Quer dizer,

---

[90] Cf. Foucault, *La pensée du dehors*. Ele distingue o pensamento grego e o pensamento contemporâneo a partir do impacto causado respectivamente por estes dois enunciados, "*je mens*" e "*je parle*". A análise que Foucault empreende do "*je parle*" guarda certos pontos de contato com o que aqui ficou dito da crítica à metalinguagem.

Lacan trata o "eu" como *shifter*, e o "minto", como significante desprovido de um significado independente da situação concreta em que este represente um sujeito para outro significante. Em outras palavras, o "paradoxo é válido", como diz Lacan, sem deixar de ser paradoxo, pois ele se estende na distância que separa o sujeito dividido e o Outro inconsistente. Mais do que isso, o recurso à metalinguagem é efeito do fechamento da verdade na dimensão puramente semântica, elidindo o ato de fala e o contexto discursivo. É isso que Michel Arrivé (1994a, p. 120) não viu ao tratar como "homólogos" os procedimentos de Lacan e de Tarski: é fato que a distinção sujeito do enunciado/sujeito da enunciação pode ser transportada para o esquema linguagem-objeto/metalinguagem, respectivamente (p. 120). Mas o passo de Lacan em direção ao sujeito serve precisamente para evitar esse procedimento de fechamento do enunciado sobre si mesmo.[91] É também o que pensa Miller (2007, p. 236): "Dizer o verdadeiro sobre o verdadeiro supõe a eliminação da enunciação em proveito do enunciado (um predicado operatório 'x é verdadeiro')."

Antes de concluir, gostaria de citar uma colocação precisa de Lavendhomme (2001, p. 201): "[...] o teorema de Tarski diz que a frase de Lacan 'não há metalinguagem' implica a outra frase de Lacan 'da verdade só há o semi-dizer'."

---

[91] Não obstante, é exatamente nesse mesmo ponto que reside o limite da abordagem de Lacan. Porque tudo indica que ela funciona apenas para sentenças que possuem dêiticos (*shifters*), isto é, apenas para "*indexical sentences*". Se essa suposição estiver correta, parece que a transformação de "eu minto" em "esta sentença é falsa" faria retornar o paradoxo. Mas aí já saímos do campo das linguagens naturais e passamos para o domínio puramente formal da lógica, onde estes *puzzles* têm relevância. No entanto, esse ponto mereceria investigação mais demorada.

CAPÍTULO 2

A ciência e o saber

> *Brinco com o cristal da língua para refratar do significante aquilo*
> *que divide o sujeito.*
> JACQUES LACAN

Qual o estatuto do saber analítico? Em que medida a psicanálise é tributária do discurso científico? Até que ponto a limitação do saber implicada pelo afastamento da metalinguagem incide nas pretensões epistêmicas da psicanálise? É ainda possível pensar a verdade, tal como esta se apresenta na experiência analítica, segundo parâmetros científicos? Que impacto a discordância entre saber e verdade e sua formalização através da recusa da metalinguagem têm quanto à racionalidade psicanalítica? É sabido de todos que Lacan desmonta o problema acerca da cientificidade da psicanálise e que inverte a questão. Ele não pergunta em que condições a psicanálise seria uma ciência, mas o que seria uma ciência que inclua a psicanálise. Trata-se aqui de mais uma impostura, de mais uma tergiversação, que pretende escamotear a incapacidade da psicanálise de se moldar aos cânones da metodologia científica? Ou há, por trás dessa manobra astuciosa, uma razão de fundo, relativa, talvez, à especificidade do objeto da psicanálise e do tipo de racionalidade que ele instala? Quais modalidades de formalização do saber podem dar conta do gênero de verdade que interessa à psicanálise, se, justamente, saber e verdade discordam entre si? Não seria melhor, de uma vez por todas, abandonarmos o problema da cientificidade da psicanálise em favor de uma visão pragmática, e adotarmos, por exemplo, a perspectiva de Wittgenstein, que sugere que o que importa é o tipo de atitude que a psicanálise expressa?

Não basta que o sujeito que sofre reconcilie-se com sua forma de vida, mesmo que o psicanalista ignore por que meios a cura se processa e em que princípios o tratamento se funda? É a esse gênero de perguntas que este capítulo se dedica. Mas, por enquanto, conservemos apenas sua forma mais geral: uma vez recusada a possibilidade da metalinguagem, em que idioma, em que registro da linguagem é permitido colocar o problema do estatuto do saber e da verdade na experiência analítica?

Para que a verdade pudesse aparecer no aspecto que interessa à psicanálise, isto é, refratada pelo significante, era preciso, primeiro, afastar a "muleta" (OE, p. 449) da metalinguagem, instância que, em vão, busca purificar a língua de tudo aquilo que a constitui como tal. Na visão de Lacan, uma língua "não é nada além da integral dos equívocos que sua história deixou persistirem nela" (OE, p. 492). A relevância clínica dessa insistência sobre o caráter equívoco da linguagem decorre do fato de que "é unicamente pelo equívoco que a interpretação opera. É preciso que haja alguma coisa no significante que ressoe" (S. XXIII, p. 17).

Mas a crítica à metalinguagem não se resume a uma questão teórica colocada pela necessidade de formalização de certos problemas clínicos, como o estatuto da interpretação e do ato analítico ou a posição do analista quanto aos jogos de saber e verdade no contexto da prática. Ela incide também no comércio estabelecido entre a psicanálise e o discurso científico, na maneira de escrever a clínica e de estruturar a geografia dos conceitos psicanalíticos. Além disso, ela incide na própria discursividade da psicanálise. De um lado, ela limita internamente os protocolos de formalização científica da psicanálise, sem, no entanto, subtrair à psicanálise sua vocação de ciência; de outro, ela sugere a incorporação de certos procedimentos linguísticos na própria urdidura da trama conceitual da psicanálise. A prática discursiva lacaniana, isto é, o modo como ele incorpora em seu discurso os resultados de sua própria pesquisa será discutido no Capítulo 3. Precisamos, portanto, enfrentar o problema teórico preliminar concernente ao modo como Lacan tematizou as relações entre saber e verdade em duas diferentes figuras de enodamento: a ciência (Capítulo 2) e o estilo (Capítulo 3).

No capítulo anterior, examinei todas as primeiras ocorrências do termo metalinguagem no momento fundador do ensino de Lacan que constitui os artigos publicados nos *Escritos* e os *Seminários* correspondentes. Um tanto esparsas no início, as referências à metalinguagem foram mais e mais tornando-se menos tímidas, e sua crítica foi se consolidando rapidamente como uma condição para a verdade. Esse trajeto nos conduziu então até o último texto dos *Escritos*, o célebre "A ciência e a verdade".

Dois textos estruturam o presente capítulo, também ao modo de um arco: o primeiro como ponto de partida, o segundo, como horizonte. Mas, dessa vez, o arco não se completa, e o movimento que ele descreve permanece assintótico em relação ao seu zênite. Ambos os textos dizem respeito às relações entre saber e verdade no campo da psicanálise, mas partem de perspectivas distintas. O primeiro deles contextualiza as relações entre saber e verdade no âmago de uma discussão entre ciência e psicanálise; o segundo foca o problema do ponto de vista do lugar do estilo. Em "Subversão do sujeito e dialética do desejo" (1960), lemos: "Nossa dupla referência ao sujeito absoluto de Hegel e ao sujeito abolido da ciência dá o esclarecimento necessário para formular em sua verdadeira medida a dramaticidade de Freud: reingresso da verdade no campo da ciência, no mesmo passo (*du même pas*) com que ela se impõe no campo de sua *práxis*: recalcada, ela ali retorna" (E, p. 813, trad. modificada).

Na "Abertura desta coletânea" (1966): "É o objeto que responde à pergunta sobre o estilo que formulamos logo de saída. A esse lugar que, para Buffon, era marcado pelo homem, chamamos de queda desse objeto, reveladora por isolá-lo, ao mesmo tempo, como causa do desejo em que o sujeito se eclipsa e como suporte do sujeito entre verdade e saber" (E, p. 11).

O primeiro texto será desdobrado ao longo deste capítulo. O segundo figura nele apenas como ponto de chegada que motivou toda discussão, mas seu comentário ficará adiado para o terceiro capítulo. Pode ser prudente não interpretá-los neste momento, deixar que eles falem por si, no comentário a que o capítulo se dedica. De todo modo, por enquanto, vale destacar as seguintes articulações principais. No primeiro texto, temos que: (i) a ciência abole o sujeito; por isso, (ii) a verdade, na ciência, é recalcada; (iii) a verdade impõe-se na *práxis* psicanalítica; (iv) por retornar na *práxis* analítica, a verdade reingressa na ciência; (v) a estrutura do sujeito divide-se entre saber e verdade.

No segundo texto, lemos: (i') o estilo não é o homem; (ii') o que define o estilo é a queda do objeto; (iii') a queda do objeto é causa do desejo; (iv') o sujeito se eclipsa em seu desejo; (v') o objeto funciona como suporte do sujeito entre verdade e saber.

A musculatura que os textos perderam ao destacarmos aqui apenas suas articulações mais importantes será restituída ao longo do comentário. Em todo caso, fica claro pelo menos uma coisa. A fim de abordar o problema da verdade na psicanálise é preciso contrastar, em toda sua espessura, ciência e estilo. Mais precisamente, tratar-se-á, neste capítulo e no próximo, de mostrar como se posicionam ciência e estilo frente à dialética saber e verdade. Mas antes de fazê-lo, convém examinar o mais minuciosamente possível o problema das relações entre saber e verdade no contexto da discussão lacaniana acerca das continuidades e rupturas entre ciência e psicanálise.

Minha estratégia para enfrentar o problema colocou, de saída, uma exigência preliminar: examinar a questão das relações entre ciência e psicanálise a partir de um prisma totalmente diverso daquele adotado por Lacan, a fim de evitar toda sedução de seu discurso, pois há uma perspectiva relevante que vê em tudo isso uma miríade de falsos problemas. Trata-se da perspectiva aberta por Wittgenstein e que ecoou em diversas críticas à psicanálise feitas ulteriormente. O interesse de confrontar as posições de Wittgenstein e de Lacan acerca da cientificidade da psicanálise reside no seguinte. Caso a interpretação de Wittgenstein a respeito da questão da cientificidade da psicanálise esteja correta, isto é, caso a psicanálise não ultrapasse o registro dos motivos (razões), e que, portanto, o registro das causas seja extrínseco à racionalidade psicanalítica; ou, de forma mais geral, caso a psicanálise devesse simplesmente abandonar totalmente suas pretensões de formalização e de cientificidade, adotando uma perspectiva pragmática de descrição das motivações inconscientes a fim de tornar possível aos indivíduos a reconciliação com suas formas de vida, então pode ser que a questão lacaniana dos impasses da formalização do real seja não mais do que um pseudoproblema. Pode ser que a psicanálise deva se conformar a resultados pragmáticos, em vez de se perder em sofisticados esquemas conceituais que procuram, por exemplo, dar conta da intrincada relação entre saber e verdade. Pode ser que termos como inconsciente e pulsão sejam apenas *maneiras de dizer*, e que seja melhor abdicarmos de vez do vocabulário da verdade e, ainda mais, dos impasses relativos à sua enunciação. Se assim for, os esforços lacanianos de tratar o real da experiência analítica através do cofuncionamento dos registros da ciência e do estilo, do matema e da escritura, seriam não apenas desnecessários, mas vãos. Se a perspectiva wittgensteiniana estiver correta, o jogo de linguagem da psicanálise não deveria incluir termos como verdade ou ciência, que figuram aí apenas como resíduos de uma certa confusão linguística. Ciência seria, como quer Rorty, apenas um termo endossador, e verdade seria apenas um artifício retórico. Seria preciso, pois, submeter a psicanálise a uma *terapia* a fim de livrá-la do enfeitiçamento e da confusão linguística em que ela se encontra.

  Nas primeiras seções deste capítulo, tentarei avaliar o alcance e os limites da posição de Wittgenstein a esse respeito. A crítica wittgensteiniana da psicanálise, reunida principalmente em suas *Lectures & conversations*, conheceu sucesso inconteste em diversos meios acadêmicos e até mesmo analíticos, tendo seduzido principalmente alguns filósofos analíticos e pragmáticos. *Malgré lui*, ela alimentou também argumentos de críticos mordazes da psicanálise. Na primeira parte deste capítulo, busco avaliar o alcance e os limites da crítica wittgensteiniana da psicanálise freudiana. Algumas dessas críticas podem ser respondidas por uma leitura mais acurada de Freud, atenta menos à sua letra do que ao que dela se consolidou em termos de prática clínica e doutrina da cura. Outras exigem a intervenção do pensamento de Lacan. Neste capítulo, não trato dos comentários que Lacan fez, aqui e ali, sobre Wittgenstein. A principal razão disso é que Lacan não conheceu estas *Lectures & conversations*. Por isso, a confrontação que tento aqui segue por minha conta e risco. Quanto aos comentários de Lacan sobre Wittgenstein, centrados principalmente em sua frequentação do *Tractatus*, adianto que tratarei deles no final do terceiro capítulo, quando tratar dos limites do dizer e do estatuto da verdade em contextos de recusa da perspectiva metalinguística.

A circunscrição desses limites de sua crítica dá-nos, por contraste, o tamanho do desafio enfrentado, com relativo grau de sucesso, por Lacan. A distância que separa Lacan e Wittgenstein incide diretamente no modo como um e outro abordaram a questão do estatuto da interpretação psicanalítica, assim como a posição do analista nesse aspecto. É nesse contraste que fica clara a pertinência da perspectiva aberta no capítulo primeiro, acerca da crítica à metalinguagem como dispositivo que permite formalizar a discordância entre saber e verdade.

Dedico as seções seguintes ao exame do modo como Lacan tratou o tema das relações entre ciência e psicanálise, enfatizando, respectivamente, três tópicos: (i) as relações entre saber e verdade; (ii) os impasses constitutivos de uma ciência do sujeito; (iii) o problema do objeto e da verdade como causa. Em tudo isso, a temática de um abismo entre as palavras e a coisa, de um hiato entre o simbólico e o real toma mais e mais importância. Para finalizar o capítulo, esboço os contornos de respostas possíveis para enfrentar a conclusão cética que parecia insinuar-se, que serão tratados mais detidamente no terceiro capítulo.

Seção 6 – Wittgenstein freudiano...

§30 Retórica da resistência X sedução da retórica

A psicanálise é tributária do corte da ciência moderna em mais de um sentido.[92] Ao declarar que "o eu não é o senhor em sua própria casa" (FREUD, 1996 [1917], p. 178),[93] Freud se junta a Copérnico e a Darwin que teriam retirado a Terra e o homem de suas respectivas posições de exceção em relação ao determinismo universal que a ciência supõe. Não há nenhuma entidade fora-Universo: nenhum objeto teórico escaparia ao determinismo da ciência; nem a Terra, contrariamente ao que pretendia a cosmologia ptolomaica e medieval; nem o homem, em oposição ao criacionismo pré-darwinista; nem o

---

[92] A "tese do corte" refere-se aqui ao tratamento dispensado por Milner, em *A obra clara*. Esta, por sua vez, remonta à epistemologia francesa de inspiração bachelardiana, que inspirou trabalhos como os de Koyré, Canguilhem, Foucault e o próprio Lacan.

[93] Tradução ligeiramente modificada.

pensamento e a subjetividade, a despeito do que reclamam os "pré-freudianos".[94] Mas qual seria o estatuto teórico dessa conhecida imagem freudiana que situa a psicanálise como herdeira da ciência e reclama para si o apadrinhamento de Copérnico e Darwin?

A imagem freudiana, já tantas vezes comentada, das três feridas narcísicas da humanidade pode ser lida não apenas no registro de uma retórica das resistências, mas também como uma espécie de genealogia da psicanálise, como sua "parábola de fundação" (Assoun, 1981, p. 23). A função que essa imagem da revolução copernicana da psicanálise ocupa em Lacan e em Wittgenstein é fundamentalmente diferente daquela que lhe confere Freud, mobilizada no interior de uma *retórica das resistências*. Pelo menos nesse aspecto Lacan concorda com Wittgenstein: a parábola freudiana funciona como um mito. A esse propósito, Wittgenstein refere-se ao "novo mito" (LC, p. 51), e, a fim de salientar a necessidade de combatê-lo (LC, p. 50), acrescenta o adjetivo: "uma poderosa mitologia" (LC, p. 52); por seu turno, Lacan fala do "uso [...] mítico que é feito dela [...] Em especial por Freud" (OE, p. 429). Mas os valores atribuídos a esse mito são diametralmente opostos. Além disso, em algum grau, ambos convergem na desconfiança com respeito à utilização de uma *retórica da resistência* nessa imagem. Mas, outra vez, os resultados divergem, pois, enquanto Wittgenstein quer mostrar que o caráter atraente das explicações freudianas sensibiliza nossa propensão natural a aderir a elas sem considerar a questão de sua veracidade ou falsidade (LC, p. 25-26), Lacan quer mostrar que a primeira resistência "é a do próprio discurso" (E, p. 420). Além disso, se em contextos mais fortemente retóricos Lacan ainda recorria aos temas do "descentramento" e da "revolução", pelo menos depois de "Subversão do sujeito" (1960), o que ele quer mostrar é que termos como estes dizem *menos* do que seria preciso dizer, pois o que está em jogo é uma redistribuição de valores e posições no jogo entre saber e verdade.

No que diz respeito a Lacan, o uso mítico que Freud faz da parábola pode ser lido como uma tentativa de dar uma *forma épica a um fato de estrutura*, se aplicarmos a definição lacaniana de mito à forma com a qual Freud figura a inscrição

---

[94] Eu acrescentaria de bom grado que, se levarmos a sério a perspectiva da sincronia, ainda hoje são "pré-freudianas" as concepções filosóficas, psicológicas e psiquiátricas que, na aurora do século XXI, ainda fazem do pensamento um atributo exclusivo da consciência ou o resultado da cognição de "*sense-data*", e/ou da linguagem um mero instrumento de comunicação de estados interiores, e/ou uma ferramenta de produção de sentido, e/ou não reconhecem nenhum hiato entre "estados neurais" e "processos psíquicos". Não seria difícil reconhecer nessas descrições mínimas versões um tanto caricaturais do cognitivismo e da psiquiatria biologizante. Rorty, na perspectiva do menos é mais, propõe, por exemplo, que devemos abandonar o vocabulário que descreve o conhecimento no eixo sujeito-objeto e adotar a perspectiva de que pessoas, vistas como caixas-pretas, emitem sentenças em relação com o ambiente e com outras caixas-pretas (RORTY, 1994, p. 159).

da psicanálise no Universo da ciência.[95] Todavia, a forma narrativa impressa por Freud não obliteraria seu inegável alcance epistemológico, homólogo à função que exerce na doutrina de Lacan a tese da equivalência dos sujeitos da ciência e da psicanálise:

> [...] de um ponto de vista epistemológico, a tese das três feridas é para Freud o que o sujeito da ciência é para Lacan: uma ideologia de douto que tem um duplo efeito: construir os fundamentos de uma nova psicologia em que o eu não será mais o dono da festa, mas lugar do imaginário, fantasma. Produzir uma história fantasmática da investigação científica encarregada de justificar o efeito de subversão produzido (ROUDINESCO, [s.d.], p. 74).[96]

Mas, por ora, vou examinar apenas a interpretação wittgensteiniana. O sentido dado por Wittgenstein ao tema do descentramento é totalmente diverso daquele intentado por Freud. Ao insistir que não é possível falar, pelo menos em sentido estrito, de *determinismo psíquico*, a crítica wittgensteiniana visa mostrar que Freud confundiu uma gramática das razões com uma gramática das causas, como detalharemos à frente. O que Freud ofereceu foi, na visão de Wittgenstein, um "modo de expressão" e até mesmo um "sistema de notação". Escreve Bouveresse: "[...] como Copérnico e Darwin, Freud nos ofereceu um sistema diferente de notação no qual um elemento que ocupava uma posição central (o ego consciente) é destituído de seu lugar privilegiado" (BOUVERESSE, 1995, p. 55). Do ponto de vista da recepção do discurso psicanalítico, Wittgenstein quer mostrar que, longe de exacerbar resistências, o gênero de explicações oferecidas pela psicanálise tem um charme particular (LC, p. 25).

É fato que a atmosfera cultural da crítica wittgensteiniana a Freud remonta ao ambiente vienense incendiado pelas sátiras de Karl Kraus. Mas é igualmente fato que a crítica de Wittgenstein não se resume àquela perspectiva. Já em junho de 1908, no número 256 do *Die Fackel*, Kraus publica um saboroso exemplo da coloração própria da crítica vienense à psicanálise: "A ciência de outrora negava a sexualidade dos adultos. A nova pretende que o bebê já experimenta volúpia durante a defecação. A antiga visão era melhor: os interessados podiam, pelo menos, contradizê-la" (KRAUS *apud* CARVALHO, 2002, p. 29).

A impossibilidade de crítica às teses psicanalíticas devido à sua imediata assimilação a mecanismos de resistência psíquica e não a argumentos racionais foi muitas vezes o principal cavalo de batalha de muitos opositores. "O analista

---

[95] "O mito é isso, a tentativa de dar forma épica ao que se opera pela estrutura" (OE, p. 531).

[96] Podemos questionar a pertinência, neste contexto, de noções tais como "ideologia" e "psicologia", empregadas por Roudinesco. Seu comentário continua, no entanto, heuristicamente interessante.

tem sempre razão" seria, segundo essa perspectiva, o resumo da ópera.[97] É verdade que Freud convida o analisando ao rebaixamento de sua atividade crítica como condição para consecução da regra fundamental da psicanálise, a associação livre. É também verdade que Freud sublinhou muitas vezes que as resistências à psicanálise são primeiramente de natureza psicológica, antes de serem de natureza racional ou epistemológica. Mas isso não quer dizer que toda crítica à doutrina psicanalítica deva cair necessariamente na vala comum dos mecanismos de resistência psíquica. Wittgenstein foi sensível a isso. Como resume Carvalho, "o problema, para Wittgenstein, seria o de separar o *argumento técnico*, que pressupõe a suspensão da atividade crítica como meio de abordagem do inconsciente na prática psicanalítica, da manutenção desta mesma suspensão como meio de imposição dogmática da teoria" (CARVALHO, 2002, p. 31).[98]

O primeiro passo de Wittgenstein consiste numa crítica ao que chamamos de *retórica das resistências*. Diferentemente do que propõe Freud, não temos *resistências* às descobertas da psicanálise, mas, ao contrário, uma inclinação natural a aderir a elas. O charme da prosa freudiana, a novidade e estranheza de suas explicações, além do aspecto revolucionário de seu tema, explicariam a sedução exercida por Freud e a tendência mistificadora da psicanálise. "Muitas destas explicações são adotadas porque têm um charme peculiar. A imagem de que as pessoas têm pensamentos subconscientes tem um charme. A ideia de um submundo [*underworld*], de um porão escondido [...]. Estamos dispostos a acreditar em muitas coisas porque são inquietantes [*uncanny*]" (LC, p. 25).

Invertendo o raciocínio corrente, Wittgenstein sumariza a questão do seguinte modo: "[...] pode ser o fato de que a explicação seja extremamente repulsiva que leve você a adotá-la" (LC, p. 24). Aqui, o "fenômeno psicologicamente interessante" é nossa propensão natural a aderir à explicação "*uncanny*", justamente por que esta é "*ugly*" (LC, p. 25).

O mito engendrado pela psicanálise é semelhante à ilusão metafísica: ambos obscurecem o uso da linguagem, e, no limite, promovem uma espécie de

---

[97] É mais ou menos a tônica da crítica popperiana, de que respostas clínicas não têm valor de situações observacionais, pois é o analista quem decide, numa gama enorme de dados, aqueles que convêm como relevantes. Conceitos como o de ambivalência tornam impossível a aplicação estrita de critérios epistêmicos. Isso, como o próprio Popper acrescenta, não quer dizer que a ambivalência não exista, apenas que o conceito de ambivalência, demasiado vago, não é passível de refutação empírica, não satisfazendo, pois, o critério mínimo de cientificidade. Ver Popper (1968, p. 38). Ver também o número especial da revista *Cliniques Méditerranéennes*, n. 41-42, 1994, intitulado, justamente, *Popper, La science et la psychanalyse*.

[98] Na desigual bibliografia sobre Wittgenstein e a psicanálise, o livro de Frederico Feu de Carvalho (2002) notabiliza-se como o tratamento mais equilibrado das partes em questão. Seu principal mérito é o de conseguir evitar desequilíbrios como os que encontramos em Bouveresse e na maior parte da literatura wittgensteiniana especializada.

conversão do indivíduo a uma certa visão de mundo.[99] Bouveresse sugere que o que torna convincentes as explicações psicanalíticas e o que as torna "quase irresistíveis" seria, aos olhos de Wittgenstein, que elas correspondem a "algo que, estritamente falando, pré-exista a qualquer ideia de verificação ou refutação, e que permanece, a despeito das aparências, fundamentalmente independente desta ideia" (BOUVERESSE, 1995, p. 51). Mas o ponto de vista de Bouveresse pode ser matizado se atentarmos para uma passagem de Descombes, contida no próprio prefácio à edição em língua inglesa do livro de Bouveresse. "Wittgenstein diria que nós não procuramos mais produzir uma mudança limitada ao intelecto, mas buscamos provocar uma autêntica mudança de atitudes humanas, conseqüentemente uma mudança da vontade. E isso é exatamente onde o juízo de Wittgenstein sobre a psicanálise vai mais longe do que o da maioria dos filósofos" (DESCOMBES *in* BOUVERESSE, 1995, p. ix).

Fica ainda mais difícil acompanhar Bouveresse quando este atribui a Wittgenstein a crítica ao caráter "sugestivo" da interpretação psicanalítica. A rigor, o que Wittgenstein quer mostrar não é que a indiferença com relação à veracidade ou falsidade torna as proposições freudianas "quase irresistíveis". O que ele pretende é mostrar que a ilusão psicanalítica tem, para algumas pessoas, o atrativo de emprestar um "padrão trágico" (LC, p. 51) à existência pessoal, tornando a vida mais suportável. Para algumas pessoas, a ilusão analítica "torna certas maneiras de se comportar e de pensar natural para elas. Eles abrem mão de uma maneira de pensar e adotam outra" (LC, p. 45). Em outras palavras, o aspecto ressaltado por Wittgenstein é muito mais ético do que epistemológico.

Mas se o *télos* da crítica é prioritariamente ético, a perspectiva adotada não deixa de interessar do ponto de vista epistemológico, pois, no que concerne ao modo como se dá a adoção de teses psicanalíticas pelas pessoas, importa pouco saber se as construções são verdadeiras ou falsas. O "charme" delas é que as torna convincentes, "recebidas espontaneamente como explicações que *devem* ser verdade e não como hipóteses nas quais a verdade ou falsidade é crucial" (BOUVERESSE, 1995, p. 68). Do ponto de vista estritamente *psicológico*, são equivalentes, para dizer o mínimo, os fatores de resistência e os de atração. Tudo indica, pois, que, nesse quesito, Wittgenstein liquida a fatura.

Entretanto, um trabalho de elucidação conceitual precisaria circunscrever o âmbito de validade, as regras do jogo em que se joga o "rebaixamento da atividade crítica". Porque, rigorosamente falando, "rebaixamento da atividade crítica" vale apenas no contexto clínico, para fins de associação livre, do lado do analisante, assim como a regra da atenção flutuante, por parte do analista, serve como necessidade interna apenas no curso de uma análise. Mas o "rebaixamento

---

[99] Ver sobre este aspecto o estudo de Marco Antonio Frangiotti (2003).

da atividade crítica" não tem razão de ser quando se trata de submeter a doutrina da psicanálise ao crivo teórico. Quando Freud, no mesmo artigo em que torna célebre o argumento das resistências à psicanálise e em que propõe a parábola em que se reclama herdeiro de Copérnico e Darwin, conclui afirmando que *as teses fundamentais da psicanálise precisam ser objeto de um exame e de posicionamento do leitor*, ele não está, de forma nenhuma, solicitando o rebaixamento da atividade crítica. Isso, aliás, não pareceria compatível com um autor que não poucas vezes encenou a figura do opositor no interior de sua própria argumentação. É o que mostro a seguir.

§31 Criticar em nome próprio

É preciso matizar um pouco a posição segundo a qual Freud afasta a atividade crítica, ou, mais precisamente, segundo Wittgenstein, oferece explicações a que as pessoas tendem a dar assentimento antes mesmo de considerar sua plausibilidade, apenas pelo seu aspecto retórico.

Com efeito, Freud reclama para si uma filiação científica: este é o sentido maior do mito de origem que o filia a Copérnico e Darwin. Diferentemente de Lacan, que se esforça justamente para delinear uma outra genealogia da psicanálise, a fim de retirá-la do campo da psicologia, a recusa freudiana de que a psicanálise pudesse ser vista como prolongamento da filosofia foi repetida à exaustão. Entretanto, Freud, logo depois de situar as descobertas da psicanálise na esteira de Copérnico e Darwin, presta homenagem a um filósofo, Schopenhauer, que ele por pouco não qualifica como predecessor. Evidentemente, não sem afirmar imediatamente a *especificidade* de sua própria empresa: ao passo que o filósofo se contenta em afirmar abstratamente as teses concernentes à impotência da consciência e à importância da sexualidade, a psicanálise se ocupa de "demonstrá-las em questões que tocam pessoalmente cada indivíduo e o forçam, a assumir alguma atitude em relação a esses problemas" (FREUD, 1996 [1917], p. 179).[100]

Notemos que Freud propõe aqui uma estranha coabitação: um regime próprio à *demonstração* – que, em sentido estrito, como demonstração científica, seria indiferente a toda tomada de posição individual, independente de todo assentimento – e a exigência de posicionamento subjetivo, na qual podemos reconhecer o retorno até certo ponto inesperado de uma dimensão *retórica*. Embora Wittgenstein conhecesse a imagem freudiana das três feridas, tudo indica que ele não considerou a sequência do argumento, no qual Freud propõe essa exigência de mudança de *atitude subjetiva* do interlocutor. Das duas uma: ou bem Wittgenstein conhecia a metáfora freudiana da revolução copernicana apenas de

---

[100] Tradução ligeiramente modificada.

ouvir dizer (por "osmose", como diria Brian McGuiness),[101] ou bem ele conhecia o texto, mas não considerou essa passagem convincente.

De todo modo, um dos pilares da crítica wittgensteiniana a Freud reside justamente na dimensão retórica da psicanálise, relativo à persuasão mítica e metafísica do discurso freudiano, ao assentimento, etc. (LC, p. 25-28). Frequentemente, este ponto é justamente o que é considerado a particularidade da posição de Wittgenstein no debate filosófico acerca da psicanálise.

Neste sentido pode-se dizer que Freud responde antecipadamente pelo menos a uma parte da crítica de Wittgenstein, quando diz que a psicanálise "força [o indivíduo] a assumir alguma atitude em relação a esses problemas" (FREUD, 1996 [1917], p. 179). E é justamente aqui que Freud inverte o jogo. Longe de solicitar o "rebaixamento da atividade crítica", longe de demandar que o indivíduo se deixe levar pela sedução do discurso, pelo charme de sua prosa, etc., Freud convida o sujeito a *assumir uma posição* – e que o faça *em nome próprio*. Ao opor sua perspectiva sobre a sexualidade e ao inconsciente psíquico àquela de Schopenhauer exatamente no que concerne à sua dimensão retórica, Freud responde antecipadamente a Wittgenstein. Ao passo que a filosofia se contentaria com demonstrações teóricas impessoais, o gênero de demonstração exigido pela psicanálise força um posicionamento subjetivo (FREUD, 1996 [1917], p. 179). Entretanto, de uma ou de outra forma, é verdade que Wittgenstein tem razão em apontar que a retórica das resistências é frequentemente mobilizada pela pluma de Freud. Mas disso não se segue que ele pressupusesse leitores passivos e acríticos. Ele pedia apenas que sua doutrina não fosse julgada a partir de parâmetros preconcebidos. Porque a própria validade desses parâmetros precisasse talvez ser reavaliada. Ao fazer isso, solicitou que o leitor julgasse sua obra não em nome de uma ciência já constituída, de um saber prévio, ou de uma racionalidade espessa, de contornos bem definidos e sem fissuras, mas *em nome próprio*. Porque, no fim das contas, é exatamente isso que está em jogo depois de Freud: uma razão capaz de acolher um sujeito que a descompleta, sem apagar a singularidade deste como mero particular de uma coleção uniforme, mas também sem deixar de ser racional.

Considerados todos os equívocos que a leitura de Wittgenstein contém, uma coisa é certa: ele criticou a psicanálise em nome próprio, e isso distingue sua leitura, por exemplo, da leitura popperiana e da leitura neopositivista, em que a crítica é exercida em nome de uma concepção dogmática de ciência. Embora numa ou noutra passagem ele deixe transparecer uma concepção bastante dogmática do que poderia ser considerado um "tratamento científico de uma hipótese" (predição, verificação, etc. Ver: LC, p. 46), a tônica geral de sua crítica é

---

[101] McGuinness, "Freud and Wittgenstein", p. 27 *apud* Bouveresse, 1995, p. 4.

mais abrangente do que isso. A atitude assumida por Wittgenstein é um exemplo perfeito do tipo de leitor que Freud pressupunha. Nisso, Wittgenstein é freudiano. Ele não se arvora numa posição metalinguística para desferir sua crítica, nem supõe a verdade da racionalidade científica como positivamente dada a fim de afastar a psicanálise para fora do terreno da ciência. Nisso, distingue-se do positivismo do Círculo de Viena. Sua crítica, e este é o ponto forte dela, apoia-se numa posição que está imune à desqualificação moral que a crítica à metalinguagem permite instaurar contra o positivismo, pois criticar em nome próprio é justamente o melhor antídoto contra a tentação metalinguística.

Além disso, gostaria de acrescentar um elemento a mais que pode nos auxiliar a remodelar os termos do debate. Como vimos, Wittgenstein acentua a sedução exercida pelo discurso freudiano e nossa *tendência* a dar assentimento a ele. Entretanto, isso é apenas parcialmente verdadeiro. Wittgensteinianamente falando, não há nada na doutrina que possa *causar* resistência, nem assentimento, embora haja *motivos* para ambas as coisas. Ou seja, essa inclinação ao assentimento devido ao caráter "revolucionário" da doutrina pode ser verdadeira no plano da *dóxa*, em que explicações que evocam o conteúdo erótico de sonhos ou aspectos "subconscientes" da personalidade são rapidamente incorporados na cultura. Mas não é nesse nível que a resistência se exerce em toda sua amplitude. Para Lacan, a resistência à psicanálise começa onde menos se espera, isto é, entre os próprios analistas. É também por isso que ele não se entusiasma com o vocabulário do descentramento e da revolução, pois este vocabulário não toca o essencial, isto é, na relação entre saber e verdade.[102] O analista, assentado em sua convicção de estar descentrado, de guardar o segredo de um saber revolucionário, pode, confortavelmente, exercer... sua resistência. Para Lacan, se há resistência à psicanálise, ela começa entre os próprios analistas. A "resistência está do lado do analista" é uma tese que enuncia não apenas uma constatação concernente à técnica. Se os analistas resistem aos pacientes é, fundamentalmente, porque resistem, em primeiro lugar, à psicanálise (E, p. 420-421). A crítica ao sentido do sentido que embasava a psicologia do eu em seu pendor objetivante manifestado na técnica da análise das resistências remonta a isso, como vimos no capítulo anterior. A "resistência aos resistentes", resume Lacan:

> Assim, longe de convir manter o sujeito num estado de observação, é preciso que se saiba que, ao engajá-lo nisso, entra-se no círculo de um mal-entendido que nada conseguirá romper na análise, como tampouco o fará na crítica. Qualquer intervenção nesse sentido, portanto, só poderia

---

[102] Como veremos adiante, é por isso que, depois de "A coisa freudiana", Lacan só retorna à parábola freudiana para acrescentar a figura de Kepler.

justificar-se por uma finalidade dialética, isto é, para demonstrar seu valor de impasse (E, p. 420).

Essa resistência manifesta-se justamente na manutenção estrita de verdade como *adequation rei intellectus*: "[...] um intelecto como o nosso há de estar realmente à altura dessa coisa que fala conosco, ou que fala em nós, e – mesmo ao se esquivar por trás do discurso que não diz nada senão para nos fazer falar – daria gosto de ver que ela não encontra com quem falar" (E: 421).

§32 *Slightly funny*: Wittgenstein lê Freud

Afinal, qual o crivo principal da crítica wittgensteiniana à psicanálise? A literatura especializada, principalmente a de língua inglesa, costuma enfatizar o aspecto epistemológico da crítica wittgensteiniana, sublinhando o caráter pseudocientífico da psicanálise. Embora este seja apenas um lado da questão, diversas observações de Wittgenstein realmente apontam neste sentido: "[...] constantemente Freud alega ser científico. Mas o que ele fornece é *especulação* – algo anterior até mesmo à formação de uma hipótese" (LC, p. 44).

Mas o que é uma hipótese? E o que seria uma hipótese na psicanálise? A formação de uma hipótese, prossegue Wittgenstein, facultaria ao pesquisador predizer, com base num relato de sonho, a evocação de tais e tais lembranças por parte do sonhador (LC, p. 46). Uma predição desse tipo poderia ser verificada ou não. Neste caso, estaríamos diante de um "tratamento científico do sonho" (LC, p. 46). Duas coisas poderiam ser ditas aqui: (i) nem sempre a validação de hipóteses na ciência envolve procedimentos de verificação, como aliás o próprio Wittgenstein sabe sobejamente; (ii) predizer a evocação de uma lembrança com base num relato de sonho é desconhecer a principal tese psicanalítica a respeito do inconsciente, isto é, que somente a livre-associação pode nos fornecer elementos para uma interpretação do desejo sempre singular a um sujeito, pois aquele gênero de predição sugerido por Wittgenstein supõe um simbolismo universal que vigora plenamente apenas em Jung ou em alguns momentos muito pontuais da obra de Freud. É certo que Freud examinou o simbolismo nos sonhos, mas é igualmente certo que quase sempre acabou rejeitando hipóteses desse gênero. Mais certo ainda é que quase não há resquícios teóricos ou técnicos desse simbolismo na psicanálise, principalmente depois de Lacan e de sua teoria do significante.

Seria entretanto preciso recuar um pouco e matizar este comentário de Wittgenstein de que Freud especula mais do que forma hipóteses. Tomemos o conceito mais célebre, o inconsciente, tal como apresentado pelo texto mais conhecido, a *Interpretação dos sonhos*. Admitir algo que escapa ao controle consciente do agente, alguma motivação obscura para determinada ação, não é novidade pelo menos desde os gregos. Desde a "*atê*" com que Homero descreve as atitudes insensatas de Agamêmnon que precipitaram a cólera de Aquiles[103] até a vontade romântica que, de uma ou de outra forma chegam a Schopenhauer e Nietzsche, não foram poucos os que especularam acerca da desproporção entre intencionalidade e ato. Indicar a presença de intenções desconhecidas, de paixões irracionais, de sentimentos ambíguos, de impulsos volitivos sentidos como estranhos é até certo ponto trivial. Mas há apenas um século alguém enunciou que há pensamento no sonho, que este pensamento trabalha segundo mecanismos regidos por leis e que o conjunto destas leis pode ser descrito como um sistema que tem sua lógica e sua dinâmica próprias. É isso que o inconsciente quer dizer em 1900. Dito assim, dogmaticamente, tudo isso pode levantar a suspeita de especulação. Mas antes de chegar a isso há um longo percurso. Quando Freud escreve "sonho é realização de desejo", ele está atento não apenas ao caráter de *hipótese* que empresta a seu enunciado, mas aos cânones do que entendia por ciência. Sem contar a revisão bibliográfica sobre os sonhos constante do primeiro capítulo, exigência formal do editor; a *Traumdeutung* começa por analisar, no sentido químico do termo, um sonho modelo: Freud decompõe o relato do sonho de Irma em seus menores elementos de sentido; só então enuncia uma primeira versão da hipótese de que "sonho é realização de desejo"; depois, testa essa hipótese comparando-a com diversos sonhos que parecem contradizê-la, até chegar em sua formulação definitiva "sonho é realização (disfarçada) de desejo (recalcado)", enunciada agora como tese. Em seguida submete novamente a exame a tese, agora remodelada, e contrasta-a com novo material: sonhos de angústia, sonhos típicos, sonhos derivados de restos diurnos recentes, etc. Até aqui, o livro é bem mais "descritivo" do que "teórico", se é que essa dicotomia ainda diz alguma coisa.[104] De todo modo, até aqui, o livro é bem pouco especulativo. Somente depois de mais de 200 páginas de análise de material onírico, incluindo uma gama enorme de sonhos os mais diversos que lhe fornecem uma base empírica invejável,[105] é que Freud começa a construir uma *teoria*, em sentido forte, do sonho.

---

[103] Quando Agamêmnon se desculpa de ter encolerizado Aquiles, ele diz: "Não fui eu que causei este ato, mas Zeus, o destino e as erínias, que andam na escuridão: foram eles que, na assembléia, colocaram uma '*atê*' selvagem na minha compreensão..." (Ilíada, XIX, 86ss). Mas como quer Dodds (1988, p. 26), estes em que impulsos irracionais que sobrepujam os atos intencionais (*atê, menos, moira, erínias...*) "tendem a ser excluídos do eu e atribuídos a uma outra origem".

[104] Sobre a impertinência de perseverar na dicotomia enunciados observacionais *versus* enunciados teóricos, ver especialmente Putnam, *O que as teorias não são* (1975); Davidson, *Uma teoria coerencial da verdade e do conhecimento* (1986); Feyerabend, *Consolando o especialista* (1970), entre tantos outros.

[105] Desnecessário dizer que a análise do material onírico nunca é feita apenas com enunciados que contêm exclusivamente termos observacionais acrescidos de conectivos lógicos, talvez única alternativa capaz de satisfazer um Carnap.

É a essa tarefa teórica que o capítulo seis – "O trabalho do sonho" – se dedica. Nele Freud descreve os mecanismos do trabalho do sonho, isto é, os mecanismos que tornam plausível a hipótese elaborada até então. É isso que Wittgenstein acha engraçado: "[...] falar de mecânica da alma chega a ser engraçado" (LC, p. 29).[106] Quando Freud começa a introduzir mecanismos e a formular leis de funcionamento, ele está tentando responder a perguntas do tipo: de que modo um sonho realiza um desejo? Com que meios um pensamento sofre distorções? Nessa altura, já temos quase 400 páginas. O caráter especulativo do texto vai ficando mais e mais acentuado, até culminar no capítulo sete – "A psicologia dos processos oníricos" – em que, finalmente, constrói uma teoria de cunho altamente especulativo do que seria o aparelho psíquico capaz de dar guarida a uma tal concepção de sonho e de seus mecanismos.

Mas digamos, para economia do argumento, que Wittgenstein tivesse razão, e que aquilo que chamei de hipótese ("sonho é realização de desejo") fosse apenas especulação, desde o início. Digamos ainda que Wittgenstein tenha razão em sugerir uma certa "confusão" na generalização um pouco rápida demais da hipótese do sonho como realização de desejo: Freud "parece confuso (*muddled*)" (LC, p. 47). E aceitemos, finalmente, a título de hipótese, a interessante observação de que uma realização "camuflada" de desejo não é, afinal de contas, realização *daquele* desejo (LC, p. 47). O que parece, no fim das contas, estar realmente em jogo aqui é a própria ideia do que venha a ser *pensamento* e do que vem a ser *linguagem*.

Para Freud, o pensamento do sonho é inconsciente. Segundo as notas tomadas por Rush Rhees em 1943, Wittgenstein examina a hipótese de que sonho é pensamento, perguntando se "sonhar é pensar *em* algo" (LC, p. 48, grifo meu). Numa passagem citada com frequência, Wittgenstein considera a hipótese de ver o sonho como uma espécie de linguagem, mas para identificar linguagem a simbolização. "Suponha que você encare o sonho como um tipo de linguagem. Uma maneira de dizer algo, ou uma maneira de simbolizar algo" (LC, p. 48). Bastante difícil decidir até que ponto uma observação como esta faz jus ao que Freud entende por sonho. De toda forma, uma coisa é certa: se mobilizarmos a leitura lacaniana de Freud, podemos facilmente responder à objeção. Não é desse tipo de linguagem que a psicanálise lacaniana trata.

Como vimos no Capítulo 1, Lacan recorre a Descartes a fim de explicitar o que está em jogo no sujeito do inconsciente. Ao tratar o *cogito* do ponto de vista estrito de sua enunciação, o que está em jogo é o *ato de pensar*, e não o conteúdo do pensamento. Descartes funda a existência a partir do ato de pensar. Não importa *o algo em que* penso, mas o fato *de que penso*: posso pensar

---

[106] No original inglês: "*To talk about mechanics of the soul is slightly funny*" (LC, p. 29).

que um deus-embusteiro me engana, que um Freud-impostor me engana, que um Wittgenstein-terapeuta me enganou um dia, etc. Não importa o conteúdo proposicional, mas seu ato. É isso que está em jogo quando Freud propõe que *há pensamento no sonho*. Na esteira do que diz Milner, é essa postulação que funda a especificidade do inconsciente freudiano: há um sujeito do inconsciente. Um sujeito que precisa responder por seu inconsciente. O recurso de Lacan a Descartes mostra agora toda sua operatividade.

O bônus adicional dessa operação é o seguinte. Ao fundar a discordância entre saber e verdade numa leitura do cogito cartesiano, Lacan logra mostrar que *pensar* não equivale a pensar *em* algo, como se este *algo* preexistisse independentemente, como um algo indiferente ao próprio pensamento, como um conteúdo desprovido de forma. Um pouco no sentido da crítica hegeliana ao "pensamento abstrato", cuja figura ele encontra no entendimento kantiano. "O erro do entendimento não está em querer reduzir a riqueza do vivo às determinações abstratas de pensamento; seu erro supremo é a própria oposição entre a riqueza do concreto e a rede abstrata das determinações simbólicas, isto é, a crença numa plenitude originária do concreto vivo que supostamente escaparia à rede das determinações simbólicas" (ZIZEK, 1991, p. 21-22).

§33 Causas, razões e o objeto da psicanálise

Em suas *Lectures & conversation on aethetics, psychology and religious belief*, Wittgenstein condena a pretensão freudiana com respeito à cientificidade da psicanálise e qualifica as explicações freudianas de interpretações estéticas. Freud não teria demonstrado as *causas* dos eventos psíquicos, nem o *mecanismo* da vida mental, por um motivo muito simples. Freud tentou utilizar um vocabulário e uma gramática válidos para as ciências naturais a fim de tratar de eventos de outra natureza, incorrendo em confusão conceitual. O que Wittgenstein questionou foi "a pretensão da psicanálise freudiana em constituir, segundo o que ele (erradamente) acreditava acerca de Freud, uma verdadeira ciência dura de experimentador. É preciso dizer que ele próprio resistia fortemente, e não sem razão, à influência do fisicalismo reivindicada na abordagem dos fundamentos da linguagem das ciências pelo Círculo de Viena" (SOULEZ, 2001, p. 193).

De acordo com Wittgenstein, Freud *mostra* os motivos do sonho, os motivos do sofrimento psíquico, os motivos de um chiste ou de um esquecimento exatamente como um esteta pode *mostrar* as razões da beleza de uma obra de arte. "A *atitude* que exprimem é importante" (LC, p. 25-26). Nem o esteta, nem o analista podem *explicar* – noção baseada no princípio da causalidade – a beleza de uma obra de arte ou o sintoma de um sujeito qualquer. Isso porque as analogias utilizadas por Freud são tipicamente "do tipo das usadas por historiadores e críticos de arte, não do tipo usado por cientistas. Na linguagem de

Hacker, podemos dizer que elas não são 'geradoras de modelo' (*model-generating*) como as segundas, mas simplesmente 'mostradores de aspectos' (*aspect-seeing*)" (BOUVERESSE, 1995, p. 32).

As *explicações* científicas, baseadas na correlação de nexos causais entre fenômenos, são independentes da dimensão do assentimento, enquanto as *interpretações* estéticas e psicanalíticas, ao contrário, envolvem o assentimento do outro.

> Freud escreveu acerca do chiste. Você poderia chamar a explicação dada por Freud de explicação causal. "Se não for causal como você sabe que é correta?" Você diz: "Sim, é isso mesmo." Freud transforma o chiste em uma forma diferente, que é reconhecida por nós como uma expressão da cadeia de ideias que nos leva de uma ponta a outra do chiste. Uma avaliação (*account*) inteiramente nova de uma explicação correta. Não uma que concorde com a experiência, mas uma aceita. Você tem de dar a explicação que é aceita. Eis o ponto básico da explicação (LC, p. 18).

Esse enquadre é baseado na oposição causa *versus* razão (ou: motivo). De um lado, temos as *causas*, que podemos estabelecer experimentalmente (embora não possamos conhecer "internamente" os nexos causais entre fenômenos) e que pertencem ao campo da ciência natural. De outro, temos as *razões* – que também só podem ser mostradas, mas que não correlacionam eventos entre si, apenas respondem a perguntas acerca do "porquê?". Desde Hume, o princípio de causalidade foi alvo de séria desconfiança. Grosso modo, o argumento cético acerca da causalidade consiste em dizer que, embora possamos estabelecer empiricamente uma correlação entre eventos sucessivos, não podemos observar conexões causais internas. Para Wittgenstein, apenas na lógica temos necessidade causal: "[...] fora da lógica, tudo é acidental." Na ciência, por exemplo, podemos *mostrar* nexos causais, mas não podemos *dizê*-los: "causalidade" é um conceito formal. Mas noções como "lei de causalidade" continuam imprescindíveis no fazer científico, ainda que o máximo que possamos conceber sejam relações *externas* entre fenômenos regularmente concomitantes, que permanecem independentes do ponto de vista lógico. Outro dogma criticado por Wittgenstein é que toda causa precisa ser preceptiva (GLOCK, 1998, p. 70). Ou seja, se Wittgenstein rejeita a ideia de que Freud tenha conseguido atribuir caráter causal a explicações acerca de eventos psíquicos *não é*, pelo menos em primeiro plano, porque a psicanálise é incapaz de predizer fenômenos.[107] Mesmo na ciência natural, há causas não preditivas. Nisso também a crítica de Wittgenstein não se confunde com a crítica neopositivista.

---

[107] Embora, como vimos, numa ou noutra parte Wittgenstein tenha manifestado essa opinião (LC, p. 46), não é essa a tônica geral de sua reprimenda.

Foi no contexto de sua crítica a Freud que Wittgenstein desenvolveu o essencial de sua tentativa de opor causas e razões. Escreve Glock (1998, p. 71): "Wittgenstein fornece alguns argumentos para distinguir as razões para crer que *p* ou para realizar o ato Φ de suas respectivas causas, amiúde no contexto da crítica à ideia freudiana de atribuir caráter causal às explicações psicanalíticas". Ao contrário de causas, que são basicamente explicativas, o que caracteriza razões ou motivos é que estes: (i) Têm papel basicamente justificatório; (ii) correlacionam eventos de forma interna; (iii) são conhecidos pelos agentes; (iv) interrompem-se em algum ponto; (v) não têm caráter determinístico, nem compulsório. O registro das razões é típico do que ocorre com os fenômenos estéticos. "O tipo de explicação que alguém procura quando fica intrigado [*puzzled*] por uma impressão estética não é uma explicação causal [...]. Isso é ligado à diferença entre causa e motivo" (LC, p. 21). Essa elucidação de que o gênero de explicação em voga na psicanálise é estético e não científico fez correr muita tinta, principalmente no sentido de endossar a pseudocientificidade da psicanálise. Entretanto, tudo indica que o aspecto salientado por Wittgenstein não é bem esse. Como escreve Soulez:

> Quando Wittgenstein declara que "a explicação em psicanálise faz o mesmo que uma explicação estética faz" (*Leçons de Cambridge*, 1932-1935), o propósito é claro. Mas estaríamos errados em concluir disso que Wittgenstein estetiza a psicanálise no mal sentido da palavra "estetizar" ou que tende a rebaixá-la pejorativamente como uma simples arte da sugestão, como sustenta Jacques Bouveresse. Sob a pluma de Wittgenstein, uma tal frase não pode exprimir exatamente uma crítica, porque ele tinha uma ideia elevada da arte. Além disso, ele não tinha uma ideia tão elevada das ciências duras. Suas reservas com relação ao "espírito da ciência", ainda que por antecipação, das futuras ciências do espírito no sentido cognitivista atual, não permitem ver nesta declaração uma condenação pura e simples do estilo de explicação da psicanálise (Soulez, 2001, p. 193).

A perspectiva da crítica não é, pois, primariamente epistemológica. Segundo Wittgenstein, não há uma gramática da transição das razões às causas. Ou seja: a cadeia de razões se detém diante de uma *forma de vida* (*Lebensformen*) (Carvalho, 2004, p. 208). Parece-me, malgrado tudo, que Lacan subscreveria parcialmente ao argumento wittgensteiniano: pensar a psicanálise no contexto das *Naturwissenchaften* não é nem possível, nem desejável. Mas a convergência é apenas parcial, pois Lacan recusa que a "querela dos métodos" defina a totalidade das alternativas possíveis no campo epistemológico. Quer dizer, embora a distinção explicação *versus* compreensão defina parâmetros de orientação para a epistemologia das ciências humanas, daí não se segue que estas estejam condenadas, como pensou Dilthey, ao paradigma da compreensão, ou, como pensou Wittgenstein, ao domínio das razões. Tal como vê Lacan, a importância do estruturalismo, de Jakobson a Lévi-Strauss, reside justamente na possibilidade de superar essa dicotomia e de recuperar a dimensão da explicação e da causa para ciências que não podem ser identificadas como ciências da natureza. O recurso lacaniano à estrutura é, nesse sentido, uma estratégia de afastar a perspectiva compreensiva, em favor da recuperação da categoria de causa. Se Lacan localiza alhures a questão das relações entre ciência e psicanálise, não é por acaso. Não se trata nunca de uma questão de métodos, mas de condições.

Wittgenstein não acusa a psicanálise de ser falsa, ele condena suas pretensões de ser uma ciência natural, e de portanto não ser mais do que uma pseudociência. Isso quer dizer que ele condena a pretensão freudiana de enunciar que a cura de um sintoma pela interpretação seria a prova de que sua causa foi descoberta e, consequentemente, que as hipóteses concernentes ao funcionamento do aparelho psíquico são demonstradas cientificamente. Ou seja, o sucesso do tratamento não prova a verdade da teoria.

Para Wittgenstein, descobrir a *razão* de um sintoma não equivale a formular uma hipótese causal a propósito do que aconteceu quando um sintoma formou-se em um sujeito. O fato de que uma interpretação possa esclarecer um sintoma, até mesmo dissolvê-lo, não implica que a *causa* deste tenha sido descoberta. "Wittgenstein procura afastar assim a ideia de que uma explicação estética seja uma espécie de explicação psicológica" (CARVALHO, 2004, p. 207). Como salientamos acima, Wittgenstein não parte de uma concepção previamente unificada do que venha a ser a atividade científica para avaliar se a psicanálise é ou não uma ciência. Não é, portanto, a partir da perspectiva da impossibilidade de verificação, por exemplo, que ele parte. Não se trata de mobilizar argumentos de tipo popperiano, mas de algo mais astuto. Ao contrário, Freud teria se envolvido desnecessariamente com pseudoproblemas justamente por querer conformar a psicanálise a um modelo de ciência. O que merece reprovação em Freud não é que ele "não tenha colocado uma norma universal de expressão na entrada de seu sistema, o que é o procedimento científico usual, mas muito mais por não ter feito nada além disso" (BOUVERESSE, 1995, p. 54).

Como bem mostra Bouveresse, é Freud quem endossa uma concepção mais ortodoxa do que vem a ser a ciência e a racionalidade, ao passo que Wittgenstein encara com desconfiança essas duas ideias. É preciso acrescentar, como faz Descombes, que quando Wittgenstein termina por dizer que Freud não inventou novas "hipóteses científicas", mas uma "maneira de dizer", ficamos numa situação curiosa. Enquanto os psicanalistas sentem a locução "maneira de dizer" como pejorativa ou desqualificadora, para o próprio Wittgenstein não se trata de nada disso. Inventar maneiras de ver o mundo, de expressar fatos como aqueles envolvidos quando falamos de motivos inconscientes é sempre uma atividade do mais alto valor. O problema é quando confundimos explicações pretensamente globais e sistemáticas com "imaginativas atividades de inventar sistemas de notação" (DESCOMBES *in* BOUVERESSE 1995, p. xii). O que incomoda a Wittgenstein é a necessidade de postular a existência real de um sistema inconsciente, ao invés de simplesmente admitir que se trata de uma maneira de falar de certos fenômenos da vida psíquica, fornecendo-nos "boas analogias". Por isso, conclui Bouveresse, "o que Wittgenstein se recusa a admitir em psicanálise, assim como em teoria dos conjuntos, é nada menos do que sua ontologia" (BOUVERESSE, 1995, p. xvii). "O comentário de Wittgenstein é, entre outras coisas, uma crítica implícita da concepção realista que Freud tem da natureza do pensamento latente que preexiste ao trabalho de deformação do sonho e que foi reatualizado pela interpretação do seu conteúdo manifesto" (p. 121).

Afinal, a mera justaposição das palavras "pensamento" e "inconsciente", mesmo que dotadas de significado, não garante que possamos entender automaticamente a expressão "pensamento inconsciente", que "não tem nenhum sentido instantâneo, mas também não representa nenhuma contradição instantânea" (p. 28).

Seção 7 – Limites da crítica wittgensteiniana da psicanálise

§34 "O inconsciente nunca despista tanto quanto ao ser apanhado em flagrante"

Entretanto, o ponto crítico, ao contrário do que poderia parecer, não é apenas a entificação ou substancialização do inconsciente, mas uma determinada forma de fazer isso através de uma estratégia de personificação. Assim, esclarece Bouveresse (1995, p. 37), o procedimento freudiano é questionável na medida em que ele "personifica o inconsciente e, de modo geral, os componentes pessoais da personalidade". Bouveresse (1995, p. 39) acrescenta que Lacan é frequentemente apontado como quem resolveu essa dificuldade inerente ao freudismo, ao "abandonar de uma vez por todas as concessões ao materialismo vulgar, ao reducionismo e ao biologismo", e propor a estrutura linguística do inconsciente. Para Bouveresse, Lacan apenas desloca a aporia de lugar, localizando-a agora numa versão linguística mais sofisticada.

> Se a famosa "primazia do significante sobre o significado" significa que o inconsciente é sensível apenas a propriedades puramente fonéticas e sintáticas dos significantes como tais, e as manipula de uma maneira que

corresponde ao que pode ser chamado de tratamento puramente formal (e mecânico), o conceito normal de significação realmente não pode ser aplicado neste nível (BOUVERESSE, 1995, p. 40).

Substituir o materialismo vulgar da energética por uma dinâmica linguística de metáforas e metonímias não nos aproxima do nível no qual "podemos introduzir noções como intencionalidade e significação" (p. 40). Por todas essas razões, o interesse comum pela linguagem não aproxima Lacan e Wittgenstein. Para Lacan há "leis da linguagem"; para Wittgenstein, apenas "regras para seguir". Bouveresse segue Grahame Lock em sua conclusão de que "Wittgenstein pode ser chamado de um *anti-Lacan avant la lettre*" (p. 41). Se tomarmos Lacan como um pensador que entifica a linguagem conferindo a ela um status ontológico determinado, como se o sistema simbólico tivesse uma identidade consigo mesmo e uma existência real que garantisse a ele uma qualidade de ser, talvez a observação estivesse correta. Mas se atentarmos para o esforço lacaniano de tematizar o inconsciente na perspectiva do des-ser, do ainda-não-realizado, interrogando a questão dos modelos possíveis de apreensão do inconsciente, então teremos um quadro bastante diferente daquele desenhado por Bouveresse. Mas em que consiste essa perspectiva do *des-ser*? Quando Lacan afirma que "o ser do sujeito é o objeto", ele afirma que o ser do sujeito é aquilo que, estando fora da estrutura da linguagem, determina a série metonímica do desejo. O objeto *a* se vale da hiância causada no sujeito para instaurar-se. Por isso, "o sujeito é um aparelho. Esse aparelho é algo de lacunar, e é na lacuna que o sujeito instaura a função de um certo objeto, enquanto objeto perdido. É o estatuto do objeto *a* enquanto presente na pulsão" (S. XI, p. 175). Outra maneira de dizer que "esse objeto *a* deve ser inserido, já o sabemos, na divisão do sujeito pela qual se estrutura [...] o campo psicanalítico" (E, p. 877-888). Nesse sentido, o sujeito não encontra em si mesmo o ser de sua identidade: ele só se realiza ao perder-se, ao visar àquilo que nele é mais estrangeiro, o objeto. É esse gênero de reflexão, que Safatle (2006) propõe qualificar como ontologia negativa, que dá a chave da distância que separa Lacan e Wittgenstein.

Vejamos um ou dois exemplos de como não há, em Lacan, o menor vestígio de uma ontologia que personifica o inconsciente, como pensa, equivocadamente, Bouveresse. A primeira frase de *La méprise du sujet supposé savoir* é, para dizer o mínimo, desconcertante, principalmente se levarmos em conta que estamos, a essa altura, no décimo quinto ano de seminário público de Lacan e a mais de meio século de distância dos textos de Freud que inauguram a psicanálise como ciência do inconsciente. O texto começa assim: "[...] o que é o inconsciente? A coisa ainda não foi compreendida." Trata-se então de analisar os descaminhos e as aporias que o conhecimento do inconsciente enseja. A empreitada é levada a tal ponto de radicalidade que a própria enunciação do problema do "conhecimento" ou "apreensão" do inconsciente é problematizada. "O inconsciente nunca despista tanto quanto ao ser apanhado em flagrante" (OE, p. 329). Lacan examina aqui as aporias relativas à apreensão ("*prise*") do inconsciente a partir de modelos. Como apreender um objeto que se define exatamente por sua astúcia em se esquivar de toda apreensão? O artigo é todo ele construído a partir de uma espécie de jogo entre a "*prise*" (apreensão) e a "*méprise*" (engano, má apreensão). Segundo Lacan, a estrutura do inconsciente freudiano não cai sob o prisma da representação (OE, p. 329) e de seu correlato epistemológico, o entendimento. A representação, nesse contexto, é tomada como pertencente à ordem imaginária, isto é, ao registro da semelhança e da identidade, no limite, na especularidade de fundo narcísico. A crítica lacaniana do sentido tem um de seus principais pilares no caráter imaginário da produção de sentido. Como, pois, dar conta de um objeto, o inconsciente, sem reduzir sua heterogeneidade radical à imagem especular que temos de objetos que não oferecem maiores resistências à sua apreensão? Lacan encaminha a questão do estatuto do discurso sobre o inconsciente a partir da crítica à metalinguagem, mas também a partir de um exercício obstinado de não recorrer inadvertidamente a instâncias metalinguísticas no próprio modo de escrever a teoria, no processo mesmo de encaminhar a questão. É aqui que entra em cena a preocupação com os modos de enunciação do discurso, isto é, com o estilo. Por enquanto, adianto o seguinte comentário: diante de um inconsciente que despista ao ser apanhado em flagrante, "é impossível encontrar o inconsciente sem usar *toda* a borracha, já que é sua função apagar o sujeito. Daí os aforismos: 'o inconsciente é estruturado como uma linguagem', ou então 'o inconsciente é o discurso do Outro'" (OE, p. 334). Comentarei o estatuto do aforismo lacaniano no final do Capítulo 3.

É indubitável que Wittgenstein poderia censurar a Lacan o uso dos formalismos e toda sua pretensão lógica e matemática, além é claro de certamente reprovar sua linguagem "obscura". Mas o ponto para o qual gostaria de chamar a atenção aqui é que, do ponto de vista construído por Bouveresse, Wittgenstein pode ser chamado muito mais um crítico de um certo Freud do que de Lacan. A linguagem em Lacan não é um esquema transcendental à espera de um conteúdo dado que possa ser capturado, assim como o inconsciente não é uma entidade fechada em si mesma à espera de uma decifração capaz de desvendar sua verdade recôndita.

Mais um exemplo pode nos auxiliar a entender a questão. Ludwig Boltzmann, entusiasta do determinismo mecanicista inclusive na esfera dos atos mentais, relata um ato falho que, em sua visão, demonstra sobejamente causas mecânicas agindo no mecanismo psíquico. "Depois de algumas semanas tendo me devotado exclusivamente a estudar o mecanismo de Hertz, eu quis começar uma carta para minha esposa com as palavras 'Querida Herz', e antes que eu me apercebesse eu havia escrito Herz com tz" (BOLTZMANN *apud* BOUVERESSE, 1995, p. 98).

Boltzmann interpreta esse ato falho como um erro banal de leitura ou de transcrição do mecanismo de memória, tornado possível pela semelhança fonética das palavras *Herz* e *Hertz*. Um erro tão banal que não haveria nenhuma necessidade suplementar de procurar por um sentido oculto por trás do mecanismo (BOUVERESSE, 1995, p. 98). Bouveresse comenta que um e apenas um caso como este é suficiente para mostrar o quão longínquas são as interpretações de Boltzmann e de Freud, a despeito da alegação comum de que o determinismo dos fatos psíquicos subjacente é o que torna possível explicar o ato falho ocorrido. Afinal, provoca Bouveresse, quem poderia adivinhar o que viria da boca de um psicanalista a propósito do "sentido" da substituição de *Herz* por *Hertz* e "o que isso poderia nos ensinar sobre o inconsciente do autor?" (BOUVERESSE, 1995, p. 98). Sem o saber, Bouveresse acaba por ilustrar com fineza o que está realmente em jogo na primazia do significante, que, algumas páginas antes, ele havia criticado. Porque é exatamente isso o que um analista lacaniano faria: sublinharia a identidade fônica das palavras. Mas a interpretação do sentido do ato falho fica a cargo do analisante. O inconsciente já é uma interpretação (MILLER, 1996, p. 96). O jogo entre saber e verdade desenrola-se aqui entre o analista e o analisante. O saber do analista é apenas um saber suposto, atualizado na transferência. Neste sentido, uma simples pontuação *pode* desencadear efeitos de verdade na fala do paciente. Contudo, a verdade do processo estará sempre suposta do lado do analisante, e não do analista. Uma pontuação pode, por exemplo, não ter nenhum efeito sobre o sujeito. Neste caso, seria possível dizer que se tratasse mesmo de um erro banal. Mas poderia ser que o sujeito se embaraçasse e iniciasse uma série de justificações ou denegações, etc., o que sugere que esse significante representasse o sujeito diante de toda uma outra cadeia associativa, por exemplo. Não é ao analista que cabe essa decisão, pelo menos não se ele estiver atento à posição que deve evitar na clínica: de proferir sua interpretação a partir de uma posição metalinguística. Mas o ponto a enfatizar é que a interrogação acerca da causa é exatamente o que permite *abrir mão* de procurar um sentido por trás das aparências, um sentido do sentido. Ou seja, e dizendo com Bouveresse, "o conceito normal de significação realmente não pode ser aplicado neste nível".

Wittgenstein pensa a significação a partir do método de projeção. Desde o *Tractatus*, a proposição mostra o que ela diz: ela projeta no mundo real um modelo de encadeamento de objetos num estado de coisas virtualmente possível. Mesmo com o abandono da forma lógica da linguagem em favor da ideia de jogos, na fase final de seu pensamento, Wittgenstein preserva a ideia de que a significação tem algo a ver com a formação de "*pictures*". "Não há nada que explique o significado de palavras tão bem quanto uma figuração (*picture*)" (LC, p. 63). Ora, o ponto é digno de nota, pois um dos dogmas do lacanismo é justamente a ideia de que *o significado oblitera a verdade*.

Mas isso não é tudo. Parte importante da empreitada de Lacan, como Bouveresse ouviu certamente dizer, pode ser vista como um esforço de evitar leituras das instâncias psíquicas freudianas como personificação de entidades. Isso fica claro, por exemplo, na crítica ao personalismo lagachiano. Mas mais ainda do que isso, seria preciso destacar em que medida a própria categoria de sujeito do inconsciente é construída numa chave de leitura cartesiana, mas a fim, exatamente, de interromper a substancialização do cogito. A ideia de que o sujeito seja uma instância que não pode objetivar-se a si mesmo, e que sua existência seja apenas pontual e evanescente, como mostramos no capítulo anterior, responde a isso.

O que Bouveresse não percebeu, certamente, foi que ao tratar o campo da linguagem como coextensivo ao campo da significação e da intencionalidade realmente fica ininteligível o recurso de Lacan à linguagem. Isso porque o que a linguagem possibilita à psicanálise é justamente um suplemento materialista segundo o qual "nenhuma intencionalidade, nenhuma intenção mais ou menos boa pode, dos efeitos do inconsciente, superar as artimanhas" (OE, p. 229). Escreve Lacan: "[...] a experiência do inconsciente, tomada no nível em que a instalo, não se distingue da experiência física. É igualmente externa ao sujeito, tomando este no sentido tradicional" (OE, p. 228).

§35 *Cleverness, not wisdom, please!*

Com esses elementos em mãos, é possível dizer uma ou duas palavras acerca do que distingue as concepções psicanalítica e wittgensteiniana de *terapia*. Em que consiste a terapia filosófica proposta por Wittgenstein? A concepção wittgensteiniana de terapia confunde-se com sua própria ideia do que vem a ser a atividade filosófica como tal. De início, vale lembrar que problemas filosóficos são, em geral, vistos pelo autor das *Investigações* como resultados da má compreensão do funcionamento da linguagem, da suspensão do uso normal da significação e da transposição de fronteiras entre jogos de linguagem distintos. Assim, não há problemas filosóficos genuínos, e, grosso modo, a atividade filosófica deve ser sempre terapêutica, isto é, deve ajudar a reconduzir o filósofo a um uso ordinário da linguagem. Deve descrever usos das palavras e esclarecer os casos possíveis de sua aplicação, fora dos quais começam problemas filosóficos. O procedimento principal da terapia filosófica é a persuasão. Como diz Arley Moreno em seu comentário a Bento Prado Jr., "Wittgenstein procura fazer ver um novo aspecto através do que afirmamos ver diretamente, sem intermediários e absolutamente", a fim de "conduzir o indivíduo a produzir razões que relativizem as próprias razões" (MORENO *in* PRADO JR., 2004, p. 66-67). Neste sentido, as terapias filosófica e psicanalítica, tal como a entende Wittgenstein, guardam diversos pontos em comum: nem uma nem outra apresenta "um conjunto de procedimentos-padrão para todos os casos" (p. 71); ambas visam retirar o indivíduo de alguma forma de paralisia ou de confusão, que o impede de agir ou de pensar, isto é, operam através da quebra de crenças. No entanto, ainda segundo Moreno, os rumos de uma e de outra divergem radicalmente. A terapia filosófica "limita-se a apresentar a maior diversidade possível de mitologias, com a finalidade de relativizar cada uma, e aquela particular que gerou a terapia", enquanto a psicanalítica "deve conduzir o indivíduo, segundo o Freud de Wittgenstein, a reconhecer a chave do mistério, aquele ponto encoberto da situação que o novo jogo de linguagem – a nova mitologia apresentada – permite perceber" (p. 67). A psicanálise, segundo a perspectiva wittgensteiniana, "procura apresentar a mitologia curadora" (p. 67).

No entanto, há um certo exagero em construções desse tipo. Bouveresse, por exemplo, excede os próprios limites da crítica wittgensteiniana ao aproximar a psicanálise não apenas de uma mitologia, mas de uma religião, por uma razão muito simples. O jogo de linguagem próprio ao domínio da crença não envolve combate, nem contradição, nem prova. Uma crença não precisa, não pode ser combatida. Em suas *Lectures on religious belief*, Wittgenstein exemplifica o funcionamento do jogo de uma crença. "Se alguém diz: 'Wittgenstein, você acredita nisso?' Eu diria: 'Não.' 'Você contradiz a pessoa?' Eu diria: 'Não.'" (LC, p. 53). Ora, se Wittgenstein equivalesse psicanálise a uma religião não haveria nenhuma necessidade de combater o estilo de pensamento de Freud, como ele expressamente faz. Não se combate uma crença religiosa.

Pois aqui ocorre uma curiosa inversão de papéis. A jovem ciência criada por um judeu laico, imbuído dos valores emancipatórios do esclarecimento, crítico das formas religiosas de pensar identificadas aqui a formas da ilusão, é acusada de promover uma mitologia, por vezes, uma religião. Mas essa acusação é apoiada por uma filosofia de um "homem pio em busca de uma religião" (GLOCK, 1998, p. 320) que nunca escondeu o esforço fideísta de delimitar o domínio da racionalidade e da linguagem, resguardando um espaço para a crença religiosa, fora do âmbito da razão e da argumentação.

Uma chave suplementar para entendermos essa discordância de fundo entre racionalidades diferentes é a afirmação de Wittgenstein, referida por Rush Rees, de que se pode esperar de Freud "inteligência, certamente, mas não sabedoria" (cf. LC, p. 41; cf. MARGUTTI PINTO, 2000, p. 186).[108] Podemos arriscar dizer que

---

[108] Assoun (1990) e Bouveresse (1995) interpretam a passagem de formas diametralmente opostas. Assoun percebe a influência do puritanismo herdado de Hansel, confessor de Wittgenstein e crítico declarado da psicanálise (1998, p. 24). Bouveresse tenta desmontar o argumento de Assoun reenviando a frase de Wittgenstein a seu contexto e mostrando que não tinha nenhum apreço pelas instituições religiosas, nem por discursos teóricos acerca da religião e da moralidade (1995, p. 14-15). Além disso, prossegue Bouveresse, o tipo de sabedoria que faltava a Freud seria aquele que abunda em Keller e que consistia na manutenção de uma espécie de diário para acolher anotações que constituíam uma espécie de "forma *'naive'* de

estão em debate duas linguagens diferentes: a sintaxe do saber científico e a gramática (ou retórica) do inefável religioso. É verdade que Cyril Barret, editor das *Lectures and conversations,* termina assim seu prefácio: "[...] as notas aqui impressas refletem as opiniões e atitudes de Wittgenstein em relação à vida e às questões religiosas, psicológicas e artísticas. Que o próprio Wittgenstein não mantivesse estas questões separadas é claro, por exemplo, pelo relato de Moore sobre as lições de 1930-1933" (1997, LC, p. viii).

Seguindo Wittgenstein, Freud não seria sábio porque aderia à racionalidade científica e não esperava encontrar alhures o que a ciência não pudesse oferecer, como disse expressamente em *O futuro de uma ilusão*. Wittgenstein, ao contrário, pensa que os "problemas da vida" não podem sequer ser tocados a partir do campo da ciência (TLP, 6.52): o "sentido da vida" é inefável porque tudo que se pode dizer restringe-se a proposições bipolares capazes de receber de um estado de coisas positivo ou negativo um índice para sua veracidade ou falsidade. Margutti Pinto (2000) interpreta o confronto Freud *versus* Wittgenstein como um confronto de fundo entre ciência e religião. A visão wittgensteiniana do mundo repousa numa chave religiosa que remonta ao romantismo alemão do século XIX (MARGUTTI PINTO, 2000, p. 188) e que inflete em direção a uma forma de vida que corresponde a uma espécie de "cristianismo transcendental místico" (p. 174). Margutti resume o silêncio wittgensteiniano do seguinte modo: "[...] em linguagem tolstoiana, o desafio do homem está na mentira da carne, que inclui a sexualidade e deve ser vencida a todo custo" (p.174). Conservando o vocabulário tolstoiano, o autor conclui que o conflito entre as terapias freudiana e wittgensteiniana "instala-se nos recursos mobilizados e no *télos*. Freud recorre à palavra, mas visa 'a vitória da carne sobre o espírito', Wittgenstein recorre ao silêncio, visando 'a vitória do espírito sobre a carne'" (p. 186). Entretanto, circunscrever o conflito Freud *versus* Wittgenstein a um conflito entre ciência e religião parece demasiado redutor, principalmente se adotarmos o vocabulário de um embate entre carne e espírito. Faltam evidências textuais capazes de justificar a hipótese.

---

auto-análise", preferível à análise "científica" (p. 15). Aqui o equívoco é total, pois a resposta de Bouveresse, longe de objetar a leitura de Assoun, reforça sua opinião. O seguinte trecho (que prefiro não traduzir por razões que o leitor saberá reconhecer ao final do parágrafo) torna supérfluo qualquer comentário: "*When he [Wittgenstein] willing practiced the examination of conscience and confession (several of his friends recall the 'confessions' he felt the need to make at certain moments), it apparently wouldn't have occurred to him to consult a psychoanalyst to increase his chances of achieving what he considered the supreme good, in philosophy as well as life – namely, utter clarity and complete honesty in one's relations with oneself*" (p. 15). Poderíamos imaginar um chiste em que um wittgensteiniano oferece a um freudiano um pouco mais de sabedoria: "*A little bit more wisdom, sir?*" – "*No, thanks. I'm fine*".

Mas há um outro *aspecto* que pode nos *fazer ver* algo interessante. Depois de considerar a hipótese de que um sonho pudesse ser visto como uma espécie particular de linguagem, Wittgenstein acrescenta que o simbolismo do sonho precisa ser traduzido na linguagem ordinária.

> Nós podemos então encontrar uma maneira de traduzir este simbolismo na linguagem do discurso comum [*ordinary speech*], pensamentos comuns. Mas então a tradução deve ser possível nos dois sentidos. Deve ser possível, através do emprego da mesma técnica, traduzir pensamentos comuns em linguagem do sonho. Como Freud reconhece, isso nunca é feito e não pode ser feito. Então, podemos questionar se sonhar é uma maneira de pensar algo, se, afinal, é uma linguagem (LC, p. 48).

Por que razão a linguagem dos sonhos não permite uma tradução nos dois sentidos? A resposta a essa pergunta envolve dois argumentos. O primeiro remonta à concepção freudiana do que vem a ser o aparelho psíquico e à sua representação esquemática do curso dos processos psíquicos. O modelo fundamental do aparelho psíquico consiste em representar o curso dos processos psíquicos como dotados de um sentido tópico que vai da extremidade sensorial à extremidade motora, segundo o modelo do arco reflexo. É claro que o processo pode sofrer regressão tópica, tomando a direção inversa. É o que acontece no sonho, por exemplo. Dada a inibição da descarga motora, o investimento tende a regredir em direção à extremidade sensorial. É o que explica o caráter de realidade que o sonho tem *no momento* do sonho. Mas a regressão do processo psíquico esbarra num limite intransponível: a pulsão, conceito-limite entre o psíquico e o somático. O segundo argumento consiste em dizer que a interpretação do sonho é uma tarefa do próprio sonhador no contexto transferencial e que ela depende das cadeias associativas mobilizadas quando do relato do sonho. A ênfase no *sentido* como tarefa fundamental da linguagem não consegue esconder algum horizonte moral subjacente à terapia linguística. Desnecessário retomar como isso se desdobra na obstinação wittgensteiniana de que saber usar uma palavra consiste em *seguir regras* e que a terapêutica filosófica consiste quase sempre em reconduzir expressões desviantes a seus usos corriqueiros.

Como propõe *A ciência e a verdade*, foi a posição científica de Freud que o resguardou de todo horizonte normativo e moralizante. Talvez aqui fique mais claro por que, quando Wittgenstein ataca a postura epistemológica de Freud, cada vez mais ele empregue frases do gênero: "o quanto tal modo de pensar precisa ser combatido" (LC, p. 50); "Análise está perto de provocar dano" (*Analysis is likely to do harm*) (LC, p. 51).

Em *O futuro de uma ilusão*, Freud dá prosseguimento ao combate iluminista que opõe ciência *versus* ilusão. Mas, ao mesmo tempo, incorpora um importante resultado da psicanálise no interior de sua concepção de racionalidade, quando diz, aproximadamente, que "a voz do intelecto é suave, mas não descansa" (FREUD, 1927, p. 68). No mundo desencantado da ciência, Freud não pretende eleger a razão como Deus onipotente, votado a restabelecer o sentido do Ser. O "Deus-Logos" freudiano é impotente: "[...] nosso Deus Logos não é verdadeiramente todo-poderoso" (p. 196). Isso porém não o impede de reconhecer que o retorno a uma concepção de mundo pré-científica, longe de restabelecer a relação do homem com a verdade, seria a mais pura realização da ilusão. O "Deus-Logos", ficção narrativa que Freud concede a seu interlocutor imaginário em 1927, "não promete salvação" (p. 68). Não é por outra razão que ele afirma que "nosso Deus Logos é impotente, mas é o único que temos". Como sublinha Paolo Rossi, não há necessidade de lançar sobre essa visão freudiana da ciência um "véu piedoso" (ROSSI, 1992, p. 25). Mas, se a razão não é onipotente para restabelecer o sentido do ser, tampouco o silêncio o é. Porque a plasticidade da dinâmica pulsional tem a ver não com a produção de sentido, mas com o objeto parcial que causa sua movimentação. Mas, dizia, tampouco o silêncio: pois as pulsões, embora não signifiquem nada, não se calam jamais (Isso fala). Como P.-L. Assoun (1990, p. 13-14) sublinhou, no fundo da discordância Freud *versus* Wittgenstein, está a discordância entre duas formas de racionalidade.

Por essas razões Wittgenstein tinha razão em denunciar a "*lack of wisdom*" que faltava a Freud. Principalmente se levarmos em consideração essa voz suave do intelecto em que o impotente Deus-Logos, incapaz de dizer a verdade toda, se faz ouvir; ou, também, se situarmos a "*lack of wisdom*" na distância que separa saber e verdade; ou, ainda, se lembrarmos que "a verdade é o que falta à realização do saber". É a "*lack of wisdom*" do analista que permite operar na clínica a partir de um saber apenas suposto, evitando ocupar o lugar de Outro do Outro, capaz de julgar a verdade da verdade do discurso do paciente. Antonia Soulez escreve a respeito:

> Eu não acho de forma alguma, contrariamente ao que os críticos da psicanálise (como J. Bouveresse) tentam fazer Wittgenstein dizer, que o que Wittgenstein teria reprovado à psicanálise tem a ver com esta extorsão forçada do paciente de um assentimento à interpretação dada pelo analista. Para Wittgenstein, incumbe ao sujeito não se deixar impor uma interpretação em qualquer situação que seja, isto é claro. Não vejo em que ele se deixaria levar na conversa [*par le bout du nez*] por um intérprete todo-poderoso, sob o pretexto que isso acontece sobre o divã. A linguagem pode enfeitiçar, mas é culpa do paciente, não do psicanalista. O paciente que ache isso é um paciente, em termos lacanianos, que caiu no mito do Sujeito suposto saber. Evidentemente, a decepção o espera na esquina e seria mais uma crença a erradicar (SOULEZ, 2001, p. 198).

§36 Limites da leitura wittgensteiniana de Freud: sentido X causa

Todavia, essas considerações não esgotam o problema. A ideia de um hiato entre o efeito e a causa, ou da externalidade de suas relações, não implica o abandono da ideia de causalidade em favor de uma ideia de motivação. Ao contrário. O afastamento do registro dos motivos é condição epistemológica para a abordagem de dois temas centrais na psicanálise: o recalcamento e a pulsão. Esses dois conceitos mostram, mais do que outros, os limites da leitura wittgensteiniana de Freud. Eles desembocam no problema central: o estatuto da interpretação e a posição do analista.

O ponto fulcral é o seguinte: a gramática dos motivos/razões é coextensiva ao domínio do sentido. No registro das razões, que abrange o comportamento intencional, é sempre possível *saber* por que minha ação foi tal e tal. Mesmo que eu possa me iludir por algum tempo, sempre é possível que eu possa remontar a cadeia de razões até crenças, desejos e intenções em cujo contexto fiz determinadas escolhas: "[...] podemos dizer, se quisermos, que alguém pode não conhecer a causa, mas apenas conjecturá-la; em contraste, uma razão é por natureza algo que pode ser conhecido" (BOUVERESSE, 1995, p. 72). No limite, para conhecer uma razão "é somente a exteriorização sincera por parte do agente o que determina por que ele realizou a ação" (GLOCK, 1998, p. 73). Ora, mas isso é perder o essencial da descoberta freudiana. Pois Freud parte justamente da ideia de que o móbil último de minha ação pode não ser conhecido – nem de fato, nem de direito – por mim, a não ser indiretamente, através dos meus sintomas. O que a leitura de Wittgenstein negligencia é, primeiramente, a vinculação, forte embora não total, entre inconsciente e recalcado.

Não por acaso, em diversas passagens, ele usa o termo "sub-consciente". Mas isso seria desqualificar rápido demais a crítica wittgensteiniana, pois pode ser que o que ele quisesse combater fosse justamente essa vinculação entre inconsciente e recalcado. É verdade que também Lacan não advoga a similitude entre inconsciente e recalcado, por exemplo, quando evoca mecanismos determinantes das estruturas subjetivas, como a *Verleugnung* e a *Verwerfung*. Mas a direção dessa desidentificação é diametralmente oposta. Enquanto Lacan afirma a precocidade ou primariedade de certas formas de não incorporação de material inconsciente na subjetividade, anteriores, cronológica e logicamente, à possibilidade do recalcamento, o que Wittgenstein tem em mente é uma ideia de inconsciente mais ou menos aproximativa, ligada a estados subconscientes, mas sem que haja uma barreira, uma interdição ao material inconsciente. Sua concepção parece guardar muito mais a ideia de um gradiente, do que de uma instância ou sistema. De todo modo, embora Wittgenstein não tenha abordado diretamente o tema, podemos conjeturar que à tese da vinculação inconsciente/recalcado ele pudesse objetar com uma pergunta do tipo "mas como poderia eu conhecer o recalcado, se ele me é inacessível?" E, a partir daí, poderia mobilizar novamente toda sua crítica: – "o analista sabe reconhecer o retorno do recalcado e eu não?"; – "Então, o analista tem sempre razão?", seria uma versão possível. Mas é aí que reside o nó da questão, o primeiro ponto irreconciliável entre Freud e Wittgenstein.

Porque o que Freud inventa é precisamente um método de *leitura* do inconsciente, um método de decifração da *escrita* inconsciente, para além da *fala* do sujeito. Não por acaso, a metáfora do *rébus* é constitutiva do tratamento freudiano do inconsciente. Esta escrita inconsciente obedece a certa sintaxe lógica que fornece *índices* de manifestação do desejo recalcado. Toda a temática da materialidade do significante e da letra responde a isso. Em *Construções em análise*, Freud escreve: "[...] é verdade que não aceitamos o 'não' de uma pessoa em análise por seu valor nominal; tampouco, porém, permitimos que seu 'sim' seja aceito. Não há justificação para que nos acusem que invariavelmente deformamos suas observações, transformando-as em confirmação" (FREUD, 1975 [1937], p. 296).

Confinar-se no registro das razões obrigaria a escolher entre uma dentre as seguintes alternativas: (i) estabelecer o acordo intersubjetivo como norma da verdade de uma interpretação ou de uma construção ou (ii) postular uma posição metalinguística para que analista ou analisante pudesse "decidir sobre a verdade ou falsidade da construção" (CARVALHO, 2002, p. 121). Se, em contrapartida, Freud (1975 [1937], p. 298) aposta em "formas indiretas de confirmação" decorrentes do trabalho associativo ulterior do paciente é porque ele sabe que uma construção verdadeira "toca o real", isto é, mobiliza uma torrente pulsional que, mais cedo ou mais tarde, desencadeará uma produção discursiva capaz de fisgar uma verdade. Como esclarece Carvalho:

> [...] na visão freudiana, o assentimento se dirige a uma verdade, o objeto recalcado, e não à construção; a construção apenas prepara o assentimento dado ao objeto, na medida em que for capaz de apontá-lo. Mas esta referência será sempre uma referência vazia, pois o objeto, na medida em que se liga ao recalque originário, não pode ser ele mesmo construído. É o que dá à construção freudiana o estatuto de uma ficção (p. 124).

Numa interpretação ou numa construção não se trata, pois, de reconstituir o sentido de uma fala ou de reconduzir um ato ou sintoma à sua motivação inconsciente, pois quando Freud fala de *sentido* está em jogo sobretudo uma ideia de sentido como curso do processo psíquico, como encadeamento lógico do discurso, cuja reconstrução só pode ser feita *a posteriori*. Para dar esse passo, o recurso à ciência e a algumas de suas ideias centrais não era apenas um preconceito freudiano ou uma tentativa de fornecer títulos de nobreza à psicanálise. Ao contrário, aqui a ciência estrutura de maneira interna a matéria da psicanálise (MILNER, 1996). Por isso, neste quesito, o ponto de vista wittgensteiniano, centrado nas ideias de gramática e de sentido, e o ponto de vista psicanalítico, calcado na tópica e nas cadeias associativas (Freud) ou na lógica e no significante (Lacan) são irreconciliáveis. A aposta freudiana de que uma "isca de falsidade fisgou uma carpa de verdade"[109] supõe que o curso dos eventos psíquicos é, em alguma medida, determinado por causas que funcionam à revelia do conhecimento do sujeito. Também por isso, a ciência é uma condição da psicanálise. Mas daí não se segue que a concepção de verdade se restrinja à concepção científica de verdade como adequação. Ao contrário, trata-se aqui de uma noção de verdade que é, pelo menos até certo ponto, performativa, quer dizer, importa não sua correspondência a um estado de coisas previamente dado, mas sua incidência no sentido de instaurar uma reestruturação do estado de coisas.

Essa é uma razão inicial por que Freud não se contentou com o registro das razões. Era preciso supor condições tais que tornassem plausíveis as ideias de que pensamentos são primariamente inconscientes e de que moções pulsionais infletem em atos ditos intencionais. Para fazê-lo, o recurso de Freud – e posteriormente de Lacan – à ciência é crucial. A "concepção científica de mundo" adotada por Freud permite pensar no determinismo dos eventos mentais e permite conjecturar acerca de causas desconhecidas pelo sujeito, com base em evidências de outra natureza que não aquelas que o sujeito possa relatar como suas justificações ou motivações. É apenas a postulação desse determinismo psíquico que justifica o emprego da técnica da associação livre. Associação livre tem uma direção radicalmente diferente da busca de uma cadeia de motivos para o sentido de determinada ação. Uma coisa é perguntar ao sujeito acerca das motivações de seus atos (registro das razões); outra coisa totalmente diversa é convidar o sujeito a dizer livremente o que lhe ocorrer. Noções como intencionalidade e significação do gênero que Bouveresse requer são aqui, pelo menos até certo ponto, inoperantes. Pois a verdade é da ordem dos efeitos no sujeito, acrescida a variável tempo. Apenas a suposição do determinismo e a rejeição de explicações teleológicas são capazes de justificar por que qualquer discurso acabará fornecendo elementos para reconstrução *a posteriori* da cadeia associativa (registro das causas). Tal é o papel da interpretação. Numa interpretação, não se trata "da assunção mística de um sentido", de "uma experiência íntima", nem de "um conhecimento que seja de algum modo iluminante [*sic*] ou transformante":"[...] nenhuma assinatura das coisas nem providência dos acontecimentos" (OE, p. 351).

Curiosamente, Freud aloja sua concepção de interpretação não no terreno dos motivos, como supõem, em geral, hermeneutas, neopositivistas e filósofos

---

[109] Conforme as palavras de Polônio a Reinaldo, em *Hamlet*, ato II, cena 1.

analíticos, mas no registro da explicação causal, a fim justamente de ultrapassar o domínio do sentido (Assoun, 1983). Ultrapassar o domínio do sentido é precondição para perceber qual lógica preside o discurso, no contexto da associação livre. "Que essas palavras não estejam à deriva, isto é, que sua deriva decorra unicamente de uma lei das palavras – de uma lógica radical que tento estabelecer –, é isso que leva a uma revisão total de tudo o que se pôde pensar até hoje sobre o pensamento" (OE, p. 227)

Mas de nada disso segue que Freud espose uma noção *estrita* de determinismo, nem que postule a possibilidade de reconstrução completa e sem lacunas das múltiplas determinações envolvidas numa constituição sintomática.[110] Lacan exumou no texto freudiano diversos momentos em que Freud *limita* o determinismo, sem abrir mão dele. Termos como o "umbigo do sonho", "*das Ding*", os "*fueros*", etc., servem a esse propósito. Em 1956, Lacan distingue entre "um materialismo naturalista e o materialismo freudiano, que, longe de nos despojar de nossa história, assegura-nos sua permanência em sua forma simbólica, fora dos caprichos de nosso assentimento" (E, p. 468). Ao fazê-lo, procura mostrar que o gênero de determinismo pressuposto pela psicanálise é um determinismo simbólico, incompleto, nem que fosse pela simples demonstração da impossibilidade da metalinguagem. Um determinismo que impõe seus efeitos "do texto para o sentido" (E, p. 470), devido a essa "exterioridade do simbólico", inalcançável segundo uma reconstrução da cadeia do sentido. O texto, como o objeto, permanece opaco, irredutível, e dele só temos notícia pelos seus efeitos. O próprio Freud estava cônscio disso. Em seu comentário sobre a Jovem homossexual (1920b), ele escreve:

> A apresentação linear serve pouco para a descrição de processos anímicos enredados [*enchevêtrés*] que se desenvolvem em diversos estratos anímicos (Freud, 1996 [1920b], p. 249).

> Tanto quanto seguirmos o desenvolvimento partindo de seu resultado final para recuar atrás, o que se coloca diante de nossos olhos é uma coerência sem lacunas, e nós tomamos nossa visão das coisas como plenamente satisfatória, talvez exaustiva. Se, todavia, nós tomamos o caminho inverso, partindo das pressuposições encontradas pela análise e buscando segui-las até o resultado, então a impressão de um encadeamento necessário, que não poderíamos determinar de outra maneira, nos abandona inteiramente.

---

[110] Para Freud, a certeza *não* depende da completude da explicação. Leia-se: "A comunicação de um caso individual que não é especialmente gritante, no qual foi possível reconhecer *quase sem lacunas* e com *toda certeza* sua gênese psíquica, pode certamente, por esta razão, ser elevada em consideração" (FREUD, 1996 [1920b], p. 235). A expressão "quase sem lacunas" não exclui o "com toda certeza".

Notamos imediatamente que alguma outra coisa poderia resultar também disso, e este outro resultado, poderíamos do mesmo modo compreender e elucidar. A síntese não é tão satisfatória quanto a análise; em outros termos, nós não teríamos condições, a partir do conhecimento das pressuposições de predizer a natureza do resultado (p. 257-258).[111]

§37 Limites da leitura wittgensteiniana de Freud: não há gramática possível das pulsões

O segundo ponto irreconciliável e que indica o segundo limite da abordagem wittgensteiniana é o seguinte. Wittgenstein desconsidera o conceito de pulsão e isso o leva aos mais diversos equívocos quanto ao papel da sexualidade em psicanálise. A questão freudiana central, que Wittgenstein não parece ter percebido, é que a sexualidade pulsional inconsciente rompe exatamente com a dimensão do sentido: *não há, e nem pode haver, uma gramática das pulsões*. Isto é: não há um conjunto de regras de uso das pulsões que um sujeito possa aprender e naturalizar numa determinada forma de vida. A noção wittgensteiniana de gramática envolve a ideia de que falar uma língua consiste em "seguir regras", em inserir-se numa atividade não privada comandada por regras.[112] Expressões como "a maneira como constantemente usamos, a maneira como fomos ensinados a usar" (PI, §190) são frequentes quando se trata de abordar o tópico. Uma criança de três anos já assimilou um conjunto impressionante de regras gramaticais concernentes à formação de frases, ao significado das palavras, sua morfologia, etc. Ainda que não possa explicitar essas regras, ela sabe usá-las com relativa habilidade. Será que o mesmo se dá com respeito às moções pulsionais?

É verdade que o próprio Freud trata das vicissitudes da circulação pulsional valendo-se de procedimentos gramaticais, como fez, por exemplo em *Bate-se em uma criança* ou em *A pulsão e seus destinos*. Ao explicar a "reversão ao seu oposto" como uma das vicissitudes possíveis da finalidade da pulsão, Freud embasa sua abordagem através da reversibilidade ativo/passivo, em jogo, por exemplo, na reversão sadismo-masoquismo e na escopofilia-exibicionismo. Trata-se de uma operação gramatical de transformação de voz ativa em voz passiva. Não obstante, o uso que Freud faz da gramática neste contexto apenas reforça meu argumento de que não há uma gramática, no sentido wittgensteiniano, das pulsões. Porque, em nenhum momento, Freud atribui a motivações intencionais do sujeito as operações ocorridas. Nenhum rastro de algum procedimento cognitivo capaz,

---

[111] Ver comentário de Regnault (2001, p. 45-48).

[112] Não cabe aqui a discussão técnica se a noção de "seguir regras" comporta um concepção normativa ou não de linguagem (ver, por exemplo, GLOCK, 1998, p. 194).

por exemplo, de reconduzir o masoquista de volta à posição originariamente sádica, através da elucidação da confusão gramatical em que o sujeito se enredou... Porque a gramática wittgensteiniana pressupõe a possibilidade de uma terapia gramatical, capaz de reconduzir o sujeito para fora do enfeitiçamento da linguagem, capaz de devolver ao sujeito o apaziguamento de um uso socialmente partilhado da linguagem.

Ora, o que a psicanálise *mostra* é que não existe algo como "pulsões: modo de usar". Não existe um uso normal das pulsões, capaz de me integrar a uma forma de vida partilhada e de elidir o mal-estar inerente ao antagonismo entre pulsão e cultura. A única regra válida para uma pulsão é a busca de satisfação pela via de eliminação mais curta possível. Quer dizer, ao passo que seguir regras implica que não há linguagem privada, no campo das pulsões, isso é tudo que há (veremos, no Capítulo 3, o conceito de *lalangue*). Se podemos falar de um uso padrão de regras no que concerne à linguagem, no que concerne à pulsão, o desvio é que é normal. O máximo que se pode dizer é que a cultura fornece uma série de restrições (Freud) ou o Outro fornece esquemas formais de ordenação (Lacan) para a circulação da pulsão. Mas o modo como vicissitudes pulsionais operam não depende do uso que um sujeito faz da gramática; ao contrário, a gramática do desejo de um sujeito depende das vicissitudes da pulsão.

Considerada a hipótese da pulsão, a verdade do sexo é insensata. Mas insensata não quer dizer irracional. Por isso, a gramática das razões/motivos esbarra no limite da radical ausência de sentido do sexo. Por isso a necessidade de uma lógica – e não de uma gramática – da verdade como causa,[113] que trabalha lado a lado com uma estratégia epistêmica que consiste em uma espécie de ficção do objeto. "A causa é a resposta de um sujeito ao real do sexo; é enquanto uma resposta do sujeito que ela se fixa como causa. Sendo assim, a causa não poderia jamais ser conjeturada sem levar em conta o assentimento do analisando, mesmo que este assentimento só possa ser dado a partir das manifestações indiretas do inconsciente" (CARVALHO, 2002, p. 125).

Por essas razões, a tensão entre a gramática das causas e das razões é interna ao próprio objeto da psicanálise, na medida em que é aproximadamente coextensiva à tensão entre saber e verdade que constitui o sujeito do inconsciente. Num certo sentido, o recalcamento originário quer dizer precisamente isso: que não há passagem de razões a causas, não há uma gramática da transição de razões a causas. Ou, mais exatamente, há um *hiato* entre razões e causa. Um hiato que bloqueia a possibilidade de remontar ao domínio da causalidade pela via do sentido. Embora intransponível pela via do sentido, Freud construiu estratégias de transposição desse hiato. A ideia de *construção*, tal como proposta em *Construções em análise*, pode ser

---

[113] Mas uma "lógica" sem força metalinguística (como veremos no Capítulo 3).

vista como uma estratégia deste tipo: uma ficção, apoiada na transferência, que visa fisgar uma recordação do analisante. É neste sentido que Carvalho (2002, p. 129) afirma que "a construção é como um ser intermediário entre a ordem das razões e a causa". Quer dizer, é um "suplemento de explicação", "um trabalho ficcional" que objetiva "formar um quadro da vida do analisando" (p. 130).

Mas, ao mesmo tempo, quer dizer que a pulsão permanece fixada ao objeto recalcado e que resíduos dessa operação produzem efeitos na atividade psíquica do sujeito. Se lembrarmos o esquema proposto por Freud em 1895, temos exatamente o seguinte quadro. O aparelho psíquico está "exposto sem proteção" às pulsões oriundas do elemento somático e nisso "reside a mola pulsional (*Triebfelder*) do mecanismo psíquico" (FREUD, [1895] 1995, p. 30). Desse modo, o registro das pulsões é anterior ao registro psíquico, e só conhecemos o elemento precipitado (derivado) das pulsões. O "impulso que sustenta toda a atividade psíquica" é relativo ao abandono do aparelho psíquico à somação das pulsões. "Conhecemos esse poder como *vontade*, o derivado das *pulsões*" (p. 31). A crítica wittgensteiniana da psicanálise se assenta no registro do que Freud chamaria de vontade, um derivado psíquico das pulsões.

Na rejeição tanto de Freud quanto de Lacan à hermenêutica está em questão uma certa concepção de causa. Segundo Zizek (1999, p. 126), quando Lacan se afasta de suas origens hermenêuticas e abraça o estruturalismo, está em jogo exatamente a questão da causa: "Como vai-se da significação à sua causa, a significação é concebida como efeito de sentido…". Éric Laurent (1998, p. 38) escreve a esse respeito: "[…] não há ninguém que esteja mais longe de uma confusão entre os registros da causalidade nas ciências físicas e nas ciências conjecturais de que Lacan". Para Laurent, a invenção do objeto *a* serve para responder à objeção de Wittgenstein a Freud (voltarei a isso no final do capítulo).

Afastar a perspectiva da gramática das razões é uma maneira de preservar a experiência analítica da miragem da unidade do sujeito. A álgebra lacaniana serve a esse propósito. Lacan aborda explicitamente a questão causa *versus* razão ao forjar a expressão "*se faire une cause*" no lugar da expressão cristalizada em francês "*se faire une raison*". Uma nota do editor brasileiro dos *Outros escritos* esclarece o ponto: "[…] a expressão 'resignar-se, conformar-se (com o inevitável)' diz-se em francês, *se faire une raison*. Para indicar 'causar a si mesmo' e ainda o 'proporcionar para si uma causa', Lacan cria expressão '*se faire une cause*'" (N.E. *in* OE, p. 283, nota 15). A observação tenta elucidar a seguinte passagem, escrita em terceira em pessoa:

> Tal sujeito se constrói com toda a experiência analítica, quando Lacan, com sua álgebra, tenta preservá-lo da miragem de ser Um: pela demanda e pelo desejo que situa como instituídos pelo Outro, e pela barra que vem por ser o próprio Outro, por fazer com que a divisão do sujeito se simbolize

pelo $ barrado, o qual, desde então sujeito a afetos imprevisíveis, a um desejo inarticulável a partir de seu lugar, se ajusta com uma causa (como diríamos: ajusta-se, resigna-se), ajusta-se uma causa com o mais-gozar, do qual, no entanto, ao situá-lo pelo objeto a, Lacan demonstra o desejo articulado, e muito bem, mas do lugar do Outro (OE, p. 283).

Como escreve, dessa vez acertadamente, embora no alvo errado, Bouveresse: "[...] a conclusão parece ser que não pode haver uma ciência positiva da motivação, como Freud certamente acredita, mas apenas, no melhor caso, hermenêutica" (BOUVERESSE, 1995, p. 80). E é exatamente por essa razão que Freud não pode se deter numa ciência das motivações, nem se contentar com a gramática das razões.

Ao analisar o sonho *Ein schoner Traum* (Um belo sonho) relatado por Freud em *A interpretação dos sonhos*, Wittgenstein diz: "Freud mostra o que ele chama 'sentido' (*meaning*) do sonho. As mais grosseiras bobagens sexuais, bobajadas da pior espécie [...] bobajada de A a Z" (LC, §20, p. 23). Em seguida, Wittgenstein acrescenta que, ao invés de ironizar o "bonito" do sonho e dizer à paciente sobre o caráter sexual do sonho, ele, Wittgenstein, teria dito: "Estas associações tornam o sonho não belo? Foi belo. Por que não teria sido?" (LC, §20, p. 24). Wittgenstein acrescenta ainda que diria que Freud "enganou a paciente" (LC, §20, p. 24).

É preciso dizer duas coisas acerca dessa resposta de Wittgenstein à paciente. A primeira delas é que não há essa oposição entre a beleza do sonho e o fato de ser explicado segundo sua natureza sexual subjacente. O que melhor ilustra a posição de Freud no que concerne às relações entre beleza e esclarecimento é o belo relato do passeio com um jovem poeta (Rilke). Em *Transitoriedade*, Freud não apenas evoca um episódio fortuito de sua relação com um poeta. Mais do que isso, ilustra a oposição entre uma visão qualitativa e artística do mundo e a *Weltbild* científica. Enquanto Rilke reclama da transitoriedade da beleza natural, prestes a desaparecer quando da chegada iminente do inverno, Freud observa que a beleza está inscrita na própria fugacidade. O conhecimento das inexoráveis leis da natureza não se opõe, parece dizer Freud, à fruição da beleza. Não há oposição entre a fruição estética desses momentos de beleza e a verdade natural de que as estações se sucedem em ciclos determinados por leis alheias ao sentido e ao sabor humanos. Como se dissesse que a "Vênus de Milo é tão bela como o binômio de Newton". O idílico belo-eterno que parece seduzir o poeta é visto por Freud como uma mera ilusão, afastada de toda e qualquer verdade. Mais do que isso, essa ilusão nos afasta até mesmo da possibilidade de fruir da beleza fugaz. A verdade eclode como beleza na natureza apenas transitoriamente. E esse movimento não tem nenhum sentido; ele apenas é como é. A Wittgenstein, agora, Freud talvez pudesse responder: a obscenidade do sonho, o reconhecimento das inexoráveis leis que o regem, não lhe roubam a beleza. A posição científica não rouba a beleza, só nos previne de identificá-la a um sentido dado.

A segunda coisa a ser dita, e mais importante, é a respeito do estatuto da interpretação. Antes de tudo, não se interpretam sonhos fora do contexto transferencial. Esse é o erro em que incorrem a maior parte das críticas filosóficas e científicas à psicanálise. Acrescentaria que a verdade de uma interpretação analítica só se mede por seus efeitos, e seu estatuto não é de um dito, mas de um dizer (MILLER, 2003a, p. 183).

A respeito do que teria dito a Freud "você enganou a paciente", poderíamos repetir a frase de Shakespeare empregada por Freud em *Construções em análise* (1937): "[...] uma isca de falsidade fisgou uma carpa de verdade".[114] Mais uma vez, será preciso mobilizar a dialética entre saber e verdade que opera no contexto transferencial? Será ainda preciso lembrar que o saber do analista é apenas suposto, que ele não pode operar a partir de uma posição metalinguística? Será necessário observar que, devido à dissimetria dos lugares na cena analítica, em que o eixo imaginário da relação intersubjetiva é posto em parêntesis, lança "eu, a verdade, falo" para o lado do analisante? É claro que isso não esgota o problema da violência da interpretação,[115] mas, ao menos, previne a cristalização de certos efeitos de sentido da transferência. A não ser que o "analista" ainda sonhe dizer a verdade da verdade, ou ainda busque o sentido do sentido, isto é, que ele esqueça a recomendação quanto à posição do analista: não há Outro do Outro, pois o risco de desconhecer a posição do analista na interpretação é o risco de fazer "do inconsciente uma linguagem-objeto e da interpretação uma metalinguagem" (MILLER, 1996, p. 96).

É por isso que Soulez (2003, p. 247) tem motivos para dizer que "o analista da linguagem conduz a cura. Mas trata-se das doenças da linguagem pública. Ele não tem ouvidos para aquelas que traem as perturbações da linguagem privada do inconsciente".

Seção 8 – Verdade e sua refração

Pelo conjunto de razões discutidas acima, a reflexão epistemológica sobre a psicanálise não pode contentar-se com um encaminhamento do gênero daquele tentado por Wittgenstein, e principalmente, por seus seguidores. É preciso interrogar *em que condições verdade e saber se dispõem diante do objeto da psicanálise*. É isso

---

[114] Conforme as palavras de Polônio a Reinaldo, em *Hamlet*, ato II, cena 1.

[115] Foi Christian Dunker quem me chamou atenção para esse problema.

que justifica que a pergunta propriamente lacaniana não seja: "que condições a psicanálise deve satisfazer para se transformar numa ciência?", mas ao contrário: "o que é uma ciência que inclua a psicanálise?" (OE, p. 195). Tentarei desdobrar tudo isso nas próximas seções, buscando averiguar como fica a partilha entre saber e verdade uma vez admitidas as premissas acerca da natureza do objeto da psicanálise. Primeiro, será preciso discutir por que verdade e sentido excluem-se mutuamente; depois, analisarei como Lacan conjuga Hegel e Koyré para dar conta dessa problemática; finalmente, proponho que verdade e saber relacionam-se ao modo de uma elipse, e que a ideia de refração da verdade é central para compreensão de como Lacan interpreta esses pontos.

§38 A verdade insensata do sexo e os impasses do saber analítico

Uma verdade separada do sentido: este é o ponto que aglutina sinteticamente os limites da crítica wittgensteiniana de Freud elencados acima. Wittgenstein estaria certo em dizer que não há como provar que os *motivos* de determinado fenômeno inconsciente são de natureza sexual. Mas, justamente, sua tentativa de buscar essa resposta no registro do sentido, coextensivo ao registro dos motivos, é o que torna inexequível a tarefa. A tese da ruptura sexo *versus* sentido é precisamente o que Freud e Lacan têm em vista ao eleger o domínio da causa como aquele que interessa à pesquisa psicanalítica, mesmo que se trate de uma causa ausente, a que o conceito de *objeto a* responde. Segundo Lacan, a bissexualidade biológica "não tem nada a ver com aquilo de que se trata: a incomensurabilidade do objeto a com a unidade implicada pela conjunção de seres do sexo oposto na exigência subjetiva de seu ato" (OE, p. 326). Mas essa ruptura entre sexualidade pulsional e sentido, essa incomensurabilidade entre pulsão e vontade, não engendra nenhum irracionalismo. Pode valer a pena dizer duas ou três palavra sobre isso.

Um dos pilares da descoberta freudiana é a crítica da existência de qualquer vínculo natural entre o desejo do sujeito e os objetos de sua eleição. A estrutura fantasmática, responsável por ligar desejo e objeto na economia libidinal de um sujeito, é função única e exclusiva do modo como cada sujeito singular lidou com acontecimentos contingentes em sua história individual. Em outras palavras, "o destino subjetivo da sexuação submete o sujeito a uma verdade insensata" (Badiou, 2005, p. 117). A pulsão sexual não responde a nenhuma finalidade cultural exterior à sua própria satisfação. Essa verdade insensata corresponde justamente à ideia de causa. A célebre expressão "a verdade como causa" (ver seção "Modos de refração da verdade") remete a isso. "É como efeito de separação entre sujeito e objeto da fantasia que advém a causa do desejo, sendo a causa o ponto limite do sentido" (Carvalho, 2005, p. 207). A versatilidade da pulsão em relação aos objetos ao lado da ambivalência e reversibilidade das moções pulsionais constituem algumas das teses mais importantes da teoria freudiana da sexualidade.

Badiou (2005, p. 116) denuncia a "manobra hermenêutica" como uma forma de resistência. Sem endossar essa retórica das manobras e das resistências, ainda assim é possível concordar com ele em que a tentativa de reenviar "a articulação do desejo e de seu objeto" a um sentido constituído previamente ou a uma finalidade intrínseca é uma maneira de contornar a tese freudiana da cisão entre sexo e sentido. Tais *reenvios* são recorrentes sob diversas versões: o sentido (a finalidade) das escolhas sexuais seria determinado ou pela natureza (ou em sua versão mais moderna sob os nomes de *genética*), ou pela cultura, mitologia, religião, ou, golpe ainda mais sutil, tais escolhas são irracionais, incognoscíveis, inefáveis.[116] O resultado de tais operações seria o de ressituar o sentido no lugar da verdade, anulando assim a "radical ausência de sentido do sexo" tal como proposto por Freud. A singularidade de Freud é que o face a face com o sexual não é da ordem do saber, mas da ordem de uma nomeação (*nomination*), de uma intervenção, disso que ele chama 'uma discussão franca', que precisamente busca desvincular os efeitos do sexual de toda apreensão puramente cognitiva, e, conseqüentemente, de todo poder da norma" (BADIOU, 2005, p. 107).

Do ponto de vista da leitura lacaniana de Freud, se não há metalinguagem, é também porque, como salienta Michel Arrivé, não há uma linguagem capaz de formalizar a inexistência de *rapport* (relação; proporção) entre os sexos. Mas o que isso quer dizer?

Para a psicanálise, a distinção sexual não depende apenas de funções naturais, biológicas, definidas inicialmente pela diferença genética e anatômica. Para além disso, a natureza não resolve "a polaridade do sexo no ser vivo, que representa em si mesma, talvez, o fracasso da linguagem" (OE, p. 230). Apenas uma "logomaquia" "grotesca", os termos são ainda de Lacan, poderia tratar "as relações

---

[116] Essa seria, na visão de Badiou, uma razão de fundo da crítica freudiana da religião. Não por acaso a perspectiva wittgensteiniana enfatiza justamente este ponto... Escreve Badiou: "[...] o que apavora a religião não é a importância do sexo, muito pelo contrário. Os padres da Igreja conhecem um bocado (*bout*) sobre o sexo, suas perversões, seus efeitos, e eles são os últimos a subestimar sua importância. Não, o que os apavora é que o sexo possa comandar uma concepção de verdade separada do sentido" (BADIOU, 2005, p. 117). A religião acredita na existência da relação/proporção entre os sexos. E não apenas isso: procura espiritualizar, isto é, doar sentido ao sexo (p. 117). O paradoxo está instalado. É a psicanálise, em sua versão lacaniana, que desconfia da proporcionalidade entre os sexos e afirma a impossibilidade do *rapport*. Badiou vê nisso uma batalha antirreligiosa da psicanálise de consequências maiores na disposição da moral sexual e nos modos de subjetivação do sexual do século XX: "[...] para dizê-lo simplesmente: a função anti-religiosa do face a face pensamento/sexo sob o signo da verdade é que ele arranca o dizer do sexo das pretensões da moral" (p. 117). Aqui, a adesão de Freud ao ideal da ciência é plenamente justificada. Freud é, pois, visto como um dos heróis do século, exatamente por ter tido coragem de se ater ao real do sexo, e não ao seu sentido. Nisto, Wittgenstein teria razão em dizer que ele não foi um sábio, mas um gênio. Devo a observação de que "a religião acredita na relação sexual" ao amigo Padre Ricardo Torri, estudioso de Wittgenstein e da psicanálise.

entre o homem e a mulher a partir de uma harmonia analógica" (OE, p. 230). Não há "harmonia analógica" entre os sexos. Por que não? Em 1925, Freud tratou das *consequências psíquicas* da distinção anatômica entre os sexos, mostrando "que há uma clivagem entre uma posição subjetiva e uma posição anatômica" (PINTO, 2008, p. 95). Tais consequências são tanto mais importantes porquanto a bissexualidade constitutiva do ser humano firmou-se, desde os *Três ensaios sobre a sexualidade*, como uma das premissas mais inarredáveis do pensamento de Freud. Grosso modo, podemos dizer, com Geneviève Morel, que, para a psicanálise, "a diferenciação do homem e da mulher é um processo extremamente complexo, articulado ao desenvolvimento da pulsão sexual, e relativamente tardio, posto que os dois sexos só fazem um pelo menos até a fase fálica" (MOREL, 1996, p. 43). O modo como cada um passa pelo Édipo e pela castração selaria o destino psíquico da diferença anatômica. A dificuldade consiste em que a definição da identidade sexual dependeria de apenas um vetor, a função fálica, determinante tanto da posição masculina quanto da posição feminina. Como uma única função, a função fálica, pode definir dois sexos?

Lacan abordou o sexo através das vicissitudes do gozo e da incidência do significante. Ele "radicalizou a tensão entre a diferença dita natural dos sexos e suas consequências no sujeito" (MOREL, 1996, p. 43), através do que chamou de sexuação, isto é, um processo estruturado em que a verdade da escolha sexual depende de uma lógica articulada em três tempos: "[...] primeiro, aquele da diferença natural entre os sexos, segundo, aquele do discurso sexual, terceiro, o tempo da escolha do sexo pelo sujeito" (p. 43). O real natural dos sexos é refratado quando de sua inscrição simbólica, já que só pode ser apreendido "de maneira torta pela linguagem" (p. 43), na medida em que a significação do gozo sexual é sempre mediatizada pelo significante fálico. Como esclarece Pinto (2008, p. 104), "o falo nos indica a falta constitutiva da sexualidade na dupla incidência do desejo da mãe e da metáfora paterna". Isso quer dizer que, embora haja apenas "uma função de gozo na linguagem para os dois sexos, há duas maneiras de se inscrever isso, o que corresponde a dois modos diferentes do gozo fálico" (MOREL, 1996, p. 43). Enquanto a posição masculina caracteriza-se por ser inteiramente regida pelo gozo fálico, o destino da feminilidade consiste justamente em não permitir que seu gozo seja inteiramente colonizado pela norma fálica (TEIXEIRA, 2007, p. 39). Lacan enuncia isso dizendo que a mulher é não-toda. Por isso, o feminino é por ele definido como o Outro sexo. O destino da sexuação, conforme afirma Teixeira, "diz respeito menos à distinção empírica dos predicados sexuais do que às categorias discursivas do Mesmo e do Outro" (p. 33).

A impossibilidade da relação/proporção sexual decorre justamente desse quadro esboçado acima: há uma dissimetria fundamental nos modos como o masculino e o feminino se inscrevem na função fálica. Enquanto o gozo masculino define-se pela *castração*, ou pela limitação de seu gozo pela castração simbólica, o gozo feminino define-se pelo *excesso*, justamente porque uma parcela de seu gozo permanece indeterminada, opaca, enigmática, ou mais precisamente, permanece como "suplemento ao gozo fálico" (PINTO, 2008, p. 97).

Em outros termos, "o real psicanalítico do sexo consiste em uma equação: 'não há relação sexual', frase equivalente à 'existe uma função fálica', na qual cada um pode inscrever seu gozo ou não" (MOREL, 1996, p. 43-44). Na esteira de Jean-Luc Nancy, Jeferson Machado Pinto (2008) se pergunta: qual é a afirmação primordial negada pelo aforismo "não há relação sexual"? Sua resposta, sucinta e precisa, é: "[...] o sexual é, justamente, o que há da relação" (p. 93). Quer dizer, o que Lacan nega não é o sexual, mas a relação, a proporção, o *rapport* entre os sexos. Ora, toda relação entre dois seres reais só pode ser estabelecida discursivamente, mas, ao mesmo tempo, o Outro simbólico não pode fornecer elementos suficientes para tanto. Assim, "o encontro com o Outro sexo, por não ser assegurado pelo instinto, só passa a ser possível através do sintoma" (PINTO, 2008, p. 129).

Com efeito, é bastante difícil perceber o nexo postulado por Lacan entre estes dois aforismos: "não há relação sexual" e "não há metalinguagem". De todo modo, é possível vislumbrar algumas diretrizes. Se a linguagem dispõe apenas da função fálica para definir o campo da sexualidade, não podemos representar, a não ser imaginariamente, a relação entre os sexos. Uma relação sexual particular, quando tem lugar, se deve ao fato do caráter performativo de um ato que a instaura, mas justamente essa performatividade é o que lhe empresta a precariedade de sua estabilidade. Assim, a "heterogeneidade dos lugares impede que se escreva a existência da relação sexual" (PINTO, 2008, p. 126), embora daí não siga que uma enunciação não possa interromper contingencialmente aquela impossibilidade. A instauração de uma relação sexual particular é, pois, aberta a todos os efeitos dispersivos, equívocos, ambíguos, numa palavra, contingentes, decorrentes do fato de sermos seres falantes. Ora, mas o que é a metalinguagem senão um esforço de apagar o caráter equívoco e contingente da linguagem? Por acaso, há algum outro caso em que o equívoco e a contingência são tão manifestos quanto o campo do sexual? Há algum outro lugar em que a verdade e o sentido se distanciam mais? É claro que essas perguntas não esgotam o assunto, mas talvez nos permitam delimitar melhor o âmbito da obscuridade remanescente.[117]

Se, com Mallarmé, "*on a touché au Vers*" (literalmente: "nós tocamos o Verso"), com Freud, "*on a touché au sexe*" ("nós tocamos o sexo") (BADIOU, 2005, p. 103). A descontinuidade entre o real e o simbólico é aqui fundamental. A linguagem

---

[117] Que se me permita repetir aqui a frase de Freud citada acima: "[...] se não pudermos ver com clareza, ao menos vejamos com precisão as obscuridades" (GW XIV 155 [Inibição, sintoma e angústia]), mais uma vez seguindo a tradução de Carone (2008).

introduz um "efeito de cisalha" nas "funções do ser falante" (OE, p. 229). "Que Freud mostre que esses efeitos de cisalhamento são maiores no que devemos chamar prática sexual do ser falante, isso não implica nenhuma descoberta concernente à biologia do sexo" (OE, p. 229). Mas, ao contrário do que poderia parecer, ater-se ao real do sexo não garante nada. Exatamente porque não há nenhum índice suficiente de que o real seja real. Isso por conta da impossibilidade de uma instância discursiva capaz de identificar o real como real, ou a verdade como verdade. Escreve, admiravelmente, Badiou: "[...] o real, tal como ele é concebido em sua absolutez (*absoluité*) contingente, não é nunca suficientemente real para não ser suspeito de ser do semblante. A paixão do real é também necessariamente a suspeita. Nada pode atestar que o real é real, nada a não ser o sistema de ficção onde ele virá encenar o papel de real" (Badiou, 2005, p. 82).

"*On a touché au sexe*", segundo a bela fórmula de Badiou acerca da psicanálise. Mas de nada adianta repisar essa espécie de profissão de fé acerca da necessidade de ater-se ao real do sexo, ao que do sexo resiste à significação e ao sentido, se a psicanálise não for capaz de fornecer os meios com os quais é possível tratar esse real, não apenas na clínica, mas também no discurso que a embasa. Neste sentido, voltamos à questão das pretensões e dos impasses da formalização científica da psicanálise, desta vez diante do real do sexual. Tudo se passa como se Lacan acentuasse esse Freud que percebe o potencial crítico da ciência, essa vocação sua de dissolver o sentido, e a possibilidade de desse modo se furtar a um horizonte moralizador das normas de conduta. Por isso não há "nenhuma razão para deter o movimento da ciência, que sempre consiste em inaugurar um cálculo do qual esteja, de saída, eliminado todo e qualquer preconceito" (OE, p. 227). Mas, ao mesmo tempo, sem deixar-se seduzir pelo *páthos* positivista de reificar a verdade da ciência, transformando-a em um novo mito capaz de dizer a verdade sobre a verdade. Nisso, temos a manifestação de uma sensibilidade crítica a que apenas a Escola de Frankfurt deu plena vazão. Mas tanto Freud quanto Lacan não abrem mão de instalar, em alguma medida, a racionalidade da psicanálise numa interseção com a racionalidade científica. Como enfatizava Freud em *O futuro de uma ilusão*, ainda que a ciência fosse uma ilusão ela não é da mesma natureza da ilusão religiosa, porque a razão é aberta à correção (Freud, 1995 [1927], p. 67), porque ela nos resguarda da "servidão" (Freud, 1995 [1927] p. 69). Mas, ao mesmo tempo, temos uma concepção que não abandona a ciência em favor de um retorno a uma natureza original (como em Heidegger), nem em favor de um inefável religioso (como em Wittgenstein).[118]

---

[118] Paolo Rossi, em sua tentativa de reabilitar a figura de Galileu e da ciência que este inventou diante do longo processo que o século XX imprecou contra a ciência e a técnica a partir de Husserl-Heidegger e Adorno-Horkheimer, percebeu uma dupla operação. O século XX precisou

Pelo exposto, tudo indica que a questão das relações entre ciência e psicanálise precise ser formulada em outros termos. Isso porque o *tipo de objeto* com que a experiência analítica se depara – um sujeito cuja causa remete a uma verdade insensata –; o *tipo de realidade discursiva* de que o psicanalista precisa dar conta em sua prática cotidiana – a associação-livre que trai no fundo a lógica implacável de sua pretensa liberdade –; assim como, finalmente, o *tipo de formalização* que seu discurso sobre aquele objeto e aquela realidade determina – um discurso que não dispõe de uma garantia metalinguística –, nada disso pode consentir com uma tentativa de incorporação da psicanálise no espaço de uma racionalidade e de uma discursividade alheia a essas especificidades.

Freud foi sensível a esses impasses, mas o encaminhamento que ele deu ao tema foi bastante diverso. Como vimos, Freud nunca cede quanto à vocação científica da psicanálise, o que aliás custou-lhe a censura de Wittgenstein e de toda uma tradição filosófica que deriva daí. Entretanto, sua atividade nunca foi freada por uma dificuldade de ordem metodológica. Para ele, a "ciência" não se confunde com a metodologia científica; donde seu recurso a dispositivos e procedimentos pouco recomendados, até mesmo interditados, pela boa tradição científica de seu tempo. Tomemos como exemplo o papel do mito que, no centro de sua conceitualização, demonstra o quão ele estava à vontade quanto aos limites da *Naturwissenschaft*. Com os instrumentos da ciência da natureza, é impossível delimitar um conceito tão fundamental como o de pulsão: no ponto de hiância entre *soma* e *psique*, a pulsão é situada no limite da ciência e do mito. Ainda que pudéssemos estabelecer a base biológica da pulsão, permaneceria o enigma da transição entre a base biológica e sua representância psíquica. A transposição desse hiato exige o suplemento de hipóteses que extrapolam o âmbito das ciências naturais, razão pela qual a teoria das pulsões é a mitologia da psicanálise: conceito-limite, a pulsão acarreta o oxímoro de *mitologia-científica*. Não é por acaso que os conceitos freudianos que giram em torno da função do pai, agente primordial da regulação da satisfação pulsional, sempre fazem apelo a um além da ciência: o mito de Édipo, o mito do assassinato do pai primordial, o mito de Moisés. O que está em jogo é "a equivalência entre o pai morto e o gozo" (S. XVII, p. 116). Este enunciado releva do mito, pois funciona como "escolho lógico daquilo que, do simbólico, se enuncia como impossível"

---

levar a extremos certas operações para tornar palatáveis alguns de seus maiores pensadores. Com efeito, por uma estranha inversão de valores, "Marx foi 'libertado' de seu materialismo, Freud do seu racionalismo" (ROSSI, 1992, p. 25). A posição de Lacan nesse confuso cenário das relações entre ciência e verdade no século XX fica agora ainda mais ímpar. Ao contrário de Heidegger e Adorno, ele não recusa a ciência, nem sua relação com a verdade; mas ao contrário dos que apontam nestes últimos algum obscuro impulso irracionalista, ele não adere a um credo cientificista que identifica razão e cientificidade.

(S. XVII, p. 116).[119] Mas Lacan define a psicanálise essencialmente como "o que reintroduz na consideração científica o Nome-do-Pai" (E, p. 889). Mas à diferença de Freud, Lacan não se contenta com o mito para falar do pai e do gozo impossível, mas à estrutura, ao matema e ao dispositivo RSI. Assim, passa-se do mito de Édipo ao seu correlato estrutural, qual seja, a constituição da estrutura subjetiva em relação à função fálica; do mito do assassinato do pai da horda ao Nome-do-Pai como limite ao gozo; e do mito de Moisés, "alegoria do destino de uma, ou da, pulsão de morte" (REGNAULT, 1985, p. 53), à pulsão de morte dirigida ao pai. No entanto, o caso de Lacan é bastante diverso, pois ele nunca se contentou com o mito. No entanto, também cônscio dos limites do dizer, tentou forjar dispositivos de ultrapassamento daqueles limites.

Malgré lui, Wittgenstein sugere algo extremamente interessante concernente aos limites do discurso científico: embora certas coisas não possam ser demonstradas, elas podem, no entanto, ser mostradas, para retomar a terminologia do *Tractatus*. Evidentemente, *aquilo* que não pode ser dito, mas que pode ser mostrado difere radicalmente em Wittgenstein e Lacan. Este último empurra a fronteira da ciência bem além do que queria o primeiro. Mas a distância entre os dois autores aumenta sobretudo porque o psicanalista descobre naquilo que só pode ser mostrado um objeto que não possui o menor traço do Místico buscado pelo primeiro. No entanto, o dispositivo que torna possível a distinção proposta no *Tractatus* permanece fecundo. Segundo a fórmula que nos dá G. Wajcman: "Cruzamento *daquilo que pode se dizer* com *aquilo que se vê* e do *impossível de dizer* com *aquilo que mostra* onde, termo a termo, vêm se opor o possível e o impossível de dizer, aquilo que se vê e aquilo que se mostra" (WAJCMAN, 2003, p. 47).

Talvez esteja aí uma forma de explicar por que Freud inscrevia mitos no âmago da estrutura teórica da psicanálise. E por que, diversamente, Lacan pratica uma mostração *via* um estilo estreitamente ligado à experiência particular que o sujeito faz da linguagem e de sua incompletude, a saber, uma experiência do trágico. Uma experiência que mostra que a verdade faz "furo no saber", razão pela qual a verdade não requer o assentimento do Outro (E, p. 876). A estratégia de enfrentamento de tais dificuldades será discutida a seguir.

§39 Recalcada, ela ali retorna
(lendo Freud com Hegel e com Koyré)

Em "Subversão do sujeito e dialética do desejo", Lacan evoca o motivo freudiano dos três golpes a fim de tematizar o sismo que a psicanálise representa nas relações entre saber e verdade. Por enquanto, vale ressaltar como o texto descreve as complexas relações entre esses dois polos em momentos privilegiados da história

---

[119] Ver, a esse respeito, o esclarecedor artigo de Cláudio Oliveira (OLIVEIRA, 2006).

das ciências. A estratégia geral consiste em ler a narrativa freudiana de fundação da psicanálise a partir de uma confrontação dupla: a dialética entre saber e verdade extraída de Hegel e a história das ciências e do sujeito, extraída de Koyré (E, p. 813).

Primeiro passo. De Hegel, é preciso conservar a ideia de que a verdade é "o que falta na realização do saber" (E, p. 812). Com efeito, em Hegel, a figura da *Selbstbewusstsein* e o substrato lógico da dialética – o movimento que culmina na síntese dos momentos contraditórios anteriores – permitiam pensar que "a verdade está em constante reabsorção naquilo que tem de perturbador". Todavia, ao afastar a consciência de si e seu fundamento dialético, Lacan pretende recuperar o caráter perturbador da verdade – "como comportamento negativo em relação ao estabelecimento da positividade do saber" (SAFATLE, 2002, p. 274) – mostrando que o que tornava possível sua reabsorção no saber era justamente aquele movimento que culminava na *Aufheben*. Esse movimento não é mais possível, pelo menos desde que Freud estabeleceu que a relação do sujeito com o real do sexo é sempre de través (E, p. 813), sempre refratada. Estamos bastante perto da tese de que a verdade faz furo no saber. Falta muito pouco para que Lacan encontre a formulação mais conforme ao Bem-dizer, que caracteriza a última fase de seu ensino: "[...] é pelo gozo que a verdade vem resistir ao saber" (OE, p. 357)

Segundo passo. De Koyré, ele incorpora uma versão da história das ciências que, ao atribuir à matematização do real um papel decisivo na constituição da ciência e em seus procedimentos de formalização, afasta interpretações empiristas da ciência apoiadas em procedimentos de redução de conceitos teóricos a evidências fáticas relativas a corpos (E, p. 809). É também a partir das teses koyreanas que são extraídos os fundamentos para uma doutrina do *sujeito da ciência*. Lacan dedica-se à refundação do estatuto do sujeito porque a hipótese do inconsciente o impõe, razão da equivalência entre o indivíduo afetado pelo inconsciente e o sujeito de um significante (S. XX, p. 194). O corolário epistemológico seria: *o conceito de sujeito da ciência permite revelar o fato de estrutura escondido atrás da forma épica na qual Freud apreendia a questão da cientificidade da psicanálise*.

Em suma, trata-se de dizer que a fronteira entre o saber e a verdade teria sido fechada com o advento da ciência. E. Balibar (1996, p. 23) escreve: "[...] permanece sempre algo que é verdadeiro e que eu não sei – precisamente porque, na ciência moderna, a condição para que o que eu saiba seja verdadeiro é que eu não tenha que conhecer a verdade enquanto tal". Combinados, esses dois passos visam caracterizar o estatuto da verdade na psicanálise, a partir dessa referência cruzada a Koyré e a Hegel, enfatizando o "advento de um novo sismo" (E, p. 811) provocado pela psicanálise freudiana, justamente nessa fronteira entre saber e verdade. "Nossa dupla referência ao sujeito absoluto de Hegel e ao sujeito abolido da ciência dá o esclarecimento necessário para formular em sua verdadeira medida a dramaticidade de Freud: reingresso da verdade no campo da ciência, no mesmo passo (*du même pas*) com que ela se impõe no campo de sua *práxis*: recalcada, ela ali retorna" (E, p. 813, trad. modificada).

Retenhamos as principais articulações: (i) a ciência abole o sujeito; por isso, (ii) a verdade, na ciência, é recalcada; (iii) através do sujeito, a verdade impõe-se na *práxis* psicanalítica; (iv) por retornar na *práxis* analítica, a verdade reingressa na ciência.

O raciocínio é, sem dúvida, engenhoso. Mas cuida diferençá-lo da síntese dialética hegeliana, pois pode parecer que se trocou seis por meia dúzia, isto é, que a *práxis* psicanalítica tenha feito às vezes da consciência de si, ao recuperar a verdade (e o sujeito) rejeitados pela ciência, sem mais. Como se o recalcado que retorna através da psicanálise na ciência promovesse o restabelecimento da unidade entre saber e verdade.

Contudo, não há metalinguagem que permita realizar a verdade no saber. Com Freud, algo se moveu na fronteira do saber e da verdade, ainda que a ciência tenha deixado aquela fronteira fechada. Como entender isso? "*Eppur si muove*": para começar, basta partirmos da questão central à articulação do texto: "[...] uma vez reconhecida a estrutura de linguagem no inconsciente, que tipo de sujeito podemos conceber-lhe?" (E, p. 814). Depois de passar pela distinção entre o sujeito da enunciação e o sujeito do enunciado, Lacan retoma a ideia de que o sujeito freudiano é o lugar "em que se divide a transparência do sujeito clássico" (E, p. 815). A transparência do sujeito desaparece, devido aos "efeitos de *fading*", isto é, "sua ocultação por um significante cada vez mais puro" (p. 815), cada vez mais desvinculado de um significado qualquer que o represente. Esses efeitos de ocultamento do sujeito nos conduzem tanto ao lapso e ao chiste, quanto ao lugar "onde a elisão é tão mais alusiva ao esconder em sua toca a presença" (E, p. 815). Não sem fina ironia, completa "[...] é espantoso que a caça ao *Dasein* não tenha tirado maior proveito disso" (E, p. 815).

Para que o sujeito possa ressurgir do fundo de todo esse ocultamento, segundo a fórmula do *Wo Es war, soll Ich werden*, é preciso que o analista disponha de uma maneira de desvinculá-lo do pré-consciente, ao qual pertence a significação, a motivação. Para tal, o primeiro passo consiste em "reduzir tudo à função de corte no discurso" (E, p. 815). A própria sessão analítica é, pois, concebida como "ruptura num discurso falso, digamos, naquilo que o discurso se realiza ao se esvaziar como fala" (E, p. 815). Do contrário, se o analista não for capaz de constituir a própria sessão como ruptura do discurso comum, ele precisará esperar exclusivamente por tropeços ou interrupções como formas de manifestação do inconsciente, o que, precisa Lacan, seria paradoxal, pois apagaria a especificidade do espaço e do discurso analíticos. A inclusão do analista fora do contexto intersubjetivo, fazendo as vezes de semblante de objeto capaz de sustentar e de desfazer a relação transferencial, isto é, fazer supor o saber sem encarná-lo, é a aposta que institui *uma* psicanálise.

Dispondo de todos esses elementos preparatórios, chegamos a duas ideias centrais que nos conduzirão em direção ao próximo passo. (i) A primeira delas é que a psicanálise, "ao fazer dos furos de sentido os determinantes do discurso" (E, p. 815), revela a verdade da relação significante/significado; (ii) o segundo ponto é a ideia de tomar o conceito freudiano de pulsão, "que é efetivamente um saber, mas um saber que não comporta o menor conhecimento" (E, p. 818). Quanto ao primeiro ponto, vale a pena ressaltar que não se trata de aplicação da linguística à psicanálise, erro que embasa a maior parte das tentativas de análise dos empréstimos linguísticos de Lacan, mas ao contrário: a linguística fornece um *modelo de formalização* (o algoritmo saussuriano e a redução do discurso à lógica significante) para o que a análise revela na clínica (os furos de sentido como determinantes do discurso). Quanto ao segundo ponto, trata-se de opor o desejo hegeliano à pulsão freudiana, a fim de distinguir as relações do sujeito com o saber, tal como pensadas por Hegel e por Freud. A verdade em Hegel é "imanente à realização do saber", justamente porque o desejo (*Begierde*) liga o sujeito ao conhecimento. É isso que significa a astúcia da razão: "[...] que o sujeito, desde a origem até o fim, sabe o que quer" (E, p. 817).[120] A esse desejo que encontra apoio numa razão astuciosa para realizar no termo da marcha do espírito a concordância do saber e da verdade, Lacan opõe o conceito freudiano de pulsão. No que concerne à pulsão, escreve:

> Mas outra coisa é aquilo de que se trata em Freud, que é efetivamente um saber, mas *um saber que não comporta o menor conhecimento*, já que está inscrito num discurso do qual, o sujeito que trás sob sua cabeleira o codicilo que o condena à morte não sabe nem o sentido nem o texto, nem em que língua está escrito, nem tampouco que foi tatuado em sua cabeça raspada enquanto dormia (E, p. 818, grifo meu).

A fronteira saber e verdade moveu-se, pois, com Freud. Mas qual o modelo apropriado para pensar essa nova configuração?

§40 O modelo elíptico das relações entre verdade e saber

A fim de evitar que o caráter perturbador da verdade seja constantemente reabsorvido e, portanto, apagado, domesticado, é mobilizada toda uma série de metáforas que tentam dar conta da maneira pela qual a verdade retorna no discurso e na *práxis* psicanalítica. Como se se adiantasse em relação às críticas

---

[120] Há uma outra leitura possível, proposta por Safatle (2008), em "O amor é mais frio que a morte: negatividade, infinitude e indeterminação na teoria hegeliana do desejo". Mas para nossos propósitos, embora menos sofisticado, o modo como Lacan compreendeu o papel da astúcia da razão é suficiente.

de Derrida de que uma estrutura sempre pressupõe um centro, em cujo espaço institui-se "a falta em seu lugar" (DERRIDA, 2007, p. 466). Essa falta em *seu* lugar, isto é, num lugar predefinido, marcado, previsto, designaria uma verdade *una*, e implicaria, ainda segundo Derrida, que a psicanálise lacaniana devesse ser vista no prolongamento de uma metafísica da presença, como um avatar da filosofia do sujeito. No que se segue vou propor que a figura da *elipse* e a ideia de *refração* desautorizam essa objeção.

Em *Subversão do sujeito*, a metáfora por excelência da posição da verdade é a *elipse*; em *A ciência e verdade*, alguns anos mais à frente, é a ideia da *refração* que será enfatizada. Nos dois casos, a lógica subjacente remonta à dialética freudiana do recalcamento e do retorno do recalcado, e, evidentemente, aos mecanismos de distorção e desfiguração ali em pauta. A estratégia argumentativa, na esteira de ler Freud através do confronto de Koyré e Hegel, consiste em comentar a célebre imagem freudiana das três feridas narcísicas da humanidade. Assim como a subtração da Terra do centro do Universo deve-se não somente a Copérnico, mas também, e sobretudo, a Kepler, Galileu, Newton e àqueles que sustentaram essa pesquisa durante os 150 anos de revolução científica, *mutatis mutandis*, o descentramento do sujeito – ou antes sua subversão – não se dá de uma só vez.[121] A revolução freudiana seria, segundo propõe Laplanche, uma "revolução copernicana inacabada". Todavia, poder-se-ia parafrasear Koyré e dizer que uma revolução inacabada não deixa de ser uma revolução[122] Com efeito, para Lacan, a Viena de Freud permanecerá para sempre ligada: "[…] a uma revolução do conhecimento à altura do nome de Copérnico: entenda-se, como lugar eterno da descoberta de Freud, se é possível dizer que, por ela, o verdadeiro centro do ser humano já não está doravante no mesmo lugar que lhe atribui toda tradição humanista" (E, p. 402).

Entretanto, Lacan não tardará a concluir que a figura do descentramento não lhe apraz. Qual a vantagem em substituir um centro de gravidade por outro? A noção central, se me for concedida alguma liberdade expressiva, não é, ela mesma, descentrada; ela permanece intocável. Ponto para Derrida. Entretanto, as coisas não são bem assim. Certamente, o "modelo mais estimulante de nossas relações com o verdadeiro" não é o descentramento, nem a revolução, mas "a eclíptica" (E, p. 811). Longe de constituir uma passagem meramente curiosa ou de interesse apenas marginal, essa imagem transforma-se num verdadeiro motivo, que retorna em diversas ocasiões ao longo de seu ensino subsequente: "[...] a revolução copernicana não é de modo algum uma revolução. Se o centro de uma esfera é suposto, num discurso que é apenas analógico, constituir o ponto-chave, o fato de trocar

---

[121] Lacan comenta a extensão do momento de compreender da revolução científica, por exemplo, em "Radiofonia" (OE, p. 420).

[122] A alusão refere-se à contenda entre Koyré e Duhem. Cf. Koyré (1982).

esse ponto, de fazê-lo ser ocupado pela terra ou pelo sol, não tem nada em si que subverta o que o significante centro conserva por si mesmo" (S. XX, p. 58).[123]

E pior, no próprio gesto de retirar a Terra do centro do Universo, o homem se imagina como sábio descobridor de uma verdade dita eterna. Dali em diante, ele poderia gozar do privilégio de ter desvelado a verdade,[124] de onde surge a necessidade da alegoria freudiana, da "necessidade de rebaixar a soberba ligada a todo monocentrismo" (OE, p. 419). Se então retomo aqui essa imagem das feridas narcísicas não é para acentuar temas como a "resistência à psicanálise", mas para ressaltar como a ideia de descentramento foi substituída pela ideia de subversão, e como foi incorporada a *elipse* como modelo da relação do saber com a verdade, um pouco na linha do seguinte comentário: "[...] o saboroso é que a revolução copernicana serve de metáfora apropriada para além daquilo pelo qual Freud a comenta" (OE, p. 420). Convém observar um deslocamento significante repleto de valor: ao passo que ao nome de Copérnico é associado o termo "revolução" como dizemos, por exemplo, "Revolução das orbes...", àquele de Kepler é associado "subversão", pois o termo revolução é sempre marcado por uma ambiguidade, e pode sempre significar "retorno ao ponto de partida" (S. XVII, p. 52). "A verdadeira guinada deveu-se a Kepler e, insisto, na subversão, a única digna desse nome, que constitui a passagem – pela qual ele pagou com muito sofrimento – do imaginário da forma dita perfeita, como sendo a do círculo, para a articulação da cônica, da elipse, no caso, em termos matemáticos" (OE, p. 430).

Ainda Lacan, "o ponto vivo [...] não é Copérnico, é mais um pouco Kepler", pois, nele, "isso gira" elipticamente, mas sobretudo porque ele torna possível a matematização do real. Nunca se insistirá demasiado nessa passagem do enquadramento imaginário fundado sobre a analogia, na aparência e na similitude, ao quadro simbólico e literal fundado sobre a diferença, a dissimilitude. No limite, "uma imagem sempre bloqueia a verdade" (LACAN, 1976, p. 22). A desconfiança com respeito à analogia certamente prolonga sua desconfiança com relação à epistemologia kantiana. Com efeito, Kant sempre contestou qualquer possibilidade de invenção ao simbolismo lógico, que funcionaria às despensas da intuição sensível e que, portanto, é vazio. Segundo o criticismo, útil à razão é a analogia, que, ao contrário da linguagem formalizada, não sacrifica a intuição de objetos (cf. SOULEZ, 2003, p. 45). Lacan pensa diferentemente: guardadas todas as distâncias, a ideia de que uma imagem bloqueia a verdade funciona para Lacan mais ou menos do mesmo modo como funciona a noção wittgensteiniana de aspecto, pelo menos do modo como escreve Moreno: "[...] é preciso vencer as

---

[123] Outrora, em 1936, Lacan afirmava expressamente: "A revolução freudiana, como toda revolução [...]" (E, p. 77).

[124] Ver o comentário de François Regnault (1985).

barreiras da vontade, habituada que está com imagens, isto é, com interpretações unilaterais da significação de conceitos" (Moreno, 2005, p.104).

Embora a elipse seja também uma imagem, do ponto de vista da história das ciências ela é uma imagem que permite retirar um obstáculo que bloqueava a possibilidade de equacionar o movimento da órbita da Terra, pois permite "desembaraçar-se da ideia de que o movimento de rotação, por gerar o círculo (ou seja, a forma perfeita), possa ser o único a convir" (OE, p. 420). O ponto é sublinhado desde 1959 no escrito "Sobre a teoria do simbolismo":

> Pois só a história da ciência pode ser aqui decisiva, e ela é fulgurante ao demonstrar, ao dar à luz à teoria da gravitação, que foi somente a partir do extermínio de qualquer simbolismo dos céus que se puderam estabelecer as bases, na terra, da física moderna, isto é: que, de Giordano Bruno a Kepler e de Kepler a Newton, por tanto tempo se manteve uma exigência de atribuição de uma forma "perfeita" às órbitas celestes (na medida em que implicava, por exemplo, a preponderância do círculo sobre a elipse), que essa exigência criou um obstáculo ao surgimento das equações mestras da teoria (E, p. 719).

Pode-se adivinhar facilmente a razão dessa observação se se leva a sério a imbricação do pensamento científico e da atitude estética. Em um artigo que tornou-se célebre, Koyré demonstra que a recusa galileana da elipse se explicaria mais por sua aversão pela anamorfose, e pela estética que lhe é vinculada, do que por seus raciocínios científicos. Galileu detestava e combatia "a sobrecarga, o exagero, as contorções, o alegorismo e a mistura de gêneros do maneirismo" (Koyré, 1982, p. 261) e adotava uma atitude clássica, "com sua insistência na clareza, na sobriedade e na 'separação dos gêneros' – a saber, da ciência, de um lado, e da religião ou da arte, de outro" (p. 263). Se ele ignorou as descobertas de Kepler, que mais tarde se mostrariam fundamentais para consolidar o sistema copernicano, é porque ele não pôde superar sua "obsessão pela circularidade" (p. 267). "O que quer dizer, em última análise, que ele rejeitou as elipses keplerianas pela simples razão de que eram elipses... e não, como *deviam* ser, círculos" (p. 265). É esse classicismo de Galileu que o impede de considerar a hipótese de Kepler. O obstáculo é, antes, de ordem estética do que de ordem epistemológica: "Galileu tinha pela elipse a mesma insuperável aversão que nutria pela anamorfose" (p. 266). Koyré conclui que Galileu não considerou a astronomia kepleriana pelo simples fato de que a considerava maneirista. Entre parêntesis, quase poderíamos dizer que nossa ciência do século XX não pode considerar Lacan, antes de tudo, por seu barroquismo. Koyré tem razão em afirmar "o purismo é algo perigoso. E o exemplo de Galileu – de resto, não o único – bem mostra que é preciso não exagerar em coisa alguma. Nem mesmo na exigência de clareza" (p. 270).

Essas considerações nos permitem transpor um limite estabelecido, talvez rápido demais, por Wittgenstein. Ao contrário deste, que insiste que causas e razões implicam diferentes gramáticas, uma gramática de ordem epistemológica para o domínio das causas e outra de ordem estética para o domínio das razões, Lacan adota uma perspectiva que mostra justamente que a tensão entre esses dois campos é irredutível. A tensão entre a gramática das causas e das razões é interna ao próprio objeto da psicanálise, na medida em que é aproximadamente coextensiva à tensão entre saber e verdade. Se prosseguirmos com a metáfora da elipse seria possível imaginar a seguinte hipótese: uma elipse não possui centro, mas dois focos simétricos, um ocupado, o outro desocupado ("vazio", "negro") (OE, p. 420). Os motivos ou as razões funcionam mais ou menos como o foco solar, ocupado, visível, preenchido. Posso saber os motivos de minha ação, posso visualizar as razões de minhas escolhas, etc. Ao passo que a causa, o objeto *a*, ocupa o foco vazio, que só pode ser efeito de um cálculo, de uma postulação, nunca pode ser verificado com uma proposição empírica.

Kepler é "subversivo" por ter esvaziado a noção de centro em proveito da elipse, mas também em sua aposta de escrever o impossível – o real – com "letrinhas". Escrevendo suas três leis sob a forma de equação matemática, ele se mantém fiel ao programa de literalização do real, ao descolamento da revolução da função imaginária na qual ela esteve outrora envolvida (S. XX, p. 60). Assim, o mais importante nessa referência a Kepler é talvez o fato de que as temáticas concernentes à revolução, à subversão e à elipse podem se "desembaraçar" (OE, p. 420) de suas aderências analógicas, imaginárias. Segundo J.-A. Miller, Kepler continua a ser o promotor da "passagem do reto ao torto, do *mos geometricus* euclidiano à topologia nodal [...]" (MILLER, 2007, p. 209). O *classicismo* epistemológico que se reconhece efetivamente em Lacan nas figuras galileanas do infinito e da matematização encontra-se, não obstante, lado a lado com o barroco. Dir-se-á então que Lacan é galileano do ponto de vista epistemológico e kepleriano no que concerne à estética? Talvez não, posto que estes dois domínios, epistemológico e estético, são mais imbricados do que parecem. Certamente, o classicismo lhe convém, mas somente até o ponto em que este último recusa a elipse, aí compreendidos seus aspectos retóricos e estéticos. Doravante, se reconhecerá em Lacan aquilo que permanece imune ao corte da ciência: "[...] a língua é imune a revoluções" (MILNER, 1996, p. 70).

A segunda lei de Kepler – igualdade das áreas cobertas pelo raio na unidade do tempo – consiste em dizer que "o corpo planetário se desloca ao precipitar seu movimento ao redor do foco [foyer] ocupado pelo luminar mestre" (OE, p. 420). Lacan fará um certo uso da elipse, no sentido retórico, uso que será abordado mais à frente. Por enquanto, vale dizer que, se a "eclíptica" continua sendo o "modelo mais estimulante de nossas relações com o verdadeiro" (E, p. 811), é exatamente por esta razão: do mesmo modo que o corpo planetário *precipita* seu movimento quando se aproxima do foco e o desacelera quando dele se distancia, o *estilo permite antecipar a certeza*.

Uma elipse tem dois focos, um deles ocupado pelo luminar mestre, outro desocupado, "sem nenhum braseiro que marque seu sítio" (OE, p. 422). O vazio desse foco desocupado não impede que ele seja determinante nas coordenadas da trajetória e mesmo no ritmo do deslocamento do corpo, do mesmo modo como os furos de sentido são determinantes do discurso e de suas modulações. Escreve Regnault: "Tal poderia ser uma primeira aproximação de nossa orientação lacaniana. A metáfora kepleriana – ela não passa disso – tem o mérito de descrever o gênio de Lacan mais como barroco do que como renascentista [...]. A elipse é preferível ao círculo, a curva à reta, e, mais ainda, a dobra à simples inflexão" (REGNAULT, 1998, p. 177).

Se Galileu não manifestou apreço pela elipse, foi, paradoxalmente, sua lei da inércia que a esclareceu, ao permitir determinar a distribuição da velocidade na trajetória elíptica. O "verdadeiro alcance desse passo" é que a ação da fórmula da inércia independe da presença de algo que desempenhe o "papel de *médium* que transmita essa força" (OE, p. 421). Analogamente, a importância epistemológica da estrutura provém disso, "que somente a estrutura seja propícia à emergência do real" (OE, p. 422). Não é a experiência sensível, que Lacan traduz como "ainda não prevenida sobre a estrutura" (OE, p. 422), que condiciona a ciência, mas a possibilidade de formalizar o real, que Lacan enuncia como estrutura (OE, p. 421).

Do ponto de vista estritamente epistemológico, temos, portanto, uma interpretação da ciência apoiada fortemente na epistemologia de Koyré. Mas a insistência no papel da elipse e na figura emblemática de Kepler serve para matizar o alcance dessa abordagem estritamente calcada na formalização do real. A precipitação de que se trata na elipse se redobra no que concerne ao uso da elipse como recurso estilístico ou figura retórica. Sem dispensar a formalização, e apoiada na estrutura desta, ela permite vislumbrar a ação da fórmula no real. Tal é o "efeito de ato que se produz como dejeto de uma simbolização correta" (OE, p. 421).

Se a consciência leiga se une à canalhice para denunciar o "escândalo" da inexistência de um *médium* para designar a relação entre a fórmula do real e o modo como ela atua neste real é porque ambas desesperam exatamente no ponto em que suspiram por uma metalinguagem capaz de fornecer este *médium* (OE, p. 421). É por isso que o canalha, que não poupa esforços em nos liberar da inquietude, oferecendo uma representação estável em que os sujeitos podem se contemplar,[125] desconfia da precipitação (e da elipse). É assim que ele preferirá a inação, e se fiará

---

[125] Ver a análise da canalhice proposta por Teixeira (2007), resenhado por mim na revista *Kriterion*. Ela remonta aos *Noms indistincts* de J.-C. Milner.

no imperativo do silêncio ou no "álibi de uma Coisa-em-si que se furtaria ao conhecimento" (OE, p. 422). Não por acaso, a criação de metalinguagens para tentar suturar a distância que separa saber e verdade é vista, por Lacan, como a canalhice filosófica por excelência. Em nenhum lugar quanto numa metalinguagem se realiza com mais perfeição e tenacidade o programa de expulsão da enunciação, em nenhum lugar o "dito eclipsa o dizer" (MILLER, 2003a, p. 178) com tanta obstinação. A importância da elipse reside justamente neste ponto: *não há metalinguagem que devolva à relação entre verdade e saber a perfeição e a unidade do círculo.*

Seção 9 – Psicanálise, ciência êxtima

A pergunta que se coloca agora pode ser formulada nos seguintes termos: admitida a distância que separa o saber e a verdade, como Lacan lida com a questão das relações entre psicanálise e ciência? Do ponto de vista epistemológico, como é possível administrar o ônus de haver lançado a verdade para o campo da enunciação, do sujeito e da contingência?

§41 Sujeito da ciência, ciência do sujeito

A fórmula programática de Lacan admite o paradoxo instaurado pela equivalência dos sujeitos da psicanálise e da ciência: "[...] dizer que o sujeito sobre o qual operamos em psicanálise não pode ser senão o sujeito da ciência pode parecer um paradoxo" (E, p. 858). Assim, ao operar sobre o sujeito sem qualidades e sem consciência de si, correlato antinômico da ciência moderna, a psicanálise é, a um tempo, prova e efeito do corte da ciência. Lacan não pretende submeter a psicanálise a qualquer método científico preexistente, tampouco colocá-la sob a dependência de uma disciplina piloto qualquer, ou seja, de nenhuma linguagem de "tipo superior" tida como capaz de discernir os conteúdos de verdade das teses psicanalíticas. A rigor, nenhuma ciência pode funcionar em posição de metalinguagem para a psicanálise.[126]

Segundo Milner (1996), há, em Lacan, uma teoria da ciência, bastante completa e nada trivial.[127] Ao contrário de Freud, Lacan não acredita – para a

---

[126] Caberia examinar se a regra vale ou não até mesmo para metapsicologia freudiana.

[127] Já em "Lacan et la science moderne" Milner começa a desenvolver esse tema. Vale a pena ler a discussão suscitada por Paul Henry. Em suma, ele afirma que o ponto de vista de Milner é externo à psicanálise. Milner teria projetado em Lacan sua própria teoria da ciência (desenvolvida em *Introduction à une science du langage,* 1989). O ponto principal é a introdução da problemática popperiana. A proposta de Henry não deixa de ter interesse. Para ele a questão é se perguntar

psicanálise – no *ideal da ciência*. A ciência não seria um ponto exterior, funcionando como ideal: "ela estrutura de maneira interna a própria matéria de seu objeto" (MILNER, 1996, p. 31). Pode-se caracterizar a ciência moderna, conforme o recenseamento de teses de matriz koyreana, a partir de cinco traços principais: (1) a ideia de um Universo infinito, marcado pela contingência e pela precisão; (2) a recusa da existência de uma *alma mundi* e o consequente abandono do finalismo;[128] (3) o postulado de que a sucessão de eventos dá-se segundo uma ordem determinística imanente à estrutura deste Universo; (4) a literalização do real que, na verdade, resulta do arranjo das teses precedentes, ou seja, da postulação de que o Universo pode ser pensado matematicamente, de que o real pode ser tratado pelo simbólico; (5) a formulação de uma teoria filosófica do sujeito que seria correlata ao advento da ciência e lhe serviria como fundamento do conhecimento.

Lacan retém, sem ressalvas, as teses (1)[129] e (2).[130] Às teses (3) e (4), em compensação, ele opõe a noção de incompletude: (3') o determinismo é incompleto, o que, consequentemente, torna possível o trabalho de interpretação e abre a hiância de onde o ato toma seu impulso. Com essa noção de incompletude, a tese da literalização torna-se: (4') não há recobrimento total do real pelo simbólico: toda formalização encontra um limite. Da tese da possibilidade de tratamento do real pelo simbólico não decorre que *todo* o real possa ser reduzido ao simbólico. Outra forma de dizer, agora no registro propriamente epistemológico, que a *verdade enquanto tal resiste ao saber*. No que concerne à tese (5), Lacan recusa ao sujeito o papel de fundamento do conhecimento, atribuído ao sujeito desde Descartes, e postula (5') a ideia de um sujeito dividido entre saber e verdade.

Ao mesmo tempo, Lacan recupera a temática do sujeito, abolido pela ciência, e rejeita uma subjetividade caracterizada pela transparência dos atos de consciência e pela interioridade como instância desses atos: "[...] nada de menos certo do que termos um interior" (LACAN, 1976, p. 61). A estratégia consiste em subverter a teoria moderna do sujeito, afirmando-o não como fundamento do conhecimento e da vontade livre, mas como efeito de determinações vindas das ordens imaginária, simbólica e real; o sujeito não será mais concebido como unidade e interioridade, mas marcado por uma divisão que lhe é essencial (a

---

por que razões analíticas Lacan foi levado a falar de ciência. Sua resposta gira em torno da questão paranoia *versus* ciência.

[128] A causa final pertence à religião. Ver E, p. 887.

[129] Lemos, por exemplo, os "corpos celestes [...] são, no fundo, contingentes" (S.VII, p. 154). Como de costume, Milner (1996, p. 57) resume o que está em jogo em uma fórmula lapidar: "[...] o inconsciente freudiano enquanto sexual" é o lugar onde "cruzam-se [...] o infinito e contingente".

[130] Por exemplo: "Donde o ranço obscurantista que é daí levado para todo uso científico da finalidade" (E, p. 887).

Spaltung freudiana). A descoberta do inconsciente conduz à crítica do sujeito enquanto tal, à medida que "o inconsciente *é* um conceito forjado no rastro daquilo que opera para constituir o sujeito" (E, p. 844). Tudo isso nos leva ao limiar da experiência freudiana: "Eludi-lo [o sujeito], no entanto, a pretexto de suas aparências [*semblants*] filosóficas, é simplesmente dar mostras de inibição. [...] Equivale também a proibir-se o acesso ao que se pode chamar de universo de Freud, tal como se fala do universo de Copérnico" (E, p. 520).[131]

As críticas feitas pela psicanálise à ciência dizem respeito à exigência de um fundamento suficiente, ao ideal de completude, e, igualmente, à ideia segundo a qual a ciência poderia se erigir como tribunal "do verdadeiro". Em suma, a ciência como estratégia cognitiva não é nem a única, nem a melhor, contrariamente ao que pretende o pensamento lógico-positivista, ainda hoje bastante influente no imaginário social de nossa contemporaneidade. A "metafísica da subjetividade" que lhe é correlata consiste em um esforço obstinado, porém vão, de pensar o sujeito como uma espécie de esfera do ser em posição de exceção relativamente ao determinismo que o programa de infinitização do universo implica.

Qualquer que seja a razão pela qual o sujeito foi abolido, ou seja, excluído do campo dos objetos possíveis da ciência – seja por funcionar como fundamento metafísico ou epistemológico de todo conhecimento possível (Descartes, depois Kant), seja por se encontrar confinado aos limites do mundo e da figurabilidade (Wittgenstein) –, Lacan sustenta que a ciência, por exigências de ordem metodológicas ou epistemológicas, até mesmo ideológicas, exclui o sujeito; enquanto a psicanálise, por um imperativo ao mesmo tempo ético e clínico, o acolhe. Uma tese que seria banal se o sujeito não fosse o lugar vazio em que a verdade e saber se excluem. A verdade faz furo no saber: Lacan nos dá duas versões principais a esse propósito. A contingência e o impossível: (1) a contingência do encontro com a Coisa (primado do paradigma da estética do *ex nihilo* e da gramática do desejo puro que lhe é correlativa); (2) o impossível do *rapport* sexual (primado do paradigma do objeto e da lógica das pulsões). O sujeito é o conceito que estenografa a hiância pela qual a verdade toca o real.

Em resumo: (1) a psicanálise nasce no Universo já constituído pela ciência moderna e não é nostálgica de nenhum idílico estado de coisas anterior ao corte que a matematização e a infinitização do Universo impuseram. A reconciliação do homem com a "natureza", qualquer que seja sua máscara, não está no horizonte da psicanálise. (2) A psicanálise opera sobre o sujeito produzido nesse Universo da ciência, sem, todavia, se submeter à concepção moderna que identifica razão e cientificidade; ela não partilha da fé inabalável do discurso da ciência sobre a

---

[131] Retomamos o uso feito dessas duas últimas passagens em nosso artigo "Da ciência ao estilo, via sujeito: ensaio sobre psicanálise e modernidade" (IANNINI, 2001).

exclusividade ou superioridade desta última como estratégia cognitiva. Para a psicanálise, embora a natureza esteja escrita em caracteres matemáticos, ou seja, embora o simbólico possa apreender o real, alguma coisa escapa inexoravelmente a essa redução. Nos quadros da filosofia moderna, o que regulava as negociações possíveis entre o simbólico e o real era a ideia de Deus.

No entanto, a questão tem raízes históricas mais profundas. Inspirado pelo ensino de Kojève, Lacan propõe que a ciência moderna só é possível depois da ideologia judaico-cristã. Não sem audácia, ele reinterpreta e torna homólogas as formulações de Kojève e Koyré: despojando os corpos de suas qualidades sensíveis, a ciência não opera a literalização do real senão a partir da "ideologia bíblica, judaica" (S.VII, p. 153). A ciência galileana não nasceu da perspectiva aristotélica, mas da doutrina bíblica. Como resolver esse paradoxo? Em linhas gerais, pode-se dizer que a doutrina cristã é a única que contém em si o germe de sua própria destruição; somente a perspectiva cristã abre a hiância a partir da qual é possível a proposição "Deus está morto". O dogma da encarnação, ou seja, a premissa segundo a qual o transcendente e necessário (Deus-pai) se materializou na figura de Cristo, ou antes, no corpo imanente e contingente do filho, é a condição de possibilidade para que o real possa ser apreendido pelo simbólico.[132] A literalização do real é, portanto, a aposta da ciência: os corpos sensíveis são depurados de sua substância ou essência, mas também de suas qualidades sensíveis. Doravante, o objeto da ciência são corpos matemáticos que se deslocam no espaço abstrato e homogêneo do Universo infinito e contingente. E o sujeito é o correlato antinômico dessa dupla operação de geometrização do espaço e infinitização do universo,[133] da qual as consequências são a queda do *kósmos* fechado e a ferida que daí se segue: o homem não é mais senhor em sua própria casa.

Mas a tese do Universo infinito não é sem consequências no tocante à natureza de Deus. Com efeito, a análise newtoniana opunha "o relativo (Deus, Senhor, mestre) e o subjetivo (meu Deus, o Deus de Israel) no mesmo genitivo" (REGNAULT, 1985, p. 43). Dito de outro modo, o Ser perfeito, eterno e infinito não está em posição de exclusão em relação ao Universo, contrariamente ao que propunha Newton, para quem é o fenômeno mesmo dessa exclusão que torna a ciência possível. Deus, enquanto o fenômeno que não é objeto da ciência, é, entretanto, aquele que "'afirma e confirma' o sistema do todo" (p. 40). Com a recusa de qualquer possibilidade de metalinguagem, é a própria ideia de Deus que precisa ser redefinida.

---

[132] Digamos que se trata de uma tradução lacaniana do célebre artigo de Kojève (1964), "L'origine chrétienne de la science moderne". Ver também o comentário bastante esclarecedor de J.-C. Milner (1996, p. 58).

[133] Sobre a geometrização do espaço e a infinitização, ler-se-á com grande proveito os trabalhos de Koyré (1982), particularmente "Galileu e Platão".

A fórmula mais radical do ateísmo será, então, "Deus é inconsciente" (S. XI, p. 58). Uma consequência disso é a divisão da própria ideia de Deus. François Regnault a formula do seguinte modo: "O eterno, o perfeito, o infinito governa o universo, mas eu, vocês, Israel, adoramos um Senhor. O primeiro governa tudo. O segundo não é adorado *par-tout*, pois talvez nem vocês, nem eu... e existem Infiéis, Gentis, etc. Só é ciumento o segundo. O primeiro é Deus de tudo, o segundo, Deus do não-todo" (REGNAULT, 1985, p. 38).

A distinção newtoniana "de um Ser objetivo e de um Deus que se pode subjetivar" conduz a uma concepção de sujeito como "a instância que sofreu a divisão [...] destas duas metades de Deus" (p. 38). A observação é precisa, salvo pela inversão que a torna verdadeira: é a divisão do sujeito entre saber e verdade que implica (e não que sofre) a divisão das metades de Deus. A psicanálise lacaniana supõe o Universo infinito e contingente como sua condição epistemológica. É nesse Universo sem sentido, sem finalidade e sem espessura que os conceitos freudianos de inconsciente e de pulsão se desdobram para fundar o sujeito lacaniano.

§42 De uma ciência sem metalinguagem

Pensado por Pascal, como infinito, silencioso e apavorante, forjado por Galileu e Descartes, segundo a análise de Koyré, enquanto espaço ontologicamente homogêneo e qualitativamente indiferenciado, o Universo da ciência moderna se distingue do mundo fechado e impreciso da cosmologia aristotélica e medieval. Esse cosmos dos antigos, a nova ciência "o quebra, o destrói, o aniquila, abrindo em seu lugar a imensidão sem fronteiras do espaço ilimitado" (KOYRÉ, 1962, p. 172-173). Consequentemente, o sujeito que se constitui, nesse tempo que separa Montaigne de Descartes, responde a uma situação que Koyré descreve em duas palavras: incerteza e desalento. "Este mal de seu tempo, esta situação essencial, pode-se as formular em duas palavras: *incerteza* e *desalento*" (p. 175).

É neste contexto, e contra o ceticismo que o cerca, que Descartes formula o *cogito* e propõe seu remédio: "[...] o método, ou seja, a via que conduz à verdade" (KOYRÉ, 1962, p. 194). O Universo moderno será desde então marcado pelos traços da infinitude e da contingência. O dispositivo galileano de literalização do real advém desses traços. Pascal terá sido um dos primeiros a perceber que o corte engendrado pela ciência moderna não seria sem efeitos para a "vida interior", para o homem.[134] A célebre sentença segundo a qual "o silêncio eterno desses espaços infinitos me apavora" (PASCAL, 1984, frag. 206) representa esse momento decisivo

---

[134] "Mas o que interessa a Galileu é aplicar a geometria para suprimir a diferença que existe entre o homem que olha e, digamos, o sujeito geométrico. O próprio sujeito opera a subtração do homem em sujeito" (REGNAULT, 1985, p. 147).

em que o conhecimento do Universo se dá às expensas de um desconhecimento do homem, este "caniço pensante" (frag. 347).

A expansão virtualmente sem termo do domínio da ciência arriscaria até mesmo a arrancar temas tradicionalmente pertencentes à esfera da moral de seu campo de origem. Eis porque Lacan escreve: "Os espaços infinitos empalideceram atrás das letrinhas, mais seguras para sustentar a equação do universo" e tira daí, imediatamente, as consequências éticas: "[...] no que o silêncio desses espaços nada mais tem de assustador" (E, p. 690). Como esclarece Milner, não se trata mais de medida, mas de "uma literalização e de uma dissolução não-quantitativa do qualitativo" (MILNER, 1996, p. 79). Sublinhemos que esse silêncio não mais nos assusta, habituados ao silêncio do analista, e isso por uma razão muito simples, a qual um verso de René Char nos dá a fórmula mais exata: "O favor das estrelas é nos convidar a falar". Doravante, o que é assustador é a letra, espantosa é a potência das letrinhas[135] capazes de suportar silenciosas a equação do Universo, e, por que não, a divisão das metades de Deus. A digressão acima, acerca da divisão entre o Deus inconsciente e o Deus real, serve para sugerir que a teoria lacaniana acerca da ciência moderna pode manter suas premissas fundamentais de redução do real ao simbólico, mas pode, ao mesmo tempo, prescindir da ideia de Deus, ou de uma metalinguagem capaz de garantir sua verdade. Neste parágrafo, examino um exemplo de como Lacan realiza essa ideia de literalização do real no campo da psicanálise.

Um dos procedimentos formais utilizados pelo discurso científico consiste em propor uma metalinguagem que impõe uma forma inteligível ao campo dos fenômenos ou a um objeto teórico, e/ou que se coloca como capaz de estabelecer as condições de verdade das proposições teóricas. Estamos no âmago do paradoxo, na medida em que Lacan postula a ciência como condição da psicanálise, mas recusa, ao mesmo tempo, toda ideia de metalinguagem. Qual é, então, o estatuto do recurso lacaniano à formalização?

"Subversão do sujeito e dialética do desejo no inconsciente freudiano" (1960) é o primeiro texto que apresenta de maneira sistemática algumas conquistas fundamentais do esforço de formalização em que consiste o programa de literalização do real. Mas, ao mesmo tempo, o texto não deixa de ser construído como um grande exercício de estilo, que apresenta algumas soluções literárias ou estilísticas para impasses da formalização, como a própria definição de significante. Os esforços lacanianos de formalização do material clínico e da estrutura conceitual da psicanálise devem ser vistos, na esteira de como Granger investiga a formalização nas ciências humanas, como o duplo esforço de "libertar a forma freqüentemente dissimulada na obra", e de "definir a relação dessa forma com o que ela organiza" (GRANGER, 1974, p. 339).

---

[135] A expressão "potência da letra" é aqui tomada de empréstimo a Alain Badiou, intervenção no Colóquio *Lacan avec les philosophes*. Ver Badiou, 1991, p. 151, republicada em Badiou (2003).

Do ponto de vista da formalização, temos, em 1960, a apresentação da maior parte dos elementos do sistema de notação da álgebra lacaniana. Nem seria preciso dizer que se trata de "um tipo de estrutura algébrica não-métrica" (p. 301). Podemos dividir esses elementos, para fins didáticos, em (i) signos primitivos (elementos da álgebra); (ii) operadores unitários (operações possíveis para cada elemento tomado separadamente); (iii) operadores binários (operações possíveis para elementos tomados em conjunto, na terminologia de Lacan, algoritmos).

- signos primitivos: Φ; φ; S; s; I; i; D; d; A; a;
- operadores unitários: /(barra); – (menos); Maiúscula/minúscula;
- operadores binários: ◊; ( ); →;

Em que medida essa álgebra funciona como uma metalinguagem, em outras palavras, em que medida entra em contradição performativa com as premissas do sistema? Lacan foi sensível à dificuldade. "Esse algoritmo ($ ◊ a) e seus análogos utilizados no grafo não desmentem de modo algum, com efeito, o que dissemos sobre a impossibilidade da metalinguagem. Eles não são significantes transcendentes; são os índices de uma significação absoluta, ideia que, sem maiores comentários, parecerá apropriada, esperamos, à condição da fantasia" (E, p. 830).

Principalmente porque "não temos que responder por nenhuma verdade última" (E, p. 833). Aqui seria preciso começar a introduzir a diferença entre fala e escrita.

> Pode haver uma metalinguagem no quadro-negro, quando eu escrevo pequenos signos, *a, b, c, kappa*. Isso corre bem, isso funciona, são as matemáticas. Mas, com referência àquilo que se chama a fala, a saber, que um sujeito se engaja na linguagem? Pode-se falar da fala, sem dúvida, e vocês vêem que estou fazendo isso, mas ao fazê-lo são envolvidos todos os efeitos da fala, e é por isso que se diz a vocês que, no nível da fala, não há metalinguagem. Ou, se quiserem, não há metadiscurso. Ou, para concluir, que não há ação que transcenda definitivamente os efeitos do recalcado. Talvez se houver uma, no último termo, é no máximo aquela onde o sujeito como tal se dissolve, se eclipsa, e desaparece. É uma ação a propósito da qual nada há de dizível. É, se quiserem, o horizonte dessa ação que dá sua estrutura à fantasia.
>
> É por essa razão que minha pequena notação de sua estrutura ($ ◊ a) é algébrica, e só pode ser escrita a giz no quadro-negro. Existe para nós uma necessidade essencial de não esquecer esse lugar indizível na medida em que o sujeito aí se dissolve, e que somente a notação algébrica pode preservar (S.VIII, p. 326).

Colocando as coisas em seu devido lugar: pelo menos neste momento de seu ensino, a crítica lacaniana à metalinguagem restringe-se ao nível da fala, da palavra falada, que é justamente aquele que interessa à psicanálise. Isso implica que Lacan não está interessado em criticar o emprego de linguagens formalizadas, por exemplo, no domínio da lógica. Ao contrário. É inclusive essa clareza que permite pensar que a escrita matemática, algébrica, funciona. E funciona também na própria escritura teórica da psicanálise. A álgebra lacaniana não é, pois, perfumaria ou recurso mistificador, ao contrário do que propõem, por exemplo, Sokal e Bricmont.[136] Mas ela responde a uma função muito precisa no interior do discurso analítico, qual seja, a de ultrapassar a lógica do indizível. Para ir diretamente ao ponto: se não há um lugar fora da fantasia que permita transcender os efeitos do recalcado como condição da ação subjetiva, se não há metalinguagem capaz de forjar um ponto fixo e inabalável onde o enunciado pudesse elidir a enunciação, isso não implica hipóstase do indizível. Porque embora não possa ser dito, aquele lugar pode ser circunscrito através da formalização, em suas duas vertentes: matemática e estilística.

Não cabe aqui reconstruir todas as etapas do grafo, tarefa que constituiria um trabalho à parte. Mas, à maneira do camelô evocado por Lévi-Strauss, basta mostrar aqui como funciona a máquina. Tomemos o matema que interessa mais de perto nossa tese: $S(\cancel{A})$, que se lê: significante da falta do Outro. Mais detalhadamente, neste matema, temos dois signos primitivos: "S" (significante) e "A" (Outro); temos um operador unitário: "/" (a barra, que significa "divisão", "falta"); e um operador binário: "( )", que significa "extração de". $S(\cancel{A})$ significa então: significante extraído da divisão do Outro. Com essas ferramentas em mãos, um leitor qualificado é capaz de entender os principais elementos do grafo do desejo, com a vantagem de despojar os elementos em questão (desejo, sujeito, pulsão, objeto, etc.) de quaisquer elementos imaginários, nos afastando da miragem narcísica da compreensão. A escrita algébrica, conforme se queira, é um instrumento de *escrita* que pretende formalizar o que é possível saber do real psicanalítico evitando os impasses e as armadilhas do sentido. Para dizer com todas as letras, trata-se de um esforço de literalização do real que não faz economia dos impasses da formalização. Por isso, mais uma vez, estamos do lado do explicar, e não do compreender. O mesmo vale para o conjunto de esquemas, grafos e matemas lacanianos. Não obstante, como veremos no Capítulo 3, "os grafos não são compreensíveis a não ser em função, diria, do mínimo efeito de

---

[136] "Está claro que o livro *Imposturas intelectuais* de S&B não deve sua popularidade a qualquer tipo de solidez acadêmica, integridade intelectual ou erudição literária. Como então explicar o rebuliço que o cerca? O bom senso desconstrutivista sugere que sua popularidade decorre não tanto do conteúdo entre as capas como do contexto cultural e acadêmico em que apareceu. Terminamos com uma hipótese lacaniana, insinuando que esse sucesso é sustentado por uma satisfação ou prazer (*jouissance*) que tem pelo menos duas origens: 1. a zombaria dirigida a intelectuais franceses difíceis de entender; e 2. a zombaria dirigida aos que zombam de intelectuais franceses. Não é fácil manter-se afastado dessas duas fontes de satisfação" (GLYNOS; STAVRAKAKIS, 2001).

estilo dos ditos *Escritos*, que são de alguma maneira, os passos de acesso [*les marches d'acces*]" (S. XVIII, p. 62). Esses efeitos de estilo são ligados à distância que separa saber e verdade, e à correlativa impossibilidade da metalinguagem. Não, o programa de literalização do real psicanalítico não apenas não é uma quimera, nem uma impostura, como também disponibiliza um conjunto de ferramentas de valor inestimável ao pesquisador e ao clínico.

§43 Para introduzir na ciência o conceito de sujeito

A fim de preparar o tema do aspecto material da verdade como causa (próximo parágrafo), é preciso apresentar em linhas gerais em que consiste a ideia lacaniana de causação estrutural do sujeito. Um ganho adicional dessa reflexão consiste em solidificar a sugestão feita acima de que o Outro lacaniano não é equivalente a uma instância transcendental, como uma condição de possibilidade separada, de fato e de direito, daquilo que ela engendra.

A primeira figura do pertencimento da psicanálise ao Universo discursivo da ciência, no ensino de Lacan, é a estrutura. J.-C. Milner, em *A obra clara*, propõe chamá-la de primeiro classicismo. Não há nada a acrescentar a esse estudo magistral, salvo uma definição de estrutura saída da pena do próprio Lacan. Meu propósito é mostrar que o dispositivo inspirado do "galileísmo ampliado" (MILNER, 2002, p. 148)[137] não conduz nem à assimilação da estrutura a um modelo, nem à assimilação da linguística a uma ciência piloto, como acreditaram vários críticos da vertente estrutural do pensamento de Lacan. Para a psicanálise, a ciência não funciona como uma metalinguagem provedora de modelos próprios à apreensão de uma realidade empírica qualquer: estados de coisas, superfície de fenômenos, etc. A propósito da definição de estrutura, Milner escreve:

> No estruturalismo, nos *damos* o conceito de estrutura; este funciona então, de fato, como um indefinível. As tentativas de definição direta que podemos citar são de uma consternante banalidade; o que não se deve à insuficiência dos autores, mas a um erro de concepção: a estrutura, no programa de pesquisa que faz dela seu axioma, não se deixa definir; quando muito e pelo menos pode-se mostrar seu. Esta limitação advém da ordem das razões (MILNER, 2002, p. 148).

Não obstante, podemos entrever a definição propriamente lacaniana da "estrutura" na crítica que Lacan faz do uso proposto por Lagache. Trata-se ali de uma definição indireta, extraída dessa crítica. Em seu relatório *La psychanalyse et la structure de la personnalité*, que tem por meta descrever "a estrutura da personalidade", Lagache apresenta duas concepções fundamentais da estrutura:

---

[137] A expressão é discutida em detalhe em *A obra clara*. Ver Capítulo 2.

Duas concepções da estrutura pessoal se depreendem da personologia contemporânea. Para alguns, a estrutura da personalidade é um *conjunto hierarquizado de traços diretamente observáveis*; concepção estática, formal, classificação lógica de todos os componentes individuais, psicológicos ou somáticos. Segundo outra concepção, a estrutura pessoal é um *sistema de relações entre formações que não são diretamente observáveis*, mas às quais a observação de certas regularidades confere uma realidade conceitual no interior de um modelo teórico. É desta segunda concepção, analítica e dinâmica, que tratamos até agora. É dela que a personologia psicanalítica oferece o exemplo mais antigo e mais típico (LAGACHE, 1961, p. 649, grifos meus).

Segundo ele, há uma antinomia entre (i) uma primeira concepção de estrutura como "conjunto hierarquizado de traços diretamente observáveis", ou seja, uma estrutura aparente, ou mesmo, empiricamente apreensível e (ii) uma segunda concepção apreendida como "sistema de relações entre formações que não são diretamente observáveis". Reencontramos aqui um dualismo forma/conteúdo, de tipo kantiano. Lacan refuta essa antinomia e propõe uma estrutura, ou antes, uma *terceira modalidade de estrutura*, que não é nem organização inferencial de dados, nem esquema transcendental; uma espécie de "terceira margem do rio". A estratégia é similar à maneira como Zizek propõe que devemos entender a oposição entre razão e entendimento: "a razão não é algo 'a mais' em relação ao entendimento, um movimento, um processo vivo que escape ao esqueleto morto das categorias do entendimento – a razão é o próprio entendimento no que nada lhe falta, no que não existe nada além dele [...] Ao darmos o passo rumo à razão nada acrescentamos ao entendimento, mas, antes, subtraímos algo (posto que o fantasma do objeto persiste além de sua forma), ou seja, reduzimo-lo a seu processo formal" (ZIZEK, 1991, p. 21). É essa espécie de lógica que preside a construção lacaniana de uma estrutura que não é modelo teórico, nem conjunto de fenômenos sensíveis. Leiamos o parágrafo que desdobra isso:

> Portanto, quando Daniel Lagache parte da escolha que nos propõe, entre uma estrutura como que aparente (que implicaria a crítica daquilo que o caráter descritivo comporta de natural) e uma estrutura que ele pode declarar distante da experiência (já que se trata do "modelo teórico" que ele reconhece na metapsicologia analítica), essa antinomia desconhece um modo de estrutura que, por ser terceiro, não deve ser excluído, ou seja, os efeitos que a combinatória pura e simples do significante determina na realidade em que se produz (E, p. 655).

Além disso, esse parágrafo luminoso faz furo no estruturalismo que coloca a antinomia fundamental entre o sujeito e a estrutura: a estrutura exclui o sujeito. Ora, em Lacan, os termos "estrutura" e "sujeito" convivem lado a lado, sem fazer economia do caráter antinômico dessa convivência. A exegese correta dessa definição do terceiro modo da estrutura dá-nos também o conceito de sujeito. Vale acrescentar, antes disso, que esse "modo da estrutura" deixou lastro muito maior e muito mais duradouro no pensamento de Lacan do que supõem as periodizações fáceis a que seu ensino é constantemente confrontado. É isso que nos permite entender por que ele separa o destino do estruturalismo, como uma temporada efêmera, e o destino da estrutura, duradouro. "O estruturalismo durará tanto quanto duram as rosas, os simbolismo e os Parnasos: uma temporada literária, o que não significa que esta não seja mais fecunda. Já a estrutura não está nem perto de passar porque se inscreve no real" (OE, p. 23).

A estrutura que perdura apesar do caráter passageiro do movimento estruturalista é justamente aquela que "se inscreve no real", isto é, aquela que não se reduz a um esquema transcendental de significantes ou coisa que o valha. Não por acaso, Lacan afirmou tantas vezes que o campo da psicanálise é o campo que concebe o Outro como "lugar onde isso fala" (LACAN, 2005, p. 84). Nada mais longe de um esquematismo kantiano do que um Outro "onde isso fala". O ponto de vista da estrutura e a teoria do sujeito conduzem a perspectivas teóricas incompatíveis, segundo não somente a *dóxa* estruturalista, mas também segundo eminentes figuras do *programa de pesquisa estruturalista*, do qual Lévi-Strauss é a mais conhecida.[138] No entanto, Lacan opera uma radical inversão da perspectiva;[139] às antípodas do que enuncia o estruturalismo lévi-straussiano, ele faz da estrutura a condição maior da formalização de uma concepção, ao mesmo tempo, *não naturalista*, *não substancialista* e *não psicologizante* do sujeito[140]: "Pois, como recuaríamos em ver que o que exigimos da estrutura quanto ao ser do sujeito, não pode ser deixado fora de questão naquele que representa eminentemente [...], ou seja, o psicanalista?" (OE, p. 208).

Retomemos o fio da argumentação herética[141] de Lacan, sublinhando que "o hiperestruturalismo é o estruturalismo tomado ao pé da letra" (MILNER, 2002, p. 166). Tomemos então a letra de Lacan. Se, com efeito, a estrutura se

---

[138] Em *Périple structural*, J.-C. Milner examina as maiores figuras do programa de pesquisa estruturalista, do qual ele exclui voluntariamente Lévi-Stauss, que, no entanto, poderia lhe replicar como ele o fez outrora: "Para voltar às primeiras páginas de seu comentário, confessar-lhe-ei que acho estranho que pretendam me excluir do estruturalismo, deixando como seus únicos ocupantes Lacan, Foucault e Althusser? É colocar o mundo pelo avesso. Há na França três estruturalistas autênticos: Benveniste, Dumézil e eu; e aqueles que você cita só figuram nesta lista por um efeito de aberração" (CLEMENT, 1974, p. 14).

[139] Permito-me remeter ao meu artigo "Cartografia de em desencontro: estrutura e sujeito em Jacques Lacan", primeiro volume da série "Dez encontros", sob a direção de Teixeira e Massara (2000).

[140] IANNINI, 1998, p. 199.

[141] Ver o comentário de Milner (2002, p. 166).

mostra como "os efeitos da combinatória significante", um simples exercício de substituição lógica nos descortina o sujeito *na* definição mesma da estrutura: (1) se "um significante é o que representa (ou: 'veicula') o sujeito para um outro significante" e (2) se a estrutura é definida como os "efeitos que a combinatória significante determina...", pode-se concluir que (3) a estrutura pode ser definida como sendo *os efeitos que a combinatória "do que representa o sujeito" determina na realidade em que ela se produz.*

É preciso, evidentemente, acrescentar que o modo dessa representação, desta "veiculação do sujeito", está longe de ser simples e que ele impõe o recurso a noções lógicas e topológicas bastante sofisticadas. "Pois, é ou não o estruturalismo aquilo que nos permite situar a nossa experiência como o campo em que isso fala? Em caso afirmativo, 'a distância da experiência' da estrutura desaparece, já que opera nela não como modelo teórico, mas como a máquina original que nela põe em cena o sujeito" (E, p. 655).

Duas observações: (1) desse esvanecimento da distância à experiência resulta que nenhuma metalinguagem poderá fornecer os critérios de validação das proposições; (2) da rejeição de uma concepção de estrutura como modelo depreende-se que nenhuma metalinguagem fora tampouco pressuposta, que nenhuma ciência fora encarregada de pilotar a psicanálise. Eis uma lição, *avant la lettre*, sobre o que Lacan nomeia "linguisteria".[142] Em suma, a "definição" lacaniana da estrutura permanece no campo dos indefiníveis, para retomar a expressão de Milner: ela não conduz verdadeiramente a um "conceito", pois nela só se acentua o *funcionamento* da estrutura (como "máquina"); ela não é definida senão pelos *efeitos que ela determina*. Nunca se insistirá demasiado: a estrutura não é "a combinatória pura e simples do significante", mas "os efeitos que ela determina". Alguns anos depois de "Observações sobre o relatório de Daniel Lagache", Lacan, em Radiofonia, confirma essa leitura dizendo "seguir a estrutura é certificar-se do efeito da linguagem" (OE, p. 405).

A aparente banalidade da "definição" da estrutura como *modalidade terceira* ou *máquina original* não poderia esconder uma estratégia de fundo: a transposição de obstáculos através de sua incorporação no discurso enquanto obstáculos, se quisermos, uma formalização de impasses da formalização. No caso em pauta, ainda não se trata de uma formalização que recorre ao estilo, mas que já dá a tonalidade do modo como Lacan incorporou uma estratégia que, no fundo, ele herdou de Hegel: "[...] talvez seja o processo dialético hegeliano que nos fornece a chave da lógica atuante nessa coincidência das determinações opostas" (ZIZEK, 1991, p. 69). A perspectiva da estrutura exclui o sujeito? Bem, é preciso responder: sim e não. *Não*: pois o sujeito vazio, sem reflexividade nem interioridade, sem consciência de si nem

---

[142] Por exemplo S. XX, p. 25 e p. 136.

qualidades, é precisamente um efeito da estrutura. Em outros termos, uma teoria não metafísica do sujeito só é consistente a partir da perspectiva estruturalista, que justamente toma por objeto a antinomia estrutura-sujeito. *Sim*: pois esta *mise-en-scène* produz um sujeito em "inclusão externa" à estrutura, disjunto da operação mesma que constitui o paradoxo de sua existência. Como salienta Lacan: "Se mantenho o termo sujeito em relação ao que essa estrutura constrói, é para que não persista nenhuma ambiguidade quanto ao que se trata de abolir, e para que isso seja abolido, a ponto de seu nome ser predestinado àquilo que o substitui" (OE, p. 231).

A estrutura põe em cena o sujeito: no teatro constituído pela outra-cena do inconsciente, não é o sujeito que fala. "Isso fala" através do sujeito porque o efeito do significante é a *mise-en-scène* de um sujeito face ao vazio, à ausência de metalinguagem.

> Isso fala no Outro, dizemos, designando por Outro o próprio lugar evocado pelo recurso à palavra, em qualquer relação em que este intervém. Se isso fala no Outro, quer o sujeito o ouça ou não com seu ouvido, é porque é ali que o sujeito, por uma anterioridade lógica a qualquer despertar do significado, encontra seu lugar significante. A descoberta do quê ele articula nesse lugar, isto é, no inconsciente permite-nos apreender ao preço de que a fenda (Spaltung) ele assim se constitui (E, p. 696).

Ou mais radicalmente: "Então se entreabre o ilimitado do que não tem nome nem forma, isto é, o Isso, disjunto das subjetivações" (MILNER, 2006, p. 33). O alcance clínico dessa escritura da estrutura enquanto "máquina original" não é de se negligenciar.

Lembraremos aqui daquilo que J.-C. Milner nomeia "classes paradoxais", a saber, as classes em que se cruzam a semelhança e a disjunção; "[...] isso mesmo que os disjunta é o que faz com que se refiram uns aos outros, embora não se assemelhem nem se liguem" (MILNER, 2006, p. 91).[143] Mais tecnicamente: uma classe é paradoxal "se a propriedade que parece ser dela o princípio e o laço é o nome do que extrai do anel propriedades e laços" (p. 92).[144] Quando Lacan fala de uma dialética do caso à estrutura, no sentido da irredutibilidade da verdade ao conceito, Milner prefere aqui evitar o vocabulário da dialética e convocar o que ele chama de classe paradoxal. Em todo caso, no uso que faz a psicanálise de nomes como *o neurótico, o perverso, o psicótico, o obsessivo, a histérica* não se trata de semelhanças fundadas sobre o julgamento de atribuição do tipo "x é P", do qual a consequência imediata é a formação de uma comunidade definida pela partilha de propriedades comuns, no enquadre do Imaginário. A noção de classe

---

[143] O exemplo concernia ao famoso apólogo de Lacan dos três prisioneiros.

[144] A esse propósito ver também o artigo de A. Teixeira (2007).

paradoxal permite explicar a modalidade complexa da *mise-en-scène* do sujeito na estrutura. A propósito dos nomes *o neurótico, o perverso, etc.*, Milner diz:

> Estenogramas de um acúmulo de casos, eles parecem jogar esses casos do lado de sua comunidade de propriedades, mas, em contrapartida, supostamente apreendem, no acúmulo, aquilo justamente que faz caso, isto é, aquilo que resiste a toda comunidade. [...]
>
> O nome de neurótico, de perverso, de obsessivo nomeia ou finge nomear a maneira neurótica, perversa, obsessiva que tem um sujeito de ser radicalmente dessemelhante de qualquer outro (MILNER, 2006, p. 91).

De fato, Lacan nos apresenta uma figura da ciência, a estrutura, que não depende da metalinguagem, mas de uma escritura que não se detém diante dos limites, dos paradoxos, dos impasses. É isso que permite operar com antinomias e paradoxos sem que impasses intimidem o pensamento. Foi uma operação dessa natureza que permitiu trabalhar a estrutura como o que engendra o sujeito: estrutura e sujeito opõem-se não apenas no plano epistemológico. Sua *oposição é real* e é esta oposição real que se trata de descrever nos dispositivos formais tais como as figuras topológicas (no caso, o oito interior) e o matema. Tal oposição real exige uma escritura que ao mesmo tempo pudesse "erguer uma barreira contra as cobiças, agora em andamento, dos falsários que estão sempre de serviço sob a bandeira do Espírito" (OE, p. 231).

Seção 10 – Verdade como causa

Para situar-se diante da ciência, a psicanálise precisou afastar verdade e sentido. Precisou conservar o conflito entre causas e razões, mas lançando o real do sexo para fora do domínio do sentido. Todavia, toda essa discussão acerca da ciência e do sujeito, toda nossa resposta à censura wittgensteiniana da psicanálise poderia ecoar no vazio caso a psicanálise lacaniana não fosse capaz de estabelecer o estatuto da causa em psicanálise. Essa tarefa define nosso próximo passo.

§44 Modos de refração da verdade

Como vimos acima, Lacan substitui a narração freudiana das origens da psicanálise, que se reclamava herdeira da tradição científica de Copérnico e de Darwin, por uma dupla operação. Esta operação, que, não sem alguma ressalva, pode ser considerada *genealógica*, consistia em reler o pensamento de Freud segundo o confronto da dialética saber e verdade, cuja matriz ele encontra em Hegel, e do sujeito abolido da ciência, que remonta, através de Koyré, até o umbral do pensamento de Descartes. Um dos resultados mais astuciosos dessa operação de reconfiguração do lugar da psicanálise com relação aos discursos da filosofia e da ciência é a possibilidade de evitar os impasses relativos à substancialização do sujeito do inconsciente, e de recusar, num só golpe, tanto o naturalismo quanto a hermenêutica como estratégias de fundamentação da psicanálise. Desse modo, a psicanálise é retirada definitivamente do solo onde Freud a havia implantado, em meio às ciências da natureza, em algum lugar entre a medicina e a psicologia, e é inserida num lugar bastante peculiar. O recurso ao paradigma da estrutura serve exatamente a esse fim, como vimos. Contudo, o ponto mais saliente foi resumido por Éric Laurent:

> Ao considerar invenção sua o objeto a, Lacan retorna à objeção de Wittgenstein, que achava que Freud, até o final, não conseguira fundar o estatuto da causa em psicanálise. Esta implica uma teoria da ciência e do modo de incidência da certeza científica sobre o desejo. Dar à causa seu justo lugar: eis a aposta do que é verdadeiramente necessário saber para que a psicanálise seja corretamente situada na ciência (LAURENT, 1998, p. 38).

Para entender os contornos do que está em jogo aqui, é preciso apreender corretamente o ponto de convergência entre a psicanálise e a ciência moderna na figura da postulação de um Universo infinito, preciso e contingente, sem, contudo, ocultar os pontos em que é maior a distância entre psicanálise e ciência: da questão do sujeito (e da ética que ele implica) até àquela do estilo (e à experiência de linguagem que ele pressupõe); sem esquecer que tudo isso relaciona-se ao estatuto da verdade, forcluída ou reduzida à sua dimensão formal na ciência, retomada ou acentuada em seu aspecto material na experiência analítica. Vale lembrar que era precisamente essa pretensão que servia como o alvo da crítica wittgensteiniana.

Em "A ciência e a verdade", estenografia da lição de abertura do seminário sobre *O objeto da psicanálise* (1965-66) realizado na École Normale Supérieure, Lacan examina o problema das relações entre ciência e verdade sob o prisma da noção de causa. Mais especificamente, sua estratégia consiste em investigar "a verdade como causa" nos "quatro modos de sua refração" (E, p. 890). Esses *quatro modos de refração da verdade* são inspirados nominalmente pela terminologia da *Metafísica* de Aristóteles concernente aos diferentes aspectos da causa (eficiente, final, formal, material). Sua recensão fornece um quadro comparativo de como a verdade funciona como causa, respectivamente, na magia, na religião, na ciência e na psicanálise.

De modo bastante sumário, temos o seguinte quadro. Na magia, a verdade opera como causa segundo seu aspecto eficiente, mas o saber mantém-se velado (E, p. 886), porquanto a verdade funciona sob o regime do recalcamento (E, p. 889). O interesse aqui é de diferençar o gênero de cura posto em ação na psicanálise e na magia, em franca discussão com o ponto de vista lévi-straussiano. Com efeito, em "A eficácia simbólica" (1949),[145] Lévi-Strauss analisa a cura xamanística e surpreende-nos, ao final, com uma inusitada comparação com o psicanalista. Depois de analisar o caso concreto de uma intervenção xamanística em um parto difícil, o autor busca entender a eficácia da operação. Em linhas gerais, a argumentação é mais ou menos a seguinte. A cura xamanística consiste em tornar *inteligível* uma situação dada, a princípio, no registro dos afetos, e tornar "*aceitáveis* para o espírito as dores que o corpo se recusa a tolerar. Que a mitologia do xamã não corresponda a uma realidade objetiva, não tem importância: a doente acredita nela, e ela é membro de uma sociedade que acredita" (LÉVI-STRAUSS, 1973, p. 228). Por isso, na terminologia de Lacan, a eficiência da cura xamanística, pois, na magia, a verdade opera como causa em seu aspecto eficiente. Diferentemente da relação causal e objetiva entre um micro-organismo e uma doença, a relação entre o monstro e a doença é

> [...] uma relação do símbolo à coisa simbolizada, ou, para empregar o vocabulário dos lingüistas, de significante a significado. O xamã fornece à sua doente uma *linguagem*, na qual se podem exprimir imediatamente estados não-formulados, de outro modo informuláveis. E é a passagem a esta expressão verbal (que permite, ao mesmo tempo, viver sob uma forma ordenada e inteligível uma experiência real, mas, sem isto, anárquica e inefável) que provoca o desbloqueio... (LÉVI-STRAUSS, 1973, p. 228).

Lévi-Strauss conclui daí que a cura xamanística se situa a meio caminho entre a medicina orgânica e a psicanálise, e lança mão de conceitos tais como ab-reação para tentar justificar sua posição. De todo modo, é o xamã, em carne e osso, que suporta a operação. Entender a distância que separa o xamã e o psicanalista corresponde a percorrer a distância que separa a verdade como causa eficiente (magia) da verdade como causa material (psicanálise); o saber velado, inefável (magia) ao saber literal, formalizável (psicanálise).

No que concerne à religião, uma "abordagem estrutural" mostra-nos que a verdade aparece refratada sob o aspecto de causa final (E, p. 887), na medida em que o "religioso entrega a Deus a incumbência da causa, mas nisso corta seu próprio acesso à verdade" (E, p. 887). Esta seria a verdadeira figura do sacrifício. Na religião, a verdade funciona sob a égide de denegação, na medida em que a perspectiva da revelação "denega o que dá ao sujeito fundamento para se tomar como parte interessada" (E, p. 887). Não obstante, Lacan reconhece no "racionalismo que organiza o pensamento teológico" um saudável exercício de pensamento. Ao invés de acentuar o aspecto misterioso da verdade cristã de

---

[145] Não por acaso, o primeiro artigo de Lévi-Strauss que Lacan cita no conjunto de toda sua obra escrita. Citado em "Estágio do Espelho..." (E, p. 98). Cf. também LÉCURU, 1994, p. 126.

um Deus Trinitário e Uno, a teologia pode fornecer um modelo de tratamento topológico de um impasse lógico (E, p. 888).

Da verdade como causa, a ciência "não quer-saber-nada" (E, p. 889), embora sua fecundidade decorra exatamente disso. O regime do funcionamento da verdade na ciência não é outro senão a forclusão (E, p. 889). Como entender essa visão? Em que medida Lacan acompanha Heidegger nessas formulações? Em que pesem as convergências de fundo, vale ressaltar que a ausência, em Lacan, de um *páthos* da nostalgia de um ser pré-científico, tributária de sua particular perspectiva das relações entre ciência e verdade, o distancia, também nesse aspecto, de Heidegger. Se Lacan incorpora em parte a crítica heideggeriana da verdade como correspondência, ao mesmo tempo ele não comunga da busca por uma compreensão pré-científica do sentido do ser, que teríamos, por exemplo, na linguagem poética (*Dichtung*). Lacan está longe de fazer coro à tradição hermenêutica, que remonta à *Krisis* de Husserl, que concebe a matematização da ciência e da natureza como um processo de esvaziamento de sentido (Rossi, 1992, p. 16 *et seq.*). É fato que o diagnóstico central é retido: o mesmo é dizer que a ciência depende de uma operação de esvaziamento de sentido. Todavia, a terapêutica ali visada não é compartilhada. Não há nenhum *páthos* da origem, nenhuma nostalgia de uma forma de eclosão do ser anterior ao corte da ciência. Lacan inverte os valores. O esvaziamento de sentido relativo à matematização perde seus contornos sombrios e passa a ser visto como o próprio motor da ciência. O próprio gesto lacaniano inaugural de distinguir o simbólico e o imaginário repetia, à sua maneira, esse gesto fundador da ciência moderna. Mas a razão de fundo desse posicionamento singular não é difícil de adivinhar. Para Lacan, a psicanálise nasce no universo da ciência, e nossa "posição de sujeito" é sequela do surgimento daquela. A posição da ciência – e do sujeito – no mundo moderno caracteriza-se

> [...] por uma radical mudança de estilo no *tempo* [em italiano no original; no sentido musical de *andamento*] de seu progresso, pela forma galopante de sua imisição em nosso mundo, pelas reações em cadeia que caracterizam o que podemos chamar de expansões de sua energética. Em tudo isso nos parece radical uma modificação em nossa posição de sujeito, no duplo sentido: de que ela é inaugural nesta e de que a ciência a reforça cada vez mais (E, p. 869-870).

Essa modificação em nossa posição de sujeito consiste na "divisão experimentada do sujeito como divisão entre o saber e a verdade" (E, p. 870). Tudo isso para mostrar a posição ímpar da psicanálise nesse cenário. Sem recusar a ciência, ela seria herdeira de uma pesquisa da verdade refratária ao sentido. O "desencantamento do mundo" em Lacan não tem qualquer conotação nostálgica. O Universo da ciência perdeu o calor, a maciez e o colorido do mundo pré-científico orientado por fins e harmônico em relação a um belo... mas exatamente por essas razões nos livrou das ilusões do sentido do ser e da tarefa de sua compreensão. Nisso temos um Lacan herdeiro do melhor iluminismo de Freud, sem, no entanto, o ranço que alimentava, até certo ponto, a concepção freudiana de ciência de uma filosofia positivista da história. Como em Freud, que o mundo seja desencantado é uma condição até mesmo para a fruição da beleza transitória, desprovida da ilusão do sentido humano e divino, que mais oblitera do que torna possível a fruição (FREUD, 1988 [1916]).

É verdade que o apoio tomado na epistemologia de Koyré, fortemente situada sob o signo de Platão, joga em favor da consistência desse propósito de pensar a causalidade formal da ciência. A seguinte afirmação corrobora esse ponto de vista: "[...] o bonito é que foi o encaminhamento do platonismo que ressurgiu em nossa ciência com a revolução copernicana" (OE, p. 436). Contra a interpretação corrente que assimila o sucesso da ciência moderna a uma vitória da experiência contra a teoria, Koyré ressalta como o papel da experimentação, "interrogação metódica da natureza", "pressupõe e implica uma *linguagem* na qual se formulam as perguntas, como um dicionário nos permite ler e interpretar as respostas" (KOYRÉ, 1982, p. 154). A linguagem matemática de Galileu, dependente de operações prévias de dissolução da estrutura hierárquica do cosmos e a consequente possibilidade de geometrização da estrutura do Universo, constitui "uma prova experimental do platonismo" (p. 172). Com efeito, para os cientistas aristotélicos do tempo de Galileu não fazia sentido procurar a exatidão matemática, porque "a natureza do ser físico é qualitativa e vaga. Ela não se enquadra na rigidez e precisão dos conceitos matemáticos" (p. 168). O coro da ciência normal do tempo de Galileu afirmava em uníssono que aplicar a matemática ao mundo sublunar era, nem mais nem menos, do que "impossível" (p. 168). Ao tratar, por exemplo, do movimento retilíneo uniforme, que só pode ser produzido no vácuo (quer dizer que não pode ser observado na experiência comum), o cientista normal do século XVI não vê senão uma extravagância. Numa formulação cheia de ressonâncias no pensamento de Lacan, Koyré escreve:

> [...] não é surpreendente que o aristotélico se tenha sentido pasmado e perdido diante desse alucinante esforço para *explicar o real pelo impossível* [grifo meu] ou, o que dá no mesmo, para explicar o ser real pelo ser matemático, porque, como já afirmei, os corpos que se movem em linha reta num espaço vazio infinito não são corpos *reais* que deslocam num espaço real, mas corpos *matemáticos* que se deslocam num espaço *matemático* (KOYRÉ, 1982, p. 166).

À ciência cabe a verdade como causa formal. Mas o que isso quer dizer? Quer dizer que, na esteira de Koyré, a ciência moderna é vista aqui como um prolongamento da forma platônica, no sentido em que sua condição de possibilidade é a matematização da natureza, isto é, a subordinação do empírico à forma pura que a torna pensável, a escrita matemática. A possibilidade de uma escrita matemática independente, tal como aparece em Frege, que fosse ao mesmo tempo anti-intuicionista e antipsicologicista, e, por isso mesmo, conforme às leis da objetividade, constitui uma segunda vertente desse realismo matemático que tanto seduziu Lacan (voltaremos a isso no Excurso II, ao final do capítulo).

A ciência refrata, pois, a verdade sob seu aspecto de causa formal. Nela, o saber comunica-se não apenas em função do costume científico, "mas porque a forma lógica dada a esse saber inclui a modalidade da comunicação como suturando o sujeito que ele implica" (E, p. 891). Para trabalhar com a física newtoniana, o físico não precisa conhecer o texto dos *Philosophiae Naturalis Principia Mathematica*. Suas teses principais foram incorporadas ao saber científico da maneira mais formal, mais desvinculada dos traços escriturais de Newton. O mesmo vale para o conjunto do saber científico enquanto tal. É justamente neste ponto que Lacan contrasta o modo de refração da verdade próprio à psicanálise e solicita que os analistas devem "resistir" às modalidades eficiente, final e formal da verdade como causa, isto é, devem resistir a serem subsumidos ao discurso da magia, da religião e da ciência. Após ter caracterizado o aspecto formal que a verdade toma na ciência, escreve: "Isso, porém, será para esclarecer que a psicanálise, ao contrário, acentua seu aspecto de causa material. Assim se deve qualificar sua originalidade na ciência. Essa causa material é, propriamente, a forma de incidência do significante como aí eu defino" (E, p. 890).

O que define a originalidade da psicanálise frente aos referidos discursos é a incidência do aspecto material no tocante à verdade como causa. Em que consiste essa causalidade material lacaniana? Esse aspecto material se exprime sob a forma da materialidade do significante quanto à sua incidência no campo analítico, ou seja, o significante incide precisamente ao *veicular* o sujeito em sua relação com outro significante. Foi neste sentido que, no parágrafo precedente, detalhamos o processo de causação do sujeito a partir da estrutura vista como "máquina original", como *efeito* da combinatória do significante "na realidade em que se produz". Essa máquina original produz o quê? O sujeito (E, p. 655), o sujeito do inconsciente, o sujeito em que isso fala. Mas isso não é tudo: pois o sujeito não é de ponta a ponta "produzido" pelo simbólico. Pois o próprio simbólico é barrado, fundado em torno de um vazio de referencialidade, por um impasse do real. Há um ponto de real no coração do simbólico.

Enquanto Wittgenstein tratava a causalidade na ciência como causa eficiente, Lacan conserva a ideia de causa, mas para tanto pretende introduzir na ciência uma concepção de causalidade material. O ponto central é relativo à ideia de que a causação psíquica, na medida em que se baseia no significante "como tal", não implica nenhuma pressuposição de vínculo semântico. Do mesmo modo como Wittgenstein dizia que a causalidade é sempre externa aos eventos, Lacan propõe que a *conexão de significantes numa cadeia permanece sempre externa*, isto é, não depende da significação. Como sabemos, não é a título de sua significação que o significante age no sujeito: sua ação incide no real do sujeito, no sentido que J.-A. Miller (1996) chamou de "ação da estrutura".

O sujeito do significante, marcado por uma estrutura que tenta dar conta de sua *Spaltung*, tem uma função de demarcação: ele deve distinguir-se seja do indivíduo biológico, seja do sujeito psicológico, objetivável através da compreensão (E, p. 890). A função da linguagem na teoria psicanalítica está em distinguir o sujeito da ciência, de um lado, do naturalismo e do psicologicismo, do outro. Mais precisamente: a teoria do *objeto a* encontra exatamente aqui seu lugar (E, p. 890), na estrutura elíptica que apresenta a dissimetria entre a gramática das causas e a gramática das razões. Isso pode ser uma maneira de entender por que "o sujeito está, se nos permitem dizê-lo, em uma exclusão interna a seu objeto" (E, p. 875).

A linguagem, concebida no contexto de uma definição materialista do significante (que "veicula" o sujeito em sua relação com outro significante – E, p. 890), é marcada pelo vazio de sua incompletude. De posse desses elementos é possível abordar o problema do sujeito em *exclusão interna* de seu objeto. A teoria do objeto *a* encontra seu valor operatório na estrutura cindida do sujeito. Nessa medida, o objeto é interno, pois é localizável nessa estrutura como ponto de fuga da metonímia do desejo. No entanto, está excluído do sujeito, por sua inacessibilidade via linguagem, cuja separação é inelidível. Daí o sintagma *exclusão interna*.

A verdade, em psicanálise, não está recalcada (magia), forcluída (ciência) ou denegada (religião). Ela fala. Mas saber escutar essa fala implica descobrir em que língua ela fala e qual a angulação de sua refração. Alguns anos antes, embora em outro contexto, Lacan já havia aludido à "afinidade com os efeitos de *refração* condicionados pela clivagem entre simbólico e imaginário" (E, p. 679, grifo meu). Mas a clivagem entre o imaginário e o simbólico não é suficiente, pois a coisa que fala releva do real. A fim de contornar essas dificuldades, Lacan forjará, em alguns anos, o conceito de *lalangue*, que funciona mais ou menos como o negativo da metalinguagem. Ouvir *lalangue*, ouvir a língua antes que a semântica venha escandir a estrutura do discurso, supõe um exercício de estilo (que estudaremos no Capítulo 3).

Até aqui, pudemos acompanhar a ideia de que a teoria do objeto *a* é necessária "para uma integração correta da função, no tocante ao saber e ao sujeito, da verdade como causa" (E, p. 890). O objeto *a*, aqui, é pensado como uma forma do real, enquanto impossibilidade estrutural de adequação entre a positividade de um objeto e o vazio de um desejo. Sua necessidade teórica resulta da incorporação do conceito de *das Ding*, que Freud em 1895 usou para *mostrar* a impossibilidade de predicação simbólica do gozo. O objeto como causa ausente funciona, pois, como o que articula a verdade como causa e o real como limite. "Verdade como causa": aqui a distância que separa Wittgenstein de Freud e de Lacan é intransponível. Porque essa inadequação, essa impossibilidade real de que temos notícia apenas como uma *ficção* acerca dos processos de constituição subjetiva não pode ser integrada na filosofia de Wittgenstein. Aqui a distância é "intransponível", pela via do *sentido*, como a distância que separa uma "gramática de razões" em relação a uma "gramática das causas", ou ainda, que separa as palavras e a coisa.

§45 As palavras e a coisa

A fim de apresentar sua teoria do *objeto a* como lugar a partir de onde opera a causa, e situar a partir daí o problema da verdade, Lacan precisou exumar o conceito freudiano de *das Ding*, justamente porque "o desejo vem do Outro, e o gozo está do lado da Coisa" (E, p. 867). Por isso, o conceito de Coisa vai desempenhar um papel primordial para nosso próximo passo: "[...] a teoria do objeto *a* é necessária, como veremos, para uma integração correta da função, no tocante ao saber e ao sujeito, da verdade como causa" (E, p. 890).

Por que falar de a Coisa e não de coisas? Por que privilegiar uma forma de objeto – e destacá-la como objeto *a* –, e não apenas falar de objetos? Para entendermos isso precisamos unir duas pontas: o estatuto das pulsões e o papel das experiências fundamentais de causação do sujeito. O lugar-comum que atribui a Lacan a negligência das dimensões econômica e dinâmica da metapsicologia freudiana, em favor de uma leitura da tópica a partir de uma matriz linguística, simplesmente, não se sustenta. Mais uma vez em Roma, agora em 1964, afirma:

> As pulsões são nossos mitos, disse Freud. Não se deve entender isso como uma remissão ao irreal. É o real que elas mitificam, [como fazem] normalmente os mitos: aqui, aquilo que faz o desejo, reproduzindo nele a relação do sujeito com o objeto perdido.
>
> Não faltam objetos que passam por lucros e perdas para ocupar seu lugar. Mas é em número limitado que eles podem desempenhar um papel que se simbolizaria da melhor maneira possível pela automutilação do lagarto, por sua cauda desprendida com desolação. Desventura do desejo nas sebes do gozo, espreitadas por um deus maligno (E, p. 867 [trad. modificada]).

É a pulsão que "divide o sujeito e o desejo" (E, p. 867), na medida em que determina uma relação de desconhecimento entre o desejo e o objeto que causa essa divisão. O estatuto paradoxal do objeto *a* explica-se por sua dupla condição de ser, ao mesmo tempo "fundamento para todo modo de inserção na ordem simbólica" e "algo que o sujeito deve 'perder'" (Safatle, 2007, p. 67). Esse estatuto paradoxal do objeto-causa remonta ao modo como Freud concebeu as experiências fundamentais de causação do sujeito.

O conceito freudiano de *das Ding* é o ponto fulcral em torno do qual gira a elipse da rede de conceitos relativos à contingência, à incompletude, ao real, ao impossível, ao vazio. Em suma, ao que permanece imune à representação, ao corte da ciência, ao que se apresenta como impasse da formalização. O campo freudiano, tal qual Lacan o vê desde sua releitura do *Projeto* (1895) de Freud, é o campo que supõe que "aquilo que recebe o nome de vazio é a Coisa" (REGNAULT, 2004, p. 73): "Ora, se vocês considerarem o vaso, na perspectiva que inicialmente promovi, como um objeto feito para representar a existência do vazio no centro do real que se chama a Coisa, esse vazio, tal como ele se apresenta na representação, apresenta-se, efetivamente, como um *nihil*, como nada" (S.VII, p. 153).

A submissão, ainda que parcial, do princípio do prazer ao princípio de realidade, condição para a entrada do sujeito na ordem do discurso, supõe, com efeito, uma perda. Em termos freudianos, o aparelho psíquico é sem defesa (*"hilflos"*) em relação ao excesso pulsional que o acomete. A primeira marca do sujeito não é, portanto, a inscrição de um desejo inconsciente ou de uma qualidade psíquica, mas a marca de uma ausência, de uma impossibilidade: a impossibilidade de que o princípio do prazer garanta a satisfação plena e duradoura das pulsões. Um breve excurso ao texto de Freud pode nos ajudar a configurar melhor a questão.

Uma das lições mais conhecidas da psicanálise freudiana é acerca das experiências fundamentais do *infans* (etimologicamente, algo mais ou menos como *candidato à fala*). A ideia pode ser resumida mais ou menos do seguinte modo. As experiências fundamentais – satisfação e dor – deixam atrás de si facilitações/trilhamentos permanentes entre, de um lado, os neurônios nucleares investidos/ocupados pelo estado de urgência e, de outro, o complexo formado pela percepção de um objeto e a notícia de eliminação devido a um movimento reflexo no corpo. Assim, uma reativação do desejo vai investir as vias já facilitadas/trilhadas. O papel determinante atribuído aos trilhamentos resultantes das vivências de satisfação e de dor na constituição do sujeito se explicaria pelo que Freud chamou de "lei fundamental de associação por simultaneidade" (FREUD, 1995 [1985]): todo o funcionamento do sistema *psi* se baseia nessa lei. Eventos dados à memória na linha da diacronia serão retidos sincronicamente, "pois, evidentemente, os três pilares da cena prototípica – a necessidade, o outro e a satisfação – não são produzidos simultaneamente, mas em sucessão" (GABBI JR., 1987, p. 104).

Devido ao estado de desamparo inicial do ser humano *(Hilflosigkeit)*, aquela satisfação exige a participação efetiva de um Outro, que na terminologia do *Entwurf* corresponde ao "próximo" (ou "complexo do próximo"). Este próximo é, ao mesmo tempo, fonte de prazer (ou de dor) e fonte dos motivos morais, na medida em que é o amparo necessário que garante a sobrevida do *infans*. Freud distingue nesse "complexo do próximo", duas partes: uma constante e outra variável. A constante seria aquilo que se inscreve enquanto coisa (*das Ding*), uma percepção originária a que nenhuma nova percepção poderá igualar-se, devido à sua radical contingência. A parte variável, relativa, por exemplo, aos movimentos do corpo do outro, será objeto de um esforço de recordação. Na impossibilidade de experienciar a identidade de percepção entre o objeto alucinado no estado de desejo e a percepção atual, esse esforço se concretiza nas vias do pensar, quando se produz uma inesperada identidade entre o corpo do outro e o próprio corpo.

Ou seja, dado um estado de desejo, a quantidade irá percorrer os trilhamentos deixados pelas experiências fundamentais. Ao perceber a diferença entre a percepção atual e aquela relativa ao objeto de desejo, inscrita outrora como coisa, o aparelho dá início ao pensar. A frustração do desejo seria a "justificativa biológica de todo pensar" (FREUD, 1995 [1895], p. 76). Na impossibilidade de alcançar a identidade de percepção, o aparelho vai, pois, buscar uma identidade de pensamento. Esta identidade será encontrada no momento em que as percepções "coincidirão no sujeito com a re[cordação] de impressões visuais próprias, bastante semelhantes do próprio corpo que estão associadas com re[cordações] de movimentos vividos por ele mesmo" (FREUD, 1995 [1895], p. 45).[146] O resultado disso é que o outro é tomado como referência para a imagem corporal do *infans*.

À perspectiva freudiana esboçada acima poderíamos apenas acrescentar que esse Outro – antes mesmo de fornecer o espelho onde a imagem do corpo da criança irá integrar-se como uma totalidade – fornece as palavras que marcam a superfície desse corpo ainda fragmentário, mas já sulcado pela linguagem. Assim a coisa freudiana, erigida ao estatuto de conceito a partir de Lacan, deixa um vazio. A coisa é aquilo que "do real primordial [...] padece do significante" (S.VII, p. 149). Em torno daquele vazio, o sujeito se constitui na superfície das palavras, qual um oleiro que cria o vazio ao criar seu entorno (S.VII, p. 151).

É esse vazio central, fundante, que nos coloca a impossibilidade, implícita desde o *Projeto*, de pensar que o aparelho psíquico poderia alcançar a identidade de percepção de sua satisfação primeira, sem resto. Sem levar em consideração o conceito de coisa, o desejo se realizaria nos objetos da demanda, e não precisaria deslizar incessantemente na cadeia dos significantes. Quando Lacan vai pensar a impossibilidade do simbólico de abarcar a totalidade do real, ele está, em alguma medida, retomando a tese freudiana presente no *Projeto* de que há, sempre, um excesso pulsional: o aparelho é sem-defesa para o que concerne à pulsão.

O que esse atalho nos mostrou é que o gênero de verdade que à psicanálise interessa remete à contingência do sexual na estrutura (OE, p. 553). Talvez por isso caiba a Lacan falar não mais de coisas, mas da Coisa, a Coisa freudiana.[147] A linguagem não é tudo: o dispositivo RSI responde a isso. É a própria verdade, em sua contingência radical, isto é, na ausência de qualquer ancoragem no ser, que fala. Falta o "ser" da palavra, mesmo que o "ser" não fosse mais o garante sólido e luminoso de sua presença; mesmo que fosse, antes, marcado pelas notas do

---

[146] As notas 172, 174 e 176 de Gabbi Jr. à tradução do *Projeto* são, aqui, bastante elucidativas.

[147] Não por acaso, as palavras a que se refere Foucault são "*les mots*"; Lacan nos fala de "*la parole*", depois de "*le signifiant*", mais tarde de "*le dire*".

precário e do enigmático, como em Mallarmé-Foucault. Balmés comenta, com muita precisão, que o ser é o "real do simbólico" (1999, p. 45). E complementa: "Ora, se por volta do ano de 1959 o ser designa sempre *um ponto de articulação do real e do simbólico*, é num sentido bem diferente. Não se trata mais do campo aberto pela simbolização. Trata-se do *real que se manifesta no simbólico, na exata medida em que lhe excede*" (BALMÈS, 1999, p. 172).

Neste sentido, o campo de *das Ding*, como experiência radical da contingência (e não como cogitação ou meditação), como efeito da irrupção do real da pulsão (e não como origem), interdita qualquer aproximação entre psicanálise e metafísica da falta. Não há *télos*, como mostra um simples exame do programa do princípio do prazer: o prazer não é um fim, é, ao contrário, o modo de funcionamento automático do aparelho psíquico. A posição científica de Freud responde, pois, à necessidade de afastar a psicanálise de um horizonte moralizante qualquer. Mas essa posição científica esbarra em limites importantes, relativos, por exemplo, ao estatuto da pulsão, que tendo sua fonte no hiato entre *soma* e *psique*, é "anterior" à linguagem; ao problema da singularidade irredutível do sujeito; à natureza do real como resto da operação simbólica; etc. Tudo isso pode ser agrupado sob a rubrica geral de impasses da formalização, que abordaremos detidamente mais à frente.

A reconciliação do homem com a natureza, qualquer que seja sua figura, não está no horizonte da psicanálise. Na perspectiva de Heidegger, é função da Coisa restaurar o que foi "escondido" ou "esquecido" quando do surgimento de uma linguagem-fora-do-ser, donde se segue a primazia do poema como modo de revelação de uma imediaticidade do real. É justamente essa ausência de um *páthos* da origem ou essa desconfiança de que o desvelamento ainda guarde, como um cristal escondido, um resquício da adequação que ele se esforçou por combater, que reaproxima Lacan de Hegel, e que anuncia um distanciamento em relação a Heidegger que, de agora em diante, torna-se mais definitivo: "Decerto, tanto quanto Heidegger, Hegel se recusa a alojar a verdade na adequação do juízo com o objeto; mas ele se recusaria, igualmente, a fazer que ela consistisse em um *desvelamento*" (LEBRUN, 2006, p. 376).

O desvelamento engendra necessariamente o *páthos* do retorno ao imediato ou ao arcaico, como se a única maneira de arrancar as camadas de alienação da verdade fosse uma espécie de retorno à origem. Lebrun escreve: "[...] não há pior ilusão: é neste mesmo lugar que é preciso buscar as instâncias de desmistificação, e nunca lá longe" (p. 54). Lacan afasta sua concepção da Coisa de qualquer tentativa de fundamentar "a conjunção de potências celestes e terrestres" (S.VII, p. 145). Para entendermos isso, basta atirarmos nossa atenção para o modo como é abordada a pulsão: "A pulsão, tal como nos é construída por Freud a partir da experiência do inconsciente, proíbe ao pensamento psicologizante esse recurso ao instinto com que ele mascara sua ignorância, através da suposição de uma moral na natureza" (E, p. 865).

Não há, da parte de Lacan, entusiasmo quanto à potência da linguagem poética para captar o ser. A tese de que a verdade se estrutura como ficção não decorre, pois, da temática heideggeriana da poeticidade essencial da natureza que o *lógos* ocultaria. Ao contrário, o que está em jogo é a experiência freudiana da Coisa como o fundamento da contingência radical que está na raiz da singularidade de cada sujeito. A coisa (*das Ding*) "será sempre representada por um vazio, precisamente pelo fato de ela não poder ser representada por outra coisa – ou, mais exatamente, de ela não poder ser representada senão por outra coisa" (S.VII, p. 162).

Mas a leitura da dialética do desejo como metafísica da falta esbarra num problema, qual seja, a ideia de que o vazio, para Lacan, é um ponto. O vazio não preexiste, ao contrário, ele é o efeito da irrupção da Coisa, em toda sua radical contingência e materialidade, na experiência pulsional do sujeito. A teoria lacaniana do sujeito não é nunca uma metafísica da subjetividade. O sujeito não mais se define pela interioridade da vontade ou dos atos de consciência, mas pela exterioridade e opacidade próprias aos campos da linguagem e dos objetos. Para dizer com todas as letras: não há resquícios de alguma nostalgia do ser. Não resta mais do que a operação de fazer equivaler o ser à letra, efeito da homofonia entre *l'être* e *lettre*.

Nem o ser, nem a subjetividade, nem o saber absoluto, tampouco o nada podem ser colocados como norma ou critério de verdade. Não havendo metalinguagem ou linguagem neutra, não há recurso à transcendência, mesmo em suas versões mais destiladas. Mas a distância aludida acima remonta no fundo à distância entre Heidegger e Lacan. Essa ideia tão cara a Lacan, desde os primeiros seminários, de que *há um real* anterior e independente do ser confronta-se frontalmente com a ontologia fundamental de Heidegger. Afinal, o próprio do ser heideggeriano é sua afinidade à linguagem, ao contrário do real lacaniano, que se subtrai a ela. A tese de que "há real" seria, pois, uma espécie de "proposição anti-ontológica espontânea" (BALMÈS, 1999, p. 39; cf. p. 45-46; p. 50).

Uma objeção poderia ser levantada a toda essa construção. Essa Coisa impredicável, resistente ao simbólico, não seria uma forma sofisticada da coisa em si kantiana? O próprio Lacan respondeu à questão: "[...] uma verdade que fala tem pouca coisa em comum com um número, que desde que a razão pura se lembra, fecha-a" (E, p. 883). Em outras palavras, a resposta lacaniana à pergunta sobre quem fala remete a uma verdade que se estrutura ficcionalmente, sem que por isso perca a dimensão de real em que se fixa. O real surge a um passo do horror, quer dizer, a um passo da Coisa. Isto é, na fronteira vertiginosa e precária que o belo traça diante do abismo que separa as palavras e a Coisa.

§46 Da verdade como causa à questão do estilo

Realçar o abismo entre as palavras e a Coisa não equivale a justificar um ceticismo radical, nem tampouco a abandonar a temática da verdade. Mas como não fazê-lo? Lacan procurou construir pontes entre o real e o simbólico. A ideia de uma estrutura ficcional da verdade é, do ponto de vista lógico, o primeiro ponto de interseção entre o simbólico e o real. Desse modo, com a ficção da verdade ocorre algo análogo ao que ocorre com o sintoma, que também ocupa, em termos topológicos, essa posição de interseção entre simbólico e real. É, pois, o sintoma que fornece o modelo formal dos modos de interseção entre o que não se deixa dizer (o real) e a estrutura significante em que isso fala (o simbólico). Do ponto de vista que interessa a esta pesquisa, irei concentrar minha argumentação em torno de duas figuras de entrelaçamento entre o real e o simbólico: (i) o estilo como suporte do sujeito entre saber e verdade e (ii) a ideia de que o real se inscreve como impasse da formalização. O Capítulo 3 tentará estudar cada uma delas.

A hipótese da equivalência paradoxal do sujeito da ciência e do sujeito da psicanálise é o corolário do pertencimento da psicanálise ao Universo da ciência moderna. Nesse nível, "o sujeito da ciência é deixado desprovido face ao problema da verdade" (BALIBAR, 1996, p. 26).

> Se, em compensação, identificamos sujeito da ciência e sujeito da psicanálise, os seus objetos, no entanto, não se identificam: o objeto desta é a causa do desejo, o objeto daquela é qualquer objeto = x (a natureza, a luz, etc.). Há então verdade de uma, e verdade da outra: outra verdade da psicanálise da outra verdade científica, e, portanto, em nome da verdade: ou Outro de Outro. Mas justamente, elas coincidem naquilo que as supõem verdades: aquilo em nome de que este "duplo" sujeito fala. Não há portanto Outro do Outro na ordem da verdade.
>
> E se o sujeito em questão é dividido, então a verdade se encontra aí *dimidiée*: ela é meio-dita (REGNAULT, 1985, p. 10).

Concebido enquanto *efeito* da combinatória do significante e da elisão de sua causa, ou seja, da elisão do objeto, "o sujeito está [...] em uma exclusão interna a seu objeto" (E, p. 875). É aqui que reencontramos o texto em que se fecha o argumento deste capítulo. Na "Abertura desta coletânea" (1966), lemos: "É o objeto que responde à pergunta sobre o estilo que formulamos logo de saída. A esse lugar que, para Buffon, era marcado pelo homem, chamamos de queda desse objeto, reveladora por isolá-lo, ao mesmo tempo, como causa do desejo em que o sujeito se eclipsa e como suporte do sujeito entre verdade e saber" (E, p. 11).

Ao mesmo tempo, pois, que o sujeito da psicanálise remete ao sujeito da ciência e exclui internamente o objeto, é "o objeto que responde à pergunta sobre o estilo" (E, p. 11). É isso que Lacan enuncia ao inverter a fórmula de Buffon. Um simples exercício de substituição lógica nos permite conjecturar, que *o sujeito está em exclusão interna ao que responde à questão sobre o estilo*. É dizer que o eclipse do sujeito, seu ser roubado, é da ordem do estilo?

Excurso II

§47 Não há formalização sem restos: Frege com Lacan

Eu sou trezentos, sou trezentos-e-cincoenta.
Mário de Andrade

Antes de abordarmos as estratégias lacanianas de formalização de impasses através do estilo é preciso determinar com clareza se esta ideia acerca da inelutabilidade dos impasses da formalização não é uma quimera. Nada melhor do que abordar o mais robusto e revolucionário programa de escrita formal de que se tem notícia e que interessou Lacan no mais alto grau. Vejamos como o exame da conceitografia fregiana constitui um momento privilegiado para entendermos a questão dos impasses da formalização.

A primeira coisa que Lacan encontrou em Frege, ainda em 1956, foi uma crítica do intuicionismo e do psicologismo. De início, ele opõe a perspectiva do realismo lógico fregiano ao intuicionismo que fornecia a armadura conceitual da psicologia analítica junguiana. O surpreendente desde o primeiro momento é que Lacan recorre a esse realismo lógico para fundamentar seu modo de incorporar a ordem simbólica lévi-straussiana, e de distingui-la do real. Como dimensão original, afirma Lacan, a ordem simbólica "entra no real como uma relha no arado" (S. IV, p. 243). Não é possível inferir a ordem simbólica a partir da experiência, do mesmo modo como não é possível deduzir a sequência de números aritméticos a partir da sensibilidade. Com o "surgimento mais elementar do significante", surge também sua "lei, independente de todo elemento real" (S. IV, p. 243). O contexto da discussão remete à justificação do aparelho formal apresentado como suplemento do estudo sobre a "carta roubada". Lacan comentou essa crítica fregiana da intuição sensível como fundamento da aritmética em inúmeras ocasiões. Por que razões insistir tanto nisso, que parece tão alheio ao domínio da racionalidade psicanalítica? Segundo minha leitura, duas ou três coisas estão em jogo nesse recurso lacaniano a Frege: (i) o afastamento da racionalidade psicanalítica em relação a qualquer forma de psicologismo. Isso é obtido através da crítica do intuicionismo e do empirismo, levado a efeito principalmente nos textos de Frege consagrados aos fundamentos da aritmética; (ii) a possibilidade de um modelo de escritura formal do real, também independente do recurso à intuição sensível e à dimensão imaginária do sentido, como diz Lacan, "transmissível fora do sentido" (OE, p. 544). Isso é obtido graças à incorporação de certos procedimentos da *Conceitografia* fregiana, que inspira a Lacan alguns parâmetros para sua própria escrita formal, como os quantificadores e suas leis de transformação ("essa pequena revolução do espírito", diz Lacan, S. XV, p. 139) e a distinção entre argumento e função. Como não poderia deixar de ser, no gesto mesmo de incorporar esses instrumentos de formalização, Lacan mostra seus limites no que tange à especificidade da psicanálise. A terceira coisa que encontra em Frege é uma maneira de, *por contraste*, (iii) mostrar a irredutibilidade do caso ao conceito e, a partir daí, abordar os impasses da formalização. E este é o ponto mais importante.

Assim, ao opor escrita lógica ao psicologismo, Lacan visa "repelir qualquer hipótese psicológica das relações do sujeito com a linguagem" (OE, p. 206). "A análise pela qual Frege gerou o Um do conjunto vazio" (OE, p. 544) interessa como modelo de formalização que *torna pensável* um problema homólogo, no campo da psicanálise, qual seja, como é possível que o ser do sujeito seja "a sutura de uma falta" (OE, p. 207). Em outras palavras, isso torna obsoleto o recurso a um esquema de causação psicológica do sujeito. Assim como Frege deriva a existência do 1 a partir do 0, como efeito de uma inferência lógica (o conjunto dos elementos diferentes de si mesmo é o conjunto vazio; o conjunto cujo elemento é o conjunto vazio é o 1; o conjunto deste conjunto, etc.), Lacan infere o ser do sujeito a partir do que "falta ao significante para o ser o Um do sujeito". Assim, "o sujeito se divide por ser, ao mesmo tempo, efeito da marca e suporte de sua falta" (OE, p. 207). Foi Jacques-Allain Miller quem desdobrou, bastante precocemente, as consequências desse inusitado diálogo Frege-Lacan, num texto célebre chamado "Suture", publicado no número 1 dos *Cahiers pour L'Analyse* (1966).

Frege e o programa logicista. Desde os tempos mais remotos, a *lógica* havia seguido a via segura que lhe impusera Aristóteles. Nem um passo a frente, nem um passo atrás, era, na concepção de Kant, acabada e perfeita. Nela, o entendimento ocupa-se apenas consigo mesmo e com suas formas. A lógica seria, então, uma propedêutica, uma antecâmara das ciências: lida com juízos *a priori* e todo o seu sucesso decorre exatamente de seu caráter limitado. Também a *matemática*, seguindo a trilha da lógica, havia adquirido seu lugar na via segura da ciência, já desde a era do "admirável povo grego". Kant, no entanto, não poderia ter previsto que apenas 80 anos mais tarde a geometria euclidiana veria nascer suas irmãs extemporâneas,[148] e com elas, a crise nas matemáticas, que impôs a necessidade de tornar claros e sólidos seus fundamentos. Surgem, então, tentativas de

---

[148] Em 1826, Lobachevsky publica um ensaio que apresenta uma geometria hiperbólica, isto é, onde por um ponto fora de uma reta dada passa mais de uma paralela. Mas foi só com a publicação póstuma, em 1867, da obra de Riemann que as geometrias não euclidianas foram tomadas a sério pelos matemáticos puros. Tal estado de coisas, acrescido das teorias dos números transfinitos de Cantor, engendraria uma crise sem precedentes na história das matemáticas. Com efeito, a evidência dos axiomas matemáticos é colocada em questão. A necessidade de fundamentação da matemática torna-se, então, patente, não deixando de interessar, pois, à filosofia.

fundamentar a matemática.[149] O programa logicista, de Frege a Russell, é um dos mais importantes, e o único que despertou o interesse de Lacan.

O programa tem como objetivo demonstrar a identidade entre a aritmética e a lógica, melhor, a possibilidade de derivação da aritmética a partir da lógica. A consecução desse projeto precisa demonstrar a redutibilidade das leis da aritmética aos princípios da lógica, dependendo, pois, da definição de conceitos matemáticos em termos lógicos. Assim, o programa englobava (1) a redução de conceitos matemáticos em termos lógicos e (2) a redução dos axiomas da aritmética às proposições da lógica. Nas palavras de Russell que, apesar de suas divergências com Frege, comunga de projeto análogo, trata-se de provar "que toda a matemática pura lida exclusivamente com conceitos definíveis em termos de um número muito pequeno de conceitos lógicos fundamentais, e que todas as suas proposições são dedutíveis de um número muito pequeno de princípios lógicos".[150] A matemática, observa Frege, está sujeita, depois que se afastou por "algum tempo do rigor euclidiano", a uma profunda revisão crítica, nunca vista no passado. Proposições que no passado pareciam não necessitar de demonstração são agora colocadas em xeque. Assim, conceitos como função, limite, infinito, números irracionais devem ser novamente examinados.

Frege não é o primeiro a sugerir que a aritmética fosse uma elaboração da lógica. Como sabemos, a matemática como lógica remonta a Leibniz (1646-1716). Leibniz, que descreveu a doutrina aristotélica do silogismo como "uma das mais belas descobertas do espírito humano", crê que esta poderia ser desenvolvida "numa espécie de matemática universal" (KNEALE; KNEALE, 1980, p. 327). O inventor do cálculo infinitesimal é um entusiasta da noção aristotélica da demonstração formal, a ponto de considerar as regras metodológicas de Descartes simples conselhos psicológicos desprovidos de valor. Não obstante, Leibniz comunga o ideal cartesiano de uma ciência geral capaz de ensinar aos homens o método da descoberta. As descobertas são, para o autor da *Monadologia*, sempre analíticas e, portanto, todas as verdades necessárias podem ser garantidas pela definição de seus termos. Assim sendo, não há axiomas indemonstráveis, à exceção do princípio de identidade (p. 325-341). O projeto de demonstração da unidade da lógica e da matemática, que em Leibniz exige a redução das verdades de ambas a proposições idênticas, redução tornada possível pela admissão do fundamento

---

[149] Três programas sobressaem: 1) o programa logicista (Frege, Russell e Whitehead); 2) o programa formalista (de Thomae a Hilbert); 3) o programa intuicionista (Brouwer). O programa logicista propõe a derivação das leis da matemática a partir da lógica. Duas fontes principais sobressaltam se se quer remontar às origens destes programas. A matemática como ciência de sistemas formais e a matemática como atividade de construções intuitivas remontam a diferentes aspectos da filosofia kantiana. A matemática como lógica remonta, principalmente, a Leibniz.

[150] Russell, *Principles of Mathematica apud* Körner, 1985, p. 40.

único que seria o princípio de não contradição, permanece adormecido até que Frege o retoma como um verdadeiro programa de pesquisa.

A importância da *Conceitografia* (1879). Eliminando a ambiguidade da linguagem comum e libertando a lógica das armadilhas da gramática, pensa Frege dar um importante passo rumo à possibilidade de concretização do projeto. O programa visa à univocidade linguística. Assim, por exemplo, substitui a terminologia "sujeito" e "predicado" por "argumento" e "função" (MARGUTTI PINTO, 2000, p. 26). Os passos seguintes visavam à introdução na lógica de exigências de rigor e de sistematicidade tais que, quanto a esses pontos, ela nada devesse em relação à matemática. "A imensa variedade de formas lógicas estampadas na linguagem dificulta a delimitação de um conjunto de modos de inferência suficiente para todos os casos que se pudesse facilmente abarcar. A fim de atenuar estes obstáculos, inventei minha conceitografia" (FREGE, 1989, p. 157). É notável que a contundente crítica lacaniana à metalinguagem poupe, de modo geral, a conceitografia fregiana. Por que razões? A resposta é simples: porque a conceitografia, além de não visar à reforma das línguas naturais, não se colocava como Outro do Outro, não buscava o sentido do sentido. Ao contrário, ela era uma poderosa ferramenta de afastamento do sentido. Como nota também Le Gaufey (1991, p. 64), "Frege não sonha constituir uma espécie de esperanto lógico que viria no lugar das línguas naturais defeituosas quanto à univocidade". Isso porque a univocidade ali intentada é apenas técnica, no sentido de tornar possível um sistema de escrita. A rigor, a conceitografia é historicamente anterior à invenção do termo "metalinguagem" (TARSKI, 1931). Evidentemente, Lacan criticou diversas limitações da conceitografia, mas nunca teve com Frege uma relação de desprezo como teve, por exemplo, com Ogden e Richards. Interessante também observar como ele aponta o desvirtuamento operado por Carnap em sua leitura de Frege, este "lógico verdadeiramente inaugural" (S. XVIII, p. 170). Depois de retomar *Sinn und Bedeutung*, e de explicar com clareza invejável o problema da distinção entre *Sinn* e *Bedeutung*, Lacan afirma: "Quando M. Carnap retoma a questão da *Bedeutung*, é pelo termo *nominatum* que ele traduz o termo, em que ele escorrega ali onde era preciso não escorregar. Com efeito, isso que eu comento pode nos permitir de ir mais longe [do que a distinção fregiana entre *Sinn* e *Bedeutung*], mas certamente não na mesma direção que M. Carnap" (S. XVIII, p. 171).[151]

A nova escrita formal proposta por Frege era decisiva quanto à possibilidade do cálculo proposicional. Por sua vez, esse cálculo serviria para desenvolver a aritmética a partir dos princípios da lógica. Se levado a cabo o projeto fregiano,

---

[151] Christian Dunker sublinhou com bastante precisão essa bifurcação entre Frege e Carnap desde uma versão preliminar deste texto. O que ainda não sabíamos àquela altura é que o próprio Lacan também faria esta bifurcação no recém-editado *Seminário XVIII* (p. 171).

estaria consumado o sonho leibniziano de que todas as verdades da razão fossem reduzidas a uma espécie de cálculo. Para começar, Frege precisa iniciar pela definição de número cardinal. O melhor a fazer é derivar os números singulares a partir do *um* e do *aumento em um*. Para tanto, é preciso definir esses termos (cf. FREGE, 1989, p. 108). São necessárias leis gerais para derivar as fórmulas numéricas a partir dessas definições. Essas leis devem derivar não das definições dos números singulares, mas do conceito geral de número.[152] Para que a aritmética seja derivável da lógica, que lida com as formas da razão, ela deverá guardar uma relação estreita para com esta. Assim, o objeto com que a aritmética lida, qual seja, o número e suas leis, deverá ser, antes de tudo, objeto da razão. Não deve ser algo exterior à razão: caso contrário, o concurso de algo como os sentidos ou como a intuição seria inevitável. Frege quer evitar não apenas o empirismo, condensado na figura de Mill, mas também o subjetivismo, consequência necessária do intuicionismo de Kant, tomado tal como nos apresenta Frege: "E, no entanto, ou antes precisamente por isso, estes objetos [da aritmética] não são quimeras subjetivas. Não há nada mais objetivo que as leis aritméticas" (FREGE, 1989, p. 164). O fundamento da matemática deve ser procurado não em algo de empírico, mas nas leis gerais do pensamento. Em suma, para derivar a aritmética da lógica, Frege deverá mostrar que *as leis da aritmética são as leis do pensamento*[153]: "As verdades aritméticas governam o domínio do enumerável. Este é o campo mais inclusivo, pois não lhe pertence apenas o efetivamente real, não apenas o intuível, mas todo o pensável. Não deveriam portanto as leis dos números manter com as do pensamento a mais íntima das conexões?" (FREGE, 1989, p. 105).

Um pensamento sem afecções. As leis do pensamento são estritamente lógicas e, por isso, universalmente válidas. Não dependem nem do sujeito, nem do mundo empírico. Seja quando lida com matéria do mundo empírico, seja quando lida com números, seja quando lida consigo mesmo, o pensamento tem a mesma natureza. Para que se apresente em sua forma pura, o pensamento deve se depurar de influências psicológicas e/ou empíricas.

> O pensamento é essencialmente o mesmo: não se devem considerar diferentes espécies de leis de pensamento conforme o objeto em questão. A diferença consiste apenas na maior ou menor pureza e independência

---

[152] A propósito da natureza do número, Frege abre uma interlocução com J. S. Mill, que encarna a posição empirista, marcadamente indutivista e psicologizante; Kant, que aparece como intuicionista ao defender o caráter sintético *a priori* dos juízos matemáticos que, no limite, levaria a um subjetivismo; e, finalmente, Leibniz, lembrado quase como um precursor, por propor a identidade entre lógica e matemática.

[153] Como não lembrar da proposição 3.0321 do *Tractatus*: "Podemos muito bem representar espacialmente um estado de coisas que vá contra as leis da física, mas não um que vá contra as leis da geometria."

com relação a influências psicológicas e adjutórios exteriores, como a linguagem, os numerais, etc., e ainda, em alguma medida, na finura da estrutura de conceitos (FREGE, 1989, p. 88).

Tampouco, o pensamento é atributo de um sujeito. Para aclarar a concepção fregiana acerca da natureza do pensamento, podemos recorrer ao artigo "Sobre o sentido e a referência": "[...] entendo por pensamento, não o ato subjetivo de pensar, mas seu conteúdo objetivo, que pode ser a propriedade comum de muitos" (FREGE, 1978, p. 67, nota 1). Toda a *démarche* fregiana contra Mill, que de outra maneira soaria como simples gosto pela disputa, fica clara se entendermos que, se as leis da aritmética necessitassem do concurso da faculdade do sentir ou fossem de alguma maneira processos psíquicos, todo o programa logicista estaria comprometido. Mas, ao definir a matemática como pensamento, Frege afasta toda forma de subjetivismo e/ou de psicologismo. No entender de Frege, o valor de verdade não pode fundamentar-se em algo subjetivo. O subjetivo, no limite, "suprime a verdade". Isso não implica, porém, que a empiria não desempenhe algum papel. Desempenha sim, mas esse papel é limitado, pois refere-se não à natureza da aritmética, mas à forma com que cada pessoa, individualmente, a apreende.[154] Ademais, essas questões de fundo refletem na crítica pontual de Frege às teorias de cunho empirista acerca do número. Se o número é propriedade das coisas ou se se refere a um fato físico qualquer, cabe perguntar: qual o fato físico assertado na definição do número 777.864? Ou, pior, como definir o zero, ou os números irracionais, a partir de coisas que emprestam seus serviços ao número? Nas palavras de Frege – que contra Mill não se abstém de ironizar: "[...] misterioso seria então o número 0; pois até hoje provavelmente ninguém viu ou tocou em 0 pedrinhas" (FREGE, 1989, p. 99).

Ao afastar a aritmética do domínio do empírico, Frege precisa garantir, de alguma maneira, a objetividade do pensamento matemático. Por isso, recusa Kant. É mister salientar que, neste momento, do kantismo recusa-se o recurso à intuição como condição do conhecimento: "[...] recorre-se muito facilmente à intuição interna quando não se é capaz de indicar outro fundamento" (p. 104). Frege rejeita a tese kantiana segundo a qual "sem a intuição sensível não nos seria dado nenhum conceito". Por intuição, ele entende representação por imagem, percepção empírica. O número não é representação: "[...] se o número fosse uma representação, a aritmética seria psicologia" (p. 115). No limite, o intuicionismo implicaria uma espécie de subjetivismo. Entretanto, para Frege, o número não tem nada de subjetivo:

---

[154] "Se uma proposição é chamada empírica porque tivemos que fazer observações para tomar consciência de seu conteúdo, a palavra 'empírico' não está sendo empregada no sentido em que se opõe a *a priori*. É neste caso formulada uma asserção psicológica, que concerne apenas ao conteúdo da proposição; se este é verdadeiro, é algo que não entra em questão" (FREGE, 1989, § 8).

Pois o número não é mais um objeto da psicologia, ou o resultado de processos psíquicos que, digamos, o Mar do Norte. A objetividade do Mar do Norte não é prejudicada pelo fato de depender de nosso arbítrio qual parte da totalidade da água que cobre a Terra pretendemos delimitar e marcar com o nome "Mar do Norte". Esta não é uma razão para pretender investigar este mar por vias psicológicas. Assim, também o número é algo objetivo (FREGE, 1989, p. 113).

Vale a pena conhecer o seguinte comentário de Badiou: "O que chamamos de 'logicismo' de Frege é bastante profundo: o número não é uma forma singular do ser, ou uma propriedade particular das coisas. Não é nem empírico, nem transcendente. Não é tampouco uma categoria constituinte: ele se deduz do conceito, ele é, segundo a expressão de Frege, um traço do conceito" (BADIOU, 1990, p. 27). Essa possibilidade de situar um objeto da razão exteriormente ao dualismo transcendental *versus* empírico é fundamental para arrancar a ordem simbólica definitivamente de qualquer interpretação kantiana.

Cabe ressaltar um importante aspecto da filosofia fregiana, que denota o tom de seu realismo. O eixo da Terra, exemplifica Frege, é objetivo, mas não efetivo. Frege quis mostrar que o número não é propriedade das coisas. Mas não quis cair nas armadilhas de dizer que é uma propriedade do sujeito cognoscente. Teve, então, que mostrar que faz parte da natureza mais íntima da razão.[155] Mas essa razão, esse pensamento tem que ser objetivo, pois "o fundamento da objetividade não pode de fato estar na impressão sensível, que, enquanto afecção de nossa alma, é totalmente subjetiva, mas, tanto quanto posso perceber, apenas na razão" (FREGE, 1989, p. 115). Mas que objetividade é esta de que goza o pensamento? Para o

---

[155] A matemática é construção, isto é, as proposições matemáticas são proposições analíticas, mas não tautológicas. Para Frege, o fato de que conclusões matemáticas (i) não sejam intuíveis *a priori* e (ii) ampliem efetivamente nosso conhecimento não implica que seus juízos sejam sintéticos, como queria Kant. Vale lembrar como Frege encara a definição de proposição sintética: uma proposição é sintética quando não é possível, escreve Frege, "conduzir a demonstração sem lançar mão de verdades que não são de natureza lógica geral, mas que remetem a um domínio científico particular". As verdades matemáticas, no entanto, são juízos verdadeiramente analíticos, pois as definições contêm as conclusões. Cabe assinalar o estatuto dessa analiticidade, na medida em que Frege não admite que a analiticidade implique que as proposições sejam tautológicas e não ampliem nosso conhecimento. As proposições matemáticas são todas analíticas. Elas envolvem universalidade e necessidade próprias a todo juízo analítico, mas introduzindo sempre uma ideia nova. Uma analogia exemplifica o que vem a ser essa analiticidade rica, não tautológica das proposições matemáticas. Segundo a visão fregiana, a conclusão está verdadeiramente contida nas definições, mas não como uma coluna está contida numa casa ou uma roupa no armário. A analiticidade das proposições matemáticas é potencial, dependendo de descoberta, demonstração e de raciocínio dedutivo, do mesmo modo como uma planta depende de uma semente e nela está contida.

autor da *Conceitografia*, objetividade está ligada à pureza do pensamento. Um pensamento sem afecções é um pensamento objetivo. O liame entre objetividade e racionalidade é estreito. Senão vejamos: "[...] distingo o objetivo do palpável, espacial e efetivamente real". E continua, "[...] pois responder à questão do que são as coisas independentemente da razão significa julgar sem julgar, lavar-se e não se molhar" (FREGE, 1989, p. 114).

Vê-se claramente o partido que Lacan irá tirar disso para fundamentar sua teoria da cadeia significante, sem recorrer à psicologia ou à filosofia da representação. Se até aqui a convergência com a armadura intelectual do pensamento de Frege se estende ao máximo, daqui em diante as divergências começam a surgir com maior força.

O conceito fregiano. Definições não são artifícios meramente notacionais, mas descrevem uma classe de objetos cuja existência é necessário demonstrar, proporcionando o meio de reconhecê-los. Os números, para Frege, são objetos lógicos que a filosofia da matemática tem a obrigação de definir. Sendo o objetivo de uma definição conceitual demarcar uma classe de objetos, é mister mostrar que esses objetos existem. Para tal, é preciso oferecer os meios para seu *reconhecimento*. Comecemos por relembrar o que Frege entende por *conceito*: é conceito aquilo que pode ser representado por uma *função não saturada por um argumento*, cujo resultado de qualquer preenchimento resulte numa proposição verdadeira ou falsa, melhor, cuja referência é um valor de verdade. Todo conceito determina um conjunto de objetos: os objetos que caem sob ele. Assim, o domínio de valores de um conceito é sua extensão, na medida em que contém todos os objetos, e apenas os objetos que caem sob ele. O princípio, então, funcionaria da seguinte maneira. A frase "a função $F(x)$ possui o mesmo domínio de valores que a função $P(x)$" tem o mesmo significado que "as funções $F(x)$ e $P(x)$ têm o mesmo valor para o mesmo argumento".

Desde sua *Bedeutung* do falo, Lacan define a função que supre a relação sexual em termos de *ser* ou *ter* o falo. "Daí uma inscrição possível (na significação em que o possível é fundante, leibniziano) dessa função como Φx, à qual os seres responderão segundo sua maneira de ali fazer argumento. Essa articulação da função como proposição é a de Frege" (OE, p. 457).

Num primeiro momento, parece que a conceitografia fornece uma maneira de escrever a relação sexual como a função insaturada Φx. Mas é aqui que a conceitualização encontra seu limite, pois um existente real – eu, você –, ao saturar a função, não cai sob seu conceito, pelo menos não integralmente. Poderíamos ser tentados a ver aqui o funcionamento da lógica hegeliana em que um particular contradiz o universal, sendo-lhe irredutível. Toda nossa análise precedente sobre a disjunção entre saber e verdade poderia justificar isso: "[...] as duas bordas do ser do sujeito diversificam-se, aqui, pela divergência entre saber e verdade" (OE, p. 208). O que realmente está em jogo aqui é a tensão entre conceitualização e formalização na antecâmara do pensamento de Lacan. Segundo Safatle (2006, p. 36), Lacan faz uma "aposta de formalização" e desacredita na conceitualização "com suas pretensas estratégias de submissão do diverso da experiência à atribuição predicativa de traços de identificação positiva". Assim, não basta *pôr* um conceito como função insaturada e determinar meios de reconhecimento de objetos que servem como argumento para aquela função, pois um existente singular sempre é irredutível à função designada pelo conceito: "É para 'salvar a verdade' que lhe fecham a porta" (OE, p. 211). Escreve Lacan:

> [...] é apenas da ordem do complemento introduzido acima em qualquer postulação do universal como tal que, num ponto do discurso, seja preciso que uma existência, como se costuma dizer, oponha-se como desmentido à função fálica, para que postulá-la seja possível, o que é o pouco com que ela pode pretender à existência (OE, p. 457-458).

Uma existência opõe-se ao universal da função conceitual, no caso a função fálica. Quer dizer, um sujeito desmente, "diz não" à sua subsunção sob o universal do conceito.

> O fato de eu enunciar a existência de um sujeito, postulando-a por um "dizer não" à função proposicional Φx, implica que ela se inscreve por um quantificador do qual essa função está cortada, por não ter nesse ponto nenhum valor de verdade que se possa notar, o que quer dizer tampouco erro, pois o falso deve ser entendido apenas como *falsus*, como decaído (OE, p. 459).

O seminário do *Ato psicanalítico* introduz os fundamentos da necessidade de revisão dos quantificadores lógicos fregianos para fins da literalização do real psicanalítico, que mais tarde será conhecido como lógica da sexuação. Trata-se de retornar ao tema dos "mistérios das relações do universal com o particular" (S. XV, p. 139). Na lógica aristotélica, a proposição particular afirmativa é subalterna em relação à universal afirmativa, quer dizer, é um caso particular de uma verdade geral (apenas varia a quantidade). Assim "algum homem é sábio" é um subconjunto de "todo homem é sábio". Uma relação subalterna tem algumas propriedades: se a universal é verdadeira, a particular também o é; mas da verdade da particular não posso inferir a veracidade da universal, e assim por diante. Com sua ironia particular, antes mesmo de elaborar teoricamente a questão, Lacan fornece um exemplo que mostra as limitações do esquema.[156] Diz mais ou menos

---

[156] Escreve Agamben (2008, p. 22): "[...] é impossível, em um exemplo, separar claramente sua paradigmacidade, sua capacidade de valer para todos, do fato de que ele é um caso particular entre outros."

assim: a pátria é uma bela invenção e todo francês deve morrer por ela! Mas há uma diferença importante entre "todo francês deve morrer pela pátria" e "algum francês deve morrer...". Quer dizer: mesmo a lógica mais formal "arrasta", "carrega" algum grau de ontologia (S. XIV, p. 200). Mesmo na lógica formal, "o ontológico não é eliminado, o lugar do sujeito gramatical, pelo sujeito que nos interessa enquanto dividido, a saber, a pura e simples divisão como tal do sujeito enquanto fala, do sujeito da enunciação enquanto distinto do sujeito do enunciado" (S. XIV, p. 204-205).

O primeiro passo de sua crítica à conceitualização que nos conduz diretamente ao cerne dos impasses da formalização consiste em distinguir duas modalidade do quantificador universal "$\forall$". "Para todo" pode ser lido, afirma Lacan, de duas maneiras, como *omnis* ou como *totus* (S. XV, p. 155), isto é, todo (como numeral) ou todo (como inteiro). Seguindo passo a passo a conceitografia fregiana, numa das mais didáticas lições de todo o *Seminário*, Lacan examina o exemplo de Frege: "todo homem é sábio". Passando ao largo da riqueza da lição, em que a própria escolha do exemplo por Frege é examinada microscopicamente, segundo seu "valor sintomático" (S. XV, p. 139), vale lembrar como Lacan trata a questão da existência. Segundo as regras de transformação do quadrado lógico, uma universal afirmativa pode ser escrita:

$\forall x.Fx$
ou
$\sim Ex.\sim Fx$

Uma universal afirmativa pode ser convertida numa existencial através de uma operação de dupla negação. "Todo homem é sábio" é idêntica a "não existe homem que não seja sábio". Como era de se esperar, o que interessa a Lacan é a particular afirmativa, no caso, "algum homem é sábio". O que o clínico percebe argutamente é que uma particular afirmativa é obtida através do apagamento desta dupla negação que constituía a universal:

$Ex.Fx$

Parece então que a particular afirmativa, única que interessa o psicanalista em seu ofício, não pode ser vista simplesmente como um subconjunto da universal de que se origina. Porque o que constituía "o verdadeiro sujeito de todo universal é essencialmente o sujeito na medida em que ele é, essencial e fundamentalmente, este 'não sujeito' (pas de sujet)" (S. XV, p. 144). Uma proposição universal só pode ser escrita ao preço de apagar aquilo que no sujeito o determina como sujeito.

Além disso, "entre o universal e o particular é sempre necessário inserir o ato de julgar, sendo que este ato não é universalizável" (MILLER, 2003, p. 30). O argumento é, até certo ponto, bastante conhecido, principalmente se reconhecermos nele simplesmente um prolongamento da lógica dialética ou, por outro lado, até mesmo a incorporação da necessidade do julgamento estético kantiano: num julgamento estético a exemplaridade é constitutiva do julgamento, sem no entanto ser capaz de fornecer uma regra de aplicação válida *a priori*. Mas o sistema da dupla negação "deixa sempre escapar esta alguma coisa que, desta vez, longe de suturar a fissura, mantém-na, sem que ela o saiba, hiante [*la laisse à son insu béante*], confirmação de que da fissura, é disso de que se trata sempre" (S. XV, p. 145). Mas essa fissura entre o particular e o universal, ou melhor, essa irredutibilidade do caso ao conceito, embora deite raízes na lógica dialética e, desse ponto de vista, estabeleça de forma inequívoca a herança hegeliana de Lacan, deriva sua necessidade a partir de outro campo, a prática clínica, em que a singularidade do sujeito sempre surpreende o universal do conceito. Essa irredutibilidade é, antes de tudo, freudiana. Por assim dizer, "o sujeito inventa a maneira segundo a qual ele, o sujeito, subsume seu caso sob a regra válida na suposta espécie dos sujeitos" (MILLER, 2003, p. 31).

E o que é esse algo insubmisso ao conceito, irrepresentável na representação, senão o objeto de desejo de um sujeito? Além disso, quando afirmamos que "o objeto *a* está no princípio da miragem do todo", podemos, subsidiariamente, lançar luz para entender a gênese estrutural desse gosto pela miragem lógica. É por isso que o objeto *a* "não pode, de maneira alguma, se instituir de uma forma predicativa, e muito precisamente por isso de que, sobre o *a*, nele mesmo, de nenhuma maneira pode incidir a negação" (S. XV, p. 158). A negação não incide no objeto *a* do mesmo modo como o número zero não é nem negativo, nem positivo, nem par, nem ímpar. Razão para entendermos por que um enunciado como "falta da falta" não é censurado do ponto de vista da impossibilidade da metalinguagem. A lição termina com uma exortação: que o psicanalista precisa ser o suporte subjetivo do discurso analítico, mas na medida em que ele "assume nele mesmo a divisão" (S. XV, p. 147). Assumir a divisão significa aqui saber que o objeto *a* não pode ser inferido por vias psicológicas do mesmo modo como não pode o Mar do Norte. A negação não pode incidir sobre o objeto *a* porque ele já é a forma mais radical de negação: tão objetiva quanto o número 0, tão avesso à investigação psicológica como o Mar do Norte.

CAPÍTULO 3
Estilo e verdade

Contra Wittgenstein, dizer o que não se pode dizer.
Adorno

No Capítulo 1, abordei essa dupla injunção da verdade: (i) a impossibilidade de dizer a verdade da verdade e (ii) a impossibilidade de que a verdade não fale. No Capítulo 2, sugeri (iii) que a impossibilidade de transição de uma gramática de razões a uma gramática de causas estrutura internamente a matéria da psicanálise, e (iv) que a impossibilidade de uma projeção sem refração da verdade deve-se ao hiato constituído entre sentido e causa. De certa forma, pode-se dizer que o que fundamenta todas as quatro teses apresentadas até agora nos dois primeiros capítulos é a concepção lacaniana de que "o real é o impossível". Mas tudo isso nos coloca diante de uma gama considerável de dificuldades. Com efeito, diante de todas essas figuras do impossível de dizer, como evitar, de um lado, o silêncio, ou, de outro, a impostura e a tagarelice? O objetivo deste capítulo é discutir algumas respostas possíveis a essas dificuldades: a função do estilo na prática discursiva lacaniana e a concepção do semi-dizer, como duas vertentes coadjuvantes da formalização de impasses através da letra. A premissa geral dessa discussão é que *o real se inscreve como impasse da formalização*.

A crítica à metalinguagem, de um lado (Capítulo 1), e a relação de extimidade em relação à ciência, de outro (Capítulo 2), engendram uma série de dificuldades para formalização da psicanálise, incidindo pois em sua discursividade. A coexistência de registros como os da ciência e do estilo resulta não apenas de uma tradição muito particularmente francesa de escrita de acento literário, que teve inclusive grande sucesso entre médicos letrados de uma certa época, da qual Lacan certamente herdou diversos traços, mas repousa também numa razão interna ao discurso psicanalítico. Do ponto de vista epistemológico, essa razão é estreitamente vinculada à impossibilidade da metalinguagem, ou ainda à impossibilidade de uma linguagem neutra, cujas raízes remontam, como vimos, à oposição entre saber e verdade.

O problema aqui em pauta é estruturalmente similar àquele enfrentado por Hegel quando mostra os limites do "entendimento". A fim de cernir, por exemplo, o conceito de "identidade", o lógico ou o analista da linguagem diz que "a identidade é a identidade" ou que "a identidade é o contrário da diferença". Mas ao referir o processo de enunciação, por exemplo, de uma proposição universal desse gênero, chegamos a um curioso paradoxo, pois, ao distinguir a identidade e a diferença, o entendimento diz "o oposto exato do que quer dizer, determina a identidade como radicalmente *diferente* da diferença, mediante o que a diferença se descobre inscrita no próprio núcleo, *na própria identidade* da identidade" (ZIZEK, 1991, p. 23). Ora, uma discursividade atenta aos limites e às injunções de sua própria enunciação é o que encontramos em Hegel como em Lacan. A dificuldade que Lacan encontra é estruturalmente análoga a esta, pois ela decorre de uma consciência aguda acerca dos modos de enunciação do discurso teórico. Em uma palavra: como enunciar que "a verdade é não-toda", sem erigir esta própria proposição ao estatuto de uma verdade última e, por isso, autocontraditória? Toda essa reflexão acerca do estatuto do discurso *de* / discurso *em* responde a isso. Conforme propõe Safatle (2002, p. 276), através do estilo, Lacan procura "integrar a negatividade à identidade": "[...] falar neste limite entre o sentido e o não-sentido para mostrar, e após formalizar, o limite do dizível". Diversos estilos contemporâneos procuraram "tematizar na própria exposição, na própria apresentação do pensamento, este real que só se mostra (conforme a expressão de Wittgenstein) quando se desenha a figura de sua ausência" (GAGNEBIN, 2006, p. 209). Dentre estes, o estilo de Lacan ocupa lugar de destaque, exatamente por não recusar questões como verdade, conceito e ciência. Um primeiro exemplo mais direto e mais simples dessa estratégia consiste no uso lacaniano de *aforismos* como enunciados do impossível de dizer. Vejamos, rapidamente, um caso: "[...] é o que formulamos ao dizer que não existe metalinguagem que possa ser falada, ou, mais aforisticamente, que não há Outro do Outro". Isto é: "não existe metalinguagem" é o conteúdo parafraseável do aforismo "não há Outro do Outro". A proposição "não existe metalinguagem" é, como vimos no Capítulo 1, aparentemente autocontraditória. Em casos dessa natureza, o recurso ao aforismo lança luz, ainda que refratada, no problema. As diferentes versões aforismáticas da tese da inexistência da metalinguagem surgem então como "não há Outro do Outro", "não há sentido do sentido" e "não há verdade da verdade". As variações na formulação respondem a variações contextuais, concernentes aos registros do discurso. Além disso, há uma diferença de estatuto e de âmbito: não há Outro do Outro é questão "de fato"; as demais, questões "de direito" (OE, p. 270).

Qual seria o estatuto de uma escritura teórica que traria a marca de um estilo assim praticado?[157] Alguns de seus traços nos lembram o estilo de

---

[157] O estilo em Lacan, como veremos, está do lado do objeto. Se nele há uma estilística, é uma estilística do objeto. A esse respeito, o estilo é mais uma exigência egressa do campo do objeto que o efeito intencional de um sujeito que escreve. Dito isso, pode ser de interesse lembrar o escopo desse estudo do estilo como elemento constitutivo da transmissão em psicanálise: nunca

Nietzsche,[158] hibridismo entre o aforismo e o ensaio, outros evocam a convicção heideggeriana segundo a qual o ser não se desvela senão na linguagem poética, outros ainda assemelham-se à forma-ensaio trabalhada por Adorno. Mesmo se Lacan usa o aforismo, por vezes em articulações centrais do discurso, esse uso não constitui um traço recorrente nem característico de seus escritos. Além disso, o próprio autor cuida de parafrasear em termos teóricos os aforismos mais centrais e de reinseri-los no fluxo do discurso. Lacan recorre à forma aforismática quando se trata de dizer, ou melhor, de *semi-dizer*, aquilo que aparece como impossível de dizer, como veremos ao final do capítulo.

Quanto ao estilo heideggeriano, Lacan herda certamente diversos traços, mas sua divergência quanto ao essencial é marcante. A prática da letra, isto é, a exploração das propriedades materiais da língua desvinculada de uma intenção semântica primeira, não tem por meta o desvelamento de um ser supostamente original velado pelo *lógos*, contrariamente ao que quer Heidegger. Não se trata do *páthos* heideggeriano da nostalgia de uma *phýsis* originária, da qual a presença é o traço constitutivo, e da qual a apreensão é reservada à abertura essencial a essa presença: donde se explica o lugar privilegiado que o filósofo da Floresta Negra atribui à poesia. Também no que tange à forma-ensaio, é difícil avaliar até que ponto ela conforma o discurso de Lacan. Contudo, pelo menos no aspecto da natureza linguageira dos conceitos, seremos obrigados a avaliar as convergências e divergências com mais vagar. Mas o afastamento de Lacan em relação a esses três referenciais é ainda maior porque – ao contrário de Nietzsche, Adorno e Heidegger –, ele não recusa a ciência: ela é para ele condição da psicanálise (Capítulo 2).

Como conservar então, ao mesmo tempo, essa premissa quanto à necessidade de formalização e o trabalho com o que não se deixa formalizar cientificamente? Num belo texto chamado "L'aveu du philosophe", Badiou confessa a inspiração do que designou como binômio matema/poema. Mais do que no ensinamento oral, a conjunção de diferentes estratégias de formalização do discurso surge na prosa escrita de Lacan:

> Lacan era para mim uma prosa; eu segui muito pouco os seminários. Era uma prosa teórica, um estilo que combinava, justamente na própria prosa, os recursos do formalismo e os recursos de meu único mestre verdadeiro

---

se tratará de um imperativo do tipo "escreva de tal forma que seu estilo possa valer como modelo de escrita conceitual", nem mesmo o contrário: "escreva de tal forma que haja uma convergência total entre seu estilo e seu objeto", ou ainda, "escreva de tal modo que seu estilo seja irredutível ao discurso comum e que a singularidade de seu modo de pensar se imponha por si só".

[158] Em *Elementos de retórica em Nietzsche,* Rogério Lopes sugere de maneira convincente que a retórica nietzschiana move-se entre ensaio e aforismo (LOPES, 2006, p. 198).

em matéria de poema, que era Mallarmé. Esta conjunção na prosa, esta possibilidade de conjunção, na prosa, do formalismo de um lado (o matema) e de outro a sinuosidade mallarmaica, convenceu-me que podíamos, em matéria de teoria do sujeito, circular entre o poema e a formalização (BADIOU, 2004, vinheta n. 9).

Ao lado da vertente matemático-formal do pensamento lacaniano há, ao longo de seu ensino, o desdobramento de um estilo e das práticas discursivas que lhe sucedem: o semi-dizer e o bem-dizer. O cofuncionamento de ciência e de estilo na prática teórica lacaniana tem, pois, elevado interesse teórico. Na prosa teórica dos textos escritos, mais do que no ensino oral dos seminários, coexistem ciência e estilo. É exatamente essa imbricação, ou mais precisamente, os regimes desta coexistência, que me interessa sobremaneira. Por isso, meu interesse, neste quesito, recai mormente sobre a produção escrita, em detrimento do ensino oral.

Ciência e estilo: os termos correspondem aproximadamente ao que Badiou caracterizou com os termos de matema e poema. As razões dessa escolha serão justificadas ao longo do capítulo. Por enquanto, vale dizer que optei por manter uma terminologia mais abrangente, que pudesse englobar o conjunto do que estava em jogo já à época dos *Escritos*, mantendo uma terminologia mais próxima ao que já estava posto desde a década de 1950. Isso porque nem sempre a reflexão lacaniana acerca da ciência coincide com o matema, mas principalmente porque nem todo exercício de estilo reduz-se ao poema, como fica claro quando prestamos atenção ao caráter retórico presente nos procedimentos argumentativos lacanianos.

Seção 11 – Ciência e estilo: nenhuma linguagem é inocente

§48 Uso científico e uso poético da linguagem

A ciência exclui o estilo: para conhecer a física newtoniana, a leitura dos textos de Newton não é indispensável. O espírito científico tem "alergia contra as formas, consideradas como atributos meramente acidentais" (ADORNO, 2003a, p. 19). O regime da verdade na ciência permite, por exemplo, que a transmissão das descobertas da física newtoniana seja independente dos traços de expressão e do estilo da escrita de Newton. É possível ser físico e admitir a validade das leis da física newtoniana, sem nunca ter lido um só parágrafo dos *Principia*. Assim, "o conteúdo, uma vez fixado conforme o modelo da sentença protocolar, deveria ser indiferente à sua forma de exposição" (p. 18). A esse respeito, a poesia (e a arte em geral) está nas antípodas da ciência. Ler um manual sobre Mallarmé ou sobre Drummond não nos ensina nada, ou quase nada, sobre a poesia deles, ao contrário do que ocorre com o simples fato de ter entre as mãos poemas como "Un coup de dés" ou "Máquina do mundo". Conhecer de cor a crítica literária a propósito das revoluções linguísticas operadas pelas obras de James Joyce ou de Guimarães Rosa, sem experimentar a travessia laboriosa de suas páginas, também nos ensina muito pouco.[159] Valéry escreveu que "é *poema* o que não se pode resumir. Não se resume uma melodia" (VALÉRY, 1960; CAMPOS, 1987, p. 31). Não é possível inferir o poema a partir do resumo de seu teor e de sua forma. Tomemos, por exemplo, os primeiros versos de "La jeune parque", de Valéry. Do ponto de vista de seu teor, poderíamos sumariar, com Pierre-Olivier Walzer, assim: "I. Noite mediterrânea. Uma ilha. Sobre a rocha, ante o mar, a jovem Parca desperta e se interroga. Início do monólogo. Invocação dos astros. Picada da serpente" (CAMPOS, 1987, p. 33). Do ponto de vista formal, temos uma versificação construída com o "alexandrino clássico (formado, como se sabe, de dois hemistíquios de seis sílabas, com o primeiro terminando em sílaba aguda ou em sílaba grave com fusão vocálica)" (p. 42). Mesmo se somarmos o esforço tentado por Guiraud de estudar a versificação de Valéry com métodos estatísticos; mesmo se estivermos atentos ao procedimento valeriano, caracterizado por uso de "metáfora elíptica, por fusão, que busca a identidade de dois termos [...], as palavras polivalentes em que o sentido etimológico é exponenciado [...], as figuras de linguagem [...] induzindo o pensamento a se organizar por justaposição e coordenação" (p. 39); mesmo dispondo de todos esses elementos formais e conteudísticos, não é possível estabelecer a identidade entre a paráfrase e o verso, e nunca seremos capazes de inferir:

> Quem chora, aí, senão o vento nesta hora,
> Só, com diamantes últimos?... Quem chora,
> Tão próxima de mim a ponto de chorar?
> [...]
>
> Eu me via me ver, sinuosa, e dourava,
> Nos olhares do olhar, minha floresta brava.
>
> Eu sigo uma serpente que me morde o ser
>
> (VALÉRY, "A jovem parca")[160]

---

[159] O exemplo da música é ainda mais decisivo, pois a resistência do material ao conceito é mais considerável (cf. Safatle). Acrescento um exemplo, entre vários. Saber que Villa-Lobos combina, em algumas de suas peças mais famosas, de um lado, certos traços, aliás aparentemente contraditórios, do estilo de Bach (o rigor do contraponto e a clareza melódica, etc.) e, do outro, certos traços do folclore brasileiro (o ritmo sincopal) não nos dá a menor ideia do que são as *Bachianas Brasileiras*. Em compensação, *bem escutá-los* uma só vez nos ensina o que está ali em jogo.

[160] Trad. Augusto de Campos (1987, p. 79-81).

Poderíamos acrescentar que, ao contrário do que ocorre nas matemáticas, que explicitam as regras de suas demonstrações, o discurso poético deixa inexplícitas as regras de sua composição. É possível aprender um teorema, por mais complicado que seja, pela obediência ao método de sua demonstração. Já com a poesia, o mesmo não ocorre. Mesmo no caso, por exemplo, da *Filosofia da composição*, de Edgar Allan Poe, que se esforça por explicitar nos mínimos detalhes todas as etapas de construção de um poema particular, *O corvo*, não é possível, pela simples obediência aos princípios, deduzir sequer um único verso.

Não se trata aqui de fazer um elogio cego de um vitalismo romanticista vazio e sem conceito, fundado sobre a primazia das paixões, mas de uma constatação da distância que separa duas maneiras de experimentar a letra e o real: aquela da ciência, aquela da arte. Embora a separação entre ciência e arte seja irreversível (ADORNO, 2003a, p. 20), "não se deve hipostasiar seu antagonismo" (p. 22). Assim, essa impossibilidade de inferência a partir da descrição de seus elementos constitutivos decorre do fato de que não há sinonímia em poesia, melhor, não são equivalentes o verso e sua descrição (ou sua paráfrase). É claro que também não é possível inferir o fraseado do texto dos *Principia* de Newton a partir de paráfrases de seu conteúdo e/ou de suas fórmulas. Não é possível inferir "*Lex II: Mutationem motis proportionalem esse vi motrici impressae, etfieri secundum lineam rectam qua vis illa imprimitur*" (A mudança de movimento é proporcional à força motora imprimida, e é produzida na direção da linha reta na qual aquela força é imprimida) a partir de sua fórmula algébrica. Mas isso não tem qualquer relevância do ponto de vista da verdade científica, pois as duas formas são perfeitamente equivalentes. A fórmula da segunda lei de Newton (F=m.a) diz exatamente a mesma coisa que "a resultante das forças que agem num corpo é igual ao produto de sua massa pela aceleração adquirida" ou "*Mutationem motis proportionalem esse vi motrici impressae, etfieri secundum lineam rectam qua vis illa imprimitur*". Variações na enunciação, desde que conformes à fórmula, não alteram o teor de verdade da proposição científica. Na poesia, pelo contrário, não é possível alterar a enunciação sem alterar também seu conteúdo de verdade. Neste sentido, na ciência, temos a maior separação entre forma e teor (conteúdo) do discurso;[161] na poesia, eles são inseparáveis, ao ponto mesmo de interrogar a pertinência destas noções,[162] como por exemplo na discussão acerca do problema da autonomia da forma.

Assim, a descoberta de um texto desconhecido de Newton não modifica em nada a física clássica, quando muito, pode modificar nosso conhecimento

---

[161] Ver Reboul (1998), notadamente o capítulo V. Pode-se observar que as demonstrações científicas não são tão independentes da argumentação quanto o pressupõe o autor. Uma evidência científica não o é senão em um contexto teórico delimitado. Sobre esse assunto, a tradição que vai de Koyré a Kuhn não mostra outra coisa.

[162] Uma distinção mais sofisticada seria então entre "forma" e "material". Ver Soulez (2003).

de história das ciências, assim como o reexame de um texto de Galileu pode, no máximo, mudar nosso conhecimento da história da mecânica, mas não a própria mecânica (FOUCAULT, 1994 [1969], p. 809). Acrescento que, na outra ponta, a descoberta de um inédito de Mallarmé ou de Joyce muda não apenas a história da literatura, mas a própria literatura. Também neste sentido, a psicanálise ocupa, segundo notou Foucault, uma posição híbrida: a descoberta do *Entwurf* de Freud arrisca não apenas "nosso conhecimento histórico da psicanálise, mas seu campo teórico – ainda que apenas por deslocar o acento ou o centro de gravidade" (p. 809).

Antes de tentarmos localizar a natureza híbrida dos discursos da filosofia e da psicanálise nesse quadro esquemático, pode ser de interesse examinar os papéis da analogia e da metáfora na ciência e na poesia. Ainda que a plausibilidade de modelos físicos dependa em algum grau de metáforas (como mostrou Mary Hesse),[163] de maneira esquemática vale para a ciência a fórmula de Black (1962, p. 242), segundo a qual "toda ciência deve começar com metáfora e terminar com álgebra; e talvez sem a metáfora nunca houvesse qualquer álgebra". Como escreve, mais ou menos na mesmo linha, Perelman (1999, p. 337):

> O estilo científico raramente lança mão de metáforas. Em compensação, especialmente na fase inicial, quando se lança numa nova área de pesquisas, o cientista não hesita em deixar se guiar por analogias. Estas desempenham um papel essencialmente heurístico, como instrumento de invenção, a fim de fornecer ao pesquisador as hipóteses que lhe orientarão as investigações. O que importa, acima de tudo, é a fecundidade delas....

Mas, ao fim e ao cabo, a história do progresso de um determinado campo de investigação científica é a história do abandono progressivo (ou naturalização) de suas metáforas iniciais, pois nas ciências nem a metáfora, nem a analogia podem ter a última palavra (cf. PERELMAN, 1999, p. 337), ainda que desempenhem inegável função heurística mesmo em momentos capitais dos processos de construção do conhecimento. Isso pela razão da natureza interativa da metáfora, segundo Black, pois uma metáfora engendra similitudes. A função cognitiva da metáfora decorre de sua capacidade de, se quisermos usar uma terminologia wittgensteiniana, aspectualizar o objeto, isto é, fazer ver um determinado aspecto do objeto até então invisível, aos olhos do sentido literal do vocabulário disponível.

Em todo o caso, o que interessa para nossos propósitos é que tudo se passa diferentemente na poesia. Nesta, continua Perelman, as analogias são mais raras do que as metáforas, que constituem, para alguns, a essência mesma da poesia. Frente à banalidade da língua comum, a linguagem poética permite a ultrapassagem do dado imediato, na medida em que incita significações novas, inauditas para o falante.

---

[163] Sobre Hesse, ver o esclarecedor artigo de Rorty (1997).

Neste sentido, a poesia cria então usos da língua não previstos nem pela sintaxe lógica da linguagem, nem mesmo por sua gramática. Viola o código linguístico e se recusa a limitar um único sentido à sua "mensagem": ela exige do leitor sua participação. Como salienta Todorov, "o uso poético da linguagem distingue-se dos outros pelo fato de que a linguagem nele é percebida em si mesma, e não como um mediador transparente e transitivo de 'outra coisa'" (TODOROV, 1996, p. 372). De fato, a poesia seria espécie de extensão e aplicação de certas propriedades da linguagem. Escreve Valéry (1945, p. 154):

> Entre a voz e o pensamento, entre o pensamento e a voz, entre a presença e a ausência oscila o pêndulo poético. Resulta dessa análise que o valor de um poema reside na indissolubilidade do som e do sentido. Ora, eis uma condição que parece exigir o impossível. Não existe qualquer relação entre o som e o sentido de uma palavra. A mesma coisa se chama HORSE em inglês, IPPOS em grego EQVVS em latim e CHEVAL em francês; mas nenhuma operação sobre qualquer um destes termos me dará a ideia do animal em questão; nenhuma operação sobre essa ideia me levará a qualquer dessas palavras – caso contrário saberíamos facilmente todas as línguas, a começar pela nossa. E, contudo, a tarefa do poeta é nos dar a sensação de uma união íntima entre a palavra e o espírito.

Isso ocorre, entre outras coisas, porque, conforme ensina Barthes, ciência e literatura opõem-se no que concerne à maneira como ambas assumem a linguagem. Na ciência, a linguagem é instrumento, "que se quer tornar tão transparente, tão neutro quanto possível" (BARTHES, 2004, p. 4), submetido à matéria extra e pré-linguística, ao passo que, na literatura, a linguagem é o ser da literatura, na medida em que o poético "designa esse tipo de mensagem que toma sua própria forma por objeto, e não seus conteúdos" (p. 5). Dito de outra forma, "a linguagem poética é uma linguagem autotélica" (TODOROV, 1996, p. 373). É contudo preciso afastar dois erros frequentes e complementares.

> O primeiro é o que cometem os "técnicos": creem que a ciência começa com os símbolos matemáticos, as verificações quantitativas e a austeridade de estilo. Não compreendem que eles são, no melhor dos casos, instrumentos da ciência; que o discurso científico não tem necessidade deles para se constituir: ele consiste na adoção de uma certa atitude em relação aos fatos. O segundo é o dos "estetas": protestam contra o sacrilégio assim que se começa a falar de abstração, arriscando-se desse modo a obliterar a preciosa singularidade da obra de arte. Esquecem-se que o individual é inefável: entra-se na abstração no momento em que se aceita falar. Não se escolhe fazer uso ou não de categorias abstratas, mas somente fazê-lo com conhecimento de causa ou não (TODOROV, 1996, p. 377).

§49 A historicidade do material discursivo: psicanálise entre ciência e arte

Tendo em mente o quadro esquemático assim esboçado, vale agora perguntar em que ponto deste traçado posicionam-se os discursos da filosofia e da psicanálise. Inicialmente poderíamos dizer que tanto a filosofia quanto a psicanálise ocupam uma posição um tanto híbrida entre ciência e arte. Como na ciência, é possível escrever com conceitos, parafrasear construtos teóricos, identificar argumentos, estabelecer o sentido de seus conceitos num léxico mais ou menos consistente, sumariar uma doutrina em suas teses principais, desafetar a língua, etc.; como na poesia, nenhum desses procedimentos torna dispensável o recurso à leitura dos textos originais, isto é, há algo na forma que escapa à redução ao seu conteúdo. É bastante plausível que "na filosofia e nas ciências do homem, muito mais do que na física, o conteúdo proposicional dos enunciados não pode ser separado da forma retórica de sua apresentação" (HABERMAS, 1990, p. 235).

Mas quem nos dá uma fórmula bastante precisa acerca da função do estilo no discurso filosófico é Deleuze: "Os grandes filósofos são também grandes estilistas. O estilo, em filosofia, é o movimento do conceito. [...] O estilo é uma variação da língua, uma modulação, e uma tensão de toda a linguagem em direção a um fora" (DELEUZE, 1992, p. 176).

Em filosofia, portanto, o estilo não é totalmente isolável das teses apresentadas. Embora não possamos falar de "autonomia da forma" no que concerne ao discurso filosófico, tampouco podemos falar de "autonomia do conteúdo". O curioso é que algo estruturalmente análogo se passe no caso da psicanálise. Filosofia e psicanálise ocupam, por razões diversas, esse lugar híbrido entre ciência e poesia: é nesse lugar que a *retórica* como método de pesquisa e de prova (e não apenas como persuasão) e a *poética* como estética da linguagem mostram sua importância. Simanke (2008, p. 290) tem razão em afirmar que

> [...] para Lacan, a psicanálise deveria tornar-se este tipo de discurso experimental quase literário – ou, mais especificamente, quase poético – capaz de apreender, exprimir e talvez, até mesmo formalizar uma experiência do sujeito que não pode ser elaborada teoricamente, nem nos termos da objetivação científica, nem no âmbito de uma racionalidade reflexiva, sem se descaracterizar enquanto tal, isto é, sem que se desvaneça aquilo que faz a singularidade e a irredutibilidade dessa experiência, na ausência das quais sequer é possível falar de sujeito no sentido estrito do termo.

A observação é precisa, desde que não percamos de vista que (i) o aspecto formal não é um fim em si mesmo e (ii) tal perspectiva precisa confrontar-se com os esforços de formalização científica (Capítulo 2) que Lacan agrupou sob a rubrica do matema. E que tais procedimentos em nada se assemelham a meras recreações intelectuais, como esperamos demonstrar ao longo do trabalho, pois a recusa de uma epistemologia realista e objetivista desemboca, é verdade, no reconhecimento do discurso poético como *um* modo de acesso possível a certos regimes de verdades. O que não quer dizer que Lacan assine, como vimos, a tese, de fundo heideggeriano, de que a poesia seria *o* discurso privilegiado da verdade.[164] O que está em jogo, para Lacan, é que a poesia, e o mesmo vale para a metáfora, como veremos, nos ensina algo acerca do funcionamento da linguagem *tout court*. Discussões de natureza tropológica interessam na medida em que informam acerca de como funciona a linguagem e dos modos de interação sujeito-linguagem.

É aqui que a polarização forma *versus* conteúdo mostra sua insuficiência. É preciso acrescentar, inspirados por Adorno, um terceiro termo: o material. Um exemplo pode nos lançar diretamente no ponto de chegada deste atalho. Como escreve Freitas (2003, p. 42), "usar figuras geométricas numa pintura, nos dias de hoje, não tem o mesmo estatuto que teve na pintura suprematista de Malevich". Assim como seria impensável que Rembrandt o fizesse no século XVII. O material disponível para um pintor do século XVII não incluía figuras geométricas ou desproporções ou objetos não figurativos; como a música de então não previa o uso de escalas dodecafônicas. O que interessa é que, embora existissem formas geométricas ou se tocassem escalas de 12 tons (como a cromática), sua utilização na arte não era prevista pelas condições do estágio histórico de evolução do material pictórico ou musical. Do mesmo modo, a literatura romântica não poderia experimentar o puro jogo sonoro sem-sentido, o gozo da letra como Joyce, bem como a poesia de Goethe não poderia usar o espaçamento e a tipologia como fez Mallarmé. O que esses exemplos nos mostram é que o material desempenha um papel de intermediação entre a forma e o conteúdo, no caso das obras de arte. Até que ponto essas considerações podem valer a fim de avaliar criticamente o estilo composicional de um discurso com pretensões teóricas, um discurso que não almeja o estatuto de obra de arte, que não se pauta pela busca da unidade formal?

A fim de responder a esta questão, trata-se de mostrar como o aspecto linguageiro dos conceitos, isto é, como a impossibilidade de teorizar a partir

---

[164] Ao estudar a influência do surrealismo no pensamento de Lacan, Simanke (2008, p. 208) apresenta uma versão diferente. Segundo o autor, a concepção surrealista de linguagem incorporada em parte por Lacan conduz ao "privilégio da poesia" como "forma de conhecimento privilegiada para o acesso à verdade do sujeito", devido ao seu "alcance ontológico". Em nosso trabalho, buscamos nuançar essa posição a partir de dois argumentos principais: a crítica lacaniana de Heidegger desautoriza o privilégio da poesia como discurso do ser e da verdade (Capítulo 1); o pertencimento da psicanálise ao universo da ciência e o emprego de ferramentas de formalização científica (Capítulo 2) mostra que tal perspectiva precisa cofuncionar com pretensões epistêmicas. Assim, a recuperação do discurso poético serve, antes de tudo, para mostrar a artificialidade da distinção entre uso ordinário da linguagem *versus* uso parasitário.

de uma posição metalinguística privilegiada obriga uma atenção especial à natureza do material linguístico como tal. Tal é o desafio de um "pensamento do significante".[165] É preciso reconhecer que mesmo na filosofia, gênero em que a pretensão teórica desempenha um papel central, não há linguagem neutra. No-lo atesta a pluralidade de estilos filosóficos e a historicidade que lhes determina, pelo menos parcialmente."Hoje, ninguém mais escreve uma *summa* formada por uma série de *questiones*;[166] antes de Montaigne, não parece ter havido necessidade de fazer ensaios" (GAGNEBIN, 2006, p. 207).

A historicidade dos estilos filosóficos tem a ver não apenas com as preferências discursivas de cada escola, mas com o próprio estágio de desenvolvimento do material linguageiro. Explico: do mesmo modo como, hoje em dia, ninguém escreve *more geometrico*, à maneira de Spinoza, com axiomas, escólios, proposições, máximas, etc.; do mesmo modo, a organização do material linguageiro do tempo de Lacan não permite mais expulsar o não-sentido como elemento extralinguístico ou esperar a consistência integral da linguagem. A linguagem, tal como a experimentamos a partir de meados século XX, incorporou, sim, os avanços da técnica argumentativa da prosa científica e da linguística moderna, mas também algumas experiências do limite, tal como encontramos em Mallarmé ou Joyce, ou em Lewis Carroll ou em Lacan lendo Schreber... Pois trata-se, nessas experiências, de perceber "como a linguagem se aperfeiçoa quando se trata de jogar com a escrita" (S. XX, p. 51). Tais experiências são paradigmáticas para a prática clínica da psicanálise, na medida em que nos aproximam da realidade linguística do que se passa no decurso de um tratamento. É por essa razão que Lacan afirma, depois de aludir a Joyce: "[...] o significante vem rechear o significado. É pelo fato de os significantes se embutirem, se comporem, se engavetarem [...] que se produz algo que, como significado, pode parecer enigmático, mas que é mesmo o que há de mais próximo daquilo que nós analistas, graças ao discurso analítico, temos de ler: o lapso." (S. XX, p. 51).

Neste sentido, a concepção de linguagem tão vivamente advogada por Lacan, que, como vimos, não é nem realista, nem idealista, nem pragmatista, deriva de necessidades postas pela prática clínica. O lugar híbrido que o discurso psicanalítico ocupa entre ciência e arte não decorre pois meramente de gostos subjetivos de Lacan ou de contextos epistemológicos a que ele pertence ou ainda de suas heranças teóricas.

Vivemos um momento cultural de valorização da forma de exposição/apresentação do discurso. Talvez esse momento seja o resultado de um certo

---

[165] Tomo a expressão empregada por Haroldo de Campos (1992, p. 124) para definir a "aventura sígnica" de autores como Barthes, Blanchot, Foucault, Derrida e Lacan.

[166] Exceção digna de nota: François Regnault, que faz reverberar algo como um *summa* moderna em seu "Dieu est inconscient" e escreve *more geometrico* em "Petit éthique pour les commédiants".

esgotamento de questões epistemológicas tradicionais, como por exemplo o problema da demarcação entre ciência e não ciência. Este problema parece ter sido abandonado pela corrente majoritária da epistemologia contemporânea, principalmente depois que Feyerabend e Kuhn acabaram por tornar obsoleto o tema da demarcação. Mas o interesse pela natureza do discurso psicanalítico não se reduz a esse esgotamento. São internas as razões que determinam o lugar híbrido que a psicanálise ocupa entre ciência e arte.

O fato de que a discursividade da psicanálise ocupe esse lugar híbrido entre ciência e arte coloca-nos imediatamente diante do problema do estatuto da forma-ensaio, também ela situada em algum ponto desse arco. Tal como na arte, o ensaio "deve criar [...] as condições nas quais um objeto parece sob uma nova luz" (BENSE, 1996, p. 138); mas, ao mesmo tempo, o ensaio se diferencia da arte "tanto por seu meio específico, os conceitos, quanto por sua pretensão à verdade desprovida de aparência estética" (ADORNO, 2003a, p. 18). O interesse de confrontar o estilo lacaniano e a forma-ensaio consiste no seguinte: Lacan trabalha com conceitos segundo a perspectiva de sua lógica do significante, isto é, ele aplica aos conceitos o mesmo tipo de tratamento que aplica o significante (caráter negativo, diferencial, etc.), mais ou menos da mesma forma como o ensaio lida com as pretensões do conceito, isto é, como entes de linguagem inseridos numa trama constelar de significação, segundo "o comportamento da língua" (ADORNO, 1992, p. 200).

Grosso modo, pode-se dizer que, na ciência, o trabalho da forma é neutralizado em função da primazia do conteúdo ("significado", segundo a terminologia da filosofia analítica). No ensaio, ao contrário, combinam-se "o cuidado estético da forma e a perspectiva objetivante da exposição conceitual" (TEIXEIRA, 2007, p. 17). Mas, em consonância com a crítica que Zizek fez da esteticização universalizante própria ao desconstrutivismo e ao pós-estruturalismo, que procuram estabelecer a equivalência do "O texto e seu comentário" (ZIZEK, 1991, p. 203), vale sublinhar que esse cuidado com a forma não pode ser um fim em si mesmo. Nem na filosofia, nem na psicanálise, o teor de verdade reside integralmente na forma estética da apresentação. Efeitos estéticos, quando surgem, são casuais e não programáticos: é desse modo que "a ética esboçada em O sinthoma é complementada por uma estética. Das especulações inspiradas [...] depreende-se um estranho efeito de beleza. [...] a beleza casual, sinuosa e variada" (MILLER, 2007, p. 243).

§50 Do litoral entre escrita conceitual e poema: a forma-ensaio e o caráter linguageiro do conceito

Até que ponto podemos reconhecer na prosa teórica lacaniana a prática, mais ou menos deliberada, da forma-ensaio? A questão é pertinente, principalmente se levarmos em conta que grande parte da produção intelectual lacaniana se apresenta sob a forma do ensino oral dos seminários[167] e que, mesmo em sua produção escrita, a oralidade deixa marcas decisivas. Isso porque parte considerável dos escritos lacanianos pode ser vista como transcrições, mais ou menos reelaboradas para fins de publicação, de intervenções originalmente orais, em muitos casos trazendo fortes marcas das circunstâncias de sua origem. A respeito desse costume de tudo publicar, o próprio Lacan criou o neologismo *poubellication*, eloquente por si só. Mas este não é o caso da totalidade dos textos escritos lacanianos. Muito ao contrário, parte importante dos textos escritos foram objeto de uma cuidadosa preparação, reelaboração e reescrita. Para citarmos breves exemplos: Ram Mandil (2003) comparou a aula de 9 de janeiro de 1973 ao Posfácio escrito em 1º de janeiro do mesmo ano, e que foi publicado como apêndice ao *Seminário XI*; Orellana (2003) vasculhou as diferentes versões dos textos de Lacan e chegou à ideia de um "Lacan corretor". Uma comparação superficial do "Relatório de Roma" com o escrito "Função e campo da fala" mostra também a distância que separa o oral e o escrito. Todos esses exemplos nos fazem perceber "uma série de dispositivos inseridos na relação entre oral e escrito" (MANDIL, 2003, p. 133). O principal deles é o esforço de "cancelar qualquer fixação de sentido" (p. 140), em consonância com a principal *estratégia clínica* ensinada por Lacan: "[...] desaparelhar o significado e concebê-lo como secundário em relação ao significante" (MANDIL, 2003, p. 134). Trata-se, como escreve Miller, de desviar "a trajetória programada do significado" (MILLER apud MANDIL, 2003, p. 135). Vale lembrar, com Lacan, que o principal dispositivo da escrita é a *barra* (de separação significante/significado), que permite afastar a miragem especular da compreensão, ao exigir "a leitura do que se ouve no significante" (S. XX, p. 47). Como se fizesse intervir, entre o oral e o escrito, a figura que representa justamente o recalcamento freudiano... outra maneira de dizer que "a barra eleva o real à dignidade do significante" (SAFATLE, 2006, p. 131).

Uma coisa, todavia, é certa: mesmo que o ensaio propriamente dito, como gênero literário, não constitua um modelo maior para a produção discursiva lacaniana, certas características da forma-ensaio são da maior importância para a compreensão de certas estratégias recorrentes nos principais textos lacanianos e, mais ainda, em algumas de suas articulações mais centrais. Em outras palavras, a compreensão do *funcionamento do conceito* no interior da forma-ensaio fornece uma chave de leitura para entendermos o *funcionamento do conceito como significante* na perspectiva do afastamento da metalinguagem e da consequente imbricação ciência e estilo.

Não se trata aqui de classificar os diversos gêneros discursivos empregados na heterogênea produção escrita lacaniana. É inegável que alguns de seus artigos coligidos nos *Escritos* e *Outros escritos* possam ser caracterizados como fortemente

---

[167] Sobre a relação entre o ensino oral e a produção escrita de Lacan, ver Milner (1996).

impregnados de características formais do ensaio. Mas não é de mensurar isso que se trata aqui. Não importa para os fins deste trabalho medir até que ponto e em que circunstâncias estamos diante de um Lacan ensaísta, mas de interrogar em que medida *a compreensão do modo como funciona a linguagem na forma-ensaio pode nos ajudar a entender melhor o cofuncionamento de ciência e estilo na prática discursiva lacaniana*. O desafio lacaniano consiste em tratar o conceito como significante, como elemento da linguagem, e não como entidade de sentido estável alheia ao movimento e às peculiaridades do objeto. Tratar um conceito como um significante equivale, aproximadamente, a reconhecer que "todos os conceitos já estão implicitamente concretizados pela linguagem em que se encontram" (ADORNO, 2003a, p. 29). Outra maneira de colocar o problema do estatuto da discursividade num contexto de afastamento da metalinguagem. Como diz "Lituraterra": "[...] não há metalinguagem, mas o escrito que se fabrica com a linguagem é material talvez dotado de força para que nela se modifiquem nossas formulações" (OE, p. 23).

A pergunta central que "Lituraterra" formula é: "[...] será possível, do litoral, constituir um discurso tal que se caracteriza por não ser emitido pelo semblante?" (OE, p. 23). Isto é, se lembramos que "a característica maior do semblante" é que ele funciona como uma "aparência que se coloca como aparência" (SAFATLE, 2006, p. 136), que não remete a nenhuma operação metafórica de substituição, a pergunta de "Lituraterra" pode ser lida assim: é possível mover-se em um espaço em que o significante apareça como puro significante? Tal é o desafio de um discurso que não se permite o sonho das metalinguagens ou a miragem de transparência conceitual completa. Não é por acaso que o que encabeça a coletânea de *Escritos* é um texto sobre o estilo. Como se a reflexão acerca do modo de exposição do próprio discurso, sobre suas condições de enunciação fosse uma etapa necessária, semelhante ao papel que a exposição do método tem na ciência *tout court*. Como se percebesse na psicanálise o mesmo que ocorre na filosofia: "[...] uma íntima relação entre as formas de exposição, de apresentação, de enunciação – *Darstellungsformen* – e a constituição de conhecimento(s) ou de verdade(s)" (GAGNEBIN, 2006, p. 203).

Quando lhe é colocada a questão kantiana "que devo fazer?", Lacan responde: "Só posso tomar a questão como todo mundo, por minha vez formulando-a para mim. E a resposta é simples. É o que faço: extrair de minha prática a ética do Bem-dizer" (OE, p. 539). Isso quer dizer não apenas que a cura analítica está relacionada com reorientações do dizer (SAFATLE, 2006), como tais reorientações também devem ser colocadas em funcionamento no discurso teórico. Milner salienta com justeza que "a arte do bem dizer é difícil" (MILNER, 1996, p.23). Estilo e retórica fazem parte de um saber que implica uma espécie de ética do bem-dizer (OE, p. 539). Essa ética do bem-dizer vale não apenas para o discurso oral e para a clínica, mas para a própria escrita teórica.

A questão do estilo de/em Lacan, frequentemente muito mal colocada, vai além de uma questão estética, na medida em que ela é uma resposta ética a um problema cuja natureza pode ser descrita, de imediato, como teórica ou epistemológica, ou antes, linguageira. Neste sentido, o estilo de Lacan aproxima-se do que Max Bense preconizou como sendo o caráter específico do ensaio: não em termos de sua forma literária, mas sua posição discursiva. É preciso admitir, escreve Bense: "[...] entre a poesia e a prosa, entre o estágio estético da criação e o estágio ético do engajamento, a existência de um *confinium* que guarda ainda algo de inapreensível [...]: 'o ensaio', com efeito, constitui a expressão literária imediata deste *confinium* entre poesia e prosa, entre criação e engajamento, entre estética e ética" (BENSE, 1996, p. 136).

Tanto o *confinium* bensoniano quanto o *litoral* lacaniano têm em comum a superação daqueles "ideais de pureza e asseio" compartilhados pela "filosofia veraz", pela "ciência sólida" e pela "arte intuitiva" (ADORNO, 2003a, p. 22).[168] Ao recusar a metalinguagem como instância que seria capaz de fornecer uma linguagem asséptica e livre de impurezas da língua comum, a discursividade lacaniana converge, pelo menos neste aspecto, com a forma-ensaio, tal como vista por Adorno. De fato, "o modo como o ensaio se apropria dos conceitos seria, antes, comparável ao comportamento de alguém que, em terra estrangeira, é obrigado a falar a língua do país, em vez de ficar balbuciando a partir de regras" (ADORNO, 2003a, p. 30). Analogamente, poderíamos dizer que é o que ocorre com aquele que procura incansavelmente o sentido do sentido: balbucia a partir de regras, passa o tempo consultando o dicionário. Esse tropo da condição de estrangeiro aparece também na *Minima Moralia*, num fragmento sobre a estranheza inerente ao ato de escrever: "[...] para quem não tem mais pátria, é bem possível que o escrever se torne sua morada" (ADORNO, 1992a, p. 75). Contudo, a fim de minimizar o risco de sedimentação da escória do trabalho, é preciso manter a estrangeiridade irredutível entre aquele que escreve e sua escrita: "[...] no fim das contas, nem sequer é permitido ao escritor habitar o ato de escrever" (p. 75). Do mesmo modo, escreve Lacan, a escrita não decalca o significante, mas "seus efeitos de língua" (OE, p. 22). Tanto a forma científica da escrita quanto a literária "são artefatos que não habitam senão a linguagem" (OE, p. 23). Do ponto de vista da linguagem, somos todos estrangeiros. A escrita é o melhor exemplo dessa estrangeiridade.

---

[168] Os trabalhos de Safatle (2003; 2006) construíram de maneira consistente as principais pontes de diálogo entre Lacan e Adorno. Na impossibilidade de retomá-los em sua complexidade, remeto à sua leitura e permito tomar tais articulações como construídas e conhecidas do leitor qualificado. Vale lembrar apenas que ambos autores afastam a verdade e adequação, ambos recusam a perspectiva realista ingênua, sem, com isso, derivar disso alguma forma de relativismo. Além disso, ambos enfrentam a questão dos modos de dizer da teoria e dos limites da conceitualização.

Adorno propôs "o comportamento da língua" (1992, p. 200) como aquilo que, afinal, serve como modelo para representar a ideia de constelação. Neste sentido, a reflexão adorniana sobre a estrangeiridade do ato de escrever é reinserida numa reflexão maior sobre estratégias e limites da conceptualização filosófica. Poderíamos arriscar a dizer que, do mesmo modo como, para Adorno, "apenas as constelações representam, de fora, o que o conceito amputou por dentro" (p. 200), para Lacan, apenas *o estilo apresenta, de fora, o que a ciência forcluiu por dentro*. Mais precisamente, conforme propõe "Lituraterra", se as Luzes fazem furo, é a letra que desenha "a borda do furo no saber" (OE, p. 18). Em outras palavras, é a escrita que circunscreve a limitação interna do saber, ou, mais precisamente, que permite formalizar a discordância entre saber e verdade. Afinal, "se há alguma coisa que possa nos introduzir à dimensão da escrita como tal, é nos apercebermos de que o significado não tem nada a ver com os ouvidos, mas somente com a leitura do que se ouve no significante. O significado não é o que se ouve. O que se ouve é o significante. O significado é efeitos do significante" (S. XX, p. 47).

Mesmo na forma-ensaio não é possível "nem dispensar os conceitos universais – mesmo a linguagem que não fetichiza o conceito é incapaz de dispensá-los –, nem proceder com eles de maneira arbitrária" (Adorno, 2003a, p. 29). Trata-se de evitar aqui a fetichização dos conceitos universais, como também seu uso arbitrário. Mas como fica a questão da verdade nesse contexto? A questão da verdade coloca-se para o ensaio, mas não como *metron* exterior ao qual ele deve se submeter. Ao contrário, o ensaio "torna-se verdadeiro pela marcha de seu pensamento, que o leva para além de si mesmo, e não pela obsessão em buscar seus fundamentos como se fossem tesouros enterrados" (p. 30). Não há por que buscar fundamentos, porque todos os objetos estão "igualmente próximos do centro" (p. 40), ou ainda mais lacanianamente, porque não há centro. Foi o que vimos quando analisamos o modelo elíptico das relações entre saber e verdade.

O ensaio se vale do caráter "linguageiro" dos conceitos e de seu elemento de inverdade para suplantá-lo, pois o próprio conceito já é *cristalização do conteúdo na forma*. Metáforas como "sedimentação", "cristalização" são fundamentais, exatamente porque convergem para a ideia de "prisma", "refração", como elemento da verdade, etc. É, no entanto, preciso lembrar que "a inverdade, na qual o ensaio conscientemente se deixa enredar, é o elemento de sua verdade" (p. 39). Do mesmo modo como o não sentido (*pas-de-sens*) é elemento do processo de sentido. Algo disso converge com a concepção lacaniana do discurso como *semblant*. A natureza do discurso como artefato, como *semblant*, não conduz ao abandono da ideia de verdade. O problema que se coloca é, pois, acerca da possibilidade de um discurso que não seja da ordem do semblante.

É essa desmitologização do "método" que explica a atenção rigorosa aos meios de exposição do discurso. "A exposição é, por isso, mais importante para o ensaio do que para os procedimentos que, separando o método do objeto, são indiferentes à exposição de seus conteúdos objetivados" (p. 29). Nisso, a convergência com o ponto de vista de Lacan é total. Independentemente do grau de sucesso efetivamente conseguido pela prática discursiva lacaniana, é fato que sua preocupação com a exposição, com o estilo, com a forma, com a letra ocupa o lugar que seria ocupado pela discussão metodológica nas ciências. E a razão principal disso decorre dessa concepção de que o estilo não coincide com a expressão da subjetividade, mas, ao contrário, com uma certa relação com o objeto (como veremos mais adiante). Afinal, *a letra é o litoral entre o simbólico e o real*.

Se impasses da formalização podem ser de alguma maneira transpostos, não é senão através da prática de uma ética da linguagem e da escritura, através de um estilo. O estilo é, então, inseparável dos traços de verdade que ele transmite. Dito de outro modo, e diferentemente do que propõe Milner (1996), o estilo é mais do que uma simples *preparação* ao saber. A esse respeito, ele está nas antípodas do método, o qual não é senão uma via, supostamente a mais segura e curta, em direção à descoberta da verdade. *Estilo é método imerso no objeto*, inseparável dele. Parafraseando o achado de Picasso, repetido várias vezes por Lacan, poderíamos dizer que lá onde o método procura, o estilo encontra. O que equivale a dizer que "na fumaça, o semiólogo crê adivinhar o fogo; com o estilo, Lacan procura o fumante [...]: um estilo não faz signo, ele produz signos" (LEGUIL, 2002, p. 52).

Reduzir o *estilo* a algo de estranho ao objeto que ele veicula, assim como considerar a *retórica* como uma simples estratégia de cooptação ou de persuasão, equivale a adotar uma certa posição a respeito da linguagem e da verdade. Posição que consiste em apreender a linguagem como instrumento de comunicação e um sistema de representação da realidade, consistente com a correlativa concepção de verdade enquanto medida da capacidade dessa linguagem de representar o mundo (*adequatio*) ou de figurar um estado de coisas (Wittgenstein).[169] O pensamento seria, neste caso, independente da forma de sua apresentação, uma espécie de gramática profunda ou sintaxe lógica que, por vezes, a linguagem recobre – posição bastante distante da psicanálise, pois o real da língua, a que Lacan chamou de *lalangue*, desautoriza a perspectiva de uma sintaxe lógica como característica universal da linguagem.

Quando propõe a ética do Bem-dizer como resposta à pergunta kantiana, Lacan acrescenta: "[...] a ideia kantiana da máxima a ser posta à prova pela universalidade

---

[169] Em linhas gerais: a figura é assim enlaçada à realidade (TLP, § 2.1511); o que a figura tem em comum com o figurado é a forma lógica de afiguração (§ 2.2); finalmente, graças à proposição a realidade será fixada. Ela diz "sim" ou "não" (§ 4.023); uma proposição verdadeira conduz a um estado de coisas subsistente (2.06; 2.12; 2.21; 2.225); assim, "a proposição pode ser verdadeira ou falsa só por ser uma figura da realidade" (§ 4.06). O exemplo dado em 4.063 mostra bem a concepção *tratactiana* da verdade.

de sua aplicação é apenas o trejeito com que o real cai fora, por ser tomado de um lado só" (OE, p. 539). Ao erigir a universalidade da forma como critério da lei moral, Kant quer excluir a determinação patológica da ação. No Capítulo 1, vimos que essa exclusão do objeto na determinação dos móveis da ação vai de par a par com uma tentativa de sutura dos efeitos de linguagem na subjetividade, porquanto o Outro não empresta garantias suficientes para o ajustamento entre intencionalidade e ato. Agora, na perspectiva da ética do Bem-dizer, nos damos conta de que na moral kantiana o real havia sido tomado unilateralmente. Da perspectiva crítica, "unilateral", tomada por Kant – a de fundamento da ação moral – realmente não podia haver outra solução senão excluir o real. O mesmo ocorre aqui. A reflexão metodológica não pode se alhear em relação ao objeto. *O estilo, de certa forma, é um esforço de desfazer, ainda que parcialmente, a crisis entre o discurso e o objeto*, de dar um passo antes da unilateralidade da crítica. Mas como evitar a perspectiva unilateral? Talvez anulando "as pretensões de completude e de continuidade" (ADORNO, 2003a, p. 34). Talvez, brincando com o "cristal da língua" (Lacan), a fim de *revirar* o real de todos os lados, como se reviram objetos topológicos e nós borromeanos. Neste sentido preciso, o Lacan escritor é, também, um ensaísta: "Um ensaísta é um autor que experimenta, que vira e revira um problema em todos os sentidos, que questiona, ausculta, examina, reflete, que aborda seu objeto de diferentes ângulos" (BENSE, 1996, p. 137).

A ensaística lacaniana, no entanto, é uma ensaística fraturada. Ela é intercalada por pretensões de formalização estranhas, em geral, ao ensaio. Neste sentido, apenas parcialmente o estilo lacaniano pode ser considerado tributário da forma-ensaio, embora seja grande a convergência de ambos no que tange a expectativas de formalização conceitual em contextos discursivos de crítica à linguagem reificada. Entre ciência e estilo, não apenas a forma-ensaio se interpõe, mas também certo gosto pela forma aforística no interior dessa forma, assim como procedimentos escriturais herdados da sintaxe poética moderna, além de tudo aquilo que gira em torno da ética do bem-dizer.

§51 Nenhuma metalinguagem abolirá a metáfora

Quando Locke comparava o espírito a um bloco de mármore vazio e informe, tentando figurar a teoria da *tabula rasa*, ele, de alguma forma, tornou a oposição de Leibniz mais efetiva. Leibniz retrucava que esse bloco possui veios que o predispõem a assumir mais uma determinada figura do que qualquer outra (PERELMAN, 1999, p. 345). Assim, escreve Perelman (1999, p. 339), "para um filósofo, a analogia não é um mero intermediário, um auxiliar do pensamento que se busca e que o filósofo, bem como o cientista, poderia dispensar em sua conclusão. É, antes, remate e formalização de sua argumentação". A metáfora ocorre no texto filosófico não apenas naqueles filósofos-poetas como Pascal e

Nietzsche, mas mesmo nos autores "mais recalcitrantes com relação à linguagem imagética". Descartes quase não se vale de metáforas em sentido estrito, não obstante algumas de suas principais ideias se baseiem em analogias, com colorido sentido metafórico. Um texto tão refratário à metáfora como o *Tractatus* de Wittgenstein não pode enunciar sua tese final sem antecedê-la com a célebre metáfora da escada que devemos jogar fora uma vez alcançado o objetivo (voltarei a comentar essa metáfora ao final do Capítulo 3).

Ao se valer da expressão "encadeamento de ideias", Descartes já nos oferta sua imagem do conhecimento e da natureza da mente: uma cadeia linear de proposições que se ligam como elos de uma corrente. Se um dos elos se romper, rompe-se a cadeia. Ao propor a imagem do encadeamento de ideias é, pois, toda uma teoria do conhecimento que se está sugerindo: a metáfora não é apenas veículo de uma mensagem prévia, anterior à sua própria formalização. Além disso, é todo um estilo de exposição e uma estratégia de argumentação que surge. Tanto é verdade que ao sugerir outra metáfora para o estudo da mente, dizendo, por exemplo, que "o raciocínio se parece muito mais com um tecido cuja solidez é de longe superior à de cada fio que lhe constitui a trama" (PERELMAN, 1999, p. 339) ou que a mente é uma espécie de *software*, temos situações muito diferentes. Se é verdade, como escreve Perelman, que "o pensamento não desconfia muito da metáfora", especialmente dessas como "encadeamento de ideias" ou "cadeia significante", que nem se parecem tanto com as batidas metáforas dos manuais escolares, é justamente por causa da estrutura ficcional da verdade, tal como destacada a partir de sua frequentação ao texto de Bentham (ver §52).

Parece ser da natureza do discurso científico desconfiar da metáfora. O objetivo de um discurso científico é o de deixar os fatos falarem por si mesmos, sem a necessidade de quaisquer artifícios retóricos ou literários. Entretanto, é possível afirmar, com Danto (2005, p. 245), que "o próprio uso de um estilo de escrita objetivo seja retórico, no sentido de assegurar ao leitor que ali só há fatos, os quais falam por si". Seja como for, mesmo o texto mais objetivo dificilmente consegue abrir mão da metáfora como procedimento retórico.

De todos os tropos retóricos, a metáfora é o mais conhecido e o que mais chamou atenção da filosofia. Aristóteles (*Poética*, 1457b) afirma que a metáfora "consiste no transportar para uma coisa o nome de outra, ou do gênero para a espécie, ou da espécie para o gênero, ou da espécie de uma para a espécie de outra, ou por analogia". Perelman distingue analogia e metáfora: segundo o autor, só há analogia quando é afirmada "uma *similitude das relações*, e não simplesmente uma similitude entre termos" (PERELMAN, 1999, p. 335). O esquema típico da analogia é a afirmação de que A está para B assim como C está para D (PERELMAN, 1999, p. 335; 1996, p. 424). Para que a analogia cumpra papel argumentativo é essencial que um dos pares seja menos conhecido do que o outro. O par que é objeto do discurso é chamado de *tema*, o outro par, graças ao qual temos a transferência de sentido, é chamado *foro*. O foro, por ser mais conhecido, deve fornecer uma imagem que elucide o par menos conhecido. A figura empregada por Platão a fim de definir o papel do Bem é, propriamente falando, uma analogia, e não uma metáfora: o bem está para o mundo inteligível assim como o sol está para o mundo visível. Em seu *Tratado da argumentação*, Perelman afirma que "há, de todo modo, entre tema e foro, uma relação assimétrica que nasce do lugar por eles ocupado no raciocínio" (1996, p. 425). Já em afirmações do tipo A é B (esse homem é uma raposa, um burro, um leão...) não se trata, para Perelman, de analogia, mas de metáfora. O intuito do autor é guarnecer o conceito de metáfora de generalizações abusivas. Para ele, é impossível aceitar a metáfora como "um tropo qualquer em que se substitua um termo por outro" (1999, p. 335).

O escrito "A metáfora do sujeito", publicado como apêndice nos *Escritos*, é uma resposta de Lacan a Perelman. Trata-se da reescrita, por Lacan, dos comentários que ele proferiu por ocasião de uma reunião da Société Française de Philosophie, em seguida a uma exposição de Chaïm Perelman, intitulada "L'idéal de rationalité et la règle de justice". Foi publicado pela primeira vez no *Bulletin de la Société Française de Philosophie* (1961, tomo LIII, p. 29-33), seguida da réplica de Perelman. Segundo Lacan, a distinção metáfora *versus* analogia precisa ser tomada em toda sua radicalidade. Sua confrontação com a perspectiva de Perelman é frontal, principalmente porque Lacan leu as páginas consagradas à analogia e à metáfora no *Tratado da Argumentação*, que afirmam, por exemplo, que uma concepção da analogia que desse maior espaço à interação entre tema e foro "decerto diminuiria ao mesmo tempo a repugnância em considerar a metáfora como derivada da analogia" (PERELMAN, 1996, p. 453). Mas é justamente contra isso que ele se insurge.

Como é costume lacaniano, uma atenção especial é dedicada à escolha dos exemplos, que nunca é neutra, porque sempre revela mais do que um caso singular de um conceito universal. O retórico escolhe metáforas como "terra firme/verdade", "o anoitecer da vida/velhice". Mas a relação entre os termos da equação A/B x C/D é heterogênea: são três significantes, contra apenas um significado. Segundo sua célebre definição, "a metáfora é, radicalmente, o efeito da substituição de um significante por outro na cadeia, sem que nada de natural o predestine a essa função" (E, p. 904). A concepção lacaniana de metáfora prescinde totalmente da analogia, ela é, como escreve Simanke (2003, p. 294), "formal e antiexpressivista". A razão dessa convicção quanto à independência dos processos metafóricos em relação à prosa do mundo, em relação à analogia, é muito mais de natureza clínica do que linguística. Trata-se de um dispositivo encarregado de dar conta dos processos de constituição de sentido, no contexto de uma teoria em que o significante é, por si só, desprovido de força semântica.

Escreve Simanke (2003) que a metáfora propicia "o surgimento da significação, alavancando assim a dimensão semântica da linguagem". Segundo Freud, um sintoma é substituição de uma representação recalcada de desejo por outra qualquer, sem que nada na natureza predestine determinada representação a ser objeto privilegiado na substituição. Isso porque o desejo que, ao fim e ao cabo, é visado pelo recalcamento também não guarda nenhum vínculo natural ou analógico com seu objeto. São as vicissitudes contingentes das experiências de um sujeito que determinam os elementos da equação de substituição metafórica do sintoma. O mesmo ocorre com a metáfora: ela tem um ponto de apoio no *nonsense*. O melhor exemplo nos é fornecido por Freud, em o *Homem dos ratos*: o menino, antes de constituir sua sintomatologia obsessiva, responde a uma contrariedade do pai: "Seu lâmpada, seu toalha, seu prato!!!". A criança inaugura o pensamento ao soletrar os poderes do discurso de *desvincular o significante e a coisa*: o gato faz au-au, o cachorro faz miau. É este o exemplo privilegiado da metáfora lacaniana, assente no "desprezo pela verossimilhança" (E, p. 805). Neste sentido, Safatle (2006, p. 104-105) tem razão em afirmar que a metáfora lacaniana é o exemplo maior do caráter negativo da linguagem, isto é, "da anulação da faticidade da referência": "[...] a negação da referência feita pela metáfora não é negação de um *sense data* [...], nem deveria ser negação do Real [...]. Ela é negação de uma construção imaginária naturalizada."

Tudo isso para dizer que a metáfora é o procedimento por excelência de produção de sentido, na medida em que é ela que faculta a transposição da barreira à significação. Representar a metáfora como desvio semântico de um suposto significado literal previamente dado seria supor o funcionamento da linguagem segundo um modelo de linguagem calcado na positividade do significado.

A réplica de Perelman é evasiva e protocolar. Depois de agradecer ao Dr. Lacan, Perelman evoca seu próprio percurso intelectual a fim de justificar a natureza de seu interesse pela retórica. O que escandalizava o jovem que havia iniciado sua carreira como lógico era a permanência do desacordo mesmo em disciplinas reguladas por parâmetros de racionalidade, como a filosofia, por exemplo: "[...] como explicar o desacordo em disciplinas que consideramos todavia como dependentes da razão. Eis meu ponto de partida" (PERELMAN, 1961, p. 33). O ônus da perspectiva "dogmática" é a perplexidade diante da pergunta: como é possível o erro? A intuição forte de Perelman é que a fonte do desacordo é de natureza linguística, o que sugere algum grau de descontinuidade entre razão e linguagem. Foi assim que Perelman desconfiou da lógica e abraçou a retórica. Além disso, procedimentos discursivos e estruturas sociais guardam estreitas conexões. É assim que conclui sua réplica: "Cada vez que estamos em regimes monolíticos, vemos que o que se ama são verdades evidentes, deduções retilíneas, e não tanto o contra e o a favor, e a argumentação; é por isso que elementos sociais podem igualmente intervir" (PERELMAN, 1961, p. 33).

Mas o ponto de partida do psicanalista é bastante diverso, no que tange à teoria do conhecimento. O que sempre intrigou Lacan não é como o desacordo pode sobreviver a procedimentos racionais de argumentação, ou como é possível que instrumentos formais tais como a construção de metalinguagem não sejam capazes de dissipar o desacordo. O ponto de partida do psicanalista é radicalmente diverso. Dada a natureza inconsciente da subjetividade e a singularidade das vicissitudes constitutivas da economia pulsional dos sujeitos, a perplexidade não consiste em descobrir as razões da sobrevivência do desacordo, mas, ao contrário, deriva da dificuldade de estabelecer como é possível estabelecer o acordo. O ônus da perspectiva lacaniana fica do lado do ônus do cético: como é possível a verdade?

Toda essa argumentação conduz à reafirmação do caráter retórico da reivindicação de objetividade do discurso científico refratário à metáfora: "o discurso da ciência, na medida em que reivindica objetividade, a neutralidade, a monotonia [...] é tão desonesto e mal-intencionado quanto qualquer outra retórica" (E, p. 906). É esse passo fundamental que permite estender os efeitos da retórica a toda esfera de significação, mesmo as mais recalcitrantes à metáfora. Quer dizer, Lacan universaliza a tese para fora do domínio específico da literatura e da retórica, em direção a todo e qualquer discurso, inclusive científico. E antecipa-se à objeção de que o discurso matemático faria exceção aos efeitos da retórica: "pois sim!", até mesmo porque o discurso da matemática não significa nada, não opera na dimensão do sentido. A intervenção conclui com a lembrança do "único enunciado absoluto", o de Mallarmé: "Nenhum lance de dados jamais abolirá o acaso": "o único enunciado absoluto foi dito por quem de direito, ou seja, que nenhum lance de dados no significante jamais abolirá nele o acaso – pela simples razão, acrescentamos, de que nenhum acaso existe senão em uma determinação de linguagem, e isso, sob qualquer aspecto que o conjuguemos, de automatismo ou de casualidade [*rencontre*]" (E, p. 907).

O caráter irredutível da metáfora depende não apenas do argumento benthamiano quanto à estrutura ficcional da linguagem (que será estudado na próxima seção), mas desta característica de que "o poder da metáfora não se transmite ao conjunto de suas conotações, pois a lógica desse conjunto formado por uma lista de atributos é completamente diferente da lógica da metáfora" (DANTO, 2005, p. 254). Prova disso é que "a mera descrição da metáfora não tem o poder da metáfora que descreve, assim como um grito de dor não provoca reações iguais às do grito em si" (p. 254). Neste sentido, uma metáfora é uma *forma de ação*. Uma forma de ação cuja força deriva do caráter performativo da linguagem, como vimos no Capítulo 1.

Um exemplo pode nos ajudar a entender por que uma metáfora não admite novas substituições. Aparentemente, não há diferenças estruturais entre os enunciados seguintes: (i) "a água ferveu" e (ii) "o sangue dele ferveu". Mas, olhando mais de perto, as diferenças começam a se somar. Posso explicar (i) por (i'):"a água atingiu cem graus centígrados"; mas, ao contrário, não posso substituir (ii) por (ii') "o sangue dele atingiu cem graus centígrados", sem mudar completamente o sentido e o registro da frase. Embora, do ponto de vista estrito dos eixos linguísticos, as substituições tenham obedecido aos mesmos princípios, há algo em (ii) que não permite variação. Essas expressões caracterizam-se por resistirem à paráfrase e às substituições normalmente válidas para frases insaturadas. "Uma das características das metáforas em geral é resistir a essas substituições e especificações, e penso que encontrando as razões disso descobriremos a explicação essencial do conceito de metáfora" (DANTO, 2005, p. 258). Mas o ponto mais interessante é que a metáfora é, ela própria, substituição! Essa resistência à substituição por expressões equivalentes sugere ao filósofo analítico a necessidade de indagar a existência de "alguma condição especial de verdade" (p. 262). Isso porque sua concepção de verdade continua atrelada à análise do significado de sentenças, movendo-se no interior de uma concepção de linguagem bastante distinta daquela promovida por Lacan, e exaustivamente trabalhada em nossos capítulos precedentes. A pergunta que agora se impõe é a seguinte: se admitirmos a extensão do domínio de abrangência das metáforas como um procedimento que não se reduz a um "desvio linguístico", no interior de uma linguagem não normativa e não realista, não estaríamos obrigados a abordar esta *condição especial de verdade*? Se, como postula Lacan, a designação é, no limite, metafórica, é mister perguntar, com Safatle (2006, p. 103), se "estaríamos diante de uma deriva relativista sempre possível para um pensamento cuja concepção de verdade é claramente não correspondencial e cuja concepção de linguagem é claramente não realista?" Para concluir este parágrafo é preciso ainda aprofundar o duplo caráter da metáfora lacaniana, a fim de mostrar a especificidade de sua concepção.

Como vimos anteriormente, a concepção freudo-lacaniana de desejo mostra a radical inadequação entre a forma vazia do desejo (que é pura força, pura vetorização, desejo de desejo) e a positividade de objetos disponíveis. Vimos que a crítica da representação e o afastamento de uma concepção correspondencialista de verdade deixava aberto o hiato entre uma moção pulsional do desejo e as formas possíveis de sua realização. Pois bem, a metáfora é um dispositivo central para entendermos como a "intercambialidade absoluta do objeto empírico pode servir a Lacan para expor a inadequação entre referência e o desejo que habita a língua" (SAFATLE, 2006, p. 108-109). Até aqui, a metáfora lacaniana em tudo se assemelha à metáfora surrealista. Recentemente, Safatle (2006) e Simanke (2008) demonstraram a dívida de Lacan para com o surrealismo. Isso porque Breton nos convidava a perceber a natural intercambialidade de objetos: desde a experiência do *objet trouvé*, este objeto desnaturalizado de sua função socialmente dada, reinserido por um gesto estético num contexto discursivo que lhe atribui novo valor, é toda uma teoria do objeto que encontramos no surrealismo, como bem mostrou Grossi (2004). Breton e Lacan, cada um a seu modo, advogam que "as palavras, no limite, podem significar qualquer coisa, o que resulta no mesmo que afirmar que elas, em última instância, não significam nada" (SIMANKE, 2008, p. 288). Pelo menos em princípio, pois a série de encontros fortuitos que um sujeito perfaz nos acidentes de sua vida eleva o acaso a uma espécie de "necessidade exterior que trilha um caminho no inconsciente humano" (BRETON, 1992, p. 690 *apud* GROSSI, 2004, p. 106). Outra maneira de dizer que a metáfora não é meramente negativa, e que a concepção lacaniana de significante não é relativista.

Mas além desse componente negativo, é preciso dizer, ainda segundo a sugestão de Safatle (2006, p. 109), que "a metáfora instaura uma positividade", na medida em que há metáforas mais fortes, mais profícuas do que outras, principalmente quanto à capacidade de promover deslocamentos da posição subjetiva na clínica. O poder de uma metáfora se mede por sua *ação* na subjetividade. Em outras palavras, há metáforas mais propícias do que outras no sentido de promover similitudes inauditas, capazes, por exemplo, de *fazer um sujeito se desidentificar de uma certa inércia do gozo*, de deslocá-lo de uma certa fixação de objeto excessivamente mórbida, ou de desfazer uma alienação a um significado do Outro excessivamente invasivo; fazer um sujeito *ver* ou *ler* seu inconsciente a partir de perspectivas até então obliteradas por uma excessiva fixação de sentido. Os exemplos clínicos de tais procedimentos são fartos na literatura clínica. Enunciados como "você sempre foi a mais preguiçosa", ou "ele sempre foi o mais inteligente de casa", ou "você é igualzinho a seu pai" são recorrentes como frases que estruturam sintomas e fixam certas posições subjetivas. O uso de metáforas capazes de fazer vacilar tais adesividades da libido é um dos procedimentos mais recorrentes na clínica lacaniana, ainda que toda substituição metafórica deixe, em alguma medida, um resto metonímico.[170]

Isso porque uma das características do sintoma neurótico é que ele quer transformar em signo, isto é, quer amarrar biunivocamente o significante do desejo a um significado que aponta um determinado objeto, uma determinada maneira de gozar. Quer fazer signo ali onde só há significante desprovido de força denotativa. É por isso que o neurótico quer anular a anulação própria à linguagem (cf. SAFATLE, 2006, p. 112). Ora, a metáfora é então um dispositivo clínico que permite desestabilizar o signo, fazer vacilar o caráter representativo da linguagem. E, por essa via, fazer valer o caráter performativo do significante de criar, no real, algo que não estava lá.

---

[170] Teixeira (2007) tratou com precisão do tema do resíduo sintomático do tratamento analítico através da análise da viscosidade da libido.

É por essas razões que a metáfora e a metonímia, conforme assevera Lacan em "Radiofonia", "forneciam o princípio com o que engendrei o dinamismo inconsciente" (OE, p. 414). O que está em jogo aqui é que *não é possível pensar o dinamismo do inconsciente dentro de uma concepção de linguagem em que metáfora e metonímia sejam vistas como desvios linguísticos em relação a um discurso literal*. Isso porque metáfora e metonímia nos ensinam algo acerca do funcionamento da linguagem como tal, e, mais do que isso, sobre o modo como sujeito e verdade interagem. A concepção lacaniana de linguagem é claramente devedora de uma combinação de estruturalismo linguístico com forte inflexão pragmática, em que o caráter performático sobrepuja e informa o aspecto semântico da linguagem. Explico: a condição para compreensão de como operam, *no real*, a metáfora e a metonímia, é admitir que a barra saussuriana não é nem representação de alguma "intuição de proporção", nem "barra de fração", mas "borda real, isto é, a saltar do significante que flutua para o significado que flui" (OE, p. 414). Continua Lacan: "[...] é isso que opera a metáfora, que obtém um efeito de sentido (não uma significação) a partir de um significante que faz-se de seixo lançado na poça do significado" (OE, p. 414). A dimensão performativa, ou, se quisermos, pragmática, começa a ficar clara em seguida: porque "daí por diante esse significante só falta na cadeia de maneira exatamente metafórica, quando se trata do que chamamos poesia, posto que ela decorre de um fazer" (OE, p. 414-415). Mas é aqui que metáfora e poesia começam a distanciar-se, pois Lacan lê os efeitos metafóricos da poesia no interior do registro simbólico, onde permutações, substituições e retroações são operações previstas: "[...] assim como é feita, ela [a poesia] pode ser desfeita" (OE, p. 415). Mas, ao mesmo tempo, trata a metáfora a partir de sua efetividade intransitiva no real. É por isso que a metáfora lacaniana não está aberta à disseminação infinita ou à generalização excessiva: nem tudo é metáfora, porque uma metáfora é, do ponto de vista de sua positividade, aquilo que tem *efeitos no real*. É por isso que o efeito de sentido constituído pela metáfora é, justamente, construído a partir do não-sentido [*non-sens*]. Nisso, a metáfora nos ensina algo cuja validade extrapola o domínio das assim chamadas figuras tropológicas, pois o que interessa ao psicanalista é que esse efeito de não-sentido não é puramente simbólico. Uma característica do simbólico é a retroatividade, o mesmo é dizer, a capacidade de permutação e combinação de signos. Ora, o efeito de não-sentido de uma metáfora "não é retroativo no tempo, como é a ordem simbólica, mas bem atual, fato do real" (OE, p. 415). Fica claro por que Lacan distancia sua apreensão da metáfora em relação ao registro da "arte poética" (OE, p. 415). O que interessa na metáfora é "essa materialização intransitiva", esses "efeitos de linguagem prévios à significação do sujeito" (OE, p. 415). É por isso que Lacan conclui dizendo: "[...] é que não metaforizo a metáfora nem metonimizo a metonímia para dizer que elas equivalem à condensação e à transposição no inconsciente. Mas desloco-me com o deslocamento do real no simbólico, e me condenso para dar peso a meus próprios símbolos no real, como convém para seguir o inconsciente em sua pista" (OE, p. 418).

§52 A estrutura ficcional da verdade (Bentham e Lacan)

Mas até que ponto a concepção lacaniana de metáfora nos conduz à da estrutura ficcional da verdade? Qual a relação entre metáfora e ficção? Mostramos, acima, como Lacan afasta sua concepção de metáfora de um registro estético ou ficcional. Trata-se agora de buscar compreender qual a natureza da tese acerca da estrutura ficcional da verdade. Grosso modo, *metáfora e ficção são dois modos de entrelaçamento do real com o simbólico*. O que parece diferençá-los é a direção preponderante. Se a hipótese estiver correta, parece também que sua distribuição em termos da partilha saber e verdade também não se dá exatamente do mesmo modo. Seria possível aventar, bastante provisoriamente, a hipótese de que *a metáfora nos coloca preponderantemente no registro de um saber que tem efeitos no real e que a ficção nos aproxima do registro da verdade (ou de como o real se presentifica no simbólico)*? Se assim for, poderíamos dizer que, portanto, metáfora e ficção relacionam-se muito mais sob a modalidade da irredutibilidade de uma a outra do que de sua complementaridade ou continuidade?

Para retomarmos os termos no ponto em que o capítulo anterior nos havia deixado, até que ponto o abismo que separa as palavras e a coisa, a hiância entre o simbólico e o real, é intransponível? Até que ponto podemos creditar na conta de Lacan um ceticismo epistemológico acerca das possibilidades de interação entre linguagem e mundo? Vale lembrar como a ideia de uma estrutura ficcional da verdade nos coloca diante de uma primeira ponte entre o real e o simbólico, antes que intervenham quaisquer tipos de reflexão acerca da metáfora. Em outras palavras, a estrutura ficcional da verdade tal como vista por Lacan não deriva primariamente de sua concepção de metáfora, mas de uma reflexão sobre a teoria das ficções, devedora sobretudo da filosofia de Bentham.

A verdade se revela sobretudo como ficção: "[...] a dimensão da verdade se abre com a ordem do discurso, que, sem o suporte das ficções, perde sua consistência" (Zizek, 1999, p. 94).[171] É também por isso que a verdade tem estrutura de ficção: "[...] há tão pouca oposição entre *Dichtung* e *Wahrheit* em sua nudez, que o próprio fato da operação poética deve deter-nos, antes, neste traço que se esquece em toda verdade: que ela se revela numa estrutura de ficção" (E, p. 752).

---

[171] Uma das fontes da teoria lacaniana das ficções é, certamente, a filosofia de Bentham. Mas, talvez, conforme faz notar Regnault, a teoria lacaniana das ficções não se resume a isso. Não podemos esquecer da presença forte do discurso ficcional de autores do quilate de Sófocles, Shakespeare, Molière, Racine, Claudel e Genet, e de modo ainda mais marcante Breton, Gide, Duras e Joyce.

A questão da verdade abre-se para o humano porque a linguagem o arranca da natureza, num distanciamento duplo: o sujeito separado do objeto, aliena-se na linguagem. É por isso que "[...] o animal não finge fingir. Não deixa rastros cujo engodo consista em se fazerem tomar por falsos sendo verdadeiros [...].Tampouco apaga rastros, o que já seria, para ele, fazer-se sujeito do significante" (E, p. 822).

O homem é um animal que pode fingir que está fingindo: é o que se faz no teatro, por exemplo. É também por essa razão que ele pode fingir mesmo quando diz a verdade, como o poeta fingidor de Fernando Pessoa. E ele pode isso porque, ao mesmo tempo que a verdade está sempre implicada na fala, ela nunca pode ser posta de maneira completa. É impossível dizer apenas a verdade, mas seu silêncio tampouco é possível. E isso porque a verdade fala sempre, mas nunca fornece um *index sui* suficientemente claro e distinto. O caráter fantasmático de manifestação do registro da verdade assim como a estrutura ficcional de sua emergência significam a "impossibilidade da *posição* da verdade em um discurso que procura legitimar-se através de um princípio de adequação ou de um *Télos* da transparência" (SAFATLE, 2006, p. 107).

Foi Jakobson quem sugeriu que Lacan lesse a *Teoria das ficções*, de Jeremy Bentham, no contexto de uma discussão sobre as relações entre a linguagem e o real. Desde o Seminário sobre "A carta roubada", os vínculos entre verdade e ficção começavam a se consolidar no ensino de Lacan. Ao apresentar o sujeito do inconsciente dessubstancializado, definido apenas por sua localização na estrutura simbólica – no caso em pauta, a partir da posição do sujeito em relação ao deslocamento da letra/carta do conto de Poe –, Lacan comenta:

> Foi por isso que pensamos em ilustrar hoje a verdade que brota do momento do pensamento freudiano que estamos estudando, ou seja, que é a ordem simbólica que é constituinte para o sujeito, demonstrando-lhes numa história a determinação fundamental que o sujeito recebe do percurso de um significante.
>
> É essa verdade, podemos notar, que possibilita a própria existência da ficção (E, p. 12).

Mas é no âmbito do seminário da *Ética da psicanálise*, alguns anos mais tarde, que Lacan recorre a Bentham para engrossar o dossiê da estrutura ficcional da verdade. A tese fundamental desse seminário consistia em dizer que a Lei moral, instância que normaliza a impossibilidade do gozo, é aquilo por meio do qual *o real se presentifica no simbólico* (S.VII, p. 31). Fundamentar essa tese exige diversos passos, entre eles a ideia de mostrar como é possível que algo possa surgir a partir de nada. É a esta pergunta que responde todo o excurso sobre a criação *ex nihilo*. Como observa Miller, "o *ex nihilo* da lei constitui, sem dúvida, um problema incontornável para o utilitarista, na medida em que ele foraclui toda garantia natural ou divina" (MILLER, 1996, p. 48).[172] Mas, antes disso, é preciso mostrar como o fictivo pode gozar de uma efetividade, como o incorpóreo pode infletir em nossa maneira de agir. É neste ponto que o recurso a Bentham se mostra estratégico. Diz Lacan:

> [...] o esforço de Bentham instaura-se na dialética da relação da linguagem com o real para situar o bem – o prazer, no caso [...] – do lado do real. E é no interior dessa oposição entre a ficção e a realidade que o movimento de báscula da experiência freudiana vem situar-se. [...] Em Freud a característica do prazer, como dimensão do que encadeia o homem, encontra-se totalmente do lado do fictício. O fictício, efetivamente, não é, por essência, o que é enganador, mas propriamente falando, o que chamamos simbólico (S.VII, p. 22).

A filosofia inglesa, de Hobbes a Locke, ao constatar que a linguagem permite falar do que não existe como se existisse, pretende "medir o discurso pela realidade, reduzir o desvio, estabelecer uma alfândega linguageira, recalcar os vocábulos de contrabando, foracluir o irreal" (MILLER, 1996, p. 48). Bentham deu um passo a mais na história do empirismo ao perceber um impasse na tentativa de definir corpos singulares em termos sensoriais, identificando objetos a impressões, tal como o empirismo inglês anterior a ele havia tentado. O passo dado por Bentham consiste em reconhecer o papel da definição contextual, isto é, o papel da paráfrase. Como escreve Quine, Bentham reconheceu que "para explicar um termo não é preciso especificar uma palavra ou frase sinônima; basta apenas mostrar, por um meio qualquer, como traduzir cada uma das sentenças inteiras em que um termo pode ser empregado" (QUINE, 1975, p. 164).

Como salienta Zizek,[173] Bentham chegou à sua teoria das ficções a partir de sua análise do discurso jurídico. O discurso jurídico só pode funcionar à condição de construir uma série de entidades ficcionais: a noção de "pessoa moral" (que permite formular enunciados como "O Estado é responsável pela guerra"; "o Ministério prometeu ajuda financeira", quando no fim das contas estes enunciados são proferidos por pessoas de carne e osso); noções como "contrato social", "vontade geral" ou mesmo a ideia de que todos conhecem as leis e que a ignorância de uma lei não nos isenta da responsabilidade de segui-la (ZIZEK, 1999, p. 92).

---

[172] Lacan já havia notado os limites do utilitarismo no que concerne ao direito desde *Funções da psicanálise em criminologia* (E, p. 136)

[173] Neste parágrafo, acompanho bastante de perto a análise que propõe Zizek, às páginas 92-95 de seu *Subversions du sujet*.

Todavia, todos nós sentimos que são heterogêneas essas figuras do irreal como "contrato" e "montanha de ouro". Embora ficcionais, o estatuto de ambas é radicalmente diferente. Daí advém a necessidade de mostrar que "o irreal não é homogêneo" (MILLER, 1996, p. 48). O contrato, embora ficcional, não é imaginário, não é uma "representação fabricada" no meu espírito segundo o livre jogo da imaginação. Mais do que isso, ela é uma ficção plena de efeitos reais, pois inflete diretamente nas obrigações factuais dos sujeitos envolvidos. "Montanha de ouro", pelo contrário, embora seja menos abstrato, porque podemos reconduzir a duas impressões sensíveis simples, embora associadas apenas na imaginação, não inflete no mundo real. Neste sentido, Bentham sugere duas categorias a fim de diferençar estes dois tipos de ficção: as entidades ficcionais e as não-entidades imaginárias.

> Por entidades fictícias entende-se aqui não aquelas que serão apresentadas pelo nome de fabulosas, i.e., pessoas imaginárias, como Deuses pagãos, Gênios e Fadas, mas tais como qualidade – propriedade (no sentido em que é quase sinônimo de qualidade) relação, poder, obrigação, dever, direito e assim por diante. Incorreto poderia ser, caso as entidades em questão fossem consideradas como estando, no sentido da realidade, em pé de igualdade com entidades reais como as acima distinguidas, a suposição de um tipo de realidade verbal, por assim dizer, enquanto pertencendo a estas entidades fictícias, é uma suposição sem a qual a matéria da linguagem nunca poderia ter sido formada.

Se seguirmos ainda mais um momento a pena de Zizek, temos aqui a distinção "avant la lettre" das categorias de simbólico e imaginário, respectivamente (ZIZEK, 1999, p. 93). Entidades ficcionais pertencem a S, ao passo que não-entidades imaginárias pertencem a I. Bentham conclui, portanto, que não é possível falar sem o auxílio de ficções: "[...] é à linguagem pois – e apenas à linguagem – que as entidades ficcionais devem sua existência – sua impossível mas indispensável existência" (BENTHAM, A fragment of ontology, p. 198 *apud* ZIZEK, 1999, p. 93). A impossibilidade da existência corpórea de seres fictivos tais como "lei", "contrato", "prazer", que são irredutíveis a impressões sensíveis quaisquer, não impede que tais ficções gozem de efetividade: a ficção da "lei" obriga pessoas a agir assim e assado, a ficção do "contrato" une as partes segundo tais e tais obrigações, a ficção do "prazer" faz com que eu eleja tal ou qual objeto como adequado à minha satisfação, a ficção do "amor" me faz crer na relação sexual, etc. Em outras palavras, a verdade opera justamente no ponto em que se entrelaçam o simbólico e o real. O impossível da ficção é indispensável ao funcionamento da linguagem e da subjetividade. Mais do que isso, o impossível é real. O que liga a linguagem ao real segundo a estrutura da ficção é justamente a verdade: "Assim, é de outro lugar que não o da Realidade concernida pela Verdade que esta extrai sua garantia: é da Fala. Como é também desta que ela recebe a marca que a institui numa estrutura de ficção" (E, p. 822).

Lacan "estava perfeitamente justificado a manter que Bentham tinha sido o primeiro a perceber que a verdade tinha estrutura de ficção: a dimensão da verdade se abre com a ordem do discurso, que sem o suporte das ficções, perde sua consistência" (ZIZEK, 1999, p. 94).[174] Isso porque a linguagem tem um pendor natural para substantificação de suas entidades, na medida em que falamos desses seres irreais como se fossem reais. "Fictícias como são, não poderíamos de modo algum falar das entidades assim descritas senão como reais" (BENTHAM, 1932, p. 127). De tanto dizer que "a água corre", começo a dizer "o fluxo da água"; de dizer que "esta mesa é pesada", começo a dizer "o peso da mesa", como se "fluxo" ou "peso" pudessem ser reduzidos a alguma impressão sensível. A ambiguidade de Bentham a respeito do estatuto das ficções é surpreendente: às vezes, ficções são vistas como fonte do erro e da confusão, e a tarefa terapêutica se impõe; por vezes, elas são vistas como inevitáveis construções auxiliares sem as quais a linguagem perde sua capacidade de comunicar, um pouco na vertente da ilusão transcendental kantiana, que é natural *e* inevitável. Conclui Zizek: "[...] no momento em que subtraímos as ficções à realidade, a própria realidade perde sua consistência lógico-discursiva" (ZIZEK, 1999, p. 94).

Mas talvez o mais surpreendente é que Bentham, como legislador, quando se deixa capturar pela tarefa terapêutica de consertar as imperfeições da linguagem, quando pretende aplicar a máquina panóptica da transparência no discurso, para restituir tudo a seu devido lugar, como se sonhasse com a perfeição de uma linguagem-meta, acaba por trocar os pés pelas mãos. É o que nota com agudeza J.-A. Miller ao tratar do estilo de Bentham, centrado na ideia de que "escrever é *désambiguer*" e "no ideal de 'desambiguação' absoluta" (MILLER, 1996, p. 51-52). Na tentativa de "não deixar nada à sombra, no equívoco",

> [...] ei-lo forçado a retomar indefinidamente suas classificações, a abrir sobre elas outras classificações que se superpõem e se embaralham, a alongar sem medida suas frases, dividindo-as, detalhando-as, desdobrando toda elipse, intolerante à alusão [...]. E é assim que Bentham, infatigável, não cessou de escrever, de escrever textos ilegíveis – ele, o teórico da transparência, promotor do estilo sem ambiguidade e, se podemos dizer, panóptico (MILLER, 1996, p. 52).

O teórico das ficções, quando sonha com a metalinguagem, quando suspira pela transparência da língua perfeita, torna-se, conforme ainda a expressão de Miller, o "panoptista opaco" (p. 52). Neste sentido, ao afastar a metalinguagem,

---

[174] Permito-me repetir a citação, desta vez acrescentando-lhe a frase que a precedia imediatamente.

a incorporação da teoria das ficções faculta uma via de acesso para pensar como algo do real se inscreve no simbólico, isto é, como ficção, sem, no entanto, que alguma terapia da linguagem se coloque como tarefa preparatória a uma conquista da verdade. Ao contrário, *não é preciso curar a linguagem daquilo que é seu funcionamento mais fundamental. Pois é deste modo que a verdade surge para um sujeito: como um entrelaçamento de um pedaço de real no interior da estrutura significante.* Para Lacan, este entrelaçamento, quando opera do real para o simbólico, tem um nome: ficção. Ou, para dizer com outras palavras, ainda mais lacanianas, o real opera como um "furo no simbólico". Foi isso que vimos também com a expressão que finalizava nosso segundo capítulo: a verdade como causa.

Seção 12 – Estilo e objeto: rumo a uma estilística do objeto

Até aqui, este capítulo mostrou que não existe linguagem neutra e que o discurso de Lacan move-se entre dois limites exteriores: o do uso científico e o do uso poético da linguagem. Ao ocupar este lugar híbrido e tenso entre ciência e arte, o discurso lacaniano trata os conceitos como significantes, convergindo, neste aspecto, com a forma-ensaio. Mas a forma-ensaio está longe de aglutinar o principal do estilo de Lacan. Na presente seção, trata-se de investigar como se inter-relacionam estilo e objeto. Isso nos conduzirá a uma apreciação mais detida de outros procedimentos formais que funcionam no estilo lacaniano.

§53 O barroco como combinação de objetos

Em que medida a psicanálise é tributária da literatura não é fácil avaliar. De uma maneira ou de outra, no entanto, é possível levantar algumas hipóteses. Enquanto a psicanálise freudiana assumia a forma da narrativa do romance goethiano (definição clara e precisa dos personagens; separação entre comentário e descrição, etc.), a psicanálise de Lacan é transformada pela escrita dita moderna (do surrealismo, de Mallarmé e de Joyce, principalmente)[175]: Lacan interessa-se, de início, pela contração do tempo, pela elipse, pelos buracos no sentido, pela despersonalização; depois pelas homofonias, pelas paronomásias (Cf. LAURENT, 1998, p. 36 *et seq.*).

Não sendo o propósito deste livro estudar o estilo como conjunto das técnicas retóricas, nem figuras de expressão, nem de nos conduzir à descoberta

---

[175] Para a incidência do surrealismo, de Mallarmé e de Joyce, ver, respectivamente, os estudos de Grossi (2004) e Simanke (2008); Willemart (1997) e Mandil (2003).

de modelos literários subjacentes ao discurso (se a palavra modelo ainda significa alguma coisa no contexto moderno em que a escritura é suposta *atéchnon*), importa pouco, para meu propósito, que o estilo de Lacan seja marcado pelo barroco de Góngora,[176] o *atéchnon* do *Nadja* de Breton (MILNER, 1996, p. 21), a sintaxe de Mallarmé[177] ou pela multiplicidade heteróclita das diversas leituras eruditas feitas ao longo de seu ensino. Não obstante, vale a pena considerar, ainda que rapidamente, essa controversa filiação de Lacan ao barroco.

Segundo Haroldo de Campos, "Lacan tem parte com o barroco" (CAMPOS, 2001, p. 182). Mas, se seguirmos Milner, é o *Nadja* de André Breton que "constitui o horizonte, pouco percebido, mas todavia determinante, de todo escrito lacaniano" (MILNER, 1996, p. 23).[178] Salta aos olhos o caráter peremptório e generalizante da afirmação de Milner. Até mesmo porque, ainda que a sentença fosse verdadeira, valeria a pena perguntar, com Murilo Mendes, "quem de resto conseguiria ser surrealista em regime *full time*? Nem o próprio Breton" (MENDES *apud* BRETON, 2007, p. 161). Mesmo fazendo economia desse aspecto, vale a pena destacar que o esforço de Milner é o de desfazer os vínculos entre Lacan e o barroco. O contexto da discussão é o de caracterizar o discurso lacaniano como moderno. Na modernidade, "toda técnica literária é obsoleta" (MILNER, 1996, p. 21), quer dizer, é o *atéchnon* que marca um escrito como moderno. Não há mais regras retóricas ou literárias a determinar a forma da argumentação ou da composição da obra. Por isso, "encontramos a marca do Um insubstituível, característica da forma de obra" (p. 21). Na escrita ocorre processo análogo: a observância estrita a regras de composição e de argumentação não faz mais parte do cenário moderno. É neste contexto que Milner evoca Breton como o horizonte "literário" de Lacan. E isso a fim de afastar a interpretação corrente, aliás avalizada pelo próprio Lacan, de que o barroquismo de Góngora definiria seu horizonte estilístico, como afirma, por exemplo, Buci-Glucksmann (1992, p. 379): "[...] o estilo do inconsciente

---

[176] Ver a lição de 8/5/1973 do *Seminário, livro 20, Mais, ainda*. São também notáveis as páginas 469 e 470, em que Lacan menciona Quintiliano, o retórico, e, algumas linhas depois, Góngora, o barroco (E, p. 461-495).

[177] É a opinião, dentre outros, de Badiou (2004), que escreve: "Em Lacan, você tem uma sintaxe espetacularmente complexa que não se parece, afinal, senão com a sintaxe de Mallarmé, herdeiro direto da sintaxe de Mallarmé e, portanto, sintaxe imediatamente poética".

[178] Curiosamente, outro linguista, Mounin, havia notado a dívida de Lacan para com o estilo de Breton. Também ele havia empregado o termo "modelo": "[...] um passo a mais e encontramos um traço de estilo provavelmente menos superficial, e menos lúdico, ainda que provavelmente muito consciente. É – à maneira de Breton que fornece certamente aqui seu modelo a Lacan – o casamento decidido de um estilo altamente erudito em sua sintaxe que se torna acadêmico e até mesmo doutoral, alternando por vizinhança abrupta com a agressividade, a insolência e a arrogância, de um lado, até a grosseria nas decisões pessoais, de outro lado" (MOUNIN, 1970, p. 183).

pratica uma espécie de torsão espiral da ideia, que recobre a matemática do significante de uma poética próxima de Góngora."

Ao contrário, escreve ainda Milner, é a escrita artística do gênero que encontramos desde os Goncourt que, "do ponto de vista da história dos estilos", teria chegado até Lacan, não sem antes um longo confinamento "na estufa do mundo hospitalar, graças aos cuidados de médicos cultos e amantes do belo (Clérambault, Du Boulbon)" (MILNER, 1996, p. 22). É pois na vertente de uma certa ideia de método de escrita que Milner evoca *Nadja* como horizonte do escrito lacaniano. Não será difícil adivinhar por que razão. André Breton conclui assim seu *Nadja*: "[...] a beleza será convulsiva, ou não será" (BRETON, 2007, p. 146). Ela surge não do objeto, mas do fato de encontrá-lo e de ligá-lo a um desejo, sem contudo aquietar-se na satisfação da reconciliação: a beleza, ao invés de apaziguar, é convulsiva. Seu *método* de descrição dos encontros com Nadja sempre são marcados pela descrição de encontros casuais, fortuitos, com pessoas não necessariamente ligadas à trama que conduz a sua paixão por Nadja, e principalmente por objetos quaisquer, "objetos-dejetos, encontrados no mercado de pulgas" (GROSSI, 2004, p. 104). Mas tais acasos de certa forma fixam uma trama *sem sentido* de objetos e de pessoas que unem os universos de Breton e de Nadja, mais do que une um ao outro.[179]

Três elementos principais organizam a percepção milneriana do estilo de Lacan: (1) do ponto de vista da história dos estilos, ele seria herdeiro não do barroco, mas dessa tradição literária que remonta à escrita artística dos Goncourt; (2) do ponto de vista de seu horizonte ético e estético, é a beleza convulsiva que o *Nadja* de Breton descobre que o caracteriza, tanto quanto o método de escrita através de objetos; (3) do ponto de vista de sua função na economia da obra, tratar-se-ia de "impedir o leitor de se entregar a seu pendor linguístico, fazê-lo desconfiar das sucessões lineares e das disposições simétricas, compeli-lo ao saber que advirá" (MILNER, 1996, p. 22).

Contudo, a semelhança com Breton precisa ser matizada, porque, se é certo que a escrita de Lacan é afetada e preciosista, marcada por grandes inversões, elipses, alusões, é igualmente certo que a escrita bretoniana, pelo menos em *Nadja*, é límpida, clara e concisa. Suas frases são curtas e diretas. Traços lacanianos como "o lexema raro, o semantema inusitado, a sintaxe afetada" (p. 22) não se encontram no *Nadja*. O que há de comum é o tratamento do objeto, regido por um método, ou, como prefere Benjamin, por um "truque" que "consiste em trocar o olhar histórico sobre o passado por um olhar político" (BENJAMIN *apud* BRETON, 2007, p. 156). Em outras palavras, o tratamento clínico do objeto preocupa-se menos com a reconstituição das etapas sucessivas de formação das escolhas objetais de

---

[179] Conforme notou Benjamin (1971). Ver, mais uma vez, o trabalho de Grossi (2004).

um sujeito do que em intervir em sua configuração sintomática atual. Neste sentido, a escuta é mais "política" do que "histórica". Entretanto, nada disso muda o fato de que a sintaxe preciosista lacaniana nada deve à sintaxe depurada do *Nadja* de Breton.

De todo modo, se Milner tem razão em querer preservar o emprego técnico do termo barroco para caracterizar o estilo de Lacan, isso não tira o interesse de tratarmos este seu aspecto barroco a partir de outro ponto de vista. Afinal, não apenas Lacan não declina de sua aproximação do barroco, como também diversos autores qualificados o caracterizaram assim. Alguns deles, a fim de desqualificar ou de acusar a ininteligibilidade do texto. É o caso, por exemplo, de Heidegger. Em carta a Medard Boss, datada de 4 de dezembro de 1966, pouco depois de ter sido presenteado por Lacan com um volume dos *Écrits*, Heidegger escreve: "Você certamente também recebeu o enorme livro de Lacan (*Écrits*); de minha parte, por enquanto, eu não consigo ler o que quer que seja nesse texto manifestamente barroco" (citado por GRANEL, 1991, p. 223-224, nota 1). Mas há também discípulos de peso que procuram dar outro sentido ao barroco lacaniano. É o caso de Regnault. Ao tratar justamente da incorporação da elipse de Kepler por Lacan (como abordamos no Capítulo 2), Regnault escreve: "[...] a metáfora kepleriana – e ela não passa disso – tem o mérito de descrever o gênio de Lacan mais como barroco do que como renascentista, conforme à desconfiança que ele nutria em relação à Renascença e com suas confissões de barroquismo. A elipse é preferível ao círculo, a curva à reta, e, mais ainda, a dobra à simples inflexão" (REGNAULT, 1998, p. 177).

Se pensarmos o barroco a partir da própria perspectiva lacaniana devemos sublinhar a obscenidade que ele encerra. A função do barroco na arte é, segundo Lacan, evocar o gozo ao exibir o corpo. Como o próprio inconsciente, o barroco é obsceno, isto é, está fora da cena, relaciona objetos de maneiras imprevistas do ponto de vista da moral e da ciência. Mais do que isso, como nota Barthes, no barroco Eros toma assento na linguagem. Não por acaso, Barthes sublinha "a face barroca" contida no idioma francês, mas que o inveterado classicismo das letras francesas tratou de esconder. A "ubiquidade do significante" finda por mostrar "que não há nada para ver por trás da linguagem" (BARTHES, 2004, p. 296). O traço barroco seria a retirada desse véu, ou melhor, a operação que faz ver que a vidraça não existe, e que Eros habita, de uma ponta a outra, a linguagem. A observação vale inteiramente para Lacan, desde que substituamos Eros por sua face negativa, o gozo.

A escrita barroca de Lacan pretenderia, então, mimetizar, ainda que de maneira apenas parcial e rudimentar, a forma de ligar objetos tal como ocorre com o desejo inconsciente. No *Seminário XVII, O avesso da psicanálise*, Lacan, com efeito, diz: "Deve-se mesmo registrar, para toda apreciação verdadeiramente experimental da história, que o barroco que tão bem nos convém [...] tenha começado antes, ou justamente ao mesmo tempo que os passos iniciais da ciência" (S. XVII, p. 175).

Dito de outro modo, o barroco "que nos convém tão bem" é contemporâneo do advento da ciência. Mas o corte que a ciência impõe não o afeta, ao menos não da mesma forma que afeta outros discursos. Talvez se trate, em sentido lato, de um *gai savoir*, de um saber que sabe brincar com suas próprias pretensões e que ri de seus próprios meios. Borges (1989, p. 315) caracterizou o barroco como "aquele estilo que deliberadamente esgota (ou pretende esgotar) suas possibilidades, e que confina com sua própria caricatura". E completou: "[...] é barroca a etapa final de toda arte, quando esta exibe e dilapida seus meios" (p. 315). Neste sentido preciso, um estilo que se proíbe o recurso a instâncias metalinguísticas certamente "exibe e dilapida seus meios", como o barroco. Talvez por isso a fórmula mais exata para descrever o estilo lacaniano pudesse ser "este Freud gongorizado pelo fantasma retrospectivo de Mallarmé", como descreveu magistralmente Haroldo de Campos (1992, p. 124),[180] ao incluir Lacan entre pensadores "fascinados pela dimensão escritural da linguagem".

Se o estilo de Lacan, pelo seu caráter moderno e atécnico, não é coextensivo ao barroco como estilo literário, isso não impede de aplicarmos ao barroco lacaniano a definição fornecida por Hegel em suas *Preleções sobre estética*. Logo depois de trabalhar o problema do estilo, conforme vimos acima, Hegel trata o barroco como uma forma de combinação de objetos.[181] Segundo Hegel, "uma combinação barroca de objetos" (2001, p. 295) é uma combinação de objetos que estão "desconectadamente separados e cujas relações, nas quais o humor os combina, mal se deixam decifrar." O que não impede que uma combinação assim estabelecida implique que as coisas por ele combinadas permaneçam "reunidas exteriormente" (p. 296), como num *sinthome*. Nada mais coerente com o regime de causalidade próprio ao objeto na psicanálise: dada a impossibilidade de estabelecer nexos internos causais, como salientamos ao estudar a crítica wittgensteiniana da psicanálise, o uso barroco do significante insinua-se como via de formalização profícua como estratégia de reunião exterior de objetos.

Não por acaso, diante de tal configuração do campo do objeto, o barroco poderia oferecer um traço da interpretação analítica: "[...] a figura barroca seria a do traço de interpretação segundo Lacan: nem uma significação simples, nem todos os sentidos possíveis. Nem aberta a todos os sentidos nem a 'qualquer um'" (REGNAULT, 1998, p. 178).

---

[180] Campos (1992). Pierre Macherey notou a herança hegeliana de Mallarmé.

[181] Trata-se de uma passagem sobre Jean-Paul.

§54 Economia de gestos, contorções do objeto: impostura e jogo com o equívoco

Não foram poucos aqueles que apontaram justamente nos traços de estilo de Lacan um elemento mistificador ou que denunciaram algum tipo de impostura (MOUNIN, 1970, 1975; SOKAL; BOUVERESSE).[182] Não se trata aqui de justificar a obscuridade de Lacan ou de defender a sintaxe fraturada de sua prosa contra acusações de seus críticos. Lacan não necessita de defensores. Trata-se de investigar alguns aspectos negligenciados tanto por seus detratores quanto por seus seguidores: o cofuncionamento da ciência e do estilo, e a coextensividade parcial do estilo e do objeto, buscando investigar os pressupostos e as consequências de tal perspectiva.

Em oposição às formas tradicionais do discurso teórico – seja a forma expositiva que privilegia a argumentação do texto, seja a forma sistemática-dedutiva que privilegia o fechamento e o controle da recepção do sentido –, Lacan escolhe um estilo bastante particular, do qual certos traços são notáveis: (1) o aspecto não sistemático da apresentação, solidário da noção de incompletude que lhe é cara, tanto do ponto de vista teórico quanto do ponto de vista textual, que lembra a forma-ensaio. (2) A argumentação indireta, muitas vezes alusiva, da qual a elipse nos dá a figura estilística central, e o entimema, a figura retórica; uma argumentação que esconde seus pressupostos, que exige um esforço de deciframento da parte do leitor. O que J.-A. Miller designa como os *invisiblia*: "[...] não-ditos, pensamentos de fundo, alusões crípticas, ressonâncias" (MILLER, 2007, p. 214).

Há diversas maneiras de compreender a obscuridade do pensamento de Lacan. Para muitos, pensar a obscuridade do estilo lacaniano é pensar ao mesmo tempo a natureza do objeto da psicanálise (ver §59). Richard Simanke, numa posição nuançada, tentou compreender o problema segundo a função epistemológica da natureza da teoria lacaniana. Grosso modo, o autor afirma que a obscuridade de Lacan deve ser creditada a seu estilo, mistura de preferências pessoais e de uma "certa concepção de teoria" (2003, p. 526). Tal concepção seria caracterizada pelos seguintes traços: (i) caráter antirrealista e antiempirista, sustentado por uma epistemologia que recusava a ideia de verdade como adequação, consoante a concepção de construção social da realidade social, tanto subjetiva como objetiva; (ii)

---

[182] Vale acrescentar apenas o seguinte. Baños Orellana (1999) comparou as versões originais dos textos de Lacan, publicados em diversas revistas entre 1936 e 1965, com a versão definitiva para a compilação intitulada *Écrits*, publicada em 1966. Lacan, segundo o autor, corrigiu nada menos do que 545 parágrafos, na maioria das vezes no sentido de uma maior legibilidade Não são correções que buscam atualizações da doutrina, mas um aclaramento de certas ambiguidades textuais. Os exemplos são diversos e não vale a pena, aqui, citá-los. Basta a seguinte observação: o estilo barroco de Lacan, sua escrita elíptica não é um puro exercício de mistificação, de obscurantismo. As ambiguidades que contém respondem a um certo exercício cujos fins nos parecem os que aludimos acima.

concepção do conhecimento como estruturalmente homogêneo com a paranoia, acarretando uma certa "homogeneidade entre a teoria e o objeto" (2003, p. 526). O recurso ao estruturalismo seria o melhor exemplo de tal estratégia, na medida em que permite tratar a verdade subjetiva nos mesmos termos que constituem a própria subjetividade, isto é, em termos simbólicos. Tal passo permitiria ainda diminuir o fosso que parecia separar clínica e metapsicologia. Combinados, esses traços, na visão de Simanke, conduzem necessariamente à concepção metafórica de teoria: "[...] apegar-se à letra da linguagem e fazê-la produzir novas significações é rigorosamente o que se entende por metáfora" (p. 527). Segue-se daí que "o retorno a Freud consiste numa apropriação metafórica do texto freudiano" (p. 527). Tal "arqueologia", aplicada ao estilo de Lacan, permitia distinguir o núcleo que compõe a problemática teórica e as referências meramente metafóricas. Esta espécie de "metateoria" (p. 528) incluiria ainda um recurso a certa filosofia da linguagem inspirada no surrealismo e que se imiscui sob "aclimatação" estruturalista típica da década de 1950. Assim,

> [...] se há ambiguidades em Lacan, elas devem-se, portanto, mais a posicionamentos que são um tanto conflitivos uns com os outros, como é sua profissão de fé materialista e determinista que se deve conciliar com a referência ao sujeito e à significação, conflito que se manifesta em diversas versões ao longo desse processo de constituição de seu programa de pesquisa para a psicanálise e com cujo peso sua investigação propriamente psicanalítica, que transcorre dos anos 50 em diante, vai ter que arcar (SIMANKE, 2003, p. 525).[183]

---

[183] Em seu estudo de fôlego intitulado *Metapsicologia lacaniana: os anos de formação*, Simanke (2002) considera que as idiossincrasias da produção teórica de Lacan ligam-se em parte ao caráter oral de seu ensino, exposto, desse modo, "às contingências da retórica" (2003, p. 11), e, por outra parte, por um estilo "cada vez mais obscuro". Para o autor, perceber o projeto teórico submerso debaixo de "sucessivas camadas de expedientes retóricos" implica recuperar a gênese histórica dos problemas de que a teoria vinha se ocupar. Simanke detecta um "alto grau de fidelidade" às formulações do autor, se "descontados, é claro, os diferentes modos de expressão" (p. 12). Ainda segundo este estudo, a trama de referências lacanianas é heterogênea, e o emprego lacaniano de noções extrapsicanalíticas parece "irresponsabilidade" (p. 12). No melhor dos casos, continua, pode-se dizer que diversas referências são expressões metafóricas de noções, o que conduz o autor à tese, explorada desde então e distendida em direção ao conjunto da obra lacaniana, de que "esta concepção metafórica da teoria" pode matizar aquela irresponsabilidade teórica. A clínica serviria como fiel da balança, para que a psicanálise lacaniana não degenerasse em uma "pseudoliteratura": a saúde do empreendimento intelectual lacaniano dependeria de uma espécie de "metateoria" (p. 14; p. 528), composta por uma "concepção da teoria como sistema de metáforas acoplada a uma concepção dessa teoria como metáfora da clínica" (p. 14). Para contrastar tal interpretação, gostaria de lembrar três elementos: (i) não poucas vezes Lacan insistiu que seu empreendimento não pode ser confundido com uma "teoria do inconsciente", não apenas por conta de sua crítica da representação e do formalismo de tipo kantiano, mas também por

Conforme busquei demonstrar no capítulo anterior, não há nenhuma ambiguidade na combinação da perspectiva materialista e determinista de Lacan com sua referência ao sujeito e à significação. Ao contrário, o conflito entre essas instâncias é constitutivo da própria matéria da psicanálise. É esse conflito que estrutura o campo psicanalítico. Um exemplo tirado de Adorno pode nos ajudar a clarear a questão. A fim de definir o que vem a ser a sociedade, temos duas concepções antagônicas principais (entre outras possíveis). Uma descreve a sociedade como um "todo orgânico que transcende os indivíduos"; outra, como um "vínculo entre indivíduos atomizados". À primeira vista parece que temos um problema gnoseológico: não sabemos como encarar a sociedade em si mesma. Sequer temos clareza acerca do modo como olharemos para essa coisa chamada sociedade. Como equacionar o problema? "O giro dialético está em que a própria contradição se converte na resposta", isto é, o antagonismo manifesto no plano gnoseológico é o "antagonismo fundamental que constitui o próprio objeto que queríamos conhecer" (ZIZEK, 1991, p. 114). O mesmo ocorre com relação à oposição entre uma perspectiva materialista e determinista, de um lado, e a referência ao sujeito e à significação, de outro.

Evidentemente, essa consideração não esgota o problema das ambiguidades e obscuridades de Lacan, muitas delas inequivocamente relacionadas a preferências pessoais e/ou a contextos retóricos de produção discursiva. Mas, pelo menos, nos economiza o esforço de procurar alguma "metateoria" em uma perspectiva que claramente abdicou de qualquer metalinguagem, e, além disso, desloca para outro âmbito as relações entre saber e verdade. Não é possível resolver a dificuldade das relações entre discurso e objeto em Lacan a partir de uma epistemologia de fundo kantiano, pois isso consiste em julgar o discurso lacaniano a partir de

---

conta de sua particular concepção de como se vinculam o particular da experiência (a clínica) e o universal do conceito (como vimos no excurso sobre a crítica de Lacan ao conceito fregiano, é sob a figura do não idêntico que o fato clínico se inscreve no discurso); (ii) o afastamento da perspectiva metalinguística torna suspeita a ideia de que haja alguma "metateoria" em Lacan, ou, no mínimo, se há algo do gênero (como o ponto precedente acaba de indicar), trata-se no máximo de uma relação negativa entre saber e verdade, sempre disposta a deslocar-se de perspectiva, na medida em que, como vimos, "o inconsciente sempre despista ao ser apanhado em flagrante"; (iii) uma concepção de teoria como metáfora, se adotasse a concepção lacaniana de metáfora, seria constrangida a considerar também a hipótese da "teoria como sintoma". Lembraria, quanto a isso, duas perspectivas igualmente interessantes que poderiam ser contrastadas quanto à natureza da produção psicanalítica de saber: a produção teórica pela vertente do desejo do analista, portanto mais próxima da metonímia do que da metáfora (COTTET, 1999), ou a hipótese de que o saber do analista funciona como o *sinthome* (PINTO, 2008). Segundo esta última perspectiva, a teoria vista como sintoma é, no fundo, ou uma denegação ou uma resistência à verdade produzida numa análise. Em contrapartida, o *sinthome* do analista funcionaria como modelo de que o saber funciona por fazer efeitos no real, pois "um discurso que tentasse transmitir a verdade identificada a um saber traria em si o sintoma que procura livrar esse discurso de sua verdade" (PINTO, 2008, p. 29).

pressupostos de cuja abrangência esse discurso procurou, desde sempre, escapar. Voltamos, pois, à ilegibilidade de Lacan.

"Vocês não compreendem stescrita. Tanto melhor, isto lhes será razão para explicá-la" (S. XI, p. 265). Por que os escritos lacanianos são "ilegíveis"? Num primeiro momento, para evitar a compreensão, isto é, evitar o reconhecimento imaginário que apaga o caráter novo da descoberta freudiana, ao reduzir o Outro à miragem do mesmo, que reduz o estranho ao familiar, reduz a verdade ao saber. "É o que faz com que cada um de meus *Escritos* seja tão cheio de circunlóquios, constituindo barragem a que ele [o psicanalista] se sirva deles a seu bel prazer" (OE, p. 417).

"Alguma coisa sobre a qual não se compreende nada, é tudo que se pode esperar [*c'est tout l'espoir*], é o signo de que fomos afetados. Felizmente que não se compreendeu nada, porque nós nunca podemos compreender senão o que já temos em mente" (S. XVIII, p. 105). E continua: "[...] não basta escrever alguma coisa que seja expressamente incompreensível, mas de ver por que o ilegível tem um sentido" (S. XVIII, p. 105). Lacan pretende que o discurso sobre a psicanálise deve trazer as marcas da experiência analítica, as marcas do inconsciente, da pulsão, da verdade como resistente ao saber, etc. "Nisso que eu digo, eu não tento sair disso que é sentido, experimentado nos meus enunciados, como acentuando, como tendo a ver com o artefato do discurso" (S. XVIII, p. 12).

Assim é que o convite à explicação, que remonta à vocação científica da psicanálise, à formalização, convive com o convite que nada tem a ver com a vertente da ciência: que o leitor coloque algo de si! Esse estilo exigiria um *leitor novo*, um leitor que seria levado a "colocar algo de si". Ou seja, um leitor que se deixaria modificar pelo texto e que não recua diante da angústia que muitas vezes ele provoca. Seria possível aventar a hipótese de que esse estilo, graças à materialidade da linguagem e da dimensão literal do texto – o jogo de distensão e suspensão do sentido; o uso de homofonias e anfibolias na construção de conceitos; os jogos com o equívoco do significante; a polifonia e a incompletude dos procedimentos argumentativos, como a elipse e o entimema; a metáfora como alavanca de precipitação da certeza; o *Witz*, a ironia e a polêmica como artifícios retóricos privilegiados, etc. –, induz o leitor a fazer a experiência subjetiva de certos efeitos do inconsciente e da pulsão. Tais efeitos supõem a complexidade dos diversos enodamentos do simbólico com o real e com o imaginário. Efeitos ocasionados pela aposta na materialidade da letra, característicos quer do discurso teórico da psicanálise, quer do discurso do inconsciente. Eis o ponto em que se encontram a poética e a clínica: "[...] o estilo do clínico é aquilo que é preciso para apreciar o estilo daquele que fala" (LEGUIL, 2002, p. 48). Donde se esclarece o sentido da palavra "arte", na expressão aliás bastante freudiana, "arte interpretativa". Pois, na arte, "o universal não se revela senão no singular, e a verdade não surge senão em um objeto. [...] Epifania não-toda do não-todo da verdade" (WAJCMAN, 2003, p. 34).

Há certamente no estilo de Lacan alguns traços bastante pessoais e até mesmo anedóticos, de parco interesse teórico, que não advêm das exigências teórico-práticas delineadas aqui."Meu estilo é o que é" (S.V, p. 33); é o que respondia nessas ocasiões. Mas, aqui, o propósito é completamente diferente: trata-se de tentar isolar alguns traços estilísticos que relevam das especificidades do objeto da psicanálise (mantenho aqui intencionalmente o equívoco a propósito da palavra "objeto"). Isolar, ainda, as estratégias que permitem ir além da rigidez dos conceitos (que, em princípio, encontrariam na univocidade do sentido seu ideal de rigor) pelo próprio uso dos recursos da linguagem, recursos potencializados, por exemplo, no discurso poético (em que o rigor não requer a univocidade).

Algumas destas "formalizações", que tomam a letra em sua materialidade fonética, *mostram* imediatamente seu valor. Para dar apenas alguns exemplos: *l'être/lettre* (homofonia); *pas* (advérbio de negação) / *pas* (substantivo) (homofonia/homografia); *Les noms-du-père/ les non dupes errent* (anfibolia); *symptôme/sinthome* (neologismo). Mas uma questão central precisa ser enfrentada. É sabido de todos que Lacan se vale dos equívocos da língua mesmo em sua escritura conceitual; que ele força a língua através da formalização da potência poética da letra. Simanke (2008, p. 286) refere que alguns criticam Lacan por "tomar um trocadilho por um conceito e uma identidade linguística por uma identidade real" e que tais peculiaridades de seu estilo devem ser rastreadas "até as preferências literárias dos surrealistas". Se isso é verdade, é ainda mais verdade que a gênese do gosto literário, neste caso, explica menos do que a função que tais procedimentos ocupam no interior da experiência intelectual do autor. Os argumentos até aqui apresentados indicam, ao contrário, que o que justifica tais procedimentos não é uma concepção metafórica de teoria, mas uma particular concepção sobre a natureza do discurso e do objeto.

É esse recurso que nos lega diversas expressões forjadas a partir de neologismos calcados em ressonâncias e homofonias, como *parlêtre, lalangue, jouis-sens, sinthome*, etc. Mas nem todos esses jogos com a letra derivam do mesmo procedimento formal, nem todas as brincadeiras com o cristal da língua são da mesma ordem. Há não apenas uma diferença de estatuto entre essas diversas tentativas, como também há combinações que, simplesmente, não são possíveis.

Mas será possível definir um critério ou um parâmetro para delimitar melhor até que ponto uma determinada construção deriva do mero gosto subjetivo ou informa algo sobre o objeto? Ao trabalhar as relações entre método e escrita, Soulez escreve:

> Toda ideia complicada, se é boa, deve poder ser expressa em linguagem simples, não porque, como dizia Boileau, o que bem se concebe claramente

se enuncia, que releva sobretudo do bem dizer literário, mas porque não deveria haver mais gestualidade nem contorções ao nível da expressão do que há atos ou operações em jogo numa atividade organizada em função de um objetivo (SOULEZ, 2003, p. 16).

Talvez uma pista possa orientar uma pesquisa desse gênero: "não deve haver mais gestualidade nem contorções ao nível da expressão do que há atos ou operações em jogo numa atividade organizada em função de um objetivo".

Vejamos um exemplo. No seu seminário de 13 de abril de 1976, quando festejava seu aniversário de 75 anos, Lacan pede um presente para seus ouvintes. Pede para que lhe escrevam questões, a fim de "verificar se eu sei o que digo" (S. XXIII, p. 129). Uma das questões escritas perguntava o seguinte: "[...] fico sempre à espera de que você jogue com os equívocos. Você disse *Y a de l'Un,* você nos fala do real como impossível [*impossible*], você não se apoia sobre o *Un-possible*. A propósito de Joyce você fala de palavras impostas [*imposées*], você não se apoia sobre o Nome-do-pai como *Un-posé*" (S. XXIII, p. 137). Como podemos ver, a pergunta é muito pertinente. O que é, afinal de contas, que torna possível um neologismo como "*jouis-sens*" e não autoriza "*un-possible*"? A resposta é muito simples: "*jouis-sens*" mostra uma faceta do objeto de que trata, formaliza a discordância entre saber e verdade a propósito da "*jouissance*", ao passo que "*un-possible*" é apenas um jogo de palavra, que não mostra nada acerca do possível ou do impossível.

Se no capítulo anterior sugeri que a impossibilidade de transição de uma gramática de razões em direção a uma gramática de causas estruturava internamente a própria matéria da psicanálise, gostaria de sugerir em seguida que através do estilo podemos vislumbrar uma maneira, não propriamente de neutralizar aquela impossibilidade, mas de saber-fazer com ela, pois "o estilo é objeto", uma forma de *obstáculo* que é também uma *passagem*, a que Lacan, não poucas vezes, aludiu como *pas-de-sens*.

§55 Estilo e transmissão: a escrita e a verdade

A perspectiva da crítica à metalinguagem ensinou-nos que não existe um ponto exterior à linguagem capaz de fundar algo como um grau zero da enunciação. Mas aqui é preciso salientar ainda um segundo aspecto dessa impossibilidade de instalar-se em um ponto extrassignificante: se não é possível ao sujeito instalar-se num ponto externo em relação aos efeitos da linguagem, o estilo, pelo menos, faculta *desestabilizar* sentidos fixados no material linguístico. É neste sentido que devemos entender o processo que torna possível a uma verdade ocultada por camadas de sedimentação histórica de conteúdos na estrutura simbólica ser manifestada nas "revoluções da cultura". Em uma passagem citada com muita frequência, que conclui sua comunicação à Sociedade Francesa de

Filosofia em fevereiro de 1957, Lacan diz: "Qualquer retorno a Freud que dê ensejo a um ensino digno desse nome só se produzirá pela via mediante a qual a verdade mais oculta manifesta-se nas revoluções da cultura. Essa via é a única formação que podemos pretender transmitir àqueles que nos seguem. Ela se chama: um estilo" (E, p. 460).

Temos aqui uma primeira aproximação acerca de como um estilo pode manifestar e transmitir uma verdade: através da possibilidade de desocultamento do espírito sedimentado, isto é, através da possibilidade de operar uma disjunção entre simbólico e imaginário. Mas de que gênero de ocultamento se trata aqui? Sem meias palavras, Lacan parte da crítica marxista da alienação, para ressituar os destinos da dialética a partir de sua perspectiva: a alienação que constitui as relações entre os homens segundo a infraestrutura das relações de trabalho e das vicissitudes dos modos de produção "aparece agora como que duplicada, por se destacar numa particularidade que se conjuga com o ser" (E, p. 446). Em "Kant com Sade", Lacan alude a uma historinha que dá o tom desse caráter estrutural (e não histórico) da alienação: todos sabem que o capitalismo define-se como exploração do homem pelo homem, "mas e o socialismo? É o contrário" (E, p. 789).[184]

Se o autor move a alienação para uma dimensão anterior aos modos históricos de produção e retira do campo do trabalho sua primariedade não é para negar a dialética, mas para deslocar seu âmbito: "[...] nada há, contudo, que contradiga a ampla dialética que nos faz servos da história [...] naquilo que prende cada um de nós a um farrapo de discurso mais vivo que nossa própria vida" (E, p. 447). Este "farrapo de discurso" faz de cada um de nós um "alfabeto vivo", mesmo diante da "impossibilidade de proferi-lo pela garganta" (E, p. 447). Em resumo: *mesmo quando a verdade não pode falar, ela se escreve*. O seguinte símile justifica a tese. Assim como os hieróglifos no deserto, devido ao seu caráter significante, permaneceram irredutíveis "ao movimento das areias e ao silêncio das estrelas" (E, p. 447), assim o gênero de verdade subjetiva posto em relevo pelo inconsciente freudiano depende de sua inscrição como *letra*. Porque é pela marca de arbitrariedade própria à letra "que se explica a extraordinária contingência dos acidentes que dão ao inconsciente sua verdadeira aparência" (E, p. 450). Diversos elementos participam dessa irredutibilidade do que no significante é da ordem do real, que não tarda Lacan vai sintetizar como *lalangue*. Entre eles, destacam-se

> [...] a frágil fumaça do sonho e o rébus no recôndito da trivialidade (tidos por Freud como semelhantes em sua elaboração), o tropeço da conduta e o erro ortográfico do texto (ambos exitosos em sua riqueza de sentido,

---

[184] Diga-se de passagem, o contexto dessa passagem humorística é uma discussão de fundo acerca da irredutibilidade do sadismo a uma reversão do masoquismo. A discussão interessa a crítica deleuziana a Freud neste aspecto. Ver: E, p. 789.

em vez de significações falhas), e ainda a futilidade do chiste, cuja alegria característica Freud nos mostra, a partir de sua técnica, provir de nos fazer participar da primazia do significante em relação às significações de nosso destino mais pesadas de carregar (E, p. 447-448).

A premissa de todo esse argumento é a seguinte: "[...] se o sintoma pode ser lido, é por já estar inscrito, ele mesmo, num processo de escrita" (E, p. 446). É por isso que a ênfase ao longo de toda a década de 1950 e a de 1960 consiste em distinguir o simbólico e o imaginário. Enfim, é nessa junção alienante que se infunde "o analogismo positivista da moral com os instintos" (E, p. 442). O que o caráter contingente da impressão do significante no inconsciente mostra é "que nenhuma experiência imaginável pode nos permitir deduzir" a questão do ser do sujeito "do dado de uma imanência viva" (E, p. 451). Quando o sujeito pergunta sobre "si", e assim o fazendo, "projeta no enigma seu sexo e sua existência" (E, p. 451), não é na análise – comportamental ou fenomenológica – de sua conduta concreta que obteremos quaisquer respostas. Com efeito, a histeria e a neurose obsessiva se estruturam como respostas "que pressupõem em sua estrutura os termos sem os quais o sujeito não pode ter acesso à noção, na primeira, de sua facticidade em relação a seu sexo e, na segunda, de sua existência" (E, p. 452).

Tais respostas, continua Lacan, têm o mesmo "direito à qualidade de 'pensamento formado e articulado' que Freud outorga àquelas formações mais curtas do inconsciente que são o sintoma, o sonho e o lapso" (E, p. 452). E aqui chegamos ao ponto central. Escreve Lacan: "Por isso mesmo, é um erro tomar essas respostas como simplesmente ilusórias. Elas nem sequer são imaginárias, a não ser na medida em que a verdade faz surgir ali sua estrutura de ficção" (E, p. 452). Assim, partir do Outro como tal – equívoco, ambíguo, inconsistente – é uma exigência preliminar para "situar *no verdadeiro* a questão do inconsciente" (E, p. 455). Ao fazê-lo, a neurose aparece não como um engodo que o neurótico cria pra si mesmo, mas como uma questão. É desse lugar, e não do imaginário narcísico do ego supostamente autônomo, que o analista recebe "a investidura da transferência" (E, p. 456) e instala a interpretação.

Toda essa discussão prepara a articulação proposta entre estilo e verdade, e a justificação do estilo como elemento da transmissão de um retorno a Freud. O exemplo fornecido na referida comunicação concerne à própria história da psicanálise. Os descaminhos tomados pela psicanálise pós-freudiana, que teria sucumbido ao ideal de ciência positiva, ao ensino profissionalizante e aos padrões da moral vigente, tornaram "inevitável o recalque que se produziu da verdade" dos conceitos freudianos (E, p. 460). Mas assim como os hieróglifos no deserto, mesmo desvirtuados em seu uso, o valor de significante dos conceitos fundamentais de Freud permaneceu inabalável, apesar e *pour cause* da incompreensão sofrida.

Como vimos acima, na linguagem depositam-se também camadas e camadas imaginárias de sentido, que podem ocultar mais do que fazer ver. É neste sentido que essa temática, que em tudo se assemelha ao pensamento heideggeriano, dele, na verdade, se distancia, pois não se trata de desocultar um sentido primeiro que a racionalidade técnico-científica teria escondido.

Não se trata de buscar um sentido, porque é justamente nas "coalescências do significante com o significado" que "toda resistência se agarra", "toda sugestão se alicerça" (E, p. 439-440). Dizendo com todas as letras: o desvirtuamento dos conceitos freudianos deve-se à sua assimilação a significados cristalizados da cultura, isto é, ao excesso de sentido e compreensibilidade, e não à sua falta. No caso específico, à sua incorporação nos espaços vazios de uma estrutura previamente dada. Isto é, a conformação do discurso psicanalítico aos ideais, procedimentos e estruturas da ciência estabelecida e da sociedade vigente é que oculta o grão de verdade da descoberta freudiana. Desfazer os efeitos dessa cristalização, dessa sedimentação implica não apenas uma tarefa de restabelecer conteúdos perdidos, mas principalmente implica *instaurar uma discursividade atenta ao momento do material linguístico*. O sentido do retorno a Freud é pois o sentido da reinstauração de um discurso – e de sua enunciação – capaz de dar conta do que aparece como verdade na prática clínica: os sintomas, os sonhos, os atos falhos e os chistes. Tem, portanto, valor axiomático a ideia de que as formações do inconsciente podem ser qualificadas de "pensamento formado e articulado", isto é, linguagem. Mesmo quando esse pensamento aparece como sem-sentido, sua posição de verdade permanece inconteste. É o que vimos quando estudamos o modelo elíptico das relações entre saber e verdade, espécie de antítese para regular a eclipse do dizer no dito. Resta acrescentar que isso se deve à particular concepção lacaniana do escrito. A certa altura do seminário de 10 de março de 1971, Lacan afirma que a condição da linguística, a condição para que Saussure pudesse ter identificado o arbitrário dos signos é a figuração escrita. Como Saussure, pergunta Lacan, "poderia fazer sua pequena barra da qual eu usei e abusei bastante, com o lance [*truc*] do de baixo e os lances [*trucs*] do de cima, se não houvesse escrita?" (S. XVIII, p. 92). Uma demonstração matemática, por exemplo, não se sustenta sem o escrito. Mas, ao falar dessa demonstração escrita, preciso usar o discurso comum. Por isso, não há metalinguagem. "Não há nenhuma metalinguagem, neste sentido em que nunca falamos a não ser a partir da escritura" (S. XVIII, p. 92).

É por esse conjunto de razões que o retorno a Freud é o retorno ao corte instaurado pela psicanálise com relação às formações discursivas vigentes em seu tempo, como aliás notou Foucault em seu "o que é um autor?" (Foucault, 1969). O que há de verdadeiro na psicanálise não pode ser corretamente avaliado segundo os parâmetros preestabelecidos de cientificidade, de modos de socialização ou de formas discursivas. Esta verdade, mesmo esquecida, e "ainda que não houvesse ninguém para lê-la", permaneceria inscrita como significante no corte que a psicanálise instaurou. Para retirar as camadas de alienação e de desvio, para desocultar a "arte difícil" do inconsciente e para transmiti-la, não basta a crítica conceitual ou epistemológica da psicanálise. É por isso que um ensino digno de Freud só pode ser produzido pela via de um estilo (E, p. 460). "Não há forma do estilo, por mais elaborada que seja, em que o estilo não abunde, sem excetuar as eruditas, as concettistas e as preciosas, que ele despreza tão pouco quanto o faz o autor destas linhas, o Góngora da psicanálise, segundo se diz, para servi-los" (E, p. 469).

§56 Mas o estilo não é o homem?

A primeira frase dos *Escritos* é uma citação de Buffon, que diz: "o estilo é o homem" (E, p. 9). Esta passagem tornou-se célebre, mas levou muita gente a creditar na conta do estilo lacaniano a recuperação da subjetividade na escrita teórica, como se se tratasse de alguma forma de reapropriação do elemento expressivo na prática discursiva. De uma maneira geral, isso não está totalmente incorreto, mas, certamente, faz perder de vista o mote fundamental daquela citação: subvertê-la a ponto de, ao final, situarmos o estilo do lado do objeto – e não do Homem.[185] Antes porém de seguirmos o movimento dessas inversões, vale a pena situar a questão.

À exceção dos textos declaradamente autobiográficos, como as *Confissões* de Agostinho e de Rousseau, uma das marcas mais constantes do discurso filosófico é o apagamento do sujeito do discurso, sua autoexclusão da cena que propõe ou que descreve. Caso paradigmático é o célebre desaparecimento de Platão, como autor dos diálogos, como personagem ou mesmo como narrador, notadamente na descrição da morte de Sócrates, em que, valendo-se de um recurso literário sofisticado, Platão justifica e encena sua própria ausência: "Platão, creio, estava doente" (*Fédon*, 59b). Comenta Gagnebin: "[...] como se fosse necessária essa fraqueza do sujeito-autor para garantir a força de verdade do discurso filosófico, gesto que a tradição filosófica varia de inúmeras maneiras: o sujeito que enuncia o discurso filosófico deve se apagar em proveito da coisa mesma, *to òn ontôs*" (Gagnebin, 2006, p. 199).[186]

Gesto fundador da escrita filosófica, na qual a elisão do sujeito do discurso se justifica na esperança que o principal móbil do discurso venha a ser o próprio *lógos*, e não o indivíduo que o enuncia. Raras são as obras filosóficas – e ainda mais científicas – que fogem a essa regra. Essa elisão do sujeito-autor "só é possível por um refinamento extremo da estratégia retórico-literária, por um perpétuo fazer

---

[185] Alguns bons comentadores se deixaram levar por esta pista falsa de que a citação de Buffon por Lacan implicava continuidade e concordância. Por exemplo, Michel Arrivé (1994b, p. 229).

[186] *To òn ontôs:* literalmente: o ser do ser.

de conta que não há ninguém atrás do palco do diálogo, pois esse palco filosófico seria o próprio real" (p. 199). Se assim for, apenas por esse elaborado dispositivo ficcional, que disfarça a ausência de autor para reivindicar uma verdade não subjetiva, é que o sujeito pode se ausentar da cena que ele cria.

A constituição da cena filosófica supõe o apagamento do sujeito em favor de um enunciador universal que constitui um discurso objetivado, tal como na *Ética* de Spinoza ou no *Tractatus* de Wittgenstein. A análise do "aparelho formal da enunciação filosófica" (COSSUTTA, 2001, p. 14-15), no entanto, sempre permite reconstituir os rastros desse apagamento dos passos constitutivos da reflexão. Mas não é dessa recuperação da expressão, a fim de devolver vitalidade ao sujeito e de doar visibilidade a uma verdade subjetivada, que se trata quando falamos do estilo em Lacan. Tudo leva a crer, portanto, que, sob o patrocínio de Buffon, Lacan pretendesse reintroduzir a subjetividade na escrita. Mas a leitura atenta do texto de abertura dos *Escritos* desautoriza essa interpretação. A seguir, tento justificar essa posição, convergindo com o seguinte comentário de Erik Porge (2001, p. 38): "O estilo maneirista e barroco de Lacan [...] é a marca de sua própria dessubjetivação diante do objeto que determina o sujeito".

Os *Cursos de estética* de Hegel referem a célebre expressão de Buffon, no contexto da discussão sobre a originalidade na obra de arte. Ao caracterizar o artista, Hegel distingue três momentos: a fantasia (particularidade); a objetividade (universalidade) e a originalidade (singularidade sintética). Ao caracterizar o momento dessa síntese, Hegel distingue dois momentos internos a ela: a maneira e o estilo. Nem a maneira, nem o estilo são ainda a verdadeira originalidade. Porque a maneira ainda tem a mácula da particularidade, e o estilo ainda absorve a abstração da universalidade. Uma vez superados a maneira e o estilo, teríamos a verdadeira originalidade.

A forma de saber própria à filosofia não pode nascer da "leviandade da fantasia subjetiva". Nisso, arte e filosofia opõem-se fortemente. Enquanto a filosofia visa a enunciados e representações universais, na arte, a fantasia fornece "uma consciência daquela racionalidade interior na forma concreta e na efetividade individual" (HEGEL, 2001, p. 283). A particularidade da "atividade produtiva da fantasia" é, pois, contraposta pela objetividade da exposição. O artista precisa "saber esquecer sua particularidade subjetiva e as particularidades contingentes dela e, por seu lado, penetrar totalmente na matéria, de modo que, enquanto sujeito, apenas seja como que a Forma para dar forma ao conteúdo que o prendeu" (p. 289). Assim, ele será o "órgão e a atividade viva da própria coisa". Tarefa, diga-se de passagem, homóloga à que o analista precisa realizar, se seguirmos à risca a perspectiva de que o analista "paga com seu ser", ou que sua posição consiste em fazer "semblante de objeto".

Retomando o movimento do raciocínio de Hegel, falta ainda estabelecer "esta identidade da subjetividade do artista e da verdadeira objetividade da exposição" (p. 291). A essa identidade Hegel chama originalidade. Antes de realizar a originalidade, temos ainda dois estágios a serem superados, a maneira e o estilo. A maneira concerne às peculiaridades particulares e contingentes que, abandonadas a si mesmas, contradizem o conceito, e que, degeneradas na repetição, tornam-se uma espécie de segunda natureza. Contudo, no último estágio da maneira, a subjetividade já "é de espécie mais geral e procede completamente tal como é necessário no seio da espécie de exposição tencionada" (p. 293). Assim, "maneira" e "estilo" são dois momentos da "originalidade" que precisam ser superados. Depois de considerar a maneira, particular e contingente, que desconsidera as exigências da exposição da coisa mesma, Hegel passa a examinar o estilo. Antes ainda de expor o conceito de estilo, ele comenta a definição de Buffon? "'*Le style, c'est l'homme même*' é uma conhecida expressão francesa. Aqui estilo significa em geral a peculiaridade do sujeito que se dá a conhecer completamente em seu modo de expressão, na espécie de suas inflexões e assim por diante" (p. 293).

Imediatamente, Hegel contrapõe o estilo subjetivo de Buffon ao estilo tal como proposto por von Rumohr, em que o estilo refere-se "a um modo de exposição que igualmente segue as condições de seu material" (HEGEL, 2001, p. 294), no sentido de atender às expectativas do gênero artístico em questão, a suas "leis do estilo". Mesmo agora, o estilo ainda não é inteiramente objetivo. A "verdadeira objetividade", que "une o subjetivo e a coisa [*Sachliche*] da exposição de *tal* modo que os dois aspectos não conservam mais nada de estranho um em relação ao outro" (p. 294) só ocorre neste terceiro momento que sintetiza a maneira e o estilo, qual seja, o momento da originalidade. Somente esta, ao fim e ao cabo, aparece como "a *única* e própria criação [*Schopfung*] de *um* espírito, que não recolhe e costura nada do exterior" (p. 296). Portanto, a definição proposta por Buffon está longe de realizar as exigências da originalidade e, a crer na tipologia hegeliana, figura em algum lugar entre a maneira e o estilo propriamente dito, pois falta-lhe não apenas o elemento da verdadeira objetividade, como também as condições históricas do gênero em pauta.

Com efeito, em sua apreciação do caráter subjetivo do estilo tal como proposto por Buffon, Hegel é bastante fiel ao que aquele pronunciara em seu discurso de recepção na Academia Francesa, em 25 de agosto de 1753:

> Apenas as obras bem escritas passarão à posteridade: a quantidade de conhecimentos, a singularidade dos fatos, a própria novidade das descobertas, não são garantias seguras de imortalidade: se as obras que os contêm só versam sobre objetos menores, se são escritas sem gosto, sem nobreza e sem gênio, elas perecerão, porque os conhecimentos, os fatos e as descobertas se deslocam facilmente, se transportam, e ganham ao serem manobradas por mãos mais hábeis. Tais coisas estão fora do homem, o estilo é o próprio homem (BUFFON, 1753, p. 23-24).

Assim, para Buffon, o que garante a imortalidade de uma obra não são os fatos, os conhecimentos e as descobertas que ela descreve, "pois estas coisas estão fora do homem". Não é, continua o acadêmico, seu teor de objetividade, mas o gosto, a nobreza e o gênio que determinam o estilo e a posteridade de uma obra. A cisão aqui pressuposta entre a forma e o conteúdo do discurso é elevada ao seu mais alto grau. Hegel tem razão em salientar o subjetivismo buffonesco... assim como Lacan tem motivos de sobra para inverter o adágio. Ao fazê-lo, Lacan, na verdade, distancia-se da corrente majoritária da tradição estilística francesa.

Na "Abertura desta coletânea", Lacan retoma o dito de Buffon: "o estilo é o próprio homem" (E, p. 9). Mas algumas linhas depois, este adágio é completamente subvertido, sem que Lacan use de procedimentos argumentativos *stricto senso*. No lugar disso, ele recorre a movimentos textuais de natureza bastante diversa: o entimema, a alusão, o corte, o *excursus*, e, sobretudo, a elipse.

Algumas observações. Primeiro movimento: a inversão do adágio. No momento em que Lacan coloca a questão retórica: "[...] o estilo é o homem; vamos aderir a essa fórmula, somente ao estendê-la: o homem a quem nos endereçamos?" (E, p. 9), ele mostra que o homem a quem Buffon se refere em seu adágio não é senão o fantasma do "grande homem" que anima seu discurso, discurso que é endereçado, com efeito, aos "mestres da arte, entre os homens eminentes que representam aqui o esplendor literário da França" (BUFFON, 1753). Será a esse homem a quem nos endereçamos? O princípio concernente à natureza da mensagem é o que autoriza a inversão do adágio: "[...] o inconsciente é esse discurso do Outro em que o sujeito recebe, sob a forma invertida que convém à promessa, sua própria mensagem esquecida" (E, p. 440). O primeiro passo está dado: o estilo é o homem a quem nos endereçamos. Mas, conforme nota Regnault (1998, p. 177), aqui a inversão só foi possível pelo uso da elipse.

Até aqui tudo se passa como se estivéssemos antes no campo da retórica do que naquele da "estética da linguagem" (E, p. 289). Note-se que o termo médio do silogismo esteve ausente. Apenas quem conhece a ideia de que o sujeito recebe do Outro sua própria mensagem invertida é capaz de preencher o silogismo fraturado. O procedimento retórico aqui empregado é da ordem do entimema, este "silogismo truncado, no qual falta uma premissa ou uma conclusão" (DANTO, 2005, p. 249).

Segundo movimento: subtração da consistência ontológica da própria ideia de Homem, tendo como resultado um sujeito vazio, sem qualidades determinadas, sem consciência de si, sem reflexividade. Danto (2005, p. 284) escreveu acerca do adágio de Buffon: "[...] o estilo é o homem: é a maneira como o homem representa o mundo, menos o mundo." Quase poderíamos dizer que, para Lacan, o estilo é "a maneira como o homem representa o mundo, menos o homem". O sujeito não é o homem, pois o que o distingue como sujeito não são os atributos que a tradição humanista elencou. Além disso, a comunidade de homens aproximados pela partilha de um *lógos* universal não é senão uma quimera.[187] Lembremos: a verdade é inumana. "A divisão do sujeito não é certamente outra coisa senão a ambiguidade radical que se vincula ao próprio termo verdade" (S. XVII, p. 169). Dividido entre saber e verdade, o sujeito é eclipsado pelo objeto de seu desejo (observemos a permanência do motivo astronômico como um dos *tópoi* discursivos mais recorrentes na retórica lacaniana). O que quer dizer "eclipsado pelo objeto"? O inconsciente implica uma mudança de valor no prazer. O prazer não é signo do bem, mas uma "sombra que nada pode capturar" (OE, p. 355). Se o instinto é uma forma de conhecimento herdada filogeneticamente, capaz de suprir necessidades reais, a estrutura do desejo humano é uma estrutura de desconhecimento: "[...] o organismo é presa da sombra" do objeto de satisfação (OE, p. 355).

Talvez neste sentido possamos aproveitar mais uma observação de Danto acerca do adágio de Buffon. Entendemos por estilo "essas qualidades das representações que são 'o próprio homem', visto de fora, pela ótica fisionômica", porque "os aspectos exteriores das representações não são normalmente acessíveis ao homem ao qual dizem respeito: ele vê o mundo através das representações, mas não as vê" (2005, p. 295). O argumento segue a linha do argumento fenomenológico clássico de que a consciência de si e a consciência de um objeto não são homogêneas: "[...] como uma consciência, eu não me vejo de fora. Sou um objeto para os outros mas não para mim mesmo, e quando sou objeto para mim mesmo já passei além desse objeto; o que se tornou visível não é mais eu mesmo, pelo menos não como me vejo de dentro" (DANTO, 2005, p. 295). As metáforas wittgensteiniana do olho que não pode ver enquanto se vê ou schopenhaueriana de que o rosto é visível para os outros, mas não para mim, tentam exprimir mais ou menos isso. Talvez com esses elementos seja mais fácil nos aproximarmos do parágrafo chave do texto de abertura dos *Escritos* de Lacan. Basta acrescentarmos mais duas ideias, trabalhadas no Capítulo 2: o papel da experiência de satisfação na estruturação fantasmática do desejo (S&a) e na constituição do campo de *das Ding* como causa ausente que separa saber e verdade.

§57 Estilo, dessubjetivação e o final de análise

*Estilo: deficiência que faz com que
cada autor só consiga escrever como pode.*

MARIO QUINTANA

---

[187] Contrariamente ao *zôon* que é sempre uma "atualidade", o *politikón* não é senão uma "possibilidade", da qual a efetuação supõe o ultrapassamento de várias condições, dentre as quais o domínio de si, a saber, a harmonização da razão e do desejo nos dá a amplitude da dificuldade. O homem deve ser capaz da *proaíresis*, ou seja, a capacidade de escolher bem os meios para atingir os fins visados; sua *paidéia* deve visar à *areté*; a *phrónesis* seria resultado disto. Cf. Aristóteles, *Ética*; *Política*.

O estilo não é o homem. O que é o estilo então? Neste curto texto não há resposta positiva à questão. Há, simplesmente, a indicação da impossibilidade de uma via, da via, ao mesmo tempo, humanista e naturalista[188] que seria aquela de Buffon. Neste sentido, o estilo tal como visto por Lacan converge mais uma vez com o que escreveu Max Bense acerca da forma-ensaio: "[...] aquilo que no ensaio 'ensaia' algo não é, falando propriamente, a subjetividade do escritor, não, esta apenas cria condições nas quais um objeto toma assento no seio de uma configuração literária" (BENSE, 1996, p. 137). Neste sentido, "a prática do ensaísta faz aparecer os contornos de uma coisa" (p. 139).

Contudo, do ponto de vista lacaniano, a fim de poder delimitar alguma coisa sobre o estilo, é preciso tentar descobrir a função do objeto, causa de desejo, na constituição do sujeito. Mais precisamente, é preciso pesquisar os efeitos da queda do objeto: "isso cai", no sentido estabelecido em nosso segundo capítulo. Retomando a questão do estilo, Lacan escreve: "[...] é o objeto que responde à pergunta sobre o estilo que formulamos logo de saída. A esse lugar que, para Buffon, era marcado pelo homem, chamamos de queda desse objeto, reveladora por isolá-lo, ao mesmo tempo, como causa do desejo em que o sujeito se eclipsa e como suporte do sujeito entre verdade e saber" (E, p. 11).

Esquematicamente: (i') o estilo não é o homem; (ii') o que define o estilo é a queda do objeto; (iii') a queda do objeto é causa do desejo; (iv') o sujeito se eclipsa em seu desejo; (v') o objeto funciona como suporte do sujeito entre verdade e saber.

Neste sentido, se o estilo é o objeto, o estilo funciona como suporte do sujeito entre verdade e saber. Verdade e saber podem cruzar-se no estilo, do mesmo modo como o saber pode, no discurso do analista, ocupar o lugar da verdade. O estilo pode ser visto então como movimento próprio ao conceito, ou antes, movimento do significante em direção ao real de *lalangue*. O estilo mostra o que não se deixa dizer.

A reabilitação do estilo no discurso teórico advém de uma exigência linguageira, mas também ética. Não se trata aí do belo discurso, ornamentado, dedicado a bem empregar as figuras de estilo ou os *tropoi* da retórica. Trata-se, ao contrário, de um discurso que prefere o rigor à comunicabilidade, de um dizer que mostra o que não pode ser demonstrado; de um escrito que não esconde a defasagem entre a univocidade do conceito e a equivocidade da linguagem. O texto de abertura dos *Escritos* conclui dizendo: "[...] queremos, com o percurso de que estes textos são os marcos e com o estilo que seu endereçamento impõe, levar o leitor a uma consequência em que ele precise colocar algo de si" (E, p. 11).

---

[188] Em outra ocasião (Intervention sur l'exposé de C. Morazé à Baltimore, p. 44), Lacan afirma, em inglês: *"even the Natural History of Buffon was not so 'natural' as that, may I add"* ["mesmo a História natural de Buffon não é tão 'natural', devo acrescentar"].

O estilo imposto pelo endereçamento dos *Escritos* pretende levar o leitor "a colocar algo de si". Como entender essa afirmação? Quando Aristóteles reconheceu o entimema como a forma lógica mais afeita a fins retóricos, é porque "a lacuna entimemática apenas exemplifica as elipses que a retórica explora" (DANTO, 2005, p. 250). Neste sentido, a retórica é uma espécie de psicologia das paixões. O uso do entimema baseia-se na premissa, bastante plausível, segundo a qual o leitor "completará a lacuna por si mesmo e assim, num movimento mental quase inevitável, se convencerá com mais eficácia do que no caso de que fosse persuadido" (p. 250). O encadeamento de entimemas numa argumentação lacunar, mas rigorosa, força a busca dos elos perdidos do silogismo, convoca o sujeito a "preencher a lacuna", incita a ação (p. 251). Assim, continua Danto (p. 266), "cada pessoa completa o ato retórico de modo talvez diferente, porém aproximadamente equivalente quando a comunicação é bem-sucedida". Contudo, nem sempre a comunicação é bem-sucedida... O efeito de estilo é pois a inclusão forçada do leitor. Exatamente quando a comunicação fracassa é que algo da verdade do sujeito pode surgir. Ao completar o texto lacunar, temos uma ocasião privilegiada para que algo do estilo do leitor possa reverberar. Uma observação de Schopenhauer em *Sobre a leitura e os livros* pode nos ajudar a entender isso: "[...] quando lemos, outra pessoa pensa por nós: apenas repetimos seu processo mental, do mesmo modo que um estudante, ao aprender a escrever, refaz com a pena os traços que seu professor fizera a lápis" (SCHOPENHAUER, 2006, p. 127). Segundo Schopenhauer, há uma oposição de exclusão mútua entre a leitura excessiva e a "capacidade de pensar por si mesmo" (p. 128).[189] Isso pela razão de que pensamentos escritos "não passam de um vestígio deixado na areia por um passante: vê-se bem o caminho que ele tomou, mas para saber o que ele viu durante o caminho é preciso usar os próprios olhos" (p. 129).

---

[189] Em que pese o fato de que boa parte do que Schopenhauer objeta ao estilo hegeliano pudesse talvez ser estendido a uma aproximação superficial do estilo lacaniano, isso não impede de tornar profícua sua observação acima e de empregá-la para nossos fins. Quando acusa o estilo preponderante do idealismo alemão de empregar "fórmulas forçadas, difíceis, com neologismo e frases prolixas" [...]; que "lançam os pensamentos de modo fragmentário"; [...] "no qual o leitor é martirizado pelo efeito narcótico de períodos longos e enviesados, sem pensamento algum" [...] é para dizer, finalmente, que "o ininteligível é parente do insensato, e sem dúvida é infinitamente mais provável que ele esconda uma mistificação que uma intuição profunda" (SCHOPENHAUER, 2006, p. 80-83). De todo modo, parece que o prognóstico schopenhauriano de que o estilo obscuro de Hegel condenaria sua obra ao esquecimento (p. 101) não se cumpriu. Schopenhauer manifesta ainda maior desprezo pelas frases cortadas, pelas "orações subordinadas emaranhadas umas nas outras e recheadas, como gansos com maçãs, com essas frases que uma pessoa não pode enfrentar sem antes consultar o relógio" (p. 118). Afinal, continua, "vai contra todo bom senso atravessar um pensamento com outro, como quando se faz uma cruz de madeira" (p. 119). Mas não é exatamente isso que faz o estilo do inconsciente, atravessar um pensamento com outro?

"Colocar algo de si" é uma maneira de prevenir essa perda da capacidade de pensar, um convite para que o leitor use os próprios olhos para ver o objeto, caminhe com seus pés, sem se contentar com os vestígios deixados na areia pelo passante. Num debate nos Estados Unidos, nos quais Quine e Jakobson participaram, Lacan afirma: "[...] acreditamos pensar com o nosso cérebro. Eu, quanto a mim, penso com meus pés" (LACAN, 1976, p. 60). Afinal, "a verdade meramente aprendida fica colada em nós como um membro artificial, um dente postiço, um nariz de cera, ou no máximo como um enxerto, uma plástica de nariz feita com a carne dos outros" (SCHOPENHAUER, 2006, p. 43). Trata-se de um convite a ler em nome próprio.

É preciso no entanto dizer que não há aqui uma estilística da existência ou uma estética da subjetividade em Lacan, pela simples razão de que "o estilo é objeto", e não o sujeito. Em um outro texto, publicado na revista *Critique* n. 131 (1958), datado de alguns anos antes, Lacan havia modificado o adágio de Buffon, ao propor, no contexto de uma discussão sobre a letra e o desejo, sua versão do "aforisma bufonnesco, para enunciá-lo: o estilo é objeto" (E, p. 751).[190] Vai neste sentido a afirmação de que, enquanto modo de dizer da singularidade, a tematização e a prática lacaniana do estilo implicam uma maneira muito peculiar de entender essa singularidade. O efeito de incluir o sujeito no discurso é muito mais o de uma certa dessubjetivação do que o de expressão de uma interioridade. Porque se trata de uma modalidade muito particular de inclusão. O giro em direção ao discurso do analista pode servir de fio condutor aqui. Neste discurso, que seria o avesso do discurso do mestre, não é o sujeito quem funciona como agente, mas o objeto, ou mais precisamente, o semblante do objeto. Retornemos à abertura dos *Escritos* para rastrearmos a questão.

No último parágrafo da *Abertura*, a distância em relação a Buffon se distende ao máximo. O estilo não é o homem, porque o lugar que o homem ocupava será agora definido pela "queda do objeto" (E, p. 11). O que quer dizer isso? Para precisarmos o que significa essa expressão, convém distinguir aqui duas vertentes do objeto. Mais precisamente, duas modalidades de relação do sujeito ao objeto. Com efeito, a fantasia fundamental define um determinado quadro formal de determinação do gozo do sujeito a partir do objeto que se coloca no horizonte de realização fantasmática. Trata-se pois do objeto na vertente do "mais-de-gozar".

A expressão "queda do objeto" parece designar algo bastante diferente da *realização* da fantasia, que Lacan chamou de *travessia* da fantasia. Atravessar a fantasia é esvaziar o objeto da consistência imaginária que garantia a ele esse lugar determinante nas formas de gozar próprias a um sujeito. É, portanto, dar lugar ao objeto como causa de desejo, não mais de gozo mórbido. Queda do objeto quer

---

[190] No contexto de sua resenha crítica, aliás em tudo elogiosa, do livro de Jean Delay sobre Gide.

dizer, pois, perda de gozo. Estamos nos umbrais da experiência do final de análise. Para compreender o sentido dessa afirmação é preciso lembrar que "o que a psicanálise isola, no cerne de sua experiência, é justamente o objeto causa de desejo como algo de essencialmente inútil, que em nada serve a seu esforço de perseverar no ser" (TEIXEIRA, 2007, p. 102). Tal perda de gozo pode ser aproximada do que recentemente J.-A. Miller chamou de *pièces détachées*, isto é, este algo que não se emenda na significação: "[...] uma peça que não se presta a nenhuma composição definida, por mais que se amplie [...] a rede de conexões causais ignoradas pela consciência" (TEIXEIRA, 2007, p. 102). Sabemos que o neologismo *sinthome* designa este resíduo de uma análise, este precipitado de gozo desarmônico em relação à cura. Como propõe Teixeira (2007, p. 103), a circunscrição desta peça solta, desconexa, "requer do ser falante, que ele desista de procurar a justa conexão" através do sentido. Requer que o sujeito, na experiência de final de análise, "faça sua bricolagem decerto precária, posto que por nenhuma lei determinada, mas em cuja invenção se revela o estilo absolutamente singular através do qual cada um pode se haver com a sua peça desconexa" (p. 103). É neste sentido que, no final de análise, estilo e expressividade se encontram ainda mais longe.

Frederico Feu de Carvalho chama a atenção para o gênero de metáforas mobilizado para dar conta do fim de análise. Desde Freud, fazem parte dessa matriz termos como: dissolução, desenlace, queda, esvaziamento, etc. O que desponta aqui é o esforço em tematizar o estilo não como a consolidação de um saber constituído. Um saber que versasse acerca de estratégias discursivas, retóricas e literárias disponíveis a um sujeito, e que visaria a propiciar uma expressão mais plena de sua interioridade. A direção aqui é contrária. Trata-se, na figura do estilo como objeto, muito mais de lidar com aquilo que é para o sujeito exterioridade radical, que Lacan chamou de *lalangue*, e para o qual não há saber constituído que possa servir. O domínio ou não de tecnicalidades retóricas e literárias não está em questão. O sujeito pode, eventualmente, se servir de técnicas, desde que não se consagre a elas. Mas mesmo isso não é determinante. O que está em jogo aqui é muito mais um certo modo de se servir de *lalangue* e dos equívocos que lhe são inerentes para fazer emergir algo do objeto. Por isso é que Carvalho conclui, bastante justamente, que "no final de uma análise está o estilo e não o vazio, o nó do estilo e não a liberdade de expressão".

O estilo, visto agora a partir da perspectiva do objeto, é o resultado de um discurso em que o sujeito se faz presente, mas apenas como suporte abissal para a queda do objeto, pois se o estilo é objeto, "o objeto da psicanálise não é o homem; é aquilo que lhe falta — não uma falta absoluta, mas a falta de um objeto" (OE, p. 218). O resultado de tudo isso é uma dessubjetivação. A queda das identificações constitutivas do eu como corolário desse processo é precondição para que o objeto, e não o eu, possa emergir através do estilo. Por isso, o estilo, ao contrário do que pensa Buffon, não é o homem. Se o objeto, esvaziado, isolado, pode funcionar como "suporte do sujeito entre verdade e saber" é porque o sujeito não está hipostasiado nem no saber nem na verdade. Como assevera Rocha (2008), neste momento, o sujeito foi capaz também de, no mesmo gesto, afastar a miragem da metalinguagem: a seu modo, fez cair a ilusão acerca da existência do Outro do Outro.[191]

Diante da resistência do objeto da psicanálise à apreensão conceitual, Lacan repugna o obscurantismo – que consistiria em proclamar a inefabilidade como única saída para a opacidade do objeto[192] –, assim como ele recusa o silêncio como posição ética possível face aos impasses da apreensão conceitual. O analista pratica um estilo que, sem abrir mão da vontade de matema, suporta e faz uso da equivocidade da língua natural. O estilo, quando toca o real do sujeito por meio do objeto, atravessa a tela fantasmática dos impasses da formalização, para escrever o impossível como impossível. Nos termos propostos por Safatle, o estilo de Lacan não se contenta simplesmente em anunciar a discordância entre saber e verdade, mas, ao contrário, ele se engaja em "escrever esta discordância". É o sentido da resposta irônica à questão "em que o saber e a verdade são incompatíveis?":"Incompatíveis. Bela escolha de palavra, que poderia permitir-nos responder à pergunta com o piparote que ela merece: ora, mas sim, eles com-padecem [*compatissent*]" (OE, p. 440).

Seção 13 – Dos impasses da formalização à formalização de impasses

A disjunção saber/verdade, cuja matriz fundamental encontramos na teoria freudiana da sexualidade pulsional e na teoria lacaniana do objeto *a*, é intimamente relacionada à ideia de que a formalização científica da psicanálise, devido à inexistência de uma metalinguagem científica capaz de fornecer coordenadas de

---

[191] O autor refere-se ao apólogo narrado por Pascal Quignard em *La leçon de musique*. Po Ya, discípulo de Tch'eng Lien, espera por sua última lição, depois de ter ouvido de seu mestre que este não tinha mais nada a ensinar-lhe, embora ainda falte o essencial: "encontrar a música". Propõe-lhe então que o discípulo procure o mestre de seu mestre. Marcham 12 semanas até o Mar do Leste. Po Ya "é instruído a esperar". Depois de dez dias sozinho, escutando apenas "o ruído da água do mar contra a areia e o grito triste dos pássaros", Po Ya entende a lição e encontra a música. Segundo Rocha, essa deposição da mestria vai de par com o afastamento da ilusão da metalinguagem. "Não há Outro do Outro, lição derradeira de Tch'eng Lien" (Rocha, 2008, p. 144).

[192] Por exemplo: "Só como contingência é que, pela psicanálise, o Falo, reservado nos tempos antigos aos Mistérios, parou de não se escrever" (S. XX, p. 127). A propósito da religião dos Mistérios, ver os trabalhos de Jean-Pierre Vernant, notadamente *Mythe et religion en Grèce ancienne*.

ligação entre aqueles polos, nos conduz ao tema do real como aquilo que resiste ao corte da ciência. No capítulo anterior, trabalhamos o programa de literalização do real como principal dispositivo de formalização científica da psicanálise lacaniana. Mostrei como Lacan reinterpreta o gesto galileano de redução do real ao simbólico e forja instrumentos algébricos para a formalização de matemas, grafos, esquemas, etc. Para concluir este capítulo, pretendo sugerir que literalizar o real não é uma prerrogativa exclusiva da formalização de inspiração algébrica. Uma segunda vertente do programa de literalização do real é também o que está em jogo na teoria da letra e em toda perspectiva que se desenrola a partir de "Lituraterra". De fato, a crítica lacaniana à metalinguagem fornecia coordenadas negativas para a verdade, cujo regime de funcionamento *na fala* deriva da enunciação. Coube então perguntar: desde esta perspectiva, como fica a questão da verdade do ponto de vista da escrita? A questão do estilo sucedeu, no que concerne à escrita, a função de portador de verdade que tinha a enunciação. Foi o que mostrou a seção anterior. Em suma: *a enunciação está para a fala, assim como o estilo para a escrita*. A função do estilo na escrita relaciona-se com aquilo que sobra como resíduo da formalização. Mas não será uma quimera esta ideia de que todo esforço de formalização culmina em resíduos? E mais, não será mera profissão de fé esta ideia de que através do estilo, e não pela semântica, seria possível formalizar impasses? Antes de prosseguirmos com a hipótese, vejamos como Lacan coloca em prática algumas dessas estratégias.

§58 Transpor os impasses da formalização, um caso

Antes mesmo de aprofundar teoricamente a discussão, apresento logo a seguir um primeiro resultado bastante tangível de formalização de um impasse através da escrita, com o fito de fornecer um exemplo concreto. A pergunta que aqui se tenta responder pode ser formulada do seguinte modo. Como escrever um conceito que é, por natureza, não idêntico a si, isto é, um conceito que não conhece a identidade, mas a diferença no interior mesmo de sua definição? Analisarei a definição lacaniana de significante a fim de mostrar um caso concreto de como tal procedimento se dá no interior da obra de Lacan. O esforço de demonstrar que a ordem do significante é separada da ordem do significado, isto é, de distanciar-se de uma concepção representacionalista e essencialista da linguagem é conhecido de todos. O que, no entanto, é menos conhecido é que o caráter diferencial e opositivo do significante precisa ser incorporado à própria definição de significante e ao próprio uso (enunciação) do significante na prática discursiva. Como delimitar um conceito que se define justamente por produzir diferenças, e não a identidade?

A fim de melhor apreender o que está em jogo em uma escritura que se quer uma experiência da letra para além do paradigma do sentido, tomemos um exemplo muito simples. Meu objetivo aqui é mostrar que, em Lacan, não se trata apenas de um discurso *sobre* a linguagem, *sobre* a divisão do sujeito, *sobre* a incompletude da verdade ou *sobre* o próprio estilo. Trata-se antes de uma prática dessa linguagem, de um discurso que traz a marca dessa divisão entre saber e verdade, de uma enunciação pautada pelo semi-dizer, de um estilo que não é apenas afirmado teoricamente, mas experimentado na própria exposição. Isto é, um estilo que não se pauta pela busca de uma linguagem neutra, nem pela neutralização da oposição entre significação e designação.

Em *Linguistique et philosophie*, G. Mounin nos oferece algumas pérolas a propósito da apropriação lacaniana da linguística, e mais particularmente, a propósito da apropriação do significante: "O significante parece um termo-auréola [...]. Onde quer que estejamos, estamos a mil léguas da linguística e de uma utilização adequada de conceitos linguísticos" (MOUNIN, 1975, p. 144). E continua: "Lacan atravessa suas leituras linguísticas pensando em outra coisa [...]. Se se submete à mais banal pesquisa filológica o conceito de significante, que reaparece mais de uma centena de vezes em seu texto, não se chega a delimitar o significado deste termo" (MOUNIN, 1975, p. 143-144).

Curiosa observação que – atirando no que viu e acertando no que não viu – nos mostra exatamente um dos traços mais característicos do estilo de Lacan: a indissociabilidade, acentuada mas não total, da forma e do "conteúdo" do discurso. Mounin não está errado. Com efeito, Lacan se interessa pela linguística pensando em outra coisa. O estudo do funcionamento da linguagem não lhe interessa da mesma maneira como interessa ao linguista, preocupado com a descrição de fenômenos linguísticos como tais. O termo "significante", que ele toma de empréstimo à linguística, no campo da psicanálise, interessa como *elemento material da determinação da estrutura subjetiva*.

É exatamente essa mudança de plano de discursividade negligenciada por Mounin que liquida a crítica clara e transparente que ele pensava fazer. Ainda que clara como a água, sua crítica torna-se também insípida, incolor e inodora, posto que ele desconhece: "[...] que um conceito se esvanece, perde seus componentes ou adquire outros novos que o transformam, quando é mergulhado em um novo meio" (DELEUZE; GUATARRI, 1992, p. 41-42).

Apesar de tudo, um aspecto do diagnóstico de Mounin permanece válido, pois ele bem "compreendeu" Lacan: delimitar um significado para o termo significante é exatamente o que Lacan afasta no seu estilo. Uma pesquisa filológica, fosse ela a mais banal ou a mais sofisticada, não chegará nunca a estabelecer um significado ao significante lacaniano, pois delimitar um *significado* para o significante lacaniano implicaria uma contradição performativa. O que não é o caso. Lacan é sempre cuidadoso com seus conceitos fundamentais, pontos de enodamento do discurso teórico, proposições de saber, etc., em suma, com a vertente matêmica da escritura. Mas ele também é cuidadoso com o estilo de apresentação desses conceitos, proposições, etc., pois sabe que conceitos "só se tornam mais precisos por meio das relações que engendram entre si" (ADORNO, 2003a, p. 28).[193]

Em resposta a Mounin, pode-se retomar a fórmula lacaniana do significante: "[...] nossa definição do significante (não existe outra) é: um significante é aquilo que representa o sujeito para outro significante" (E, p. 833), definição canônica, quase tautológica, escrita no limite do conceito, ou talvez *aquém* do "conceito". Ou seja, introduzindo a diferença (não a identidade) no âmago mesmo da definição do significante, Lacan permanece fiel ao programa de pesquisa estruturalista. Se o significante tem um caráter diferencial, se ele não produz senão a diferença no discurso, se ele é separado do significado por uma barra que figura o recalcamento freudiano, como ele poderia delimitar um significado? Neste sentido, o "conceito", mais precisamente, a *definição* de significante é uma formalização do não idêntico.

Essa definição do significante é repetida com algumas pequenas nuances ao longo de seu ensino. No concernente à ação do significante, notemos o que separa a fórmula canônica dada em "Subversão do sujeito" (o significante *representa* o sujeito para outro significante) daquela dada alguns anos mais tarde, em "A ciência e a verdade" (o significante *veicula* o sujeito...).[194] Com efeito, na distância que separa os verbos "representar" e "veicular", é a materialidade do significante que é acentuada, assim como o caráter determinante dessa materialidade na subjetividade. Se Lacan emprega novamente o verbo "representar", ainda a propósito da ação do significante, não é sem modificação, seja do estatuto epistêmico da fórmula, seja de seu modo de enunciação. Não é por acaso que aquilo que foi outrora proposto como a única "definição" possível do significante é retomado no seminário sobre *O ato psicanalítico* sob a rubrica não mais de uma "definição", mas de um "aforismo". Um detalhe a observar: o aforismo é veiculado na terceira pessoa: "[...] o aforismo de Lacan: que um significante é o que representa um sujeito para outro significante" (OE, p. 373).

Para concluir: este exemplo nos mostra que a supremacia do significante não pode ser simplesmente afirmada enquanto tese teórica a propósito do funcionamento da linguagem; a própria linguagem desta "teoria" deve pôr o dispositivo em movimento. Se me for permitido precipitar um pouco o que discutirei a seguir, diria que a função do estilo é: *mostrar o que não se deixa dizer*, posto que "há efeito de estilo quando a frase é por si mesma sua própria referência" (LEGUIL, 2002, p. 56). Se é verdade que são inseparáveis o estilo de/em Lacan (SOULEZ, 2002), é por uma razão importante: são também inseparáveis, até um

---

[193] Como não lembrar aqui da famosa página epistemológica de Freud que inaugura seu artigo metapsicológico sobre as pulsões?

[194] Comparar as páginas 833 e 890 dos *Escritos*.

certo ponto, a linguagem *de* e a linguagem *em* Lacan. Diante da impossibilidade da metalinguagem, o dobrar-se da linguagem sobre si mesma não é nunca uma reduplicação ou a criação de uma camada complementar. Em outros termos, um redobrar-se que não é somatório de uma camada a mais de sentido, mas um esvaziamento da dimensão imaginária de sentido. Lembremos que "a tarefa do estilo é dar forma à matéria" (LEGUIL, 2002, p. 54).

§59 As proposições de saber e a opacidade do objeto

O estilo é, pois, elemento irredutível da transmissão da psicanálise. Por que então não facilitar as coisas e dizer tudo que há para dizer da maneira mais simples e clara possível? Por que esta obstinada prática de um estilo difícil, obscuro, preciosista? Não foram poucos os que denunciaram o caráter obscuro do estilo de Lacan. Perguntado acerca de seu suposto obscurantismo, Lacan inverte aquele célebre adágio de Boileau e afirma que "o que bem se enuncia, claramente se concebe" (OE, p. 542). Em seguida, acrescenta que "bastam dez anos para que o que escrevo se torne claro para todos" e qualifica seu próprio estilo como "cristalino" (OE, p. 542). Não é preciso dizer que "cristalino" evoca não apenas a ideia de transparência, mas também de refração.

Mas ao lado do Lacan "obscuro" temos outro Lacan muito diferente. Não é sem razão que J.-C. Milner qualifica sua obra como uma "obra clara". Certamente ela o é, principalmente quanto às proposições de saber, isto é, quanto a seus axiomas e teses fundamentais, ou seja, quanto ao resultado da subtração: doutrina *menos* estilo. Efetivamente, a maior parte dos conceitos fundamentais da psicanálise lacaniana pode ser reduzida à sua forma algébrica e articulada em torno dos grafos e matemas. Certamente, contudo, a obra de Lacan permanece algo obscura quando se trata de avaliar o entrecruzamento quase interminável de referências veladas ou indiretas, alusões eruditas, *excursus* preciosos, ironias mais ou menos dissimuladas, intenções polêmicas, seduções... O Lacan literato, preciosista, barroco, obscuro, parece então não se moldar bem ao Lacan do matema, do saber, da ciência. Haveria, parece, uma fratura entre o Lacan "claro" e o Lacan "obscuro"... Seria possível dizer e enquadrar sua obra como um daqueles casos – raros, se seguirmos Pascal – em que o espírito de *finesse* andaria *pari passu* com o espírito geométrico? Com efeito, no *Seminário* e nos *Scripta*[195] coexistem, em proporções variadas, o poema e o matema. Dissipar esse aparente desacordo seria, talvez, apagar o vivo do pensamento de Lacan. Mas como pensar o estatuto deste cofuncionamento?

A obra clara: Lacan, a ciência, a filosofia (MILNER, 1996) é, até hoje, uma das mais brilhantes monografias dedicadas a Lacan. Segundo Milner, a fratura interna

---

[195] Milner denomina *Scripta* o conjunto formado pelos *Escritos* e pelos textos publicados, em outros veículos, como a revista *Scilicet,* etc.

à obra de Lacan não se dá em termos de uma oposição entre matema e poema, mas em termos da oposição proposições de saber *versus* procedimentos protrépticos. Desde a época de Aristóteles, a protréptica seria "esse procedimento discursivo que tem por função arrancar o sujeito da *dóxa* a fim de voltá-lo para a *theoria*" (MILNER, 1996, p. 18). Assim, por oposição aos *Scripta*, que tendem a se livrar da protréptica, os seminário seriam "tecidos de protréptica – alusões, floreios literários ou eruditos, diatribes, desconstrução da dóxa" (p. 19). A função principal desses procedimentos – preponderantes no ensino oral – seria o de arrancar o ouvinte a seu pendor linguístico natural, desestabilizar as significações ordinariamente admitidas, etc. "O lexema raro, o semantema inusitado, a sintaxe afetada devem impedir o leitor de se entregar a seu pendor linguístico, fazê-lo desconfiar das sucessões lineares e das disposições simétricas, compeli-lo ao saber que advirá" (p. 22)

Já os textos escritos supõem um leitor diferente: que não se deixa seduzir pelas diatribes e pelas invectivas, sempre circunstanciais, mas que "deve decifrar, eventualmente nas entrelinhas, uma tese de saber" (p. 19). O próprio Milner admite que tal repartição "deixa-se reconstituir com menos nitidez do que afirmei" (p. 21), e que é possível "reconhecer a co-presença de proposições que derivam da protréptica e de proposições que derivam da doutrina" (p. 21), tanto nos *Scripta* quanto nos seminários, tese que, aliás, parece mais sóbria. Em todo caso, ainda para Milner, distinguem-se dois tipos de procedimentos discursivos. Os *excursus* e demais procedimentos estilísticos "preparam as vias do saber" (p. 22). Mas o saber enquanto tal é de outra natureza, bastante diversa. As teses de saber caracterizam-se por sua recorrência e pela sintaxe simplificada. Esse conjunto Milner propõe designar como *logia*.[196] Os *lógia* são "recorrentes, verídicos, essenciais e suscetíveis de serem interpretados integralmente por si mesmos. Eles não são nem anódinos, nem inconsistentes, nem incompletos. Tampouco são enigmáticos" (p. 22-23). O pressuposto de toda essa tipologia do discurso lacaniano não é difícil de adivinhar, pois ela acompanha a tese central do livro: "[...] o único suporte que assegura a veracidade da existência de um pensamento são as proposições. Dizer que existe pensamento em Lacan corresponde portanto a dizer que nele existem proposições" (p. 8). Finalmente, depois de afirmar que o conjunto das proposições de saber "derivam do bem-dizer" (p. 23), o autor admite que a prática lacaniana do semi-dizer, "implica que certas proposições de saber só se deixam ler como ressecção do verdadeiro" (p. 23). Contudo, o entrelaçamento eventual de proposições de saber e de contornos protrépticos não esconde sua distinção de natureza: "[...] não há, na ordem do saber, senão *lógia* em Lacan" (p. 23). Assim, "cabe ao leitor dar prova de tato [...] e não confundir

---

[196] François Regnault (1998, p. 173) já havia empregado o termo para caracterizar o ensino de Lacan.

a natureza das proposições" (p. 24). Para resumir: o estilo e o semi-dizer fariam parte da protréptica, isto é, dos procedimentos preparatórios do saber, mas seriam eles mesmos alheios ao saber.

Essas são algumas das principais teses que Milner propõe em sua *A obra clara*. Este livro tem diversos méritos: entre eles, o principal está implícito no próprio título. Ele mostra como Lacan pôde redesenhar as fronteiras da psicanálise com a filosofia e a ciência, mostrando a especificidade irredutível do campo delineado por Freud. Além disso, ao declarar que Lacan é um moderno, Milner está dizendo, ao mesmo tempo, que ele não é um pós-moderno, que ele não é um apologista da desconstrução ou do fragmentário. Finalmente, ele mostra que as chaves de leitura de Lacan estão presentes no próprio texto de Lacan e que, portanto, entre o leitor e o texto não há necessidade de mediação de nenhuma escola ou grupo de iniciados.[197] Lacan é claro por si só. Em suma, há pensamento em Lacan. Ele tem algo a dizer não apenas sobre a psicanálise, mas sobre a filosofia e sobre a ciência. É um linguista, e não um praticante da psicanálise, que está dizendo.

Contudo, não é difícil adivinhar que o resultado, talvez o objetivo, de Milner, seja despir Lacan de toda herança hegeliana, que se manifesta sobremaneira em sua linguagem, em sua discursividade, e por aí, em seu estilo. Pois a clareza da obra lacaniana só pode ser anunciada aqui ao preço de negligenciar a oposição entre saber e verdade. Oposição que, aliás, se adotássemos a tipologia milneriana, poderia servir de exemplo como um *lógion* lacaniano: "a verdade é o que falta à realização do saber" (como vimos no Capítulo 2). Isto é: mesmo se adotássemos o método de reduzir o ensino à forma proposicional dos *lógia* seríamos obrigados a incluir a tese de saber que mostra a irredutibilidade da verdade ao saber, o que colocaria o próprio método em apuros.

Que se perdoe o aspecto esquemático da oposição que será esboçada. Sua única justificativa é balizar a argumentação. Nas antípodas do acento logicizante do primeiro capítulo da *Obra clara* de J.-C. Milner, podemos situar o artigo de Antonia Soulez (2003b) intitulado "O nó no quadro ou O estilo de/em Lacan". Neste texto, Soulez passa do estilo opaco de Lacan a uma opacidade inevitável a toda apreensão do inconsciente. Sua proposta é a seguinte: o objeto da psicanálise constrange o estilo de escritura do psicanalista. A obscuridade seria função de uma necessidade interna: "[...] ela se imporá ainda mais na medida em que o objeto resista à clarificação e desafie o método que empregamos para apreendê-lo" (SOULEZ, 2003b, p. 257). Assim, a "coerção do objeto sobre o estilo do analista transforma a estilística em algo distinto de um mero problema referente ao ornamento do

---

[197] É claro que a validade dessa observação restringe-se à relação entre leitor-autor. Ela é apenas parcialmente verdadeira quando se trata da formação do analista, cuja complexidade exige, além da análise pessoal, uma forma de acolhimento para a qual existem as instituições e as escolas.

discurso" (SOULEZ, 2003, p. 256). O que Safatle (2002, p. 272) formulou nos seguintes termos: "[...] longe de ser um invólucro pseudo-literário ou pseudo-logicista, ele [o estilo] é a apresentação mesma da Coisa em questão na psicanálise."

A oposição é esquemática, mas fecunda. De um lado, tem-se a tese de Milner para quem o obscurantismo sucumbe diante das "proposições de saber". Neste caso ilustrativo, ler Lacan é despir seus textos da protréptica obscurantista que vela a clareza imanente à obra, ou mais precisamente, à "doutrina". A meta do leitor é decifrar "uma tese de saber" e distinguir "a natureza das proposições". Do outro, temos a tese de Soulez segundo a qual o estilo não responde senão às necessidades internas colocadas pela especificidade do objeto da psicanálise. Ler Lacan, neste caso, é estar atento também às variações de seu estilo, à fineza do traço, para além daquilo que pode ser formulado como proposição de saber. O exemplo central do artigo de Soulez refere-se às diversas traduções propostas por Lacan de um excerto de Santo Agostinho acerca do olhar presente numa cena de *invidia* infantil. "Os diferentes tempos de re-escritura condensam-se no extremo da 'fineza de um traço'" (SOULEZ, 2003b, p. 271). O que a autora logra mostrar é o funcionamento de "modulações estilísticas de um recurso ao formal resultantes do efeito de falar de um objeto que se desvela no ritmo de tais modulações" (p. 263).

O olhar da criança que inveja seu irmão de leite é qualificado por Agostinho como "*amaro aspectu*". O duplo sentido desta expressão latina será retraduzido diversas vezes por Lacan, sofrerá as mais sutis variações, até revelar o *objeto a*. Ao se autoincluir na cena descrita, o analista varia o estilo a tal ponto que "a fórmula *amaro aspectu* foi objetalizada, da mesma forma que o objeto foi, digamos, aspectualizado" (SOULEZ, 2003b, p. 269). Assim, o olho da *invidia* "deixa um vazio" no lugar do objeto visto, constituindo esse vazio como "perda da Coisa no objeto" (CONTÉ *apud* SOULEZ, 2003b, p. 270). Ao fim e ao cabo, as diversas transformações referem "diferentes maneiras de escrever o objeto a". Maneiras que, escreve Soulez, "deixam-se condensar na *alingua* ou no 'aspecto' pluralizado sob o qual o sujeito desaparece enquanto elemento passível dessas ressonâncias dos efeitos de sentido, ou dos efeitos da cadeia significante da qual ele é, no fundo, um dejeto" (p. 271). Falta esclarecer como esta autoinclusão do analista na prosa teórica pode fazer surgir diferentes *aspectos* do objeto. Até aqui, o exemplo mostra um caso em que o objeto surge no discurso, mas fora da estrutura das "proposições de saber".

Este estado de coisas remete à coexistência de procedimentos formais e da prática ensaística, isto é, à sua recusa em adotar "o estilo axiomático" (p. 260). É justamente por criticar a metalinguagem, por desacreditar quaisquer empreitadas calcadas no ideal de uma língua neutra, mas conservar ao mesmo tempo o ideal de formalização, que Lacan precisa dissociar conceitualização e formalização (SAFATLE, 2002; 2006; SOULEZ, 2003b). Essa dissociação condiciona a possibilidade de "alcançar o objeto lá onde se marcam os limites para o dizer" (SOULEZ, 2003b, p. 262). O que promove esse distanciamento em relação ao conceito, anteparo que pode obstaculizar a apreensão do singular do caso, é "obtido por implicação do analista na apresentação dos limites do dizível" (p. 262). Essa autoinclusão tem a estrutura de um ato que ultrapassa as condições de decisão do sentido previstas pelo código linguístico e autorizadas pelas condições de enunciação (como vimos no Capítulo 1). Finalmente, é este ato que solda a "maneira de dizer" e o "objeto a dizer": "[...] essa soldagem entre a maneira de dizer e o objeto do dizer é profunda. Ela vem do fato de a língua ser feita de seu próprio estofo, de o objeto a dizer não ser outra coisa senão o material no qual o dizemos" (p. 264). Outra maneira de dizer aquilo que foi dito ao longo do primeiro capítulo, quando reconstruí a crítica lacaniana à metalinguagem: a impossibilidade de *sair* da linguagem para falar da linguagem, a impossibilidade de um ponto neutro, projetado para fora do raio de abrangência dos efeitos da linguagem. E essa impossibilidade vale não apenas para os efeitos de equivocidade, mas também para os efeitos de cristalizações semânticas imaginárias, depositadas no uso da língua. Segundo afirma Soulez, a linguagem para Lacan é um tecido coberto de remendos feitos de seu próprio estofo (p. 264).

Em favor da tese do caráter coercitivo do objeto sobre o estilo, Soulez mobiliza a seguinte passagem do *Seminário V, As formações do inconsciente*: "[...] há também, nas dificuldades desse estilo – talvez eles o possam vislumbrar – algo que corresponde ao próprio objeto que está em questão" (S.V, p. 33). É preciso abrir os ouvidos para bem escutar a modalização do discurso de Lacan: "Há…alguma coisa." O discurso é *pastout* (não todo) determinado pelo objeto. Se é verdade que há coextensividade entre estilo e objeto, é também verdade que ela não é, contudo, total. Com efeito, a metáfora da "queda" do objeto mostra que há algo de irredutível, de irremediavelmente perdido. Sobretudo, a coextensividade não é total porque há a "falta da falta" (OE, p. 569), constitutiva do real.

Pensar que se impõem somente as proposições de saber, das quais a clareza seria a nota distintiva, e a forma proposicional, o *télos* constitutivo, é privar de uma dimensão importante a experiência lacaniana da psicanálise. Entre a clareza das proposições de saber e o obscuro da protréptica, há, certamente, uma fratura. Não obstante, há também uma gama de nuances que fazem jogo de sombra e luz: a refração da verdade não pode ser corretamente apreciada naquela perspectiva logicizante. Não por acaso, Lacan reivindica para si várias vezes o "barroco", em sentido lato, e utiliza recursos linguísticos similares aos da literatura moderna. O nó entre ciência e estilo evoca "*sçavoir*": condensação prismática do "*savoir*" e do "*ça*", isto é, daquilo que é organizado segundo uma lógica do sentido e de uma instância anterior ou alheia ao sentido.

Que a obra de Lacan não seja tão clara quanto se gostaria, não constitui uma fraqueza, mas o signo de uma coragem intelectual inegável. Para além da clareza das "proposições de saber" e do obscuro da protréptica, há o terreno incerto do *semi-dizer* da verdade.[198] Longe de constituir, como postula Milner, apenas um preâmbulo ao saber que advirá, mero exercício de prudência, o semi-dizer é a lei formal de enunciação da verdade.

Não é por acaso que Lacan faz uso da metáfora, da homofonia, da anfibolia, do neologismo, dos *excursus*, etc., usos difundidos sobretudo em certas correntes literárias e poéticas. É difícil medir o alcance desses recursos, dos quais a heterogeneidade é facilmente atestada. E não se trata de medi-los ou de avaliá-los. Há, certamente, em seu estilo algo de idiossincrático e que dificilmente responde às exigências impostas pela natureza do objeto da psicanálise. De fato, há passagens obscuras que é preciso simplesmente abandonar, não por causa de sua obscuridade, mas por pertencerem talvez a uma diatribe superada, a uma circunstância polêmica ultrapassada, a uma tentativa infrutífera, etc. Mas assim como há passagens obscuras que devemos deixar para trás, do mesmo modo, o simples fato de gozar de clareza e de distinção não protege uma proposição das inclemências do tempo. Como lembra Soulez, "nem sempre são as complicações do estilo que dificultam a compreensão de um autor" (SOULEZ, 2003b, p. 257). Do mesmo modo, não é a clareza do saber que o torna mais próximo de uma verdade.

Um símile retirado da filosofia da arte contemporânea pode ser útil. Ao trabalhar o que caracteriza uma obra de arte para além de seus atributos sensíveis, mostrando o processo de transfiguração que um objeto qualquer pode ter, Arthur Danto diz o seguinte a respeito do que ele chama de ilusão da transparência:"[...] o que era transparente para os contemporâneos de Giotto, quase como um vidro através do qual divisassem uma realidade sagrada, se tornou opaco para nós, ao passo que instantaneamente tomamos consciência de algo que era invisível para eles mas é precioso para nós – o estilo de Giotto" (DANTO, 2005, p. 239). O que fica claro aqui é o caráter histórico e social da própria oposição entre transparência e opacidade. Esse caráter tem a ver também, suponho, com o estágio do material linguístico disponível, se quisermos usar uma terminologia adorniana. Mas, sobretudo, tem a ver com a ideia de que a "maneira de ver" que constitui um estilo é, em si mesma, invisível (p. 240). Isto é, há uma fratura entre a interioridade (o modo como vemos o mundo) e a exterioridade (a maneira como esse mundo se torna objeto para mim num momento posterior ou para um outro eu). Vejo o mundo agora, e tudo que vejo é o mundo, não uma maneira de ver. Num instante posterior, vejo não apenas o mundo, mas acrescento a isso o modo como o representava para mim, acrescentando uma espécie de coloração. Danto recorre aqui ao conceito fregiano de coloração (*Farbung*), espécie de veículo de sentido exterior ao conteúdo intencional de uma proposição. E conclui:"[...] é

---

[198] Nobus e Quinn (2005, p. 39) também notam essa dificuldade na interpretação de Milner (1996).

a essa coloração que se ligam os atributos de estilo e expressão, e é justamente essa coloração que a teoria da transparência não pode explicar" (p. 241).

Importa aqui que aquilo que parece opaco ou transparente para os contemporâneos de Lacan não pode servir de parâmetro principal para a distinção entre o que deriva da doutrina ou de circunstâncias. Talvez seja cedo demais para avaliarmos o estilo de Lacan como uma *maneira de ver*. Não obstante, parece-nos possível isolar aqueles traços estilísticos que revelam uma solidariedade forte com a especificidade do objeto da psicanálise. Em outras palavras, isolar as estratégias que permitem ultrapassar a língua conceitual (que tem na univocidade de sentido seu ideal de rigor) pelo próprio uso dos recursos da linguagem, muitas vezes semelhantes aos recursos de que se vale a poesia (em que, ao contrário, a expressão rigorosa não implica univocidade) e em que a opacidade não é signo de inverdade.

Há então um propósito que não pertence ao campo da estética na reabilitação do estilo em Lacan.[199] Insisto intencionalmente no fato de que esse propósito é ético e, ao mesmo tempo, epistemológico, ligado ao que podemos colocar sob a rubrica daquilo que permanece imune ao corte da ciência: *lalangue*, o real da língua. Evidentemente que sua obra contém, e não são poucos, momentos de sedução e de encantamento, jogos circunstanciais, mais ou menos isoláveis e, até certo ponto, discerníveis do que poderíamos chamar seu "pensamento". O estilo praticado por Lacan nem sempre esteve à altura de sua própria concepção do estilo e da função que ele mesmo designou a ele. Talvez ainda corra muita água até o tempo em que poderemos avaliar com clareza quais formalizações estéticas foram mais ou menos felizes em modalizar *aspectos* do objeto. O risco de não recuar diante do estilo e do semi-dizer em favor do solo firme das proposições de saber é, com efeito, grande. Mas esse risco parece eventualmente exagerado pelo próprio Lacan, quando, por exemplo, na ocasião do lançamento da tese de Anika Lemaire, afirma no "Prefácio" que lhe preparou (OE, p. 389): "[...] meus *Escritos* são impróprios para a tese, especialmente universitária: antitéticos por natureza, já que, no que formulam, só há como se deixar envolver ou largá-los de lado."

Mas, ao contrário do que formula o autor, é possível aplicar aos *Écrits* um método crítico. Um método crítico compartilhado pelo próprio Lacan e que pode ser assim resumido: aplicar a um determinado autor/texto os mesmos princípios de que ele se utiliza. Nas palavras de Lacan, "haverá, com efeito, melhor método crítico do que aquele que aplica à compreensão de uma mensagem os princípios mesmos de compreensão de que ela se faz veículo?" (E, p. 383).

---

[199] Com precisão, Simanke (2003, p. 293) afirma que Lacan "considera o mito e a poesia – na qual ele percebe a manifestação mais visível da essência da linguagem e da primazia do significante sobre o significado – como formas de conhecimento legítimas em si mesmas e aptas para expressar, melhor que outras, certos aspectos da realidade humana".

§60 Do matema ao poema: um segundo regime de literalização do real

Um corte maior afeta todos os discursos compossíveis (MILNER, 1996, p. 62 *et seq.*).[200] O corte da ciência moderna é um corte dessa natureza: há um antes, um depois e há algo que, permanecendo imune, permite nomeá-lo. Isso que permanece imune ao corte da ciência seria a língua, no ponto em que esta reduz-se ao seu real. A esta interseção do simbólico com o real Lacan chamou de *lalangue* (MILNER, 2006, p. 34). É no limite estreito dessa interseção que o real se inscreve, ainda que como impasse. "O que caracteriza *lalangue* entre outras são os equívocos que são possíveis nela" (S. XXIII, p. 117).

É esse real da língua que permanece imune ao corte da ciência. Ao lado daquele primeiro regime de literalização do real estudado no capítulo anterior, temos um *segundo regime de literalização do real* que deriva não apenas da potência matemática da letra, mas de sua potência poética. É a potência poética da letra, da qual se serve o estilo, que permite passar da impotência da verdade à impossibilidade de dizê-la toda. É preciso mobilizar a oposição matema *versus* poema para dar conta do problema aqui esboçado? A literalização do real é o dispositivo central constitutivo quer do matema, quer do poema. Do ponto de vista da formalização borromeana, tanto o matema quanto o poema operam no mesmo registro: na interseção do real com o simbólico, em detrimento do imaginário. Mas o movimento de cada um deles parece antagônico quanto ao regime das relações entre saber e verdade: enquanto o matema prefere o saber e deixa escapar a verdade do singular, o estilo parece preferir o caminho inverso. O essencial dessa diferença concerne justamente à atitude diante desse real da língua: o equívoco e o sem-sentido.

Esse duplo regime de literalização do real não funciona segundo a perspectiva de buscar a síntese, a totalização ou a reintegração dessas duas vertentes da letra. O que a formalização estética visa é contaminar a própria escritura com o que escapa à apreensão conceitual, quer dizer, o objeto. Mas como apreender o objeto nesta sua vertente real? É neste ponto que Lacan afirma: "o real só se poderia inscrever por um impasse da formalização. Aí é que eu acreditei poder desenhar seu modelo a partir da formalização matemática, no que ela é a elaboração mais avançada em termos de significância. Essa formalização matemática se faz ao contrário do sentido, eu ia quase dizer a contra-senso" (S. XX, p. 125).

---

[200] A temática do corte é derivada da tradição da epistemologia francesa desde Bachelard. Segundo J.-C. Milner, o corte da ciência tem grandes repercussões. Não escapariam a ele "nem a economia material (hipótese de Althusser), nem as letras (hipótese de Barthes e hipótese equivalente de Lacan), nem as filosofias políticas (L. Strauss ou C. Schmitt), nem as imagens (Panofsky), nem a filosofia especulativa (Heidegger)" (MILNER, 1996, p. 67).

Ao contrário do sentido, a contrassenso. Estamos agora diante do registro onde não apenas o matema, mas o poema figura com vigor. Em 1977, Lacan afirma que os recursos do psicanalista devem ser tomados não do escritor em geral, mas do poeta (ver, por ex., LAURENT, 1998, p. 36). O poeta, como o lógico e o matemático, trabalharia com letras sem se importar, pelo menos em primeiro plano, com o sentido.

Em "Linguagem, pensamento, poesia", Badiou afirma acerca do exercício intransigente do poema: "[...] tal é o cerne da experiência poética como experiência de pensamento: aceder a uma afirmação de ser que não se dispõe como uma apreensão de objeto" (BADIOU, 1994, p. 78). O pensamento do poema, em sua vertente moderna, não é mimético. O poema operaria por meio de duas operações fundamentais: subtração e disseminação. Subtração: espécie de "pensamento puro, desobjetivado, desencantado do objeto", pura experiência da linguagem sem preocupação com a projeção de um sentido capaz de designar um referente. Disseminação: a dissolução do objeto na linguagem poética se dá não por falta, mas por excesso. É isso que permite a equivalência disseminada entre "objetos" heteróclitos, tal como vimos a respeito do barroco. Neste sentido, "o poema perde o objeto no múltiplo puro" (p. 79), através do emprego de "palavras que ainda não tenham idioma". Este exercício de usar "palavras que ainda não tenham idioma" é praticado por Lacan ao longo de toda sua obra. Ora, mas esse pensamento "desencantado do objeto" positivamente dado não é justamente aquele capaz agora de lançar-se em direção ao objeto em sua vertente real, despojado de toda positividade?

Isso justifica uma nota acerca da palavra de ordem lançada por J.-A. Miller sob o título de "Um esforço de poesia".[201] O esforço de poesia deve ser visto como uma luta do poeta não apenas contra os sentidos cristalizados, mas também contra

---

[201] A expressão "um esforço de poesia", que conheceu certa celebridade depois de ser lançada por Jacques-Allain Miller, precisa ser contextualizada. Ela surge, no melhor espírito da sátira francesa, como resposta política a um problema muito específico. A França viveu um intenso debate sobre a "avaliação", "eficácia" das práticas terapêuticas "psis". Tratava-se de um debate político prenhe de consequência para regulamentação das profissões psis, das terapias, etc. O debate chegou à Assembleia Nacional, na forma de projeto de lei. É neste contexto que é preciso entender a intervenção de Miller, "um esforço de poesia". Ao lado disso, havia também o livro de Lindenberg, *Os novos reacionários*, espécie de panfleto que, em suma, examinava o destino daqueles que, na década de 1960, eram jovens marxistas, maoístas, revolucionários, etc. E os acusava de estarem todos hoje ocupando lugares do poder. A intervenção de Miller foi decisiva e mobilizou toda uma gama de filósofos, escritores, jornalistas. Até mesmo um ministro, então ministro da saúde, chegou a participar de um evento psicanalítico, mostrando sua simpatia à resistência de Miller, que soube virar o jogo, quando muitos psicanalistas já haviam capitulado. Um debate de fundo concernia à cientificidade da psicanálise e incidia na possibilidade de mensurar seus efeitos terapêuticos, a fim de regulamentar seu uso em políticas públicas. A estratégia de Miller foi a de uma saída irônica, que recusava os termos da questão. Miller, *normallien*, um dos fundadores

sua justificação social, a "utilidade". De fato, "a prosa do mundo, que quer a utilidade direta, isola, maltrata, até mesmo assassina os poetas e a poesia" (MILLER, 2003a, p. 136). A poesia então é resistência à ética utilitarista. Em psicanálise, o que releva do desejo e do gozo – que é, afinal, a objeção mais forte à utilidade – é "ilegível" do ponto de vista da terapêutica cientificista. "O desejo. Eis um não-conformista, excêntrico, transgressivo, indomável, até mesmo radical. O problema com o desejo é que ele não é democrático, de fato. E é bastante provável que Lacan, se não fossem os poetas malditos, não teria sabido extrair de Freud o desejo tal como o definiu. Não há apenas Hegel e Kojève atrás dele, há os poetas..." (p. 137).

Este duplo crivo que determinou a leitura lacaniana de Freud – dialética, saber e verdade de um lado, poesia moderna, de outro – não tem importância simplesmente teórica, pois a poesia interessa também como parâmetro da interpretação. Conforme escreve Vieira (1996, p. 69) a respeito das relações entre poesia e interpretação analítica, "a poesia realiza o que na interpretação se deve buscar: suspender as significações imaginárias evitando a armadilha do sentido". Mais do que isso, conforme anota Miller (2003a, p. 177): "[...] a interpretação se porta de seu próprio movimento para além da cisão do verdadeiro e do falso. É por esta via que ela se aparenta do modo poético da enunciação."

O espaço entre o som e o sentido, o hiato entre as palavras e os significados, é o espaço onde a criação poética pode ocorrer. Para Valéry, é exatamente nessa hesitação que se tem a possibilidade de uma "poesia pura", não aquela que tenta amarrar o sentido e o som, que tenta fazê-los partilhar de algo; mas aquela que tenta fazer perceber esse espaço, esse hiato. De fato, "a recusa absoluta da representação, da relação entre as palavras e o que elas designam é, senão a norma de toda poesia, pelo menos seu ideal" (TODOROV, 1996, p. 374). Desse modo, a poesia é o fracasso da univocidade de sentido, e a experiência de linguagem que ela proporciona é o de uma "abertura ao *sem sentido*" (VIEIRA, 1996, p. 69). A violência da interpretação, desde esse ponto de vista, será a violência contra os efeitos cristalizados da língua, em favor da "abertura do intervalo $S_1 - S_2$ por ação de uma articulação significante singular que suspende por um instante a significação" (p. 70). Trocada em miúdos, a abertura de um intervalo entre $S_1 - S_2$ é a abertura de um intervalo entre saber e verdade: é por essa razão que a interpretação analítica joga com o sem sentido, para possibilitar a emergência de um sentido novo.

Não é por outra razão que Lacan recomenda aos analistas "uma profunda assimilação dos recursos da língua, e especialmente dos que se realizam concretamente em seus textos poéticos" (E, p. 296). Resta saber se essa recomendação não ecoou no vazio.

---

do círculo de epistemologia da ENS, reconhecido conhecedor de lógica e de epistemologia, simplesmente se recusou a entrar no debate nos termos em que ele havia sido posto.

Seção 14 – A química silábica do *Witz*

A seguir pretendo mostrar o funcionamento concomitante destes dois procedimentos de formalização: um de inspiração lógico-matemática, outro de inspiração poética. Já em 1953, Lacan propunha uma lista de disciplinas indispensáveis para a formação do analista: "[...] a retórica, a dialética, no sentido técnico que esse termo assume nos *Tópicos* de Aristóteles, a gramática e, auge supremo da estética da linguagem, a poética, que incluiria a técnica, deixada na obscuridade, do chiste" (E, p. 289).

A poética, "auge supremo da estética da linguagem" inclui, de maneira destacada por Lacan, a "técnica do chiste". Por que a formação do analista devia contemplar essas disciplinas, e especificamente, a técnica poética do chiste, no contexto de uma estética da linguagem? A resposta é relativamente simples: porque essas disciplinas nos mostram de quão-pouco-sentido é preciso partir para atingir uma verdade. O esforço é, pois, de mostrar como o fora-do-sentido pode nos conduzir a um processo de verdade.

§61 *Witz*, lógica, poesia

Qual é a fonte do prazer do chiste? Esta é uma das questões principais da análise freudiana do *Witz*, que, por seu turno, pode ser vista como um *locus* privilegiado para o exame da problemática central proposta por Freud: a maneira tortuosa como pensamento e sexo são interligados. Com efeito, o pensamento é, em si mesmo, inconsciente e sexual, e mesmo suas formas mais sublimadas guardam restos da passagem pelo inconsciente e resíduos de sua origem sexual. Insinua-se aqui toda uma teoria materialista da memória, desvinculada de uma noção de tempo como mera sucessão cronológica de acontecimentos, na qual o vínculo do esquecimento com os mecanismos encobridores da lembrança nunca é menosprezado. A questão que é preciso colocar aqui é a que diz respeito ao concurso de duas espécies distintas de procedimentos formais na análise do *Witz*. É no livro sobre os chistes que uma formalização de aspiração científica envolvendo um forte componente lógico convive de maneira mais intensa com uma formalização de tipo estético, em que procedimentos de matiz poético são explicitados. Uma espécie de "química silábica"[202] resume um surpreendente cofuncionamento de procedimentos baseados num certo ideal de ciência e de técnicas que visam a recuperar aquilo que parece imune ao conceito. Afinal, "o que os conceitos tocam de verdade para-além de sua extensão abstrata não pode ter outro teatro a não ser o que é oprimido, desprezado, rejeitado pelos conceitos" (ADORNO, 2003b, p. 19). Essa recuperação abre duas vias: um trabalho de

---

[202] A expressão é de Regnault (1997).

autorreflexão que explicita o paradoxo e "supera o conceito através do conceito" (ADORNO, 2003b, p. 19), ao lado de uma estratégia que, na falta de melhor termo, chamaremos de *mostração*. Mas em que consiste tal dispositivo?

Mostrar aquilo que não pode ser dito de outra maneira parece ser a divisa freudiana aqui. Não um mostrar inócuo que apenas aponta para determinada coisa e contenta-se com sua inefabilidade, mas um mostrar prenhe de conteúdo assertivo, ainda que refratário à forma proposicional, que nos coloca diante de uma certa dimensão da verdade. Não por acaso, Freud mobilizará todo um vocabulário derivado da estética para pensar o *Witz*. Destacam-se dois termos: expressão e prazer. Escreve Freud, por exemplo, "os chistes consistem em sua forma de expressão" (FREUD, 1977 [1905], p. 114), a tal ponto que sem a expressão não há chiste (p. 58). Reduzir o *Witz* a seus mecanismos faz perder seu caráter de *Witz*. Em outras palavras, o que caracteriza propriamente o *Witz* é o que ele tem de irredutível. Não obstante, toda a *démarche* freudiana é a de tentar reduzir o *Witz* a seus mecanismos fundamentais. O prazer no chiste deriva de sua técnica de composição, particularmente da capacidade de encontrar "similaridades escondidas" (p. 23) e de ocasionar surpresa. Daí a necessidade do concurso de uma "estética da linguagem", pois, se pensarmos que a *ciência capta o contingente pelo conceito, cabe à estética a tarefa de captar o contingente como contingente*. A solidariedade, que não é subsunção nem identificação, entre o estilo de pensar e o objeto pensado, é aqui exibida em todo seu vigor: a análise do *Witz* serve-se mais ou menos dos mesmos mecanismos de composição/formação do *Witz*. "Mais ou menos" e não "inteiramente" porque a análise esbarra sempre na irredutibilidade da expressão. Irredutibilidade que exigirá uma modalidade específica de apreensão, que diremos *estética*.

Voltemos, pois, ao ponto de partida. A fonte do prazer do chiste é, sugere Freud, o prazer infantil: atividade lúdica com as palavras em seu estado bruto, jogo com a matéria fônica, livre da coerção da rede socialmente compartilhada de significados. Uma "ingenuidade não-ingênua" (ADORNO, 2003b, p. 139) em que a criança denuncia o tempo todo o caráter arbitrário da linguagem. Seria o prazer do chiste derivado de um retorno mimético a um modo de uso da palavra *afim* a esse momento anterior ao predomínio do controle racional, em sua versão realista? (cf. S.V). Apesar de sedutora, essa explicação não satisfaz a Freud, menos ainda a Lacan. Este nunca se satisfaz com explicações que se assemelhem à psicogênese do mecanismo da espirituosidade baseada num recurso à criança (S.V, p. 90). Por que não?

Nas últimas linhas do texto do *Witz*, Freud escreve:

> [...] pois a euforia que nos esforçamos por atingir através destes meios, nada mais é que um estado de ânimo comum em uma época de nossa

vida quando costumávamos operar nosso trabalho psíquico em geral com pequena despesa de energia – o estado de ânimo de nossa infância, quando ignorávamos o cômico, éramos incapazes de chistes e não necessitávamos do humor para sentir-nos felizes em nossas vidas (FREUD, 1977 [1905], p. 265).

Ora, interessante matizar essa visão quase idílica da infância contrapondo-a à visão que o próprio Freud propõe em textos como "Três ensaios", escrito no mesmo ano, ou no "Pequeno Hans". Nestes textos Freud afirma, não sem uma boa dose de coragem, a existência de "uma vigorosa sexualidade infantil" (BADIOU, 2005, p. 111), marcada por uma perversidade polimorfa que afasta toda e qualquer ideia de uma sexualidade regida pela natureza. O que é a infância senão a "cena da constituição do sujeito no e pelo desejo, no e pelo exercício do prazer ligado a representações de objetos" (p. 112)? Em outras palavras, "a infância fixa o quadro sexual no interior do qual todo nosso pensamento, desde então, deve ocorrer (*doit se tenir*), por mais sublimadas que sejam suas operações" (p. 112). Ora, o paradoxo que vale a pena ressaltar é que a criação desse mito primordial da infância é parte do próprio mecanismo de constituição da memória e do esquecimento. Se tirarmos todas as consequências do confronto entre os textos do "Witz" e dos "Três ensaios" despontará então que o prazer obtido no *Witz* e demais espécies do cômico atualizam o prazer infantil, não exatamente na visão pueril de uma infância romantizada e assombrada por fantasmas retrospectivos de reconciliação, mas uma infância em que a origem sexual do pensamento e a estrutura fantasmática das relações sujeito-objeto mostram toda sua importância. Talvez seja essa ordem de constatação que leve Lacan a repudiar o estudo meramente psicogenético dos mecanismos envolvidos no chiste, em prol de uma lógica que acentua como o sistema das necessidades humanas é remodelado na linguagem, e o desejo, "modificado", "subvertido", "tornado ambíguo", quando de sua "passagem pelas vias do significante" (S.V, p. 93).

O *Witz* é, pois, um modo privilegiado de "simbolização do desejo". Não é por acaso que Lacan algumas vezes se refere à "comédia do falo". O falo, enquanto significante puro, desprovido de força denotativa, "é a maneira disponível ao sujeito para que este determine objetivamente a negatividade radical de seu desejo" (SAFATLE, 2006, p. 40). Neste sentido, o *Witz* guarda certas similaridades estruturais com a metáfora. Mas mais ainda do que nela, o trabalho com a letra, com aquilo que é da ordem da escrita, fornece ao *Witz* este caráter paradigmático para entendermos a imbricação dos aspectos quantitativos do sexual nos interstícios da linguagem. Esboça-se, como na metáfora, uma primeira figura da dissimetria entre o lugar vazio do desejo e a disponibilidade de objetos no mundo, a "comédia" de que o equivalente-geral seja equivalente a alguma coisa. O conceito lacaniano de fantasma designa o dispositivo que permite uma certa estabilidade, ainda que precária, ao sujeito, na medida em que fixa um quadro virtualmente capaz de neutralizar os efeitos de "distimia", de desproporção entre o fluxo incessante e divergente de objetos e de palavras. Escreve Zizek, "o fantasma primordial não releva de uma verdade última, escondida, mas de uma mentira fundadora" (ZIZEK, 2004, p. 79-80), a "proton-pseudos" do "Projeto de 1895".

Até aqui, nada parece marcar alguma especificidade do *Witz* em relação às demais formações do inconsciente ou aos procedimentos metafóricos. Olhando mais de perto, porém, o chiste demonstra possuir duas faces: (1) a face do "exercício do significante", que explora ao máximo a "polivalência essencial da linguagem" e sua "função criativa", manifestando, em todo seu vigor, o caráter primitivo do significante em relação ao sentido compartilhado socialmente; (2) a *face da dinâmica inconsciente* em sua relação com o desejo, na medida em que as articulações cristalizadas no exercício desse jogo traduzem o aspecto quantitativo implicado (S. V, p. 89). Essas duas faces concorrem na produção inusitada de sentido no chiste e no seu efeito de produzir o riso. A questão que se coloca então é sobre a gênese do sentido. O *Witz* engendra uma modalidade de sentido que pressupõe uma teia de linguagem estruturada socialmente e dotada de códigos compartilhados (porque não há chiste solitário nem privado: o chiste só se realiza com a chancela do Outro), mas, ao mesmo tempo, um sentido que nasce do rompimento de um fio ou um nó daquela teia, uma subversão do código, por sua qualidade de acontecimento local.

En passant, poderíamos dizer que essa análise do *Witz*, levada a cabo no quinto ano de seu Seminário (1957-1958), mostra que, mesmo no momento considerado mais estruturalista de sua obra, Lacan nunca adotou uma concepção de estrutura como rede inerte, fechada à contingência e alheia ao que é da ordem do sujeito. Nunca houve economia do caráter estruturante, remodelador, que um acontecimento pode ter em relação a uma estrutura, ainda que, paulatinamente, tenha havido uma reconfiguração do peso de cada um dos três registros da experiência: RSI. Além disso, mesmo no auge de seu estruturalismo, Lacan recorre a Saussure não apenas para incorporar a distinção entre significante e significado, mas também para inspirar-se no estudo dos anagramas, para formalizar a concepção de letra, no contexto de uma estética da linguagem.

§62 A constituição do objeto pela via da mostração

A análise freudiana do chiste incorpora procedimentos de trabalho com o aspecto fônico, com a dimensão material das palavras, em detrimento da primazia do sentido compartilhado socialmente; procedimentos que tiveram seu emprego largamente utilizado pela poesia do século XX (a tal ponto que sua novidade foi banalizada pela sua incorporação nas técnicas de publicidade que impregnam nosso cotidiano). Mas, em 1905, chamar a atenção para esses mecanismos e, mais do que isso, pretender que a análise de sua lógica interna tivesse relevância não apenas para o estudo dos novos objetos que definiam a especificidade da então nascente psicanálise, mas que tivesse impacto na própria noção de ciência, eis o passo audacioso de Freud: "A análise veio nos anunciar que há saber que não se sabe, um saber que se baseia no significante como tal. Um sonho, isso não introduz a nenhuma experiência insondável, a nenhuma mística, isso se lê do que dele se diz, e que se poderá ir mais longe ao tomar seus equívocos no sentido mais anagramático do termo" (S. XX, p. 129).

Talvez o conjunto das transformações que Lacan impõe ao esquema da árvore (formulado pelos discípulos de Saussure)[203] nos informe menos acerca da maneira pela qual Lacan concebe o significante do que a simples substituição desse esquema pelo esquema *"hommes-dammes"*, ou pelo trabalho anagramático com o significante *"arbre"*. O esquema *"hommes-dammes"* tem duas vantagens inequívocas: coloca-nos no registro da diferença, da combinatória, em suma, do sistema, e mostra que o significante "só pode operar por estar presente no sujeito" (E, p. 508). Notadamente mais interessante é a palavra sob a palavra[204] que Lacan descobre no significante *"arbre"*. Com efeito, Lacan se aproveita do anagrama de *"arbre"* para sublinhar que *"barre"* tem o papel de contenção do significado. Neste sentido, ele evoca a polifonia da linguagem: "[...] não há, com efeito, nenhuma cadeia significante que não sustente como pendendo na pontuação de cada uma de suas unidades tudo o que se articule de contextos atestados, na vertical, por assim dizer, desse ponto" (E, p. 234). A aposta subjacente é que o inconsciente lida com o significante como um poeta que opera com anagramas: puro trabalho com os efeitos da letra, independente de sua significação. Isso, sublinho, no texto mais estruturalista de todos: "Instância da letra no inconsciente ou a razão desde Freud".

Refiro-me, só para tentar ilustrar o ponto sugerido, aos exemplos de chiste que Freud escolhe como exemplares. Os exemplos de chiste preferidos por Freud, aqueles em que a análise se prolonga mais detidamente e que passam a ter valor paradigmático para as análises de novos materiais, guardam uma peculiar característica em comum. Por exemplo: a análise da composição da palavra "familionário",[205] em si mesma desprovida de sentido, gravita em torno do "quadro diagramático" proposto por Freud em sua primeira e exemplar análise de um chiste.

---

[203] Tullio de Mauro, em sua edição crítica do *Cours*, afirma que o esquema da representação de uma árvore com a inscrição "árvore" para designar a oposição significado/significante não é de autoria de Saussure, mas acrescentado pelos editores. Lacan pressentiu isso algum tempo antes, já em 1957.

[204] Este é o título que Starobinski deu à compilação das notas de Saussure sobre os anagramas.

[205] familiar + milionário // "famili...är/millionär : f*amilionär*". Diagrama à página 32. Outros exemplos semelhantes : ANECDOTE + RADOTAGE : ANECDOTAGE ; ALCOHOL + HOLIDAYS : ALCOHOLIDAYS ; CARHAGINOIS + CHINOISERIE : CARTHAGINOISERIE (FREUD, 1977[1905], p. 35-36).

Decomposta em duas palavras, "familiar" e "milionário", que se fundem depois de que a segunda consegue êxito em "rebelar-se contra sua supressão", o procedimento analítico de Freud logra mostrar sua eficácia mesmo para aquele que não sabe alemão (como é o meu caso). Para tanto, Freud faz uso de uma certa *disposição* das palavras na página, de uma *fragmentação* de seus elementos constitutivos a fim de exibir da maneira mais concreta e mais visual possível o resultado do processo de redução da técnica formal que resultou na expressão do chiste. O que no chiste é irredutível não conduz, portanto, à resignação silenciosa e à deposição de armas.

A tentação de lembrar aqui as conhecidas "subdivisões prismáticas da Ideia" de Mallarmé seria grande, mas tal passo seria demasiado arriscado. Note-se, de passagem, que Freud não nutria nenhum entusiasmo com o que seria chamado depois de poesia/literatura moderna. No momento mesmo em que reconhece a semelhança entre a técnica do chiste e a poética, Freud não esconde o que ele próprio entende por poesia, sem dúvida herdeira de uma concepção clássica que remonta a Aristóteles. "Em geral, reconhece-se também que as rimas, aliterações, refrões, e as outras técnicas de repetição de sons verbais semelhantes que ocorrem em versos, utilizam a mesma fonte de prazer – a redescoberta de algo familiar" (Freud, 1977 [1905], p. 144).

Mas os exemplos de Freud, os termos de que se vale em sua análise e os diagramas a que frequentemente reduz suas descobertas não deixam de exibir, pelo menos para quem vê quase com um século de distância, certas afinidades formais com a poesia moderna ou, como salienta Lacan, com os anagramas estudados por Saussure. Tomemos, por exemplo, a seguinte anedota. Um jovem ruivo de sobrenome Rousseau, por causa de seu parentesco com o filósofo, foi apresentado num salão de Paris. Mas diante de seu comportamento desajeitado, a anfitriã comentou com aquele que trouxe o jovem: "[...] você me apresentou um jovem *roux* (ruivo) e *sot* (tolo), mas não um Rousseau" (Freud, 1977 [1905], p. 44).[206]

Freud sublinha a "identidade fônica" que permite a "segmentação" da palavra em sílabas como a técnica composicional do chiste. Não seria impossível encontrarmos, principalmente na poesia concreta, procedimentos similares, senão idênticos, na composição não apenas de versos, mas de poemas inteiros.

Mas mais do que isso, Freud expõe o resultado de suas análise, não apenas com a linguagem conceitual, mas empregando diagramas que *mostram* de maneira concisa e econômica o que de outra forma não poderia ser demonstrado. Uma mostração que não é mera ilustração, mas é parte da própria formalização do que está em jogo no mecanismo do chiste. Ela é estruturante, na medida em que constitui o objeto no mesmo ato de apropriar-se dele. E por essa razão faz parte do conteúdo não parafraseável da teoria, em que estilo e objeto convergem ao máximo.

---

[206] Em francês no original.

§63 Pas-de-sens

Vale lembrar aqui que o espectro da linguagem tal como visto por Lacan delimita-se desde seu interior por dois marcos: a existência e efetividade de homofonias e a inexistência da metalinguagem. Homofonias, homonímias, anfibolias, etc. têm efeito na subjetividade, na medida em que, na dimensão do desejo inconsciente, o som prevalece sobre o sentido. Na outra ponta, a impossibilidade da metalinguagem, quer dizer, a impossibilidade de uma instância capaz de garantir um sentido do sentido ou verdade da verdade suspende o desejo do sujeito diante de uma vertigem só parcialmente neutralizada pela sustentação precária que o fantasma fundamental lhe outorga. É dentro desses limites que se coloca a questão da gênese do sentido a partir do não-sentido ou do pouco-sentido e de sua relação com o tempo.

O *nonsense* nos engana por um curto lapso de tempo, suficiente apenas para que um sentido insuspeitado se esgueire e produza o efeito de prazer que conduz ao riso. Esse tempo é fugidio, quase um lampejo, e sua natureza não é outra que a sideração que nos retém por um instante no *nonsense* (S.V, p. 90). Quando de sua "passagem pelas vias do significante" (S.V, p. 93), dizíamos, o desejo é marcado por uma ambivalência fundamental. Mas a palavra a sublinhar aqui é "passagem"."O desejo que deveria *passar* deixa em algum lugar não apenas vestígios, mas um circuito insistente" (S.V, p. 94). A noção de *circuito* traduz uma característica importante da teoria freudiana da memória, na qual simples ocorrências, eventos únicos são capazes de deixar atrás de si marcas indeléveis da circulação de energia pulsional. A memória não depende de algo como a repetição de esquemas estímulo-resposta. Antes, ela é um sistema composto de traços ordenados mais por uma lógica de associação do que pela cronologia dos eventos que lhe fornecem conteúdo.

É central aqui a ideia de que aquilo que *passa* sempre deixa vestígios e de que uma *passagem* sempre forma um circuito virtualmente capaz de funcionar outra vez como "passagem", como "polo atrator", a depender do aspecto quantitativo envolvido. Ora, o que é o desejo senão aquilo que força uma determinada passagem, um curto-circuito no interior do complexo processo de produção mediada do sentido?

É por essa razão que "a dimensão da surpresa é consubstancial ao que acontece com o desejo" (S.V, p. 97). Em nenhum outro lugar como no chiste essa dimensão da surpresa é tão bem evidenciada em sua capacidade de produzir prazer."Na tirada espirituosa, é às claras que a bola é rebatida entre a mensagem e o Outro, e que produz o efeito original que é próprio dela" (S.V, p. 97).

O chiste trabalha nessa dimensão essencial da ambiguidade, do equívoco e do desconhecimento, e sua importância provém exatamente do fato de nos lembrar que tudo isso está longe de ser desimportante ou acidental, mas que constitui a natureza própria da linguagem e de nossa constituição em seu interior. Não se trata de fenômenos linguísticos "parasitários", "secundários" ou "residuais",[207] em contraposição ao que seria o uso "ordinário", "sério" da linguagem.[208] Ou, talvez mais precisamente, seja exatamente o que há de "parasitário", no sentido mais literal do termo, de "residual", e por isso mesmo personagem sempre copresente, sempre inelidível.[209]

Diz Lacan: "o objetivo do chiste, com efeito, é nos reevocar a dimensão pela qual o desejo, se não reconquista, pelo menos *aponta* tudo aquilo que perdeu ao percorrer esse caminho, ou seja, por um lado, o que deixou de dejetos no nível da cadeia metonímica, e por outro, o que não realizou plenamente no nível da metáfora" (S.V, p. 100).

Diferentemente do que acontece nos sintomas, nos atos falhos e nos sonhos, estes restos, estes dejetos, marcados com o selo da singularidade imamente da mínima diferença, deixam atrás de si uma "sombra feliz". Esta "sombra feliz" é uma primeira peculiaridade do *Witz* como formação do inconsciente. Tanto os sonhos como os atos falhos são formações do inconsciente que trabalham segundo o modelo da evitação do desprazer (digamos, na "zona de rebaixamento" do princípio do prazer). Já o *Witz*, em contrapartida, visa à produção de prazer, daí suas características peculiares quanto à dinâmica dos jogos de força na economia do prazer-desprazer.

Em que consiste essa "sombra feliz"? "Reproduzir o prazer primordial da demanda satisfeita, ao mesmo tempo que ela tem acesso a uma novidade original. É isso que a tirada espirituosa, por sua essência, realiza" (S.V, p. 101). Toda criação se funda numa repetição, e o *Witz* exibe isso de maneira exemplar. Em outras palavras, trata-se de uma evocação da memória desprovida de lembrança: reativação da memória no que esta tem de material e de esvaziada de conteúdo.

É isso que o *Witz* tem em comum com a infância: na medida em que consegue surpreender o Outro é que ele colhe o prazer: "[...] o mesmo prazer primitivo que o sujeito infantil, mítico, arcaico, primordial [...] havia extraído do primeiro uso do significante" (S.V, p. 104). Isso porque, nas palavras de Freud, "o período em que uma criança adquire o vocabulário da língua materna proporciona-lhe um óbvio prazer de 'experimentá-lo brincando' [...]. Reúne as palavras, sem respeitar a condição de que elas façam sentido, a fim de obter delas

---

[207] Distinções próprias a discursos que se fundam numa oposição grosseira entre verdade e ficção.

[208] Ver a controvérsia Derrida/Searle acerca dos "atos de fala". Artificialidade da distinção uso sério/ordinário da linguagem *versus* parasitário. *Limited inc.*

[209] Ressalte-se que o próprio Wittgenstein se levanta contra uma certa filosofia da linguagem ordinária e do senso comum.

um gratificante efeito de ritmo ou de rima" (FREUD, 1977 [1905], p. 148). É por essa razão que Lacan recomenda, para a formação em psicanálise, a inclusão de uma série de matérias, como a retórica, a dialética (no sentido aristotélico), a gramática e a poética (como "estética da linguagem"), "que incluiria a técnica [...] do chiste" (E, p. 289).

Porque, se por um lado, Freud, em 1918 ("Voies de la Thérapie psychanalytique") tem razão em reclamar que a terminação "análise" da palavra "psicanálise" deva ser compreendida como "fracionamento", "decomposição", em analogia com o trabalho efetuado pelo químico com as substâncias (cf. FREUD, 1918; REGNAULT, 2001, p. 36-38), por outro lado, certas análises de Freud guardam fortes afinidades com procedimentos formais como os que desempenham algum papel na poesia.

Mas é a noção lacaniana de "*pas-de-sens*", ao jogar com a ambiguidade da palavra "pas", que melhor traduz essa convergência (S. XVII, p. 53). Para compreendermos sua construção, é preciso começar por entender o movimento que vai da rejeição do *nonsense* como princípio explicativo da formação do chiste. A noção de *nonsense* será preterida em favor de outras categorias que se opõem ao sentido. Lacan passa por diversos termos correlatos: "contra-senso", "des-senso" (*dé-sens*), pouco-sentido (*peu-de-sens*) e, finalmente, "*pas-de-sens*" (no duplo sentido de negação e de passagem[210]). Esta última fórmula será retida por Lacan, segundo minha hipótese, por mostrar melhor do que todas as outras a solidariedade entre discurso e objeto, entre impasse e formalização. O fato de haver um "apagamento ou uma redução do sentido" (S.V, p. 101) não implica a ausência de sentido. Como escreve Freud "há sentido por trás desta chistosa ausência de sentido" (FREUD, 1977 [1905], p. 74). Mas como ocorreria a *passagem* de sentido?

Lacan se vale de um símile marxista: o valor de troca apaga do objeto o que é da ordem da natureza, da pura necessidade, o valor de uso. Do mesmo modo, do ponto de vista do sentido, o valor determinante é sempre de troca,[211] e apenas subsidiariamente de uso, contrariamente ao que reza a cartilha pragmatista. É assim que, numa cadeia metonímica, o sentido pode deslizar. "A dimensão do valor impõe-se em contraste com a dimensão do sentido" (S.V, p. 85). Em outras palavras, relações quantitativas de valor não se sustentam na postulação da equivalência entre diferentes entes empíricos, mas num equivalente geral.[212] A equivalência sobre a qual se assenta o valor "pressupõe, por parte dos dois termos em questão, o abandono de uma parcela muito importante do seu sentido" (S.V, p. 86), condição necessária

---

[210] Note-se que o duplo sentido aqui, em sua simultaneidade e indecidibilidade, não evocam um processo de tipo dialético.

[211] O equivalente geral: Marx/dinheiro; Lacan/falo.

[212] O significante é o que permite pensar a equivalência entre objetos diferentes. E o significante puro, sem nenhuma potência denotativa, é o falo.

da metonímia. A "equalização dos objetos" pela palavra tem como efeito imediato o apagamento ou redução do sentido. Mas esta redução, esta equalização nunca é sem restos: ela deixa vestígios, traços, dejetos.

O que torna, pois, possível um equívoco explorado num chiste, por exemplo, não é o *nonsense*, mas exatamente o *pouco-de-sentido* quando estamos diante do jogo com a matéria sonora da palavra. Estamos, agora, diante de uma concepção alargada e nuançada de produção de sentido, onde este é lugar de *interrupção*, mas também de *passagem*. Impossível elidir o aspecto econômico da produção de sentido. Impossível também menosprezar o fenômeno do chiste que mostra, entre outras coisas, *quão pouco-sentido* prévio é necessário para a produção de efeitos de verdade em situações complexas de interação social como aquela que envolve um chiste bem-sucedido. Estamos nos aproximando, a passos largos, da concepção lacaniana do semi-dizer da verdade.

O *Witz* sempre sugere a dimensão do pouco-sentido "intimando-o" a realizar-se como valor, numa lei de proporção inversa: quanto mais o *Witz* "se desvelar como valor verdadeiro, mais se desvelará como estando apoiado no [...] pouco-sentido" (S. V, p. 102). O Outro autentica o *Witz*, marcando-o com o sinal da alteridade: o desejo não pode ser formulado sem alguma ambiguidade, própria à linguagem. É aqui que se pode medir a efetividade do primeiro limite para Lacan: as homofonias são relevantes na lógica do inconsciente, porque este funciona segundo a lógica do significante e não segundo a lógica do sentido.

Ao "nonsense", Lacan prefere o "*pas-de-sens*". Esse "*pas-de-sens*" é o que se realiza na metáfora. Ora, a metonímia apoia-se na medida comum, no valor de troca dos objetos na linguagem, no discurso estruturado socialmente. Ao passo que a metáfora é o que, apoiando-se nos restos, nos vestígios desta operação de equalização, introduz o "*pas-de-sens*", conforme vimos quanto à vertente positiva da metáfora, em termos da ação do significante. "Tomar um elemento no lugar onde ele se encontra e substituí-lo por outro [...] quase por qualquer um": tal é o fundamento da operação poética de uso das palavras para além do sentido socialmente partilhado, para além dos usos ordinários da linguagem, sugerindo equivalências insuspeitadas, identidades entre coisas longínquas, etc. Ou seja, é neste "*pas-de-sens*", nesta negação determinada de um sentido dado, que reside a possibilidade de criação de um sentido novo, de uma passagem nova do sentido (*pas-de-sens*). A função do *Witz* é exatamente a de indicar este caráter de passagem através do pouco-sentido.

Eis o resumo da ópera: "Depois de haver percorrido o segmento da dimensão metonímica, ele [o sujeito] faz com que o pouco-sentido seja acolhido como tal, o Outro autentica neste o passo-de-sentido, e o prazer se consuma para o sujeito" (S. V, p. 104). Ao fim do processo temos uma positivação do pouco-sentido, tornada possível pela negação relativa do sentido socialmente partilhado.

"O dito espirituoso, o chiste, satisfaz-nos por se unir ao engano em seu lugar. Ao sermos acionados pelo dizer, o riso eclode por termos poupado um caminho, diz-nos Freud, por abrirmos a porta além da qual não há mais nada a encontrar" (OE, p. 356). A passagem de sentido (*pas-de-sens*) através do não-sentido (*pas-de-sens*) não nos leva a nenhum lugar, apenas a atravessar a porta.[213]

É exatamente esse gênero de atravessamento que está em jogo no estilo como dispositivo de formalização de impasses.

Seção 15 – Retórica do inefável X prática do semi-dizer

Como vimos há pouco, se é verdade que um corte maior afeta todos os discursos compossíveis, é igualmente verdade que há algo que permanece imune ao corte da ciência moderna, e que permite nomeá-lo. A tese segundo a qual algo permanece imune ao corte da ciência não é derivada do *leitmotiv* heideggeriano da poeticidade essencial da natureza ocultada pelo *lógos*;[214] ela não tem nada a ver, tampouco, com a empresa wittgensteiniana de postulação da existência de um inefável místico por meio da mostração dos limites internos da linguagem (WITTGENSTEIN, 1994, § 6.522). Eis o que diz Lacan: "[...] a psicanálise que se apóia em sua fidelidade freudiana não pode, de maneira alguma, dar-se como um rito de passagem a uma experiência arquetípica ou de algum modo inefável" (E, p. 810).

Mesmo se essa crítica do inefável, nesta passagem, visa a Jung, ela permanece válida para fornecer coordenadas para um eventual diálogo com Wittgenstein. Observemos a expressão "de algum modo inefável". Assim, o desejo de tocar "o sentido do mundo" através do Místico (Wittgenstein) não pode ser confundido com a *démarche* propriamente lacaniana dos limites do dizer. Do lado de Wittgenstein: o pano de fundo do desejo que atravessa o *Tractatus* não é senão o diagnóstico de uma impotência da linguagem e da ciência no que concerne aos "[...] problemas da vida", na medida em que "todas as proposições têm igual valor" (TLP, 6.4). De todo modo, um horizonte de reconciliação está em perspectiva através do silêncio místico. A via lacaniana se constitui alhures. A primeira menção de Lacan a Wittgenstein já o coloca ao lado de Heidegger, na perspectiva das relações entre ser e linguagem. Vale ressaltar que a referência

---

[213] Difícil não pensar em Kafka. Mas a tematização dessa questão nos levaria mais longe do que precisamos ir.

[214] Lacan diz: "Não me enveredarei na função de *das Ding* na perspectiva heideggeriana da revelação contemporânea, vinculada ao final da metafísica, do que ele chama de o Ser" (S.VII, p. 151).

a Wittgenstein, um tanto superficial, é, contudo, bastante precoce em termos da cronologia do ensino de Lacan: ela data de 26 de setembro de 1953.

> Um poder mais original da razão parece surgir através do esfacelamento do conceito, na teoria lógico-matemática dos conjuntos, e da unidade semântica, na teoria linguística do fonema. À luz disso, todo o movimento fenomenológico ou existencialista afigura-se a compensação exasperada de uma filosofia que já não tem certeza de ser senhora de seus motivos, e que não convém confundir, apesar de estas se demarcarem nela, com as interrogações que um Wittgenstein ou um Heidegger trazem sobre as relações do ser com a linguagem, tão pensativas por nela se saberem incluídas, tão lentas demais para encontrar nela o tempo (OE, p. 166).

A experiência da impossibilidade de representação do sexual *qua* sexual, ou da impossibilidade de total simbolização do real do sexo, não implica sua inefabilidade ou silêncio. No que resiste à apreensão científica ou simbólica, não se trata do inefável. Há um saber construído na análise que não remete à rememoração, cujo caráter é antes da ordem do que Freud chamou de construção em análise, remetendo ao regime ficcional da verdade. Por essas razões, no fim dos anos 1960, Lacan propõe a ideia de saber acéfalo da pulsão, "ontologicamente primeiro em relação à dimensão da verdade" (Zizek, 2004, p. 55). Se não era possível a verdade sobre a verdade na perspectiva da dialética saber e verdade, com o saber acéfalo é possível alguma modalidade de saber sobre a verdade? Como veremos, essa pergunta é central na tematização da cura analítica a partir do momento em que o conceito de gozo começa a perturbar o essencial da dialética saber e verdade que de certa forma orientou os primeiros seminários de Lacan. Com efeito, depois do *Seminário XVI* tratar-se-á muito mais de saber, verdade e gozo.

A dupla injunção da verdade (a verdade não se cala, e que não há uma verdade da verdade), que implicava o semi-dizer como seu regime de enunciação, agora esclarece sua razão do seguinte modo: *o limite da verdade é o gozo* (S. XX, p. 124). Quando do esgotamento da temática do desejo puro e do paradigma clínico da interpretação que lhe é correlata, Lacan vai mais e mais acentuar a dimensão do ato e da construção, correlativos ao saber acéfalo da pulsão. Assistiremos a uma radicalização da ruptura entre saber e verdade, que culmina na ideia de um saber no real, mas inobjetivável. Um saber que não se sabe, porque se sustenta apenas pelo significante, que é, por sua vez, contingente por excelência. O que está em jogo é o caráter contingente da constituição de cada sujeito.

A operação é dupla: a sofisticação matemática coincide com (1) uma simplificação conceitual dirigida a uma epistemologia do mínimo: um mínimo de axiomas, um mínimo de conceitos fundamentais; (2) por conseguinte, resulta daí um mínimo de densidade ontológica para as entidades teóricas admitidas. Esse movimento de decantação poderia parecer impelir ao silêncio, se algo não viesse interromper essa marcha em um ponto qualquer anterior ao infinito. Este ponto não é outro senão o axioma fundamental "isso fala": "Ora, o axioma de Lacan, é que o silêncio não existe. Nunca, isso não se cala. Eis o que é preciso entender no 'isso fala'. [...] O silêncio não existe; isso pode se dizer inconsciente, isso pode se dizer verdade, isso pode se dizer estrutura, isso pode se dizer linguagem" (MILNER, 2003, p. 23).

Nas seções anteriores, disse que a letra nunca é confinada apenas à rubrica da formalização matemática e que aquela potência se dobrava de um dizer, ou antes, de um estilo que, desta vez, na medida em que se reconfiguram as relações entre saber, verdade e gozo, recebe o nome de *semi-dizer*. Trata-se agora de "reter uma verdade côngrua, não a verdade que pretende ser toda mas a do semi-dizer, aquela que se verifica por se guardar de ir até a confissão, que seria a pior, a verdade que se põe em guarda desde a causa do desejo" (S. XX, p. 126).

Por essa razão, a condição litoral será seu ponto de fuga: "[...] à condição de compreender que dizer a verdade, é propriamente dizer os dois lados de toda fronteira" (MILNER, 2003, p. 18). Aqui reside toda a distância que separa Lacan e Wittgenstein, para quem o recolhimento silencioso é a única saída face ao que não pode ser dito "claramente". Seria preciso escolher: ou a clareza das proposições dotadas de sentido empírico, ou o silêncio.[215] É aí que se justifica o sentido da estratégia tractatiana de traçar uma fronteira "interna", "na língua", qual seja, o espaço lógico entre a tautologia e a contradição.

O problema que gostaria de enfrentar, Milner formula assim: "[...] conhece-se a resolução lacaniana daquilo que Wittgenstein apresenta como um impasse: posto que há fronteira ao ato de pensamento e posto que não há fronteira na linguagem, então é possível bem dizer aquilo que não se deixa pensar. [...] Donde o deslocamento da proposição 7 do Tractatus: sobre o que não se pode pensar, é preciso semi-dizer" (MILNER, 2003, p. 18).

§64 A retórica wittgensteiniana do inefável

A seguir, examino o *Tractatus* de Wittgenstein sob a ótica aqui esboçada, buscando investigar questões relativas às relações entre sentido e verdade, num contexto que também recusa a metalinguagem e que também se interroga acerca do estatuto estilístico do próprio discurso, isto é, que também se interroga acerca dos limites de *como dizer o que se diz*. O propósito de "salvar a verdade", num contexto de recusa da metalinguagem, implica o fechamento do sentido numa concepção demasiado estreita, ligada à capacidade de projetar modelos de concatenação de objetos. O preço a pagar pela vontade de salvar a verdade

---

[215] "O que se pode em geral dizer, pode-se dizer claramente; e sobre aquilo de que não se pode falar, deve-se calar" (WITTGENSTEIN, 1994, p. 131).

separando-a de seu caráter linguageiro é o silêncio. Por contraste, pretendo esclarecer a noção lacaniana do semi-dizer da verdade.[216] Os principais tópicos tratados ao longo do livro convergem na análise que segue.

É demasiado bem conhecido o refrão "sobre aquilo de que não se pode falar, deve-se calar", expresso na proposição final do *Tractatus*. Tomado como imperativo maior do gênero de atividade filosófica cujo programa de pesquisas ali se desenha, sua fonte remonta à oposição entre *dizer* e *mostrar*, desenvolvida por Wittgenstein nos anos de maturação de sua primeira obra filosófica. No *Tractatus* delineiam-se diferentes figuras do inexprimível e, portanto, do imperativo do silêncio. Três figuras maiores agrupam as diferentes acepções do que não pode ser *dito*, ou pelo menos, do que não pode ser dito em conformidade com a natureza figurativa da proposição significativa, essencialmente bipolar. São elas: (i) o silêncio místico, que reúne as figuras do inefável relativas à totalidade limitada do mundo (TLP, 6.45) e (ii) as proposições da ética e da estética, cujo sentido estaria fora dos limites do mundo. Pois, "no mundo tudo é como é" (TLP, 6.41), correlato ontológico simetricamente perfeito de "todas as proposições têm igual valor" (TLP, 6.4); (iii) a impossibilidade de representar a forma lógica comum entre a proposição e o fato que ela afigura (TLP, 4.12). Em outros termos, trata-se da inefabilidade de propriedades formais. É o uso predicativo de conceitos formais que conduz "necessariamente à produção de proposições formalmente auto-referentes, e, portanto, absurdas" (MARQUES, 1997b, p. 223).[217]

Como salientei, o interesse da discussão que segue é circunscrito ao âmbito de uma confrontação entre filosofia e psicanálise, no que concerne a temas conexos aos dois campos, como os problemas das relações entre verdade e sentido num contexto de recusa da metalinguagem e de preocupação com os modos de enunciação do próprio discurso. Mais especificamente, meu interesse é o de discutir a relação entre *não-sentido* ou *fora-do-sentido*[218] e verdade.

§65 Através delas, por elas, para além delas: o estilo tractatiano e a crítica à metalinguagem

A proposição representa estados de coisas, ou, mais precisamente, a proposição dotada de sentido projeta um modelo de situação possível de concatenação de

---

[216] É certo que a leitura que Lacan fez de Wittgenstein é episódica, sem maiores consequências teóricas para seu discurso e, salvo uma ou duas observações que comentarei, é também desprovida de relevância para os estudos wittgensteinianos. Por isso, escolhi a estratégia do contraste de perspectivas.

[217] Para discussão técnica acerca de propriedades formais, conceitos formais, notas características, ver o excelente artigo de Edgar Marques.

[218] Tomo inicialmente, de maneira deliberada, o termo "*nonsense*" num sentido não técnico, englobando toda a gama de termos que se opõem ao sentido pleno, como o contra-senso, o absurdo, o sem-sentido, etc.

objetos. Mas a proposição "não pode representar o que deve ter em comum com a realidade para poder representá-la – a forma lógica. Para podermos representar a forma lógica, deveríamos poder-nos instalar, com a proposição, fora da lógica, quer dizer, fora do mundo" (TLP, 4.12). O quadro de Velásquez analisado por Foucault em *As palavras e as coisas* pode nos fornecer um modelo de compreensão acerca do que Wittgenstein quer dizer aqui. A representação não pode representar a si mesma, sob pena do infinito *mis-en-abîme*. Não há um ponto de vista exterior que permita ao pintor pintar a si mesmo, sem, no mesmo gesto, retirar-se ainda uma vez da representação. Do mesmo modo, "a proposição não pode representar a forma lógica, esta se espelha na proposição. O que se espelha na linguagem, esta não pode representar. O que *se* exprime na linguagem, *nós* não podemos exprimir *por meio dela*. A proposição *mostra* a forma lógica da realidade. Ela a exibe" (4.121).[219] Maneira contundente de criticar a metalinguagem ou, mais precisamente, a possibilidade de um discurso categorial. A proposição não pode falar de si mesma. Um dos resultados filosóficos dessa crítica é que "a necessidade de um *tertius* para a aplicação do entendimento ao sensível é cancelada" (Prado Jr., 2004, p. 167).

Outra maneira de criticar a metalinguagem é a famosa refutação da teoria dos tipos de Russell: "[...] nenhuma proposição pode enunciar algo sobre si mesma" (TLP, 3.332). É claro que a crítica à metalinguagem precisa ser matizada. Uma sentença como "esta proposição se compõe de sete palavras" não é absurda, embora seja autorreferencial (Marques, 1997a, p. 243). Mas a demonstração da absurdidade da teoria russelliana dos tipos não é sem ambiguidades, na medida em que pressupõe a radicalização de uma de suas intuições fundamentais (Marques, 1997b, p. 206). Assim, o que engendra paradoxos não é qualquer tipo de autorreferência, mas a tentativa de expressar conceitos formais através de funções proposicionais (Marques, 1997a, p. 235; 1997b, p. 206 *et seq.*). Grosso modo, funções proposicionais nas quais a determinação da gama de argumentos possíveis dependa de algum modo do recurso a essa mesma função engendram, necessariamente, paradoxos. Isto é, quando não é possível determinar critérios ou regras de correspondência/satisfação de certos objetos ou argumentos a certas funções independentemente de um recurso a estas últimas, estamos inexoravelmente fadados ao paradoxo. Ora, parece ser este o caso do conjunto de proposições filosóficas. Resta saber o que fazer do paradoxo. De todo modo, este é o primeiro ponto do elogio lacaniano a Wittgenstein: a recusa da metalinguagem é uma operação de detecção da canalhice filosófica (S. XVII, p. 57).

---

[219] "A situação conceitual é clara: dada a concepção wittgensteiniana das proposições, é impossível expressar o caráter essencial da linguagem ou o mundo em uma proposição. Estas características essenciais só podem mostrar-se a si próprias ou manifestar-se por si próprias" (FOGELIN, 1995, p. 100).

A impossibilidade da metalinguagem é um dos pontos centrais não apenas do *Tractatus*, mas, como mostra Granger,[220] de toda filosofia wittgensteiniana, pois ela não apenas informa a crítica de formas discursivas que se valham da metalinguagem, mas incide na própria maneira de apresentar a filosofia. Wittgenstein está, desde muito cedo, cônscio de que, na elaboração de seu próprio discurso, precisa estar atento para não incorrer nos erros – sobretudo de natureza linguística – que ele denuncia. Isso explica, pelo menos em parte, algumas escolhas estilísticas, frequentemente bastante heterodoxas, do autor do *Tractatus* e das *Investigações*.

Com efeito, o estilo composicional do *Tractatus* é, do início ao fim, marcado por essa convicção da impossibilidade da metalinguagem. Isto é, o autor parece avisado das consequências estilísticas e discursivas da impossibilidade do discurso categorial. Essa convicção funciona como pano de fundo das escolhas estilísticas do texto, e explica, ainda que apenas parcialmente, o tempero dogmático[221] da exposição e o sabor enigmático de suas proposições. A quase ausência de procedimentos argumentativos correntes, de gênero apodíctico ou demonstrativo, polêmico ou dialógico, assim como um certo alheamento em relação aos mecanismos de validação e prova discursiva, são relativos à prudência em relação aos limites do discurso significativo e a esta desconfiança em relação à artificialidade de procedimentos metalinguísticos de produção de sentido e validação de verdades. O minimalismo expressivo do texto resulta disso. Também o estilo "quase-solipsista" (PRADO JR., 2004, p. 128). Essa desconfiança em relação à metalinguagem atingirá seu ápice quando da qualificação das próprias (meta) proposições de que o livro é tecido como sendo contrassensuais (*"unsinnig"*).[222] Não obstante a internalização de protocolos exigentes quanto à sintaxe, essas proposições não deixam de exercer certo fascínio, inclusive por conta do caráter expressivo e minimal de muitas passagens, que parecem se impor à memória do leitor, como um motivo musical. Como nota Soulez, "marcado internamente por uma negatividade refratária à dialetização, o *Tractatus* deve à ideia de seu caráter fechado, o aspecto tenso, depurado, mas também a extraordinária visibilidade da expressão" (SOULEZ, 2003a, p. 246). Visibilidade sem projeção, diríamos, apontando

---

[220] Vale destacar, neste artigo, o debate que se segue entre Max Black e G-G. Granger.

[221] Sigo aqui a observação de Bento Prado Jr.: "[…] é claro que, ao falar de dogmatismo, a propósito do *Tractatus*, penso na definição de dogmatismo como sinônimo de ontologia fundada numa concepção universalista da lógica e da linguagem, e não aquela, p. ex., implícita na leitura apressada de Cavaillès, que fala […] do realismo ingênuo" (PRADO JR., 2004, p. 125, nota 82).

[222] A tradução de *"Unsinn"* é objeto de desacordo. Adotaremos, de maneira não exclusiva, a solução de Luis Henrique Lopes dos Santos, que prefere "contra-senso" a "absurdo". As traduções inglesa e francesa melhor recomendadas adotam, respectivamente: *"nonsensical"*; *"dépourvues de sens"*. De toda forma, tudo que é preciso reter é a necessidade de discriminar *"Unsinn"* (como o que ocorre, por exemplo, com proposições filosóficas) e *"Sinloss"* (como ocorre, por exemplo, em uma tautologia).

para o comentário de Bento Prado Jr, que detectou em Wittgenstein "um filósofo que sempre insistiu sobre a *dificuldade essencial da expressão*" (PRADO JR., 2004, p. 40).

Isso não impede que o mesmo texto que afirma desde suas primeiras linhas que o que pode ser dito "pode ser dito claramente" tenha escolhido frequentemente um estilo que não deixa de ser de compreensão difícil ou mesmo oblíqua, e cuja clareza só pode ser percebida em função de uma certa refração. Mais do que isso, um discurso que, mesmo em passagens cruciais, abdica de recorrer a estratégias retóricas consagradas de determinação e fechamento do sentido do discurso. Pois trata-se "de uma pesquisa que se autocorrige sem descontinuar, sem jamais atingir o repouso de sua expressão plena e finalmente transparente" (PRADO JR., 2004, p. 40). De maneira certamente não deliberada, mas nem por isso de forma inadvertida, esse estilo termina por deixar espaço para a equivocidade, de que dão prova as sucessivas e conflitantes tentativas de interpretação. O que nos leva diretamente ao problema do estatuto das "proposições" tractatianas. Tudo gira em torno de como ler a famosa passagem que pode ser vista como o clímax do texto, a proposição 6.54, em que as proposições encenam sua própria desaparição: "[...] minhas proposições elucidam dessa maneira: quem me entende acaba por reconhecê-las como contra-sensos, após ter escalado *através delas – por elas – para além delas*. (Deve, por assim dizer, jogar a escada após ter subido por ela.)" (TLP, 6.54).

As proposições tractatianas são qualificadas pelo próprio autor como contrassensos (ou absurdos). Mas a ausência de estatuto proposicional em suas próprias sentenças não era vista por Wittgenstein como um defeito. Ao contrário, tudo indica que ele considerasse isso um mérito (FOGELIN, 1995, p. 98). Fogelin observa uma interessante propriedade das proposições tractatianas. Diferentemente de proposições descritivas, que falam de algo exterior a elas, e diversamente também de tautologias, que não versam sobre nada, as "proposições" tractatianas engendram um peculiar regime de mostração. Tomemos 3.25 como exemplo: "a proposição tem uma e apenas uma análise completa". Essa proposição parece versar sobre proposições e afirma que elas têm apenas uma análise. Fogelin chama isso de "conteúdo manifesto" (p. 102). Eis que ocorre o seguinte: "[...] em seguida, percebemos que essa proposição é quase literalmente sem-sentido, mas então supõe-se que o fato mesmo de reconhecer isso nos mostre algo. A peculiaridade desta situação é que o que é mostrado é apenas o que é manifestamente (embora não genuinamente) dito" (p. 102). O "conteúdo manifesto" não remete a um suposto conteúdo latente, como aliás um leitor atento de Freud sabe. Mas o reconhecimento de que, para além da superfície e do que ela mostra, rigorosamente *não há nada*, é um passo fundamental, que permite superar aquele primeiro nível de abordagem. Estamos aqui, paradoxalmente, bastante próximos de toda a temática lacaniana da impossibilidade da metalinguagem e da crítica à concepção da verdade inconsciente como algo dotado de uma suposta profundidade.

A pergunta que se impõe imediatamente é: em que sentido contrassensos podem ser elucidativos? A questão interessa imediatamente ao filósofo, perplexo ao reconhecer que a dissolução de contrassensos filosóficos emprega contrassensos (anti)filosóficos e ao analista, interessado em elucidar o fato clínico de que um dizer sem-sentido pode ter efeitos de verdade.

Isso nos leva diretamente ao cerne da questão do sentido a ser atribuído à célebre metáfora da escada que deve ser jogada fora uma vez utilizada e ao estatuto das proposições que compõem o *Tractatus*. Esquematicamente, há três correntes interpretativas acerca desse problema. A interpretação desse passo é fundamental, porque dele depende a compreensão do próprio estatuto da filosofia e da atividade nela envolvida. (1) Desde a publicação do *Tractatus*, Russell expressou, já na "Introdução" encomendada por Wittgenstein, sua sensação de "desconforto intelectual", afirmando que, afinal, Wittgenstein conseguira "dizer uma porção de coisas sobre o que não pode ser dito" (TLP, Introdução, p. 127). A "escapatória" ("*coophole*") apontada por Russell, no entanto, é a hierarquia de linguagens, algo que Wittgenstein repudiaria, por conta das razões aludidas acima, relativas à sua crítica obstinada da metalinguagem. No mesmo sentido vai a sugestão de Carnap. Ramsey leva ao extremo essa incoerência de tentar dizer o indizível, sugerindo que o que está em jogo assemelha-se a uma brincadeira de criança que se recusa a dizer "café da manhã" dizendo "não sei dizer café da manhã";[223] (2) outra corrente pode ser representada por Stenius ou por Hacker: há absurdos que nos desorientam e há absurdos esclarecedores. As proposições do *Tractatus* são absurdos desse segundo tipo, e portanto o dispositivo dizer *versus* mostrar pode ser mantido sem maiores problemas; (3) uma terceira linha foi proposta por Cora Diamond e James Conant, que recusam a ideia de um "absurdo esclarecedor". Em suma, ela diz que a própria distinção entre mostrar e dizer, e portanto, a existência do inefável faz parte do que deve ser jogado fora junto com a escada, não merecendo o destaque que ela tinha nas interpretações precedentes. Apenas proposições que fazem parte da "frame" do livro não são absurdas. Entre elas, a própria 6.54. Nem é preciso indicar como a determinação da "frame" depende de uma concepção extratractatiana de sentido (MACHADO, 2001, p. 10).

De minha parte, gostaria apenas de ressaltar que todas essas leituras baseiam-se no pressuposto de que em 6.54 temos uma forma de imperativo ético. "Jogar a escada fora" e resignar-se ao silêncio filosófico transforma-se numa regra erigida em um estatuto mais elevado do que as demais proposições do *Tractatus*. Ora, o que, de todo modo, parece escapar é que a própria proposição 6.54 deve ser "jogada fora", mas apenas depois de realizada a experiência filosófica ali

---

[223] A exposição dessas linhas interpretativas acompanha de perto o excelente estudo de Machado (2001), embora minhas conclusões se distanciem quase diametralmente.

proposta.[224] A recomendação de que devamos jogar fora a escada não pode ser absolutizada, porque sua própria formulação é problemática: ela continua sendo uma proposição que *não consegue pôr a si mesma sem encenar sua própria dissolução*, ou no mínimo, sem encenar seu caráter de uma proposição que não pode ter o estatuto de uma proposição verdadeira *tout court*. Ela permanece sendo uma proposição, digamos, inautêntica, não genuína. Formulando o paradoxo de maneira mais direta: a proposição que diz que devemos jogar fora as proposições do *Tractatus* também deve ser jogada fora. Mas não sem antes termos escalado *por* elas e *através* de toda a sequência de "absurdidades" engendradas pelas proposições de 1 a 6, todas elas, de certo modo, "fora-do-sentido", "sem-sentido" (conforme o "*pas-de-sens*" discutido anteriormente).

Afinal, só aquele que foi capaz de conviver com o caráter sem-sentido das proposições filosóficas é capaz de reconhecer o estatuto antigramatical, ou a ausência de caráter proposicional. Porque foi "através" e "por meio" do contrasenso que este pôde ser reconhecido como tal, e, por este gesto mesmo, pôde ser elucidado.

§66 O silêncio wittgensteiniano e a *"Unglauben"*

No famoso "Prefácio" do *Tractatus*, Wittgenstein sublinha a palavra "verdade" (Wahrheit) numa frase desconcertante, ainda que de iniludível caráter retórico: "[...] a verdade dos pensamentos aqui comunicados parece-me intocável

---

[224] Uma maneira de entender 6.54 sem apelar para "covardia" (Cora Diamond), ou "brincadeira de criança" (Ramsey), ou até mesmo para a "dislexia" (Hintikka), seria pensá-la, precisamente, como metáfora, ou até mesmo como análoga a uma encenação teatral que se declara, a partir de dentro, uma encenação. De um procedimento que "esgota e exibe seus próprios meios". Tomemos, por exemplo, a "Ilusão cômica" de Corneille. Na cena final (Ato V, cena 5), Pridamante, o pai, prestes a pôr fim em sua própria vida após assistir à morte de seu filho, é avisado por Alcandre de que tudo não passava de uma encenação. Metáfora dentro da metáfora, teatro dentro do teatro. Minha proposta é que, ao pensarmos a metáfora da escada como metáfora, ou como encenação de uma encenação, teatro dentro do teatro, ganhamos em inteligibilidade de como algo pode ser mostrado para "além" do que pode ser dito. Assim, entendemos melhor a atratividade que o texto de Wittgenstein exerce ainda hoje, apesar de não ter logrado obter o efeito de resolução definitiva de problemas filosóficos. Mostrando *o que não pode ser dito*, mostramos como o *nonsense* pode ter efeitos de verdade, ou, pelo menos, efeitos esclarecedores. No limite, efeitos wittgensteinianamente terapêuticos, obtidos através da mostração do que se diz no que se diz, no *semblant* inevitável de todo discurso. Desse modo, Wittgenstein não procede como uma criança que se recusa a dizer "xyz" dizendo "xyz". Ramsey desconhece, além de tudo, que quando uma criança faz uso de determinada expressão dizendo que não sabe usar esta mesma expressão, muitas vezes ela não está brincando. Frequentemente, nesses casos, a criança ainda não sabe que sabe usar tal expressão. Uma criança de quase três anos diz, por exemplo, "não sei dizer helicóptero". Mas é uma questão de (pouco) tempo. Em alguns dias ou semanas, ela será capaz de empregar corretamente a referida expressão, desta vez desacompanhada da sensação de estranheza que a primeira experiência evoca. Ou seja, mesmo nesta suposta "brincadeira de criança" há uma elaboração – *através* e *por meio* – do *nonsense* de tudo que é necessário para suplantá-lo.

e definitiva" (TLP, Prefácio, p. 133). O que não deve escapar de nossa atenção é que esta "verdade intocável e definitiva", ainda que retoricamente afirmada, foi "comunicada" através de contra-sensos, ou através de proposições desprovidas de sentido![225] De todo modo, de forma independente da determinação estrita de sentido.

Com efeito, há dois usos distintos de "verdade" no *Tractatus*, um sentido técnico, outro retórico. No centro do texto, temos a concepção projetiva da verdade, correlativa à teoria pictórica da linguagem. As famosas tabelas de verdade são construídas – e são válidas – (apenas) nesse âmbito. O sentido (projetivo), aqui, é precondição de verdade, e esta é função de uma resposta positiva da realidade à projeção de uma ligação de objetos no espaço lógico, homogêneo aos limites do mundo. Grosseiramente: a figuração se enlaça com a realidade (TLP, 2.1511); o que a figuração tem em comum com o afigurado é sua forma lógica (TLP, 2.2); finalmente, por meio da proposição, a realidade diz apenas "sim" ou "não" (TLP, 4.023); isto é, se uma proposição é verdadeira, deve subsistir um estado de coisas existente como fato positivo: ele dirá "sim" à proposição (TLP, 2.06; 2.12; 2.21; 2.225); por isso, "a proposição pode ser verdadeira ou falsa só por ser uma figuração da realidade" (TLP, 4.06).

Com efeito, numa proposição significativa, dotada de sentido projetivo, há a máxima convergência entre o mostrar e o dizer. A proposição mostra seu sentido, isto é, "*mostra* como estão as coisas se for verdadeira. E *diz qu*e estão assim" (TLP, 4.022). Ora, as proposições tractatianas, ao infringir as regras de sintaxe lógica, não atendem a esse pré-requisito de sentido: elas não mostram como estão as coisas, pois carecem de caráter projetivo, não mostram de que modo objetos extralinguísticos devem estar concatenados para que sejam tornadas falsas ou verdadeiras. Mais ainda, nenhuma situação factual pode dizer "sim" ou "não" a contra-sensos, exatamente porque estes não estão no mundo, mas em seus limites.[226]

Todavia, Wittgenstein não se abstém de empregar "verdade" a fim de qualificar os pensamentos comunicados pelas proposições do *Tractatus*, que, no entanto, não atendem aos pré-requisitos de sentido da teoria pictórica e nem tampouco satisfazem às exigências da gramática lógica ali desenhada. As proposições tractatianas estão, por conseguinte, fora do espaço lógico e dos limites do

---

[225] "A teoria do significado proposicional no *Tractatus* é auto-destrutiva. O que permanece obscuro é a fonte da tranquilidade – ou até mesmo o orgulho – com que Wittgenstein apresenta este resultado" (FOGELIN, 1995, p. 97).

[226] Mas não é essa a principal razão da crítica wittgensteiniana ao discurso filosófico. Como bem mostra Edgar Marques, "pois as proposições filosóficas [...] não são excluídas da linguagem simplesmente por não projetarem modelos de situações possíveis [...], mas sim em função do seu caráter radicalmente antigramatical, decorrente da utilização nelas de conceitos formais" (MARQUES, 1997b, p. 205).

mundo. Evidentemente, "verdade", no "Prefácio", não tem o sentido técnico, relativo a uma resposta positiva da realidade à projeção de uma concatenação de objetos. Não obstante isso, a "verdade" que o texto "comunica" é "intocável e definitiva". Dada a conhecida parcimônia wittgensteiniana no emprego de adjetivos, principalmente relacionados ao valor de sua própria obra, merece atenção esse fato retórico. Certamente, a avaliação que Wittgenstein faz da importância do que ele comunica não é isenta de *hýbris*.[227] Nem por isso, ela é inteiramente falsa ou descabida. A importância que o texto ocupa na história da filosofia do século XX no-lo mostra sobejamente. "Intocável e definitiva" talvez sejam epítetos demasiado fortes, olhando de hoje. Mas é certo que a publicação teve um efeito de verdade no cenário da filosofia contemporânea. Nisso, Wittgenstein não está errado em empregar o termo "verdade" acerca dos pensamentos ali veiculados. Mas, de fato, a insuficiência da lógica tractatiana e da ontologia atomista subjacente não demorou a ser reconhecida, e com ela a ruína da "bela harmonia"[228] transcendental entre linguagem e mundo.

De todo modo, há um uso do termo "verdade" no *Tractatus*, num sentido que não é nem pictórico, nem projetivo, mas retórico. Verdade (*Wahrheit*) e contra-senso (*Unsinn*) se articulam de maneira insuspeitada na textura composicional, no estilo, na *Dichtung*, do *Tractatus*. Mas Wittgenstein recusa veementemente essa perspectiva que ele mesmo parece ter aberto por alguns instantes e "joga fora a escada" (cf. TLP, 6.54). Isto é, a fim de salvar a verdade, recusa, com "uma ferocidade psicótica" (S. XVII, p. 58), que a verdade possa entrelaçar-se com o fora-do-sentido. Segundo Lacan, Freud definiu a posição psicótica a partir do termo "*Unglauben*": "[...] nada querer saber do canto [*coin*] em que a verdade está em jogo" (S. XVII, p. 60). Ainda para Lacan, este "cantinho" onde reside a verdade, como vimos, é justamente este ponto de interseção entre o real e o simbólico, esta dimensão fora-do-sentido da linguagem. Segundo Laurence Aly (2007, p. 218), no *Tractatus*, Wittgenstein procura "extirpar da linguagem o peso do real", e o resultado é a separação radical entre simbólico e real. O preço dessa separação intransponível é o silêncio.

Em outras palavras, Wittgenstein recusa, no *Tractatus*, fiar-se em quaisquer proposições que não projetam concatenações de objeto: proposições filosóficas, mas também toda a ética e a estética são proscritas ao silêncio. Porque pensar um limite já seria, necessariamente, ultrapassar esse limite.[229] Wittgenstein estava

---

[227] Robert Fogelin (1995, p. 97-98) vê "um extraordinário exemplo de *hýbris*" e de "orgulho" nesta sentença.

[228] Tomo emprestada, livremente, a expressão de Bento Prado Jr. (PRADO JR., 2004, p. 127).

[229] "Pensar os quais [os limites] – segundo a compreensão grandiosa de Hegel – é a mesma coisa que ultrapassá-los" (ADORNO, 2003b, p. 112)

consciente da dificuldade e já aludia a ela desde o "Prefácio": o limite para a "expressão dos pensamentos" precisa ser traçado internamente à linguagem, porque senão deveríamos pensar o que não pode ser pensado. Isso não é possível, porque "o que não podemos pensar, não podemos pensar; portanto, tampouco podemos *dizer* o que não podemos pensar" (TLP, 5.61). Contudo, essa lógica do limite vale apenas se nos mantivermos atados a uma concepção em que "dizer" significa "dizer" segundo o modelo de proposições significativas bipolares. Essa concepção estrita do que vem a ser a linguagem – e seus limites – é o que conduz Wittgenstein ao silêncio. O gesto wittgensteiniano de exclusão do não-sentido instaura uma barreira intransponível entre o que pode ser dito e o que não pode ser dito. O silêncio é uma consequência inevitável apenas se quisermos, a todo custo, dizer a verdade sobre a verdade. Esclarecemos assim a seguinte passagem de Lacan: "[...] talvez eu não diga o verdadeiro a respeito do verdadeiro. Mas, vocês não notaram que ao querer dizê-lo [...] o que ocorre é que não sobra muita coisa do verdadeiro?" (S. VII, p. 225). Por que razão querer dizer a verdade sobre a verdade implica o paradoxo de que sobra pouca coisa da verdade? Porque ao excluir a dimensão do não-sentido do caráter processual da verdade, isto é, ao tentar capturar a "fuga do sentido" (Miller) num instante único, só restam duas possibilidades: limitar a linguagem à figuração de estados de coisa ou contentar-se com o silêncio.

A posição de Lacan é em tudo diversa. E ela deriva do esforço de responder à pergunta que colocamos no início deste trabalho: quais as consequências da postulação freudiana de que o pensamento é primariamente inconsciente no que concerne a modos de enunciação da verdade? Se admitirmos que "há pensamento inconsciente", seremos obrigados a concordar com Lacan, quando diz que "dizer que a verdade é inseparável dos efeitos de linguagem tomados como tais é incluir aí o inconsciente" (S. XVII, p. 59). Efeitos da linguagem "tomados como tais", quer dizer, reconhecendo que a barreira entre o sentido e o não-sentido é apenas um artifício, e como tal, imaginário. Mais do que isso. A análise precedente acerca da produção de efeitos de verdade no *Witz* mostrou-nos o quão pouco sentido é necessário não apenas em situações complexas de interações sociais, mas também quão pouco sentido é necessário para enunciação da verdade subjetiva.

Dizendo com Lacan, "o semi-dizer é a lei de toda espécie de enunciação da verdade" (S. XVII, p. 103).

§67 O semi-dizer da verdade

O avesso da psicanálise é o seminário em que a verdade experimenta uma redução de sua dimensão. No início desse Seminário, Lacan destaca a "impotência da verdade". O alcance do axioma "a verdade fala" sofreu os efeitos da formalização dos quatro discursos e de suas leis de permutação. Se a verdade ainda fala sempre, ela é modalizada pelos lugares estruturais do discurso. Não cabe aqui sumariar as propriedades principais de cada um dos quatro discursos: do mestre, da universidade, da histérica e do analista.[230] A teoria é conhecida de todos e sua explicitação nos conduziria para fora do foco desta investigação. Irei me permitir comentar apenas um ou dois aspectos, mais propriamente relacionados ao semi-dizer da verdade e à leitura lacaniana de Wittgenstein. Agora, a verdade é um lugar virtualmente vazio: é um lugar do discurso, mas também um lugar de passagem. Os diversos *elementos* do discurso (S_1, S_2, \$, a) ocupam sucessivamente este *lugar* da verdade. Mas é preciso observar que, embora reduzida, ela não deixa de maneira alguma de *ter* um lugar, de *ser* um lugar em cada um dos discursos. "Nesse registro do verdadeiro, quando se entra nele, não se sai mais. Para minorizar a verdade como ela merece, é preciso ter entrado no discurso analítico. O que o discurso analítico desloca põe a verdade em seu lugar, mas não a abala. Ela é reduzida, mas indispensável" (S. XX, p. 147).

Ainda no *Seminário XVII*, a herança da concepção hegeliana da verdade como processo se atualiza como "dinamismo do trabalho da verdade" (S. XVII, p. 85). Neste momento, Lacan critica o formalismo da lógica, que reduz a verdade a um "jogo de valores, eludindo radicalmente toda sua potência dinâmica" (S. XVII, p. 84). Com efeito, na tabela de verdade a questão da verdade das premissas é elidida, em favor da possibilidade do cálculo do valor de verdade de variáveis estritamente vazias. O discurso da ciência, ao abraçar o formalismo da lógica, "rejeita e exclui a dinâmica da verdade" (S. XVII, p. 85). Mas essa operação de elisão e de exclusão deixa resíduos, "sob a forma de saber disjunto" (S. XVII, p. 85). "Esse saber disjunto, tal como o reencontramos no inconsciente, é estranho ao discurso da ciência" (S. XVII, p. 85). Não obstante, Lacan reabilita o manejo lógico da verdade em um aspecto: a possibilidade de escrever a verdade como

---

[230] Observemos que, segundo Lacan, o discurso do analista foi inventado por Sócrates. O pressuposto escondido que permite essa observação irônica é que não há relação biunívoca entre o discurso do analista e o fato de se declarar analista; não é o analista que determina seu discurso, mas, bem ao contrário, é o discurso que determina que um sujeito esteja ou não neste lugar de analista. Abramos um parêntese: poder-se-ia estender o alcance dessa última observação dizendo que ela é também válida para os quatro, ou antes, cinco discursos. Pois o risco de hipostasiar o discurso a partir de seu nome (discurso universitário, discurso do mestre, do analista, etc.) é grande. Isso é bastante difundido nos lugares analíticos e advém de um grande desconhecimento da estrutura enquanto matema, ou seja, enquanto esforço obstinado de prolongar o dispositivo anti-imaginário de literalização do real. Assim, por exemplo, a universidade não é necessariamente o único lugar em que o discurso universitário se produz; exatamente como não é impossível girar os discursos na universidade.

letra e de manejá-la fora-do-sentido é "sadia", justamente porque "desprovida de esperança" (S. XVII, p. 52). A crítica do caráter redutor da lógica não implica seu abandono. Poema e matema.

Ao manejar os matemas dos quatro discursos, Lacan propõe que verdade e saber *tocam-se* no discurso impossível, designado como discurso do analista. Mais precisamente: o saber poderá ocupar *o* lugar da verdade no matema do discurso do analista. Mas a *passagem* do saber (disjunto) no *lugar* da verdade assume sempre a forma de uma interrogação: "[...] o analista [...] é aquele que, ao pôr o objeto *a* no lugar do semblante, está na posição mais conveniente para fazer o que é justo fazer, a saber, interrogar como saber o que é da verdade" (S. XX, p. 129). Na permutação, o objeto *a* vem no lugar do agente do discurso, o que visa a produzir uma divisão do sujeito no campo do Outro: "No pequeno engrama que lhes dei do discurso analítico, o a se escreve em cima à esquerda, e se sustenta pelo S_2, quer dizer, pelo saber no que ele está no lugar da verdade. É dali que ele interpela o \$, o que deve dar na produção do S_1, do significante pelo qual se possa resolver o quê? – sua relação com a verdade" (S. XX, p. 123).

É justamente este "saber disjunto", quer dizer, disjunto do sentido, que pode funcionar no discurso do analista, no lugar da verdade. (S. XVII, p. 33). O resultado não é outro que o semi-dizer. Num arroubo lírico, como o próprio autor reconhece, ele qualifica o saber como "meio de gozo", e a verdade, como "irmã da impotência" (S. XVII, p. 166). O mais-de-gozar é resultado de uma perda inicial de gozo, que caracteriza o sujeito como tal. "Se o gozo é marcante, e se ele se homologa por ter a sanção do traço unário e da repetição – que desde então o institui como marca –, se isso se produz, só pode originar-se de um pequeníssimo desvio no sentido do gozo" (S. XVII, p. 47). Ora, o sentido "carrega o peso do ser" (S. XVII, p. 54), mas isso não é suficiente para garantir-lhe a existência. Curiosamente, "o não-senso tem peso. Isso dá um frio no estômago. E este é o passo dado por Freud, ao ter mostrado que isso é o que o chiste tem de exemplar, a palavra sem pé, nem cabeça, nem cauda" (S. XVII, p. 54).

Não obstante, o resultado do gesto de reservar ao discurso analítico uma posição de exceção no que concerne à relação entre verdade e saber – é o único discurso em que o saber *passa* pela verdade – é surpreendente. A condição de entender isso supõe uma dupla cláusula: o saber de que se trata é o "saber disjunto", saber fora-do-sentido, que consente com o enigma, com o *pas-de-sens*; a verdade é não-toda, apenas semi-dita. No discurso (impossível) do analista, o saber (acéfalo, que não se sabe) *passa* no lugar vazio da verdade. Nem a transitoriedade desses instantes contingentes, nem a precariedade de sua captura implicam a desvalorização da verdade. A verdade é desalojada e reduzida pelo discurso analítico, que a "coloca em seu lugar", "mas não a abala" (S. XX, p. 147).

Reduzida, mas indispensável: "[...] é que, da verdade, não temos que saber tudo. Basta um bocado" (OE, p. 442).

É neste contexto que Lacan alude ao *Tractatus* de Wittgenstein. Na lição de 14 de janeiro de 1970, ele afirma que "o amor à verdade é o amor a essa fragilidade cujo véu nós levantamos, é o amor ao que a verdade esconde, e que se chama castração" (S. XVII, p. 49). O raciocínio é mais ou menos o seguinte: "a verdade é um véu que recobre e que esconde a castração; ao amar a verdade, o que efetivamente se ama é esse véu. Por isso, sua figura é a impotência: se há algo que toda a nossa abordagem delimita, que seguramente foi renovado pela experiência analítica, é justamente que nenhuma evocação da verdade pode ser feita se não for para indicar que ela só é acessível por um semi-dizer, que ela não pode ser inteiramente dita porque, para além de sua metade, não há nada a dizer. Tudo que se pode dizer é isto" (S. XVII, p. 49).

Esse comentário conclui a sessão que precede àquela em que, considerada a totalidade dos seminários, refere-se mais detidamente a Wittgenstein. J.-A. Miller intitulou a lição consagrada a Wittgenstein no *Seminário XVII* do seguinte modo: "[...] verdade, irmã do gozo". Logo no começo da lição de 21 de janeiro de 1970, Lacan afirma:

> [...] o avesso não explica nenhum direito. Trata-se de uma relação de trama, de texto – de tecido, se quiserem. Só que esse tecido tem um relevo, ele pega alguma coisa. Claro, não tudo, pois a linguagem mostra precisamente o limite dessa palavra que só tem existência de linguagem [...]
>
> Isso para nos introduzir no que será hoje objeto de uma abordagem essencial, a fim de demonstrar o que é um avesso. Avesso (*envers*) é assonante com verdade (*vraie*) (S. XVII, p. 51-52).

Trata-se, pois, de mostrar como a verdade pode ser assonante com o *pas-de-sens*: "[...] daí essa dialética de onde partimos, que chamamos de *pas-de-sens* (sentido algum), com toda a ambiguidade da palavra *pas*" (S. XVII, p. 53). O *pas-de-sens* é sentido algum, mas também, seu avesso, *passagem de sentido*. É justamente essa dialética que o *Tractatus* wittgensteiniano exclui. O interesse dessa leitura lacaniana de Wittgenstein é bastante restrito, circunscrito principalmente à questão de definir, por contraste, em que consiste o semi-dizer da verdade. Vimos na seção anterior que Lacan considera que a exclusão tractatiana do *Unsinn* procede da recusa do caráter processual e equívoco da verdade na linguagem. O termo freudiano de *Unglauben*, aplicado a essa recusa, justifica que Lacan entenda o gesto violento de traçar essa linha divisora entre o que pode ser dito e o que não pode ser dito como advindo de uma "ferocidade psicótica". Não se trata de dizer que Wittgenstein era ou não psicótico, o que seria cair numa temerária "psicologia do autor", mas que esse gesto de recusa é consistente com a ferocidade psicótica. O mecanismo fundamental da psicose paranoica é o "processo primordial de exclusão de um interior [*dedans*] primitivo" (S. III, p. 171), o significante primordial capaz de ordenar a série de significantes da alteridade. Ocorre que este significante, que Lacan chamou de nome-do-pai, tem valor essencialmente ficcional. É exatamente essa estrutura ficcional da verdade – ou mais tarde, o *semblant* – que é objeto da descrença psicótica. Mas o que temos se virarmos o *Tractatus* ao avesso?

Apesar de sua incapacidade de "dizer" o que deveria ser dito, o dispositivo tractatiano "mostra" que, uma vez imersos no domínio da linguagem e de seus efeitos "tomados como tais", não é possível evitar o contra-senso, não é possível fazer *tabula rasa* do *fora-do-sentido*, sob pena de nos condenarmos ao silêncio. Melhor: no limite imposto pela impossibilidade da metalinguagem, *é o consentimento com a equivocidade que condiciona o desdobramento do processo de uma verdade*. Desmentir o não-sentido, interromper a todo preço a *fuga do sentido* coincide com interromper o processo inerente à verdade. O *pas-de-sens* é interrupção, mas também passagem. O proveito que cabe à psicanálise tirar também se evidencia a partir daí: trata-se de dispensar o sem-sentido, não sem antes *s'en servir*. Reencontramos aqui a temática da distância que separa o saber e a verdade. Escreve Fonteneau (1999, p. 17):"[...] querendo 'salvar a verdade', ao querer fazer dela a regra e o fundamento do saber [é] que Wittgenstein é conduzido ao 'não há mais nada a dizer'".[231] O preço a pagar pela soldagem da verdade ao saber é, justamente, aquele de silenciar-se ou submeter-se à coerção do caráter figurativo e bipolar da linguagem. Todas as duas alternativas inviabilizam a psicanálise, como prática e como discurso.[232]

Segundo Lacan, nossa vida de sujeito basta para "questionar que a verdade possa de algum modo ser isolada como atributo – atributo do que quer que possa articular-se ao saber" (S. XVII, p. 58): "Quanto à operação analítica, ela se distingue por avançar nesse campo de maneira diferente à da que está encarnada, eu diria, no discurso de Wittgenstein – a saber, uma ferocidade psicótica, frente à qual a bem conhecida navalha de Ocam – que enuncia que não devemos admitir qualquer noção lógica a não ser como necessária – é uma ninharia" (S. XVII, p. 58).

"A verdade – voltamos ao princípio – é certamente inseparável dos efeitos de linguagem tomados como tais" (S. XVII, p. 58). Essa é uma condição para

---

[231] O livro de Fonteneau (1999) é, a meu conhecimento, a única monografia consagrada a uma confrontação geral de Lacan e Wittgenstein. Não obstante, o livro está longe de poder definir o estado da questão, que permanece em aberto. A dissimetria entre o conhecimento das obras de Lacan e de Wittgenstein é notável e desequilibra a apreciação do livro.

[232] Ver comentário de Nobus e Quinn (2005, p. 164):"Para Lacan, a verdade não é provada pela apreensão de situações no mundo-real oferecidas a nós por um modelo filosófico, mas pela brecha entre a linguagem como puro artifício e a linguagem como modelo, uma brecha aberta pela dinâmica da prática analítica".

admitirmos a tese do inconsciente. A verdade "se enuncia como pode" (S. XVII, p. 59). O amor à verdade, que Lacan identifica ao desejo de salvá-la a todo custo, conduz ao paradoxo de que da verdade sobra pouca coisa: "Isso levou um deles, palavra! até bem longe – até concluir, como Wittgenstein, que dela fazendo a regra e o fundamento do saber, nada mais tem a dizer, nada em todo caso que a concirna como tal – para recusar, para evitar esse escolho" (S. XVII, p. 59).

Mas é esse escolho que interessa ao psicanalista. É por isso que o acolhimento de um sujeito em análise supõe todo esse esforço de cartografar uma modalidade de verdade própria ao discurso e à prática analítica.

> Enunciei um certo número de pontos sobre a verdade. É possível sustentar que a verdade tem uma estrutura de ficção. É o que chamamos normalmente de mito – muitas verdades tem uma existência mítica –, é exatamente nisso que não podemos esgotá-la, dizê-la toda. O que enunciei desta forma: da verdade, só há semi-dizer. A verdade, dizemos como podemos, quer dizer, em parte. Apenas tal como isso se apresenta, isso se apresenta como um todo.
>
> E é bem aqui que reside a dificuldade: é que é preciso fazer sentir àquele que está em análise que esta verdade não é toda, que ela não é verdadeira para todo mundo, que ela não é – trata-se [de] uma velha ideia – que ela não é geral, que ela não vale para todos. (LACAN, 1975, p. 43-44)

§68 *In fine*: o aforismo lacaniano e o bem-dizer

Adorno caracterizou a tarefa da filosofia com a necessidade de "contra Wittgenstein, dizer o que não se pode dizer" (ADORNO, 2003b, p. 19). Com efeito, Adorno se insurge contra isso que lhe parece um silenciamento conivente e elege exatamente o caminho proscrito por Wittgenstein: exprimir *por meio* da linguagem o que se exprime *nela*.[233] Em certo sentido, um desafio da mesma ordem é o que a psicanálise – como prática e como discurso – também impõe. O que Lacan chama de "bem-dizer" é o correlato ético que tenta responder à ideia de que o semi-dizer é a lei formal de enunciação da verdade. O pano de fundo que faz convergir aqui Adorno e Lacan nessa exigência paradoxal de

---

[233] Dizer o que não se pode dizer é, claramente, um paradoxo. Como trabalhar este paradoxo, sem cair na utilização aleatória de conceitos ou na mera justaposição de palavras? Escreve Adorno: "[...] a simples contradição inerente a esta exigência é aquela da própria filosofia [...]. O trabalho de auto-reflexão filosófica consiste em explicitar este paradoxo" (ADORNO, 2003b, p. 19). Assim, a especificidade da filosofia residiria em trabalhar/resolver o paradoxo de *dizer o que não pode ser dito*. É justamente essa impossibilidade de dizer *por meio* da linguagem o que esta *já* diz que, tornada contradição entre conceito e objeto, funciona como motor, como impulso para a dialética negativa adorniana.

dizer o que não se deixa dizer é justamente a herança da negatividade hegeliana. Isso porque, desde o início da *Fenomenologia*, Hegel insistia que "o limite da linguagem cai sempre no interior da linguagem, está desde sempre contido nela como negativo" (AGAMBEN, 2006, p. 32). Mas como formular esse paradoxo em termos lacanianos?

É preciso lembrar que a ética do bem-dizer é fortemente ligada a uma modalidade de experiência da linguagem e da verdade. Essa experiência permite pensar que o "indizível" fica "bem mais zelosamente guardado pela linguagem do que o fora pelo silêncio", justamente porque "indizível, para a linguagem, nada mais é do que o próprio querer-dizer" (AGAMBEN, 2006, p. 27). Para resumir o ponto de vista de Lacan:

(1) A crítica à metalinguagem implicava a impossibilidade lógica de traçar uma barreira real entre o sentido e o não-sentido no interior da linguagem. O aprofundamento desse movimento que afastava a metalinguagem culminou na generalização dessa tese acerca das relações entre sentido e não-sentido quando da construção do conceito de *lalangue*, "integral dos equívocos" depositados na linguagem (OE, p. 492): "A bateria significante de lalíngua fornece apenas a cifra do sentido. Cada palavra assume nela, conforme o contexto, uma gama enorme e disparatada de sentidos, sentidos cuja heteróclise se atesta com freqüência no dicionário" (OE, p. 515).

Assim, ao contrário de Wittgenstein, que localiza sua experiência da linguagem no intervalo estreito que vai da contradição à tautologia como limites internos da proposição significativa, a experiência lacaniana da linguagem localiza-se no espaço bem mais largo e bem mais sinuoso que vai "das homofonias que há e da metalinguagem que não há" (MILNER, 2006, p. 32). É também no interior desse espaço que Lacan discursa.

(2) Como vimos, as implicações dessa concepção de linguagem no campo da verdade são notáveis: (a) não há uma verdade da verdade; (b) o operador lógico da verdade é o *não-todo* e (c) o modo sob o qual ele se apresenta é o *semi-dizer*. O regime lógico-linguageiro da verdade mostra esse impossível: "Por outra parte, S(A), que outra coisa pode ser senão a impossibilidade de dizer toda a verdade [...]?" (S. XX, p. 128). Pois "a verdade sai do poço, mas sempre a meio-corpo" (OE, p. 383). A ética do bem-dizer consiste em mover-se no interior desse espaço que não pretende mais "salvar a verdade", mas que acolhe seu semi-dizer.

★ ★ ★

Para concluir, examinarei rapidamente o estatuto de alguns aforismos lacanianos, estudados ao longo deste trabalho, mas sem que seu estatuto fosse interrogado. Agora, podemos dizer que os aforismos são exemplos privilegiados, embora não exclusivos, da ética do bem-dizer. São exemplos de procedimentos de formalização da verdade que passam ao largo de estratégias de determinação de sentido. Em outras palavras, são exemplos que mostram em que sentido o semi-dizer é a lei formal de enunciação da verdade não apenas na clínica, mas também no discurso teórico.

Antes de tudo, é preciso caracterizar minimamente a forma aforismática. Segundo Lopes (2006, p. 200),[234] "não dispomos de nenhum critério relevante para propor uma diferenciação de gênero entre o que entendemos por 'aforismo' e a literatura de 'máxima' ou 'sentenças'". De modo geral, podemos afirmar que o aforismo seria uma "modalidade linguística mínima", que, assim como máximas e sentenças, estanca o fluxo regrado de enunciados, característico da forma discursiva. Uma máxima "não comporta inferências, não contrapõe enunciados, não pensa alternativas, não define os conceitos, a não ser de forma pontual, atomisticamente; [...] não comporta revisão, hesitação ou ponderação" (2006, p. 202). "A máxima não comporta modalizações, do ponto de vista da adesão, é pegar ou largar." Quase todas essas características elencadas acima a respeito das máximas, encontramos nos aforismos lacanianos, como "não existe o Outro do Outro", "não há verdade da verdade", "o significante representa o sujeito para outro significante" ou "não há relação [rapport] sexual". Eles são breves, concisos, categóricos e ferozmente resistentes à crítica argumentativa ou à refutação. Do ponto de vista do dispositivo RSI, tais enunciados são o resultado do esforço de máxima separação entre o simbólico e o imaginário, do exercício de depuração em relação às miragens cognitivas do imaginário (ver LE GAUFEY, 1991, p. 11).

Mas, ao contrário das máximas, que são regras práticas, os aforismos lacanianos são desprovidos de horizonte moral. Ou, o que dá no mesmo, concentram e subordinam toda discussão moral ao exercício do bem-dizer. Situam-se, por assim dizer, nos limites do discurso, ali onde o silêncio parecia impor-se. No parágrafo admirável que conclui *Os nomes indistintos*, Milner resume o modo como ele entendeu o exercício do bem-dizer, no melhor estilo de dizer o que não se deixa dizer:

> Do fato de a homonímia ser o real de alíngua não resulta que não seja preciso inscrever o que quer que seja em alíngua; do fato de todo pensamento ser, uma vez que nomeia, equívoco não resulta que não seja preciso pensar; do fato de todo nome ser multiplamente ambíguo não resulta que não seja preciso nomear; do fato de a univocidade ser o impossível não resulta que ele não deva comandar um desejo. É preciso falar, e pensar,

---

[234] Sigo neste parágrafo, bastante de perto, a competente análise proposta por Lopes da forma aforismática (LOPES, 2006, p. 198-220).

e nomear, e singularmente é preciso falar, pensar, nomear a homonímia (MILNER, 2006, p. 116).

Os aforismos lacanianos guardam também uma semelhança importante com a sentença, pois "exige[m] do destinatário um esforço de decifração, uma modalidade de interpretação que opera com elementos mínimos, pré-proposicionais" (LOPES, 2006, p. 202).[235] Neste sentido, é legítimo dizer que o gênero de esforço de decifração mobilizado pelo aforismo é semelhante ao que é exigido também do psicanalista. Acima, investigamos alguns traços do estilo composicional lacaniano convergentes com a forma-ensaio e com a argumentação entimemática, que culminavam na exigência de um leitor disposto a "colocar algo de si". Acrescentando agora o aforismo, tal como ele se apresenta em certos momentos do discurso de Lacan, raro mas decisivo, seria preciso recolocar a questão nos seguintes termos. Até que ponto poderíamos estender a Lacan o seguinte comentário sobre o estilo de Nietzsche: "[...] o ensaio aforismático revela uma maior probidade intelectual e uma maior honestidade para com o leitor, na medida em que não o ilude com a impostura cientificista que acompanha as estratégias dedutivas de exposição" (LOPES, 2006, p. 211)? Não cabe aqui refletir sobre as semelhanças e dessemelhanças estilísticas entre Nietzsche e Lacan. A distância que os separa é mais do que nítida e, do ponto de vista literário, a comparação com Nietzsche deixaria a prosa lacaniana em sérios apuros. Mas a distância aumenta ainda mais quando consideramos sua relação com a ciência. Não obstante, é preciso observar que o convite a que o leitor "coloque algo de si" é um convite para que o leitor critique em nome próprio, e não a partir de parâmetros cristalizados de avaliação de discursos. Nessa relação dialética que o autor instaura com o leitor há um convite não à mistificação, mas, ao contrário, à resistência a toda e qualquer impostura. É por aqui que a crítica à metalinguagem termina por condensar-se numa oposição moral, afeita à diatribe, quando evoca a metalinguagem como "canalhice filosófica por excelência". Como escreve em 1960:

> Qualquer enunciado de autoridade não tem outra garantia senão sua própria enunciação, pois lhe é inútil procurar por esta num outro significante, que de modo algum pode aparecer fora desse lugar. É o que formulamos ao dizer que não existe metalinguagem que possa ser falada, ou, mais aforisticamente, que não há Outro do Outro. É como impostor que se apresenta, para suprir sua falta, o Legislador (aquele que alega erigir a Lei) (E, p. 827).

---

[235] Lopes acrescenta que "determinados ofícios exigem um treino específico neste tipo de inferência: o adivinho, o detetive, o médico, o caçador, o advogado" (2006, p. 2002). Acrescentaríamos, o psicanalista...

A impostura não consiste em não dizer a verdade, somente a verdade e nada além da verdade. A verdadeira impostura consiste em apresentar-se para suprir a falta do Outro, colocando sua própria enunciação como Outro do Outro. É por isso que há algo de "escabroso" (S.VII, p. 225) na pretensão de dizer "o verdadeiro sobre o verdadeiro". Justamente porque, ao fazê-lo, o sujeito se exime da responsabilidade por sua posição subjetiva, buscando um fiador para seu desejo nos significados estabilizados da cultura. Mais ou menos o mesmo motivo reaparece numa passagem célebre de Nietzsche intitulada "A eficácia da incompletude":

> Assim como as figuras em relevo agem tão fortemente sobre a imaginação por estarem como que em vias de saltar da parede e, subitamente, impedidas por não se sabe o quê, permanecem imobilizadas, do mesmo modo a apresentação [*Darstellung*] incompleta, como que em relevo, de um pensamento, de toda uma filosofia, é mais eficaz do que a exposição [*Ausfuhrung*] exaustiva; uma maior parte do trabalho é deixada ao encargo do espectador, que assim é estimulado a prosseguir na elaboração daquilo que se lhe sobressai com tal intensidade de luzes e sombras, a pensar até o fim e a superar por si mesmo os obstáculos que até então impediam o seu completo evidenciar-se (NIETZSCHE *apud* LOPES, 2006, p. 208).[236]

Neste sentido, a posição do analista precisa se subtrair à tentação da metalinguagem e da consequente redução da verdade ao saber. O analista não ocupa o lugar do Outro do Outro, a interpretação não procura o sentido do sentido, nem o analisante diz a verdade sobre a verdade. Trata-se de manter-se no fio da palavra. No *Seminário XVIII*, Lacan afirma que a interpretação "só é verdadeira por suas consequências (*suites*), assim como o oráculo. A interpretação não é colocada à prova de uma verdade que se resolveria [*trancherait*] por sim ou não, ela desencadeia a verdade como tal. Ela só é verdadeira enquanto verdadeiramente seguida" (S. XVIII, p. 13): "É exatamente o que vocês descobrem com o inconsciente, isso [a contradição] não tem alcance. Que o inconsciente diga sempre a verdade e que ele minta, é, para ele, perfeitamente sustentável. [...] O que isso ensina a vocês? Que a verdade, vocês só sabem de algo quando ela se desencadeia" (S. XVIII, p. 73).

Neste sentido, "*l'effet de vérité n'est pas du semblant*" (S. XVIII, p. 14). Por isso, *o efeito de verdade* não depende da capacidade demonstrativa de uma tese, nem sua falsidade pode ser alcançada por procedimentos de refutação. Agora podemos ver com mais clareza o que estava em jogo quando Lacan, no contexto do seminário sobre o *Ato psicanalítico*, propunha uma mudança de estatuto da fórmula de que

---

[236] Citado na tradução de Rogério Lopes, 2006, p. 208.

o significante é o que representa um sujeito para outro significante. Se antes, em *Subversão do sujeito*, ele havia designado a fórmula como "única definição possível do significante", agora, no *Ato psicanalítico*, trata-se de sublinhar seu caráter aforismático: "o aforismo de Lacan" (OE, p. 373). No contexto de uma reflexão sobre o ato de um sujeito dividido entre uma verdade que surge cedo demais e um saber que se formula tarde demais,[237] nada mais consistente do que veicular o aforismo na terceira pessoa, como "o aforismo de Lacan". Neste sentido, o aforismo é também um "conceito assinado",[238] um esforço de dizer o que é preciso dizer, sem resignar-se ao silêncio, sem almejar que o dizer fique escondido atrás do que se diz.

---

[237] Ver, a respeito da temporalidade do ato, a lição de 15 de novembro de 1967.

[238] Em sua recente reflexão sobre o estatuto da assinatura, Giorgio Agamben escreve: "[...] conceitos implicam assinaturas sem as quais eles permanecem inertes e improdutivos" (AGAMBEN, 2008, p. 86).

Conclusão

> *Destinado a ver o iluminado, não a luz.*
> GOETHE, *Pandora*

A transparência à verdade prometida pela perspectiva das metalinguagens e pelo sonho das línguas artificiais mostrou-se não apenas uma quimera; sob o prisma do discurso freudiano, aquela transparência revelou-se, no fundo, um obstáculo que lançava às sombras o pouco de verdade de que somos ainda capazes. Foi por isso que, em primeiro lugar, este trabalho mostrou como a *irredutibilidade da verdade ao saber* surgiu como uma das principais teses lacanianas, constituindo-se como um fio condutor que atravessa de ponta a ponta seu pensamento. Ao mesmo tempo, ela é o ponto de convergência maior em que se cruzam o interesse clínico e filosófico da obra de Lacan.[239] Se se quiser, é o ponto em que convergem, de um lado, a obstinação freudiana com as formas de manifestação da verdade tal como ocorrem no discurso de um sujeito no contexto de uma análise, e, de outro, o dispositivo discursivo hegeliano que torna pensável as vicissitudes da verdade e do saber.

No entanto, uma dupla exigência se impunha: (i) que a verdade não fosse reabsorvida no movimento dialético que apagaria seu caráter perturbador e singular e (ii) que o saber não fosse rechaçado, nem a ciência negligenciada, em

---

[239] Le Gaufey (1991, p. 9-10) afirma que "a incompletude do simbólico pode ser enunciada nas peregrinações deste saber analítico *porque* esta incompletude está no coração vital da experiência que o saber analítico coloca em prática e de onde ele surge, a cura".

nome de um *páthos* romântico de uma verdade originária. Diante dessa dupla injunção, três condições se faziam necessárias. Primeiramente, o *afastamento da perspectiva metalinguística* permitiu regular negativamente a dialética entre saber e verdade, fornecendo o quadro epistemológico-linguístico que tornava impossível a síntese daqueles dois momentos (Capítulo 1). Depois, era preciso mostrar que a reflexão acerca da *ciência como condição da psicanálise* funcionava como uma maneira de formalizar o saber advindo da prática analítica, sem sucumbir ao ideal cientificista que reduz a verdade ao saber. Assim, a verdade apareceu sob o aspecto refratado de sua materialidade significante (Capítulo 2). Finalmente, era preciso tratar dos impasses da formalização científica e dos resíduos da condição êxtima da psicanálise em relação à ciência e ao universal do conceito. Foi neste ponto que estudamos *o estilo sob o prisma da formalização de impasses* e *o semi-dizer como condição de enunciação da verdade* (Capítulo 3).

Em outras palavras, a crítica à metalinguagem e a irredutibilidade da verdade ao saber incidem diretamente nos modos de conceitualização, na construção dos objetos teóricos e na própria estilística de Lacan. O principal interesse da crítica à metalinguagem é relativo ao tratamento dispensado ao problema da verdade, na medida em que ela limita as pretensões de fundamentação, legitimação ou correção da verdade. Mais precisamente, ela regula negativamente a dialética entre saber e verdade. Se uma metalinguagem é, conforme os termos de Lacan, uma instância linguística capaz de legislar acerca da verdade, de dizer "a verdade sobre a verdade", é porque nela equivocidades próprias da linguagem-objeto são suprimidas. Grosso modo, uma metalinguagem é uma instância linguística neutra onde o fluxo incessante de sentido de uma sentença ao sentido de outra sentença se interrompe. Em uma palavra, o que a tese da impossibilidade da metalinguagem quer dizer é que não é possível falar da linguagem a partir de seu exterior, isto é, que não há uma instância privilegiada ou neutra a partir de onde se possa tematizar a linguagem sem estar, ao mesmo tempo, submetido ao seu regime de funcionamento. Porque, no que concerne à modalidade de verdade que interessa à psicanálise, nenhuma redução linguística consegue elidir a enunciação e seu caráter contingente, cujo resíduo resiste à apreensão conceitual. Subsidiariamente, o Capítulo 1 mostrou que a crítica à metalinguagem é um dos momentos maiores da reconstrução lacaniana da psicanálise e que constitui também uma tese extremamente estável, o que advoga em favor da continuidade do pensamento de Lacan, pelo menos a partir da década de 1950.

Na impossibilidade de recorrer a instâncias metalinguísticas, nas quais a univocidade do sentido dos termos e expressões estaria preservada, a questão da verdade deve ser tratada com os recursos disponíveis na própria superfície da linguagem, inexoravelmente marcada pelos traços da equivocidade e ambiguidade características das línguas naturais e pelas marcas contingentes da enunciação de um sujeito. A singularidade de Lacan consiste neste duplo movimento aparentemente antagônico: ao mesmo tempo que critica a metalinguagem e a declara impossível, ele conserva a centralidade da questão da verdade e não proclama sua inefabilidade. Essa é uma consequência maior dessa perspectiva: a crítica à metalinguagem não acarreta nem a postulação da existência do inefável, como em Wittgenstein, nem a recusa do problema da verdade, como na pragmática[240] ou no desconstrucionismo. Essa crítica do inefável precisa, então, colocar a questão do modo de ser do próprio discurso. Mais propriamente: para Lacan, o gesto de recusar a metalinguagem não acarreta a recusa da verdade, mas, ao contrário, torna-se sua condição, na medida em que indica a necessidade de esvaziamento do sentido. Uma condição que impõe uma reflexão sobre diferentes *modos de refração da verdade* em relação ao saber. Desse modo, a crítica à metalinguagem, como dispositivo de formalização das condições da verdade e como estratégia discursiva, incide no próprio *modo de dizer da verdade*, em sua própria *Dichtung*. Incide aqui, de modo oblíquo, uma problemática hegeliana, embora refratada pela lógica do significante. Como diz Bento Prado Jr. (2000, p. 213) num outro contexto: "[...] o hegelianismo aparece na imbricação de dois temas: a atribuição de uma positividade à ilusão, e a ideia da verdade como resultado". E continua: "[...] a boa linguagem (por oposição à linguagem do entendimento que, incapaz de captar o movimento do Ser, de se alimentar do negativo, é condenada ao vácuo, à abstração e às falsas oposições) é aquela que, percorrendo ao mesmo tempo o nível da verdade e da ilusão, do ser e do não-ser, mostra a identidade e a diferença que os une, separando-os. Ela precisa ser elíptica, para dar a ilusão como ilusão, isto é, na positividade e na substancialidade de sua aparição e para mostrar sua pertinência ao real."

O discurso sobre o inconsciente é um "discurso condensado", que "só se sustenta no ponto sem esperança de toda metalinguagem" (OE, p. 331). Sem esperança, mas também sem temor (OE, p. 348). Por isso, a própria prática discursiva da psicanálise é condicionada pela impossibilidade de recorrer a uma *posição* metalinguística qualquer. Torna-se, pois, incontornável a questão do *estilo* como dispositivo de formalização de impasses, e como um modo discursivo de refração da verdade. Assim, o próprio estilo composicional do discurso lacaniano

---

[240] No Brasil, uma tentativa de aplicar a pragmática da linguagem ao processo analítico conheceu grande repercussão, justamente como alternativa à perspectiva lacaniana e a fim de afastar três escolhos atribuídos a ela: a concepção representacional da linguagem, a imagem realista-essencialista do psiquismo e a ideia de um substância universal e a-histórica do sujeito (cf. COSTA, 1994, p. 7). Essas ideias seriam solidárias de um certo ideal de autopurificação e de uma concepção da verdade como tribunal de crenças (p. 13). Salta aos olhos que a pragmática propõe um antídoto para um veneno que ela mesma inoculou, pois tudo aquilo que ela procura evitar neste movimento de afastar-se de Lacan, ela poderia ter alcançado através dele.

é marcado pela incorporação de uma sintaxe que se proíbe operações de natureza metalinguística. A tese central defendida ao final do percurso é que o "semi-dizer" é a condição de toda enunciação da verdade, inclusive no que tange à escritura conceitual. Como vimos, o consentimento com a equivocidade era uma etapa necessária para o *desencadeamento do processo de uma verdade*.

★ ★ ★

Talvez Wittgenstein tivesse razão em querer combater o modo de pensar psicanalítico, principalmente no que concerne à pretensão de alçar a interpretação ao modo de uma verdade científica, pois, neste caso, seria inevitável a violência da interpretação e a submissão do dito do analisante à autoridade do analista. Mas a distância que separa o saber e a verdade, e a limitação da ciência ao campo do saber, é justamente a operação epistemológica que corrige essa leitura (vimos no Capítulo 2). Do ponto de vista clínico, trata-se da postulação de um espaço entre saber e verdade, espaço no interior do qual se desenrola a interpretação analítica. A posição êxtima da psicanálise em relação à ciência buscava resguardar esse espaço de manobra. Agora, essa posição êxtima assinala também o ponto de interseção da arte interpretativa freudiana com a atividade poética. A abertura do intervalo $S_1 - S_2$, isto é, abertura do espaço entre saber e verdade, depende de que o analista não busque "o sentido do sentido" da fala do paciente, mas, ao contrário, instaure um intervalo aberto ao equívoco. Aqui, a posição científica do analista o resguarda de uma posição moralizante, sem deixar de submeter seu saber à regulação, ainda que precária, decorrente da postulação da ciência como condição da psicanálise. É essa posição que faculta a regulação do gozo do sentido que identificava uma verdade totalizante a uma enunciação sem resto. A prática científica funciona assim como uma espécie de regulação dos riscos da desconstrução das metalinguagens. Mas, por outro lado, é a posição do analista do lado do poema que permite restituir o valor de uma verdade refratária ao sentido, irredutível à universalidade do conceito. Essa posição do analista é o resultado de um processo de dessubjetivação, que culminava naquela identificação com o objeto, como vimos quando estudamos o estilo. A função reservada à enunciação e ao dizer no primeiro capítulo no que concerne à fala é assumida no terceiro capítulo pelo estilo. Ao fim e ao cabo, encontramos, ao lado do caráter cético e dialético da concepção lacaniana de verdade, uma dimensão, diria, estética: não é isso que descobrimos quando capturamos através do estilo uma dimensão da verdade que escapa ao saber e à ciência?

★ ★ ★

Ainda é preciso dizer uma ou duas palavras acerca daquela dupla injunção da verdade: (i) a verdade não se cala, mesmo quando sua figura é o disfarce da mentira, do engano, do erro; (ii) não é possível dizer a verdade da verdade. Badiou viu nessa dupla injunção um duplo caráter, ao mesmo tempo, cético e dialético, como vimos na introdução. J.-A. Miller, sensível à mesma dificuldade, propõe a coexistência paradoxal de realismo e nominalismo na concepção lacaniana de verdade. De um lado, Lacan se diz realista em termos de verdade por duas razões: na medida em que supõe que o real pode ser apreendido através do simbólico (é o que o conduz à redução estrutural lévi-straussiana, à epistemologia de Koyré e também a Bentham, a tese da estrutura ficcional da verdade) e que o simbólico opera no real (outra vez Lévi-Strauss, com a eficácia simbólica, mas também com o esforço lacaniano de incorporação da teoria dos atos de fala e a formulação de uma teoria bastante particular da metáfora). É a tese hegeliana de que "a verdade entra no real" (MILLER, 2003b, p. 173) que conjuga os dois sentidos da interseção entre verdade e real. Mas, ao mesmo tempo, este "realismo da verdade" que Miller diagnostica em Lacan não goza de plenos direitos, pois, simultaneamente, Lacan é nominalista do ponto de vista da irredutibilidade do caso singular ao universal, da enunciação ao enunciado. É o que vimos no diálogo com Frege e com Jakobson. "De nada serve ter uma regra, porque ainda é preciso determinar se o caso singular cai sob a regra. E para determinar se o caso cai sobre a regra, não há regra, não há algoritmo" (MILLER, 2003b, p. 173). Neste sentido, a lógica nos deixa desamparados. É onde entram a dimensão da ética e da estética. É onde o ato e o estilo revelam sua relevância.

Neste trabalho, preocupei-me menos em delimitar em que sentido predicados como "cético", "dialético", "realista" ou "nominalista" são apropriados para apreender o pensamento de Lacan acerca da verdade do que em descrever o movimento complexo, fugidio e sinuoso em que se desenham no tecido discursivo da prosa lacaniana as especificidades de sua empreitada. Foi sob esse viés que vislumbramos que uma teoria que inclua a falta "em todos os níveis" (OE, p. 338) passava a ser uma exigência maior do pensamento de Lacan. "Em todos os níveis", quer dizer, mesmo quando falamos da linguagem e da verdade não nos livramos dessa distância do ser ao sentido que se chama, precisamente, falta.

> Uma teoria que inclua uma falta, a ser encontrada em todos os níveis inscrevendo-se aqui como indeterminação, ali como certeza, e a formar o nó do ininterpretável, é nela que me empenho, decerto não sem experimentar sua atopia sem precedentes. A pergunta aqui é: quem sou eu para ousar tal elaboração? A resposta é simples: um psicanalista. É uma resposta suficiente, se limitarmos seu alcance a isto que tenho de psicanalista: a prática (OE, p. 339).

Referências

LACAN, J. Actes du Congres de Rome. *La Psychanalyse*, 1. Paris: PUF, 1956.

LACAN, J. *Écrits*. Paris: Seuil, 1966. (Trad. bras.: *Escritos*. Rio de Janeiro: Jorge Zahar, 1998.)

LACAN, J. *Autres écrits*. Paris: Seuil, 2001. (Trad. bras.: *Outros escritos*. Rio de Janeiro: Jorge Zahar, 2003.)

LACAN, J. *O seminário, Livro I: Os escritos técnicos de Freud*. (1953-1954). Rio de Janeiro: Jorge Zahar, 1993.

LACAN, J. *Le séminaire, Livre II: Le moi dans la théorie de Freud et dans la technique de la psychanalyse*. Ed. Jacques-Alain Miller. Paris: Seuil, 1977.

LACAN, J. *Le séminaire, Livre III: Les psychoses (1955-1956)*. Ed. Jacques-Alain Miller. Paris: Seuil, 1981.

LACAN, J. *O seminário, Livro IV: As relações de objeto (1956-1957)*. Rio de Janeiro: Jorge Zahar, 1995.

LACAN, J. *O seminário, Livro V: As formações do inconsciente (1957-1958)*. 2. ed. Rio de Janeiro: Jorge Zahar, 1999.

LACAN, J. *O seminário, Livro VII: A ética da psicanálise (1959-1960)*. Rio de Janeiro: Jorge Zahar, 1991.

LACAN, J. *Le séminaire, Livre XI: Les quatre concepts fondamentaux de la psychanalyse*. Paris: Seuil, 1973. (Trad. bras.: *O seminário, Livro XI: Os quatro conceitos fundamentais da psicanálise (1964)*. 4. ed. Rio de Janeiro: Jorge Zahar, 1990.)

LACAN, J. *Le séminaire XV: L'acte analytique* [version critique steno]. Disponível em: <http://www.ecole-lacanienne.net/seminaireXVbis.php>.

LACAN, J. *Le séminaire, Livre XVI: D'un autre à l'autre*. Paris: Seuil, 2006.

LACAN, J. *O seminário, Livro XVII: O avesso da psicanálise (1969-1970)*. Rio de Janeiro: Jorge Zahar, 1992.

LACAN, J. *Le séminaire, Livre XVIII: D'un discours qui ne serait pas du semblant (1971)*. Paris: Seuil, 2006.

LACAN, J. *Le séminaire, Livre XX: Encore (1972-1973)*. Paris: Seuil, 1975. (Trad. bras.: *O seminário*, Livro 20: Mais, ainda. Rio de Janeiro: Jorge Zahar, 1985.)

LACAN, J. (1963) *Le séminaire, Livre XXIII: Le sinthome*. Paris: Seuil, 2005.

LACAN, J. Le problème du style et la conception psychiatrique des formes paranoiaques de l'expérience. *Minotaure*, n. 1, p. 68-69, 1933.

LACAN, J. Psychanalyse et philosophie (Séance du 25 janvier 1955 de la Société Française de Philosophie). In: ENCONTRES PSYCHANALYTIQUES D'AIX-EN-PROVENCE. Paris: Les Belles Lettres, 1985. p. 223-227.

LACAN, J. À Pierre Daix (26/11/1966). *Les Lettres Françaises*, n. 1159, p. 16-17, 15 dez. 1966.

LACAN, J. Of Structure as an Inmixing of an Otherness Prerequisite to any Subject Whatever (1966). In: MACKSEY, R. *The Structuralist Controversy*. John Hopkins Press, 1970.

LACAN, J. De Rome 53 à Rome 67: La psychanalyse, raison d'un échec. *Scilicet*, Paris, Seuil, n. 1, p. 42-50, 1968.

LACAN, J. Conférences et entretiens dans des universités nord-américaines. *Scilicet*, Paris, Seuil, 6/7, 1976.

LACAN, J. Vers un signifiant nouveau. *Ornicar?*, Paris, Seuil/Lyse, 17/18, 1979.

LACAN, J. Curriculum présenté pour une candidature à une direction de psychanalyse à l'École des Hautes Études. *Bulletin de l'Association freudienne*, n. 40, nov. 1990.

LACAN, J. *Des noms-du-pére*. Paris: Seuil, 2005.

Bibliografia Geral

ADORNO, T. *Minima moralia*. Reflexões a partir da vida danificada. São Paulo: Ática, 1992.

ADORNO, T. Ensaio como forma. *Notas de literatura I*. São Paulo: Duas Cidades/Editora 34, 2003a.

ADORNO, T. *Dialectique négative*. Ed. Poche. Trad. Coffin *et al*. Paris: Payot, 2003b.

ADORNO, T.; HORKHEIMER. *Dialética do esclarecimento*. Rio de Janeiro: Zahar, 1985.

AGAMBEN, G. *Signatura rerum*: sur la méthode. Paris: Vrin, 2008.

AGAMBEN, G. *A linguagem e a morte: um seminário sobre o lugar da negatividade*. Belo Horizonte: Editora UFMG, 2006.

ALQUIÉ, F. Expérience ontologique et déduction systématique dans la constitution de la métaphysique de Descartes. *Cahiers de Royaumont*, Paris, Les Éditions de Minuit, n. 2, 1957.

ALTHUSSER, L. *Psychanalyse et sciences humaines*. Paris: Librairie Générale Française/IMEC, 1996.

ALY, L. L'artifice Wittgenstein. *La Cause Freudienne*, n. 66, p. 217-230, maio 2007.

ARANTES, P. Um Hegel errado mas vivo: notícia sobre o seminário de Alexandre Kojève. *Ide*, n. 21, p. 72-79, 1991.

ARISTÓTELES. *Poética*. Trad. Eudoro de Souza. São Paulo: Ars Poetica, 1992.

ARRIVÉ, M. *Lingüística e psicanálise: Freud, Saussure, Hjelmslev, Lacan e os outros.* São Paulo: Edusp, 1994a.

ARRIVÉ, M. *Langage et psychanalyse, linguistique et inconscient: Freud, Saussure, Pichon, Lacan.* Paris: PUF, 1994b.

ASSOUN, P-L. *Freud, a filosofia e os filósofos.* Rio de Janeiro: Francisco Alves, 1978.

ASSOUN, P-L. *Introdução à epistemologia freudiana.* Rio de Janeiro: Imago, l983.

ASSOUN, P-L. *Metapsicologia freudiana: uma introdução.* Rio de Janeiro: Jorge Zahar, 1996.

ASSOUN, P-L. Freud, Copernic, Darwin. *Ornicar?*, 22/23, Spring 1981.

ASSOUN, P-L. *Freud e Wittgenstein.* São Paulo: Campus, 1990.

AUROUX, DESCHAMPS, KOULOGHLI. *La philosophie du langage.* Paris: PUF, 2004.

AUROUX, S. *Filosofia da linguagem.* Campinas: Unicamp. 1998.

BADIOU, A. D'un sujet enfin sans objet. *Cahiers Confrontation* (après le sujet qui vient?), n. 20, Paris, Aubier, p. 13-22, hiver 1989.

BADIOU, A. *Para uma nova teoria do sujeito.* Rio de Janeiro: Relume-Dumará, 1994.

BADIOU, A. Onde estamos com a questão do sujeito? *Letra Freudiana*, Rio de Janeiro, Revinter, ano XVI, n. 22, p. 27-44, 1997.

BADIOU, A. *Le siècle.* Paris: Seuil, 2005.

BADIOU, A. Lacan et Platon: le mathème est-il une idée? In: MACHEREY, P. (Org.). *Lacan avec les philosophes.* Paris: Albin Michel, 1991.

BADIOU, A. Lacan e Platão: o matema é uma idéia? In: SAFATLE, V. (Org.). *Um limite tenso: Lacan entre a filosofia e a psicanálise.* São Paulo: Unesp, 2003. p. 13-42.

BADIOU, A. *Le Nombre et les nombres.* Paris: Éditions du Seuil, 1990.

BADIOU, A. L'aveu du philosophe. 11 nov. 2004. Disponível em: <http://ciepfc.rhapsodyk.net/article.php3?id_article=40>.

BALIBAR, F. À propos du "sujet de la science". In: PORGE, E.; SOULEZ, A. *Le moment cartésien de la psychanalyse: Lacan, Descartes, le sujet.* Paris: Arcanes, 1996.

BALMÈS, F. *Ce que Lacan dit de l'être.* Paris: PUF, 1999.

BARTHES, R. Da ciência à literatura. In: *O rumor da língua.* São Paulo: Martins Fontes, 2004.

BEIVIDAS, W. *Estilo e metalinguagem na psicanálise de Lacan.* 2000. Disponível em: <www.nucleosephora.com/biblioteca>.

BENJAMIN, W. (1929) O surrealismo. O último instantâneo da inteligência européia. In: *Magia e técnica, arte e política.* São Paulo: Brasiliense, 1985. p. 21-35. (Reproduzido no Panorama crítico anexo a BRETON, A. *Nadja.* São Paulo: Cosac Naify, 2007)

BENSE, M. L'essai et sa prose. *Trafic*, n. 20, Automne-Hiver 1996.

BENTHAM, J. Bentham, 1932, Works, v. VIII.

BENVENISTE, E. *Problemas de lingüística geral.* Campinas: Pontes, 1991-1992. v. I e II.

BIRCHAL, T. Aquele que busca a Deus, o incrédulo e o honnête-homme: natureza e sobrenatureza nestes três tipos de homem. *Kriterion*, Belo Horizonte, n. 114, p. 335-346, dez./2006.

BIRMAN, J. Pensamento do traço e discurso freudiano: Derrida, leitor da psicanálise. In: ENCONTRO NACIONAL DE PESQUISADORES EM FILOSOFIA E PSICANÁLISE, 2., São Paulo, USP, 2008. CD-ROM.

BIRMAN, J. *Derrida e a psicanálise*. Disponível em: <http://blog.controversia.com.br/2007/09/21/derrida-e-a-psicanalise>.

BLACK, M. *Models and Metaphors*. Ithaca, N.Y.: Cornell University Press, 1962.

BORGES, J. L. Prólogo à edição de 1954. In: *História universal da infâmia*. 5. ed. São Paulo: Globo, 1998.

BOUVERESSE, J. *Wittgenstein Reads Freud: The Myth of the Unconscious*. Princeton/New Jersey: Princeton University Press, 1995.

BOUVERESSE, J. *Prodiges et vertiges de l'analogie*. De l'abus des belles-lettres dans la pensée. Paris: Liber-Raisons d'agir, 1999.

BRETON, A. *Nadja*. São Paulo: Cosac Naify, 2007.

BUCI-GLUCKSMANN, C. *La folie du voir*. De l'esthétique baroque. Paris: Galilée, 1986.

BUCI-GLUCKSMANN, C. Lacan devant Aristote, de l'esthétique. In: CASSIN, B. (Dir.). *Nous grecs et leurs modernes*. Paris: Seuil, 1992. p. 363-382.

BUFFON, T. H. *Discours sur le style*. Discours prononcé a L'Académie française par M. de Buffon le jour de sa réception, le 25 août 1753. Texte de l'édition de l'abbé J. Pierre. Librairie Ch. Poussielgue, Paris, 1896. (Document électronique: Ce document est extrait de la base de données textuelles Frantext réalisée par l'Institut National de la Langue Française (INaLF)).

CAMPOS, Augusto. *Linguaviagem*. São Paulo: Companhia das Letras, 1987.

CAMPOS, Haroldo. O afreudisíaco Dr. Lacan na Galáxia de Lalíngua. In: CESAROTTO, O. *Idéias de Lacan*. São Paulo: Iluminuras, 2001.

CAMPOS, Haroldo. *Metalinguagem e outra metas*. São Paulo: Perspectiva, 1992.

CANGUILHEM, G. O que é a psicologia? *Tempo Brasileiro*, n. 30-31, p. 104-123, 1973.

CARNAP, R. Intellectual Autobiography. In: *Philosophy of Rudolph Carnap* (Library of Living Philosophers). La Salle: Open court, 1997.

CARONE, A. *A lucidez imperfeita: ensaio sobre Freud como escritor*. Tese (Doutorado) – UFSCar, Santa Catarina, 2008

CARVALHO, F. *O fim da cadeia de razões: Wittgenstein, crítico de Freud*. São Paulo: Annablume, 2002.

CARVALHO, F. A via do estilo, a margem do discurso: pontuações a partir da Psicanálise. In: CLARK PERES; PEIXOTO; OLIVEIRA. *O estilo na contemporaneidade*. Belo Horizonte: Faculdade de Letras – UFMG, 2005. p. 203-209.

CARVALHO, F. Verdade e assentimento: o impasse de Wittgenstein diante de Freud. In: IANNINI, G. *et al.* (Org.). *O tempo, o objeto e o avesso: ensaios de filosofia e psicanálise*. Belo Horizonte: Autêntica, 2004.

CASSIN, B. *Ensaios sofísticos*. São Paulo: Siciliano, 1990. p. 273-280.

CASSIN, B. As musas e a filosofia. *Revista 34 Letras*, 5/6, p. 262-279, 1989.

CLÉMENT, C. *Lévi-Strauss ou la structure et le malheur*. Paris: Seghers, 1974.

COSSUTTA, F. *Elementos para a leitura dos textos filosóficos*. São Paulo: Martins Fontes, 2001.

COSTA, J. F. (Org.). *Redescrições da psicanálise: ensaios pragmáticos*. Rio de Janeiro: Relume-Dumará, 1994.

COTTET, S. Penso onde não sou, sou onde não penso. In: MILLER, G. (Org.). *Lacan*. Rio de Janeiro: Zahar, 1999.

DANTO, A. *A tranfiguração do lugar-comum*. São Paulo: Cosac Naify, 2005.

DELEUZE, G. *Crítica e clínica*. São Paulo: Editora 34, 1997.

DELEUZE, G. *Conversações*. São Paulo: Editora 34, 1992.

DELEUZE, G. Em que se pode reconhecer o estruturalismo? In: CHÂTELET, F. *História da filosofia*. Rio de Janeiro: Zahar, 1974. v. 8.

DELEUZE, G.; GUATARRI, F. *O que é a filosofia?* Rio de Janeiro: Ed. 34, 1992.

DERRIDA, J. *O cartão-postal: de Sócrates a Freud e além*. Rio de Janeiro: Civilização Brasileira, 2007.

DESCARTES, R. *Discurso do método; Meditações; Objeções e respostas*. 3. ed. Trad. J. Guinsburg e Bento Prado Jr. Prefácio e notas de Gérard Lebrun. São Paulo: Abril Cultural, 1983. (Coleção Os Pensadores).

DETIENNE, M. *Os mestres da verdade na Grécia arcaica*. Rio de Janeiro: Jorge Zahar, 1988.

DODDS, E. R. *Os gregos e o irracional*. Lisboa: Gradiva, 1988.

DOMINGUES, I. *O grau zero do conhecimento – O problema da fundamentação das ciências humanas*. São Paulo: Loyola, 1991.

DOR, J. *Nouvelle bibliographie des travaux de Jacques Lacan*. Paris: EPEL, 1994. (Thésaurus Lacan, v. II)

DUARTE, R. *Adornos: nove ensaios sobre o filósofo frankfurtiano*. Belo Horizonte: Editora UFMG, 1997.

DUCROT, O.; TODOROV, T. *Dicionário enciclopédico das ciências da linguagem*. São Paulo: Perspectiva, 1988.

DUFOUR, D-R. *Lacan e o espelho sofiânico de Boehme*. Rio de Janeiro: Cia. de Freud, 1999.

DUNKER, Christian. *O cálculo neurótico do gozo*. Escuta: São Paulo, 2002.

FELDSTEIN, R.; FINK, B.; JAANUS, M. (Org.). *Para ler o Seminário 11 de Lacan*. Rio de Janeiro: Jorge Zahar, 1998.

FOGELIN, Robert. *Wittgenstein*. 2. ed. London, New York: Routledge, 1995.

FONTENEAU, F. *L'éthique du silence*: Wittgenstein et Lacan. Paris: Seuil, 1999.

FOUCAULT, M. *As palavras e as coisas – uma arqueologia das ciências humanas*. São Paulo: Martins Fontes, 1995.

FOUCAULT, M. (1969) Qu'est-ce qu'un auteur? In: *Dits et écrits*. Paris: Gallimard, 1994. v. I.

FOUCAULT, M. (1964) A loucura, ausência de obra. In: *Ditos e escritos*. Rio de Janeiro: Forense Universitária, 1999. v. I.

FOUCAULT, M. *A verdade e as formas jurídicas*. Rio de Janeiro: Nau Editora, 1999.

FRANGIOTTI, Marco Antonio. Contribuições de Wittgenstein à epistemologia da psicanálise. *Natureza Humana*, 5(1), p. 59-93, jan.-jun. 2003.

FREITAS, V. *Adorno e a arte contemporânea*. Rio de Janeiro: Jorge Zahar, 2003.

FREGE, G. Os fundamentos da aritmética. In: PEIRCE, C. S. *Escritos coligidos* / FREGE, G. Conceitografia; Fundamentos da aritmética. São Paulo: Nova Cultural, 1989. (Coleção Os Pensadores).

FREGE, G. Sobre o sentido e referência. In: *Lógica e filosofia da linguagem*. São Paulo: Cultrix, 1978.

FREUD, S. (1895) *Projeto de uma psicologia*. Rio de Janeiro: Imago, 1995.

FREUD, S. Esquisse d'une psychologie (document de travail réservé aux cartels). Paris, [s.d.]. p. 69-70. [*Entwurf*, p. 456-457.]

FREUD, S. Die Ichspaltung im Abhwervorgang (1940[1938]). *Psychologie des Unbewussten, Studienausgabe*. S. Fischer Verlag, Frankfurt, 1997, Band III. p. 391.

FREUD, S. (1938) *L'abrégé de la psychanalyse*. Paris: PUF, 1985. (Œuvres Complètes).

FREUD, S. (1917a) *Une difficulté de la psychanalyse*. Paris: PUF, 1996. v. XV. (Œuvres Complètes)

FREUD, S. (1915). *Le refoulement*. v. XIII, Paris: PUF, 1988. (Œuvres Complètes).

FREUD, S. (1916). *Passagereté*. v. XIII, Paris: PUF, 1988. (Œuvres Complètes).

FREUD, S. *La naissance de la psychanalyse*. Paris: PUF, 1956.

FREUD, S. (1917b) *Un souvenir d'enfance de "Poésie et vérité"*. Paris: PUF, 1996. v. XV. (Œuvres Complètes)

FREUD, S. (1918) *Les voies de la thérapie psychanalytique*. Paris: PUF, 1996. v. XV. (Œuvres Complètes)

FREUD, S. (1919) *L'inquiétant*. Paris: PUF, 1996. v. XV. (Œuvres Complètes)

FREUD, S. (1920a) *Au-delà du principe de plaisir*. Paris: PUF, 1996. v. XV. (Œuvres Complètes)

FREUD, S. (1920b) *De la psychogenese d'un cas d'homosexualité féminine*. Paris: PUF, 1996. v. XV. (Œuvres Complètes)

FREUD, S. (1927) *O futuro de uma ilusão*. Rio de Janeiro: Imago, 1995. ESB. v. XXI.

FREUD, S. (1905) *Os chistes e sua relação com o inconsciente*. Rio de Janeiro: Imago, 1977. ESB, v. III.

FREUD, S. (1937) *Construções em análise*. Rio de Janeiro: Imago, 1975. ESB, v. XXIII.

FREUD, S. (1937b) *Análise terminavél e interminável*. Rio de Janeiro: Imago, ESB, v. XXIII.

FREUD, S. *A correspondência completa de Sigmund Freud para Wilhelm Fliess*. Rio de Janeiro: Imago, 1986.

FRUTOS SALVADOR, A. *Los escritos de Jacques Lacan: variantes textuales*. Madrid: Siglo XXI, 1994.

GABBI JR., O. Projeto para uma psicologia científica: máquina falante ou fala maquinal? *Discurso*, São Paulo, Ed. Polis, n. 16, 1987.

GAGNEBIN, J. M. As formas literárias da filosofia. In: *Lembrar escrever esquecer*. São Paulo: Editora 34, 2006.

GAGNEBIN, J. M. Linguagem como corpo do pensamento. In: LUZIE; NEVES. *Linguagem e filosofia*. Rio de Janeiro: 7Letras, 1999. p. 21-30.

GIACOIA, O. *Além do princípio do prazer: um dualismo incontornável*. Rio de Janeiro: Civilização Brasileira, 2008.

GLOCK, H. J. *Dicionário Wittgenstein*. Rio de Janeiro: Zahar, 1998.

GLYNOS, Jason; STAVRAKAKIS,Yannis. Posturas e imposturas: o estilo de Lacan e sua utilização da matemática. *Ágora*, Rio de Janeiro, v. 4, n. 2, 2001. Disponível em: <http://www.scielo.br/scielo.php?script=sci_arttext&pid=S1516-14982001000200009&lng=pt&nrm=iso>.

GÓRGIAS. Tratado do não-ente ou sobre a natureza. *Cadernos de Tradução*, n. 4, DF/USP, 1999.

GOUHIER, H. L'ordre des Raison selon Descartes. *Cahiers de Royaumont*, Paris, Les Editions de Minuit, n. 2, 1957.

GRANEL, G. Lacan et Heidegger, réflexions à partir des *Zollikoner Seminare*. In: MACHEREY, P. (Org.). *Lacan avec les philosophes.* Paris: Albin Michel, 1991.

GRANGER, G-G. *Filosofia do estilo*, São Paulo: Perspectiva, 1974.

GRANGER, G-G.Wittgenstein et la métalangue. *Revue Internationale de Philosophie* (Louvain).

GROSSI, Lúcia. O objeto surrealista. In: IANNINI, G. *et al.* (Org.). *O tempo, o objeto e o avesso: ensaios de filosofia e psicanálise.* Belo Horizonte: Autêntica, 2004. p. 103-111.

GUÉROULT, M. *Descartes selon L'ordre des Raisons*. Paris: Aubier, 1953. v. I: L'ame e Dieu.

GUIMARÃES, B. A. *A ética desde Lacan: os impasses do real e os usos do gozo*. Tese (Doutorado em Filosofia) – Universidade Federal de Minas Gerais, Belo Horizonte, 2006.

GUIMARÃES, B. A. Os paradoxos do Outro: inexistência ou incompletude? *Estudos Lacanianos*, Belo Horizonte, UFMG/Scriptum, v. 1, 2008.

HAACK, S. *Filosofia das lógicas*. São Paulo: Unesp, 2002.

HABERMAS, J. Filosofia e ciência como literatura? In: *Pensamento pós-metafísico*. Rio de Janeiro: Tempo Brasileiro, 1990.

HEGEL, G. *Cursos de estética*. São Paulo: Edusp, 2001.

HEGEL, G. *Fenomenologia do espírito*. Petrópolis: Vozes, 1992.

HEGEL, G. *Lecciones sobre la historia de la filosofia*. México: Fondo de Cultura Económica, 1955. p. 254-280. t. III.

HEIDEGGER, M. Logos. Trad. J. Lacan. *La Psychanalyse*, 1, 1956.

HEIDEGGER, M. *Qu'est-ce qu'une chose?* Paris: Gallimard, 1971.

HEIDEGGER, M. *Ser e tempo*. Petrópolis: Vozes, 2006.

HEIDEGGER, M. *Sobre a essência da verdade*. São Paulo: Abril Cultural, 1983. (Coleção Os Pensadores)

HENRY, M. *L'essence de la manifestation*. Paris: PUF, 1963.

HJELMSLEV, L. T. A estratificação da linguagem; Prolegômenos a uma teoria da linguagem. In: JAKOBSOBN HJELMSLEV, CHOMSKY. *Textos selecionados*. São Paulo: Abril Cultural, 1978. (Coleção Os Pensadores)

HYPPOLYTE, J. *Ensaios de psicanálise e filosofia*. Rio de Janeiro: Timbre Taurus, 1989.

IANNINI, G. Cartografia de um desencontro: estrutura e sujeito em Jacques Lacan. In: TEIXEIRA, A.; MASSARA, G. *O futuro de um mal-estar*. Belo Horizonte: Opera Prima, 2000.

IANNINI, G. Caro Fliess, há algo de novo nas psicoses. *Curinga*, Belo Horizonte, v. 14, p. 70-79, 2000.

IANNINI, G. Da ciência ao estilo, via sujeito: ensaio sobre psicanálise e modernidade. LUZIE; NEVES. *Linguagem e filosofia*. Rio de Janeiro: 7Letras, 2001. p. 133-144.

IANNINI, G. O entorno do vazio: notas sobre psicanálise, linguagem e subjetividade. *Cadernos de Psicologia*, UFMG, Belo Horizonte, v. 8, n. 1, p. 135-146.

IANNINI, G. *Estrutura e sujeito: a máquina original de Jacques Lacan*. Dissertação (Mestrado em Filosofia) – Universidade Federal de Minas Gerais, Belo Horizonte, 1998.

IANNINI, G. *Index expurgatorius*: o sentido do sentido é o gozo. *Estudos Lacanianos*, Belo Horizonte, UFMG/Scriptum, v. 1, p. 85-94, 2008.

IANNINI, G. As palavras e a Coisa. In: MANZI, R.; SAFATLE, V. P. (Org.). *A filosofia após Freud*. São Paulo: Humanitas, 2008.

IANNINI, G. Sobre o desconforto epistemológico da psicanálise. In: MARZAGÃO *et al*. *Psicanálise e universidade: temas conexos*. Belo Horizonte: Passos, 1999. p. 67-76.

IANNINI, G. *Style et vérité chez Lacan et Wittgenstein*. Dissertação (Mestrado em Psicanálise) – Université Paris VIII, Paris, 2005.

IANNINI, G. *et al*. (Org.). *O tempo, o objeto e o avesso: ensaios de filosofia e psicanálise*. Belo Horizonte: Autêntica, 2004.

IANNINI, G. La vérité, entre la contingence et l'impossible. *Cyber Revue Les États Généraux de La Psychanalyse*, Paris, 2004.

JAKOBSON, R. *Essai de linguistique général*. Paris: Seuil, 1963.

JAKOBSON, R. *Lingüística e comunicação*. São Paulo: Cultrix, 1995.

JURANVILLE, A. *Lacan e a filosofia*. Rio de Janeiro: Jorge Zahar, 1987.

KANT, *Crítica da razão prática*. São Paulo: Martins Fontes, 2002.

KIRKHAM, R. *Theories of truth: A critical introduction*. Cambridge/London: MIT Press, 1995.

KNEALE; KNEALE. *Desenvolvimento da lógica*. 2. ed. Lisboa: Fundação Calouste Gulbenkian, 1980.

KOJÈVE, A. L'origine chrétienne de la science moderne. In: *Recueil d'articles, mélanges Alexandre Koyré*. Paris: Hermann, 1964. v. 2: L'aventure de l'esprit.

KÖRNER. *Uma introdução à filosofia da matemática*. São Paulo: Zahar, 1985.

KOYRÉ, A. *Do mundo fechado ao universo infinito*. Lisboa: Gradiva, [s.d.].

KOYRÉ, A. Entretiens sur Descartes. In: *Introduction à la lecture de Platon*. Paris: Gallimard, 1962.

KOYRÉ, A. *Estudos de história do pensamento científico*. Brasília: Forense Universitária, 1982.

KOYRÉ, A. *Estudos de história do pensamento filosófico.* Brasília: Forense Universitária, 1991.

KRISTEVA, J. *História da linguagem.* Lisboa: Edições 70, 1969.

KUHN, T. *A estrutura das revoluções científicas.* São Paulo: Perspectiva, 1987.

LACOUE-LABARTHE, P.; NANCY, J. *O título da letra.* São Paulo: Escuta, 1991.

LAGACHE, D. (1961) La psychanalyse et la structure de la personnalité. In: *Oeuvres, 1956-1962.* Paris: Presses Universitaires de France, 1982. v. IV.

LAIA, Sérgio *Os escritos fora de si.* Belo Horizonte: Autêntica, 2001.

LANDIM FILHO, R. *Evidência e verdade no sistema cartesiano.* São Paulo: Loyola, 1992.

LAPLANCHE, J.; PONTALIS, J-B. *Vocabulário de Psicanálise.* São Paulo: Martins Fontes, 1992.

LAURENT, E. Poétique pulsionnelle. *La Lettre Mensuelle,* 5, p. 2-4, 2000.

LAURENT, E. Quatro observações sobre a preocupação científica. In: GIROUD *et al. Lacan, você conhece?* São Paulo: Cultura, 1998.

LAVENDHOMME, R. *Lieux du sujet: psychanalyse et mathématique.* Paris: Seuil, 2001.

LE GAUFEY, G. *L'incomplétude du symbolique: de René Descartes à Jacques Lacan.* Paris: EPEL, 1991.

LEBRUN, G. Do erro à alienação. In: *Sobre Kant.* São Paulo: Iluminuras, 1993. p. 15-23.

LEBRUN, G. *A paciência do conceito: ensaio sobre o discurso hegeliano.* São Paulo: Unesp, 2006.

LÉCURU, D. *Citations d'auteurs et de publications dans l'ensemble de l'oeuvre écrite.* Paris: EPEL, 1994. (Thésaurus Lacan, v. I)

LEGUIL, F. Sur le style ou 'It's my folly the making of me' cf. *Ornicar* ?, n. 50, 2002.

LÉVI-STRAUSS, C. (1955) *Antropologia estrutural.* Rio de Janeiro: Tempo Brasileiro, 1973.

LÉVI-STRAUSS, C. *Mitológicas: o cru e o cozido.* São Paulo: Brasiliense, 1991. p. 20-21.

LÉVI-STRAUSS, C. *Olhar, escutar, ler.* São Paulo: Cia. das Letras, 1997.

LÉVI-STRAUSS, C. Prefácio. In: JAKOBSON, R. *Seis lições sobre o som e o sentido.* Lisboa: Moraes Editores, 1977.

LIMA, M. *O sujeito da psicanálise entre o necessário e o contingente.* Dissertação (Mestrado em Psicologia) – FAFICH, Universidade Federal de Minas Gerais, Belo Horizonte, 2001.

LOPES, R. *Elementos de retórica em Nietzsche.* São Paulo: Loyola, 2006.

MACHADO, Alexandre. A terapia metafísica do *Tractatus* de Wittgenstein. *Cadernos Wittgenstein,* n. 2, p. 5-57, 2001.

MACHEREY, P. (Org.). *Lacan avec les philosophes.* Paris: Albin Michel, 1991.

MANDIL, R. *Os efeitos da letra.* Rio de Janeiro: Contracapa, 2003.

MANDIL, R. *Entre ética e estética freudianas: a função do belo e do sublime.* Dissertação (Mestrado em Filosofia) – Universidade Federal de Minas Gerais, Belo Horizonte, 1993.

MANNO, A. G. *A filosofia da matemática.* Lisboa: Edições 70, [s.d.].

MARI, H.; DOMINGUES, I.; PINTO, J. (Org.). *Estruturalismo: memória e repercussões.* Rio de Janeiro: Diadorim; UFMG, 1996.

MARGUTTI PINTO, P. R. A conceitografia de Frege, uma revolução na história da lógica. *Kriterion*, Revista de Filosofia, FAFICH-UFMG, n. 72, 2000.

MARQUES, Edgar. A crítica de Carnap ao argumento de Wittgenstein contra a possibilidade de uma metalinguagem. *Síntese Nova Fase*, v. 24, n. 77, p. 225-250, 1997a.

MARQUES, Edgar. Conseqüências ontológicas do argumento tractariano contra a possibilidade de um discurso categorial. *Analytica*, v. 2, n. 1, p. 205-241, 1997b.

MARQUES, Marcelo. *O caminho poético de Parmênides*. São Paulo: Loyola, 1990.

MARQUES, Marcelo. *Platão, pensador da diferença. Uma leitura do Sofista*. Belo Horizonte: Editora UFMG, 2006.

MENEZES, Aluisio. Rio de Janeiro: Jorge Zahar, 1988. p. 79.

MEYER, C. *Le Livre noir de la psychanalyse*, Paris: Les Arènes, 2005.

MILLER, J-A. *Matemas I*. Rio de Janeiro: Jorge Zahar, 1996.

MILLER, J-A. *Matemas II*. 4. ed. Buenos Aires: Manantial, 1994.

MILLER, J-A. Encyclopédie. *Ornicar?* Revue du Champ Freudien, n. 24, p. 35-44, outono de 1981.

MILLER, J-A. D'un autre Lacan. *Ornicar?* Revue du Champ Freudien, n. 28, p. 49-57, jan. 1984.

MILLER, J-A. *Silet: os paradoxos da pulsão de Freud a Lacan*. Rio de Janeiro: Jorge Zahar, 2005.

MILLER, J-A. Suture. (Cahiers pour l'analyse, 1 (1966)) Trad. Jacqueline Rose Screen 18 (1978). Rpt. The Symptom 8 (2007). Disponível em: <http://www.lacan.com/symptom8_articles/miller8.html>.

MILLER, J-A. *Le Neveau de Lacan*. Paris: Verdier, 2003a.

MILLER, J-A. A arte do diagnóstico: o rouxinol de Lacan. *Carta de São Paulo*, São Paulo, EBP-SP, v. 10, n. 5, out.-nov. 2003b.

MILLER, J-A. Notice de fil en aiguille. In: LACAN, J. *Le Séminaire, Livre XXIII, Le sinthome*. Paris: Seuil, 2005.

MILNER, J-C. De la linguistique à linguisterie. *Lacan, l'écrit, l'image, sous la dir.* de l'Ecole de la Cause freudienne, Paris, Flammarion, 2003

MILNER, J-C. *Le périple structural: figures et paradigme*. Paris: Seuil, 2002.

MILNER, J-C. *A obra clara: Lacan, a ciência , a filosofia*. Rio de Janeiro: Zahar, 1996.

MILNER, J-C. *O amor da língua*. Porto Alegre: Artes Médicas, 1987.

MILNER, J-C. *Les noms indistincts*. Paris: Seuil, 1983. [*Os nomes indistintos*. Rio de Janeiro: Companhia de Freud, 2006.]

MILNER, J-C. De la linguistique à linguisterie. In: *Lacan, l'écrit, l'image*. Sous la dir. de l'Ecole de la Cause freudienne. Paris: Flammarion, 2003.

MILÁN-RAMOS, J. *Passar pelo escrito: uma introdução ao trabalho teórico de Jacques Lacan*. Campinas: Mercado de Letras, 2007.

MOREL, G. Anatomia analítica. *Opção Lacaniana*, São Paulo, EBP, n. 15, p. 43-48, abr. 1996.

MORENO, A. Estilo, pragmática, filosofia. In: *Introdução a uma pragmática filosófica*. Campinas: Editora da Unicamp, 2005.

MOUNIN, G. *Linguistique et philosophie*. Paris: PUF, 1975.

MOUNIN, G. Quelques traits du style de Jacques Lacan. In: *Introduction à la sémiologie*. Paris: Minuit, 1970. p. 181-188.

NIETZSCHE, F. *Ecce Homo: como alguém se torna o que é*. São Paulo: Cia. das Letras, 1999.

NIETZSCHE, F. Sobre a verdade e a mentira no sentido extra-moral. In: *Obras incompletas*. São Paulo: Abril, 1983. p.43-52. (Coleção Os Pensadores)

NOBUS, D.; QUINN, M. *Knowing Nothing, Staying Stupid: Elements for a Psychoanalytic Epistemology*. East Sussex: Routledge, 2005.

OGDEN, C. K.; BENTHAM, J. *Bentham's Theory of Fictions*. Trench: Trubner, 1932.

OGDEN, C. K.; RICHARDS. *O significado de significado*. Rio de Janeiro: Zahar, 1976.

OGILVIE, B. *Lacan: a formação do conceito de sujeito (1932-1949)*. Rio de Janeiro: Jorge Zahar, 1988.

OLIVEIRA, C. Da enunciação da verdade ao enunciado do gozo. *Discurso*. Revista do Departamento de Filosofia da USP, n. 36, São Paulo, p. 273-286, 2006.

ORELLANA, B. *L'ecritoire de Lacan*. Paris: EPEL, 2002.

ORELLANA, B. *L'hermetisme de Lacan; Figures de sa Transmission*. Paris: EPEL, 1999.

ORELLANA, B. Tergiversaciones deliberadas de J. Lacan. *Acheronta: Psycoanálisis y Cultura*, n. 6, dez. 1997. Disponível em: <http://www.psiconet.com/acheronta/acheron6.htm>.

PASCAL, Blaise. *Pensamentos*. Trad. Sérgio Milliet. São Paulo: Abril Cultural, 1984. (Coleção Os Pensadores)

PARMÊNIDES. *Sobre a natureza. Os pré-socráticos*. Seleção de textos e supervisão do prof. José Cavalcante de Souza. São Paulo: Abril Cultural, 1973. (Coleção Os Pensadores)

PERELMAN, C. L'idéal de rationalité et la règle de justice. *Bulletin de la Société française de philosophie*, tome LIII, p. 29-33, 1961.

PERELMAN, C. Analogia e metáfora em ciência, poesia e filosofia. In: *Retóricas*. São Paulo: Martins Fontes, 1999.

PERELMAN, C.; OLBRECHTS-TYTECA, L. *Tratado da argumentação: a nova retórica*. São Paulo: Martins Fontes, 1996.

PIMENTA, O. *A invenção da verdade*. Belo Horizonte: Editora UFMG, 1999.

PINTO, J. M. *Psicanálise, feminino, singular*. Belo Horizonte: Autêntica, 2008.

PLATÃO. *Sofista*. São Paulo: Abril cultural, 1979. (Coleção Os Pensadores)

POE, E. A. *A filosofia da composição*. Rio de Janeiro: 7Letras, 2008.

POPPER, K. *Conjectures and Refutations*. New York: Harper, 1968.

PORGE, Érik. Lire, écrire, publier: le style de Lacan. *Essaim*, n. 7, 2001.

PORGE, E.; SOULEZ, A. *Le moment cartésien de la psychanalyse: Lacan, Descartes, le sujet*. Paris: Arcanes, 1996.

PRADO JR., B. *Alguns ensaios: filosofia, literatura, psicanálise*. São Paulo: Paz e Terra, 2000.

PRADO JR., B. Dois estilos de Hegel. *Folha de S.Paulo*, São Paulo, 10 out. 1999. Caderno Mais!, p. 3.

PRADO JR., B. *Erro, ilusão, loucura*. São Paulo: Editora 34, 2004.

PRADO JR., B. (Org.). *Filosofia e psicanálise*. São Paulo: Brasiliense, 1990.

QUINE, W. *Epistemologia naturalizada*. São Paulo: Abril Cultural, 1975. (Coleção Os Pensadores)

RABATE, Jean-Michel (Ed.). *The Cambridge Companion to Lacan*. Cambridge: Cambridge University Press, 2003.

RAJCHMAN, J. *Erotique de la vérité: Foucault, Lacan et la question de l'éthique*. Paris: Presses Universitaires de France, 1994.

RANCIÈRE, J. *Políticas da escrita*. São Paulo: Editora 34, 1995.

REBOUL, O. *Introdução à retórica*. São Paulo: Martins Fontes, 1998.

REGNAULT, F. *Dieu est inconscient*. Paris: Navarin, 1985.

REGNAULT, F. Traços de gênio. In: GIROUD et al. *Lacan, você conhece?* São Paulo: Cultura, 1998.

REGNAULT, F. Ex nihilo. In: IANNINI, G. et al. (Org.). *O tempo, o objeto e o avesso: ensaios de filosofia e psicanálise*. Belo Horizonte: Autêntica, 2004.

REGNAULT, F. *Conférences d'esthétique lacanienne*. Paris: Agalma-Seuil, 1997.

REGNAULT, F. La dialectique du maître et de l'esclave de Hegel chez Lacan. *Quarto*, Bruxelles, Agalma-Seuil, 64, p. 23-28, 1998.

REGNAULT, F. *Em torno do vazio: a arte à luz da psicanálise*. Rio de Janeiro: Contracapa, 2001.

ROCHA, G. M. *Olho clínico*. Belo Horizonte: Scriptum, 2008.

RODRIGUES FILHO, A. A. Sobre a concepção de verdade de Tarski. *Abstracta*, v. 2, n. 1, p. 24-61, 2005.

RORTY, R. (1979) *A filosofia e o espelho da natureza*. Rio de Janeiro: Relume-Dumará, 1994.

RORTY, R. (1986) *Objetivismo, relativismo e verdade. Escritos filosóficos I*. Rio de Janeiro: Relume-Dumará, 1997.

ROSA, Márcia. Poe, Lacan e Derrida: o destino da letra. In: TEIXEIRA; MASSARA. *Psicanálise e filosofia: o futuro de um mal-estar*. Belo Horizonte: Opera Prima, 2000.

ROSSI, P. *A ciência e a filosofia dos modernos*. São Paulo: Unesp, 1992.

ROUDINESCO, E. Cogito et science du réel. *L'Arc*, n. 58 (Jacques Lacan).

ROUDINESCO, E. *História da psicanálise na França*. Rio de Janeiro: Jorge Zahar, 1988. v. I e II.

ROUDINESCO, E. *Jacques Lacan: esboço de uma vida, história de um sistema de pensamento*. São Paulo: Cia. das Letras, 1994.

ROUSSEAU, J-J. *Ensaio sobre a origem das línguas*. Campinas: Unicamp, 1998.

SAFATLE, V. *A paixão do negativo: Lacan e a dialética*. São Paulo: Unesp, 2006.

SAFATLE, V. *Lacan*. São Paulo: Publifolha, 2007.

SAFATLE, V. *Écrire les impossibles*. Seminário no Colégio Internacional de Filosofia de Paris, 2001-2002. Disponível em: <www.geocities.com/vladimirsafatle/vladi038.htm>.

SAFATLE, V. O trabalho da forma no pensamento de Jacques Lacan: notas sobre a relação entre estilo, sintoma e subjetividade. *Sofia*, Vitória, EDUFES, v. VIII, n. 9 e 10, 2002.

SAFATLE, V. (Org.). *Um limite tenso: Lacan entre a filosofia e a psicanálise*. São Paulo: Unesp, 2003.

SAFATLE, V. Panfleto anêmico. *Folha de S. Paulo*, São Paulo, 22 maio 2005. Caderno Mais!.

SAFATLE, V. O amor é mais frio que a morte: negatividade, infinitude e indeterminação na teoria hegeliana do desejo. *Kriterion*, Belo Horizonte, v. 49, n. 117, 2008.

SAFOUAN, M. *Estruturalismo e psicanálise*. São Paulo: Cultrix, 1970.

SAUSSURE, F. *Curso de linguística geral*. 17. ed. São Paulo: Cultrix, 1993.

SAUSSURE, F. *As palavras sob as palavras*. São Paulo, Abril Cultural, [s.d.]. (Coleção Os Pensadores)

SCHOPENHAUER, A. *A arte de escrever*. Porto Alegre: L&PM, 2006.

SIMANKE, R. *Metapsicologia lacaniana, os anos de formação*. São Paulo: Discurso; Curitiba: Ed. UFPR, 2002.

SIMANKE, R. A letra e o sentido do "retorno a Freud" de Lacan: a teoria como metáfora. In: SAFATLE. V. (Org.). *Um limite tenso: Lacan entre a filosofia e a psicanálise*. São Paulo: Ed. Unesp, 2003. p. 277-304.

SIMANKE, R. Nem filósofo, nem antifilósofo: notas sobre o papel das referências filosóficas na construção da psicanálise lacaniana. *Natureza Humana*, v. 8, p. 331-356, 2006.

SIMANKE, R. A ficção como teoria: revisitando as relações de Lacan com o surrealismo. *Estudos Lacanianos*, v. 1, n. 2, Belo Horizonte, UFMG/Scriptum, p. 275-294, jul.-dez. 2008.

SOKAL; BRICMONT. *Imposturas intelectuais*. São Paulo: Record, 1999.

SOULEZ, A. Distância entre o estilo ideógrafo conceitual e a literatura. In: BRANCO; BRANDÃO (Org.). *A força da letra*. Belo Horizonte: Editora UFMG, 2000. p. 13-31.

SOULEZ, A. *Comment écrivent les philosophes? (De Kant à Wittgenstein ou le style de Wittgenstein)*. Paris: Editions Kimé, 2003a. Maison de la Recherche.

SOULEZ, A. *Wittgenstein et le tournant grammatical*. Paris: PUF, 2004.

SOULEZ, A. O nó no quadro ou O estilo de/em Lacan. In: SAFATLE, V. *Um limite tenso: Lacan entre a filosofia e a psicanálise*. São Paulo: Ed. Unesp, 2003b. p. 255-277.

SOULEZ, A. Dicter ses pensées: questions de style, *Essaim*, Paris, Érès, n. 7, p. 171-199, 2001/1.

TARSKI, A. *A concepção semântica de verdade*. São Paulo: Ed. Unesp, 2007.

TEIXEIRA, A. *Le topos éthique de la psychanalyse*. Tese (Doutorado em Psicanálise) –Université de Paris VIII, Paris/Saint Denis, 1996.

TEIXEIRA, A. *A soberania do inútil e outros ensaios de psicanálise e cultura*. São Paulo: Annablume, 2007.

TODOROV, T. *Teorias do símbolo*. Campinas: Papirus, 1996.

VALÉRY, P. *Variété V*. Paris: Gallimard, 1945.

VERNANT, Jean-Pierre. *Mythe et religion en Grèce ancienne*. Paris: Seuil, 1990.

VIEIRA, M. A. O corvo, o analista e a interpretação. *Opção Lacaniana*, n. 15, São Paulo, EBP, p. 69-73, abr. 1996.

WAJCMAN, G. Stylus. *Analytica*, Louvain, v. 43, p. 77-89, 1986.

WAJCMAN, G. L'art, la psychanalyse, le siècle. In: *Lacan, l'écrit, l'image*. Sous la dir. de l'Ecole de la Cause freudienne. Paris: Flammarion, 2003.

WILLEMART, P. *A pequena letra em teoria literária*. São Paulo: Annablume, 1997.

WITTGENSTEIN, L. *Lectures & Conversations on Aesthetics, Psychology and Religious Belief*. Compiled Notes Taken by Yorick Smythies, Rush Rhess and James Taylor. Edited by Cyril Barret. Berkeley/Los Angeles: University of California Press, 1997.

WITTGENSTEIN, L. *Tractatus logico-philosophicus*. Trad. Luis Henrique Lopes dos Santos. São Paulo: Edusp, 1994.

WITTGENSTEIN, L. *Investigações filosóficas*. São Paulo: Nova Cultural, 1989. (Coleção Os Pensadores)

ZIZEK, S. *O mais sublime dos histéricos*. Rio de Janeiro: Jorge Zahar, 1991.

ZIZEK, S. *Subversions du sujet: psychanalyse, philosophie, politique*. Rennes: Presses Universitaires de Rennes, 1999.

ZIZEK, S. *La subjectivité à venir*. Paris: Climats, 2004.

ZIZEK, S. Por que Lacan não é heideggeriano. *Revista Estudos Lacanianos*, Belo Horizonte, UFMG, v. 2, n. 3, p. 13-26, jan.-jun. 2009.

Este livro foi composto com tipografia Bembo e impresso
em papel Chamois Bulk 80 g/m² na Formato Artes Gráficas.